LA SCÈNE DE CE DRAME EST LE MONDE

MICHEL CAMDESSUS
Gouverneur Honoraire de la Banque de France
Ancien Directeur Général du Fonds Monétaire International (1987-2000)

Rapport du groupe «Palais-Royal Initiative» : *Reform of the International Monetary System : a Cooperative Approach for the Twenty First Century*, janvier-février 2011

Rapport à Madame le Ministre de l'Économie, des Finances et de l'Industrie du Contrôle des rémunérations des professionnels de marché, janvier 2011

Rapport au Premier ministre : Réaliser l'objectif constitutionnel d'équilibre des finances publiques, La Documentation Française, septembre 2010

Rapport de la mission sur La modernisation de la distribution du livret A et des circuits de financement du logement social, www.sig.premier-ministre.gouv.fr , décembre 2007

Lettre ouverte aux candidats à l'élection présidentielle, Éditions Bayard, octobre 2006

Le Sursaut – Vers une Nouvelle Croissance pour la France, La Documentation Française, novembre 2004

Eau (co-auteurs : Bertrand Badré, Ivan Chéret, Pierre-Frédéric Ténière-Buchot), Éditions Robert Laffont, septembre 2004

Notre Foi dans ce Siècle (co-auteurs : Jean Boissonnat et Michel Albert), Éditions ARLEA, janvier 2002

La scène de ce drame est le monde
se prolonge sur le site www.arenes.fr

Édition : Jean-Claude Guillebaud
Coordination éditoriale : Aleth Stroebel
Direction artistique : Quintin Leeds
Mise en pages : Dominique Guillaumin, InFolio
Révision : Hélène de Virieu

Achevé d'imprimer en France par CPI Bussière à Saint-Amand-Montrond (Cher) en novembre 2014

ISBN : 978-2-35204-354-6
Dépôt légal : septembre 2014
N° d'impression : 2013199

Éditions des Arènes
27, rue Jacob 75006 Paris
Tél. : 01 42 17 47 80
arenes@arenes.fr

MICHEL
CAMDESSUS

LA SCÈNE DE CE DRAME EST LE MONDE

TREIZE ANS À LA TÊTE DU FMI

LES ARÈNES

Pour tous ceux qui ont travaillé au Fonds monétaire international pendant ces années-là.

Ils ont écrit l'histoire dont je raconte ici quelques épisodes

« Tous les êtres humains naissent libres et égaux en dignité et en droits. Ils sont doués de raison et de conscience et doivent agir les uns envers les autres dans un esprit de fraternité. »

ARTICLE 1er DE LA DÉCLARATION UNIVERSELLE
DES DROITS DE L'HOMME
(Nations unies, décembre 1948)

« Solidarité… tendresse des peuples. »
GIOCONDA BELLI,
poétesse nicaraguayenne

Avant-propos

Pour l'Ascension de l'an 2000, l'Église réformée de France organise à Lyon deux mille débats sur les enjeux du nouveau siècle. Je suis invité à l'un d'eux ce matin-là. Brigitte m'accompagne.

À notre arrivée, nous sommes conduits dans les coulisses de la grande salle où un jeune public, bruyant et joyeux, nous attend. Dans une pièce voisine, les « grands témoins » sont réunis pour une première prise de contact. Nous échangeons, un croissant ou une tasse de café à la main. L'organisateur de la réunion nous présente les uns aux autres. Il y a là Tariq Ramadan qui est souvent au cœur des débats de la communauté musulmane et le professeur Sicard qui joue un rôle essentiel au sein du Comité national d'éthique. Un peu en retrait se tient un homme âgé d'allure modeste. Quelqu'un murmure à son oreille et attire son regard sur moi ; il hésite un instant puis s'approche. « Paul Ricœur... » me souffle-t-on. C'est, parmi nos contemporains, le philosophe qui, plus que tout autre, a exploré les confins de l'homme, ses fragilités, ses souffrances, son rapport à la transcendance, sa possible espérance. Je n'ai pas le moindre instant pour lui dire l'admiration que je lui porte. C'est lui qui m'aborde, le regard pétillant d'un mélange singulier de modestie et de malice :

« Ah, quel grand jour pour moi ! dit-il. J'ai, enfin, l'occasion de rencontrer quelqu'un qui a l'expérience de la toute-puissance… C'est cela, n'est-ce pas, ce qui se vit au FMI ? »

– Oh, Monsieur, puis-je vous contredire : mon expérience, à y regarder de près, est plutôt celle d'une fréquente et cruelle impuissance ! »

Un instant de silence. Son regard a changé. Ses yeux m'interrogent maintenant comme s'il cherchait une réponse au plus profond de moi-même. Je comprends qu'il me faut en dire un peu plus :

« Eh bien oui ! Au FMI, on a des informations de première main sur la misère du monde, ou du moins sur ce que des yeux d'hommes acceptent d'en voir ; mais on connaît aussi les insuffisances des instruments que les nations vous confient pour y répondre. C'est alors un profond sentiment d'impuissance qui vous saisit. Il faut, certes, se garder d'y céder, car vous êtes là pour agir, mais la conscience – parfois la rage – de votre impuissance ne vous lâchera pas.

– … Je comprends ! »

Notre conversation s'engage, d'autres s'y joignent mais c'est trop tard ; il nous faut rejoindre les gradins sur lesquels on nous installe.

Je n'aurai pas la chance d'aller plus loin avec Paul Ricœur, mais ces quelques instants de rencontre restent indélébiles dans ma mémoire. Son regard m'a plongé au tréfonds de mon expérience de treize années au FMI. Il m'a fait revivre de multiples débats, revoir mille visages, celui surtout de cette jeune femme qui pleurait à la porte de l'archevêché de Luanda, son bébé mourant dans ses bras « parce que, me disait-elle, j'ai trop faim et je n'ai donc plus de lait dans ma poitrine à lui donner ». Ce que Ricœur m'a ramené ainsi à l'esprit n'est autre que la trame du livre que j'entreprends d'écrire : FMI, toute-puissance ? Douloureuse impuissance ? Ou plutôt, désir brûlant d'agir, intense aventure collective et fondamentale espérance de voir s'instaurer un jour cette « société bonne » dont, précisément, rêvait Ricœur aujourd'hui disparu ? Tout cela à la fois, peut-être, mais comment le dire ? C'est ainsi qu'est né le désir d'écrire ce livre.

*

J'ai été élu le 18 décembre 1986 directeur général et président du conseil d'administration du FMI.

Ce sont (on s'en doute) d'extraordinaires fonctions[1]. Le plus beau métier du monde, me suis-je même risqué à dire. J'y accède à un moment où le monde aborde un formidable changement d'époque. Alors qu'il reste tant à faire pour les pays les plus pauvres, qu'il faut sans tarder régler le problème brûlant de la dette en Amérique latine, de puissants ferments de changement se manifestent partout. Une idéologie néolibérale promue en fanfare par Margaret Thatcher et Ronald Reagan mine les fondements éthiques des politiques économiques occidentales et les tentatives de concilier capitalisme et justice sociale à travers le monde. La perestroïka et l'élection d'un pape venu de l'Est ébranlent le bloc socialiste. C'est de là que va surgir une stupéfiante et, cette fois, heureuse nouvelle : la chute du mur de Berlin et l'effondrement de l'Union soviétique. Le FMI, par nature, se veut toujours prêt à l'inattendu. Nous allons être comblés et devrons accompagner et soutenir les pays qui s'ouvrent ainsi à la liberté. À peine sommes-nous engagés dans ces nouvelles tâches qu'éclate la première guerre du Golfe. Des centaines de milliers de travailleurs sont renvoyés d'Irak et du Koweït dans leurs pays ; l'onde de choc atteint ainsi des pays aussi éloignés que la Thaïlande et les Philippines. Et voici qu'un siècle chasse l'autre. Des crises[2] d'un genre nouveau, celles du nouveau millénaire, viennent assombrir les dernières années du XXe siècle. Le monde en souffre encore au moment où j'entreprends l'écriture de ce livre.

Il me faut le reconnaître aujourd'hui : tous ces défis ont été plus redoutables encore qu'on ne pouvait l'imaginer. Le

1. Une description plus précise du FMI, de ses missions, de son organisation et de ses moyens est fournie à l'annexe I, page 423 : « Qu'est-ce que le FMI ? » Je suggère au lecteur de s'y référer chemin faisant.

2. Ce mot « crise » est aujourd'hui utilisé pour recouvrir des réalités bien différentes. Je l'emploie ici à la manière chinoise qui se contente pour exprimer cette réalité de superposer l'idéogramme du grand danger et celui de l'opportunité. Une crise, ce sont donc d'immenses périls imminents mêlés de chances de renouveau et de progrès.

FMI y a fait face. Il lui a fallu, souvent en catastrophe, analyser les situations, proposer des solutions, à chaque crise inventer un nouvel instrument, prendre des risques, convaincre, établir surtout et maintenir la confiance. Le monde continue à se tourner vers lui lorsque de nouveaux périls menacent. Il peut donc être de quelque intérêt pour les femmes et les hommes qui y servent aujourd'hui et pour ceux qui leur succèderont demain, de disposer du témoignage de ceux qui les ont précédés. Il peut aussi être de quelque utilité de donner à tous ceux qui s'interrogent sur le rôle et l'influence de ce pompier des crises une idée de son fonctionnement interne et de la manière dont se décident et se conduisent ses interventions.

Dès la fin de mes fonctions, en février 2000, plusieurs éditeurs m'ont proposé de publier mes mémoires. D'instinct, je me suis refusé à ce travail à chaud. Je souhaitais prendre quelque distance, laisser le temps me rendre la sérénité nécessaire après quelques âpres confrontations. Treize années se sont écoulées. Pourquoi avoir résisté aussi longtemps à ces demandes et aux suggestions de mes proches ?

J'avais d'abord un excellent alibi : un historien dont l'indépendance était garantie – James Boughton – était chargé par le FMI d'écrire son histoire au cours des deux dernières décennies du XXe siècle. Il aurait accès à toutes les archives et aux principaux acteurs de cette histoire comme à tous ceux qui ont critiqué l'action de l'institution. J'ai passé de longues heures avec lui, répondant à toutes ses questions et lui livrant tout ce que je savais des événements ou des rencontres qui n'avaient guère laissé de trace écrite. Il a publié deux magnifiques ouvrages : *Silent Revolution* couvrant les années quatre-vingt et *Tearing Down Walls*[1], les années quatre-vingt-dix[2]. C'est un travail exhaustif; tout y est rapporté avec une scrupuleuse objectivité et une pénétrante intelligence. J'aurai à évoquer bien des événements qu'il rapporte. Si quelque différence venait à se glisser entre son récit et le mien,

1. Littéralement : « La révolution silencieuse » et « Renversant les murs… ».
2. Ces deux livres peuvent être consultés sur Internet (*Silent Revolution* sur http://www.imf.org/external/pubs/Ft/history/2001/index.htm et *Tearing Down Walls* sur http://www.imf.org/external/pubs//cat/longres.aspx?sk=24580.0).

il va de soi que seule sa version devrait être retenue. Je n'entreprends pas d'écrire à mon tour une histoire de ces années. Tout au plus des souvenirs, un témoignage et quelques réflexions.

Des souvenirs d'abord tout simplement, parce que comme Paul Ricœur aimait le rappeler, « la différence entre les jeunes et les vieux, c'est que les vieux ont beaucoup de souvenirs et beaucoup moins de mémoire ». Des souvenirs de moments qui m'ont semblé importants dans l'histoire de la fin du XXe siècle et l'avènement subreptice du suivant. J'ai eu le privilège de les vivre. Ils surgissent aujourd'hui dans ma mémoire comme des sommets au-dessus des brumes matinales ; ce sont des instants clés de cette histoire et de ses basculements, parfois mal perçus sur le moment et pourtant décisifs. Je voudrais donc en rendre compte : ce sont des moments où l'action de quelques hommes a infléchi ou accéléré la marche désordonnée ou paresseuse des événements. J'en ai été le témoin direct, parfois un peu l'acteur. Je voudrais en donner le récit – fût-il parcellaire – plutôt que de les abandonner à l'oubli.

Je ne prétends, cela dit, en aucune manière à l'exhaustivité d'une chronique journalière. Bien des rencontres et des événements se sont estompés dans ma mémoire. Je ne chercherai pas à les reconstituer. Je me limiterai à évoquer ceux qui me sont restés parfaitement présents à l'esprit ou pour lesquels j'ai conservé soit des comptes rendus précis de mes assistants, soit des notes personnelles prises à chaud pendant ou juste après ces événements ou ces rencontres. Ce faisant, je vais surtout décrire des moments de négociations difficiles, ou de crise. Je risque donc de donner une idée très partielle de ce qu'est la vie quotidienne du Fonds, le travail de son personnel attelé aux analyses des situations de chaque pays ou des évolutions globales, échangeant en permanence avec les responsables nationaux, préparant les travaux du conseil d'administration, etc. Beaucoup se prépare et se joue ainsi discrètement. Le plus souvent, je n'ai fait que porter ce travail à la lumière[1].

1. Le lecteur sera peut-être surpris de ne pas voir mentionnés dans les pages qui suivent des personnalités ou des événements importants qui mériteraient de l'être. Qu'il me le pardonne. Ce livre a pris au fil de son écriture un volume qui m'a contraint à faire des

À un moment où l'on dénote si fréquemment à travers le monde un repli sournois ou carrément affiché vers la conception westphalienne[1] de la diplomatie, voire vers le chacun pour soi, j'ai le devoir de redire une fois de plus ma confiance dans l'approche multilatérale des problèmes mondiaux. J'aimerais essayer de partager, comme on lance une bouteille à la mer, ma conviction : c'est en travaillant tous ensemble, au sein de structures continentales ou mondiales justes, que les peuples pourront réaliser leurs aspirations à une vie bonne dans une plus grande union et la recherche du bien commun universel.

Je voudrais évoquer aussi ces hommes et ces femmes avec qui j'ai aimé travailler et que j'ai profondément admirés. Ils ont souvent inventé des approches ou des solutions nouvelles dont on a pu m'attribuer la paternité; rappeler leur contribution n'est que justice. Ceux qui ont écrit sur mes années au FMI ont eu tendance – comme les médias l'avaient fait avant eux – à survaloriser mon action individuelle et à laisser dans l'ombre le travail pourtant décisif de beaucoup de ceux qui travaillaient à mes côtés. Je l'ai regretté car si j'ai un principe de management, c'est le travail en équipe, poussé aussi loin que possible, aussi quotidiennement que possible. Je voudrais donc compléter sur ce point l'information et faire mieux connaître quelques-uns des acteurs essentiels de cette histoire. Je m'abstiendrai de parler de ceux qui m'ont déçu. Ils ne sont pas nombreux et avaient peut-être leurs raisons. Du coup, on trouvera sans doute que je m'attarde trop sur le bon côté des gens. On a fait le même reproche à beaucoup plus grand que moi, notamment à Nelson Mandela. Je fais mienne sa réponse : « On trouve que je regarde trop le bon côté des gens. C'est une critique que je dois prendre en compte et à laquelle j'ai essayé de m'adapter mais, vraie

choix cruels. Que nul ne voie dans ce choix une moindre considération pour qui que ce soit ou une moindre attention à tel ou tel pays, à tel ou tel événement. Ce sera le cas, par exemple, pour la naissance de l'Europe monétaire. J'y ai travaillé avec passion dans les rangs du Trésor et de la Banque de France. Arrivant au FMI, je n'ai eu guère à encourager l'attention positive dont elle était l'objet. Je garde donc mes réflexions à ce propos pour un éventuel ouvrage ultérieur.

1. Celle où seul compte l'équilibre des rapports de force entre États souverains; les relations internationales se réduisent à des relations interétatiques.

ou fausse, je pense que c'est plutôt une qualité. » C'est une occasion de dire à tant d'anonymes ma gratitude et, ce faisant, de rendre grâce à Dieu de m'avoir donné de vivre, dans une coopération aussi étroite avec eux, ces treize années au service de la communauté des hommes.

Je viens d'évoquer Dieu. Certains lecteurs seront tentés de hausser les épaules ou de sourire. Je les prie de me comprendre. La foi chrétienne tient une place essentielle dans ma vie. Je n'ai aucune idée de ce que je serais en dehors d'elle. Je ne serais pas totalement sincère si cette réalité n'était pas dite d'entrée. Je sais qu'en l'affirmant je prends le risque de porter un contre-témoignage. Certains pourront tirer de mes déficiences un argument contre la foi ou généraliser à l'ensemble des chrétiens ce qu'ils trouveraient de médiocre chez moi. Je ne minimise pas ce risque mais il est moindre que celui de cacher ce qu'il y avait de plus fort derrière ce que j'ai pu faire.

*

Il me reste, enfin, à dire ici ce qui m'a semblé être le cœur de la mission du directeur général d'une puissante institution.

Le paragraphe 5 de l'article 1er de ses statuts assigne une tâche particulière au FMI :

« v) Donner confiance aux membres en mettant les ressources générales du Fonds temporairement à leur disposition moyennant des garanties adéquates, leur fournissant ainsi la possibilité de corriger les déséquilibres de leurs balances des paiements sans recourir à des mesures préjudiciables à la prospérité nationale ou internationale. »

« Donner confiance aux membres... ». Parmi les autres missions du Fonds, ces mots m'ont un jour saisi. C'était probablement le jour où j'ai les ai lus pour la première fois, à tête reposée, dans un avion, lors d'un voyage éclair à Washington au lendemain de Noël 1986 avant d'y prendre mes fonctions. « Tu donneras confiance... », me disais-je. « Au milieu de tes autres tâches, ce sera le cœur de ton métier. »

Ces mots sont formidablement ambitieux. Ils traduisent les espoirs que la communauté des nations place dans les institutions qu'elle se donne. Ils proclament cette nécessité de la confiance pour unir les nations, déclencher et soutenir leur développement. Ils sont un tribut des États – ces monstres froids – aux forces de l'esprit même si, dans leurs relations mutuelles, l'argent, le pouvoir et la violence prétendent au dernier mot. « Donner confiance aux membres... ». Ces quatre mots, enfin, créent évidemment une obligation particulière pour le directeur général de l'institution et ceux qui l'assistent dans sa tâche. J'ai compris, en les méditant, qu'ils se prêtent à deux lectures bien distinctes mais inséparables. La première va presque de soi. Qu'un pays vienne à être précipité dans l'abîme, le responsable du Fonds devra venir à son contact pour lui rappeler que le désespoir ne doit jamais prévaloir dans la vie des hommes et des peuples. À ce moment-là, « donner confiance » signifiera aider ce pays à comprendre sa situation, lui rappeler la manière dont d'autres nations ont surmonté de pareilles épreuves et lui fournir le soutien temporaire du Fonds pour qu'il puisse se remettre à flot. « Donner confiance » vaut aussi pour le reste de la communauté mondiale. Par une réaction compréhensible, celle-ci, en règle générale, se détourne de ses membres en situation de détresse, surtout s'ils ne sont plus en mesure de payer leurs dettes et s'ils se sont placés eux-mêmes au ban des nations. « Donner confiance », c'est alors, pour le FMI, se tourner vers cette communauté mondiale et, engageant son propre crédit, l'inviter à mettre en œuvre sa solidarité. Extraordinaires missions, l'une et l'autre ! J'ai eu à les conduire en d'innombrables occasions ; je demeure incapable aujourd'hui de dire, des deux, qu'elle est la plus belle ou la plus difficile. L'une ne peut aller sans l'autre. Les avancées de la communauté des peuples dépendent en ces circonstances de crise de la manière dont tous les partenaires sauront reconnaître les efforts des uns et des autres et se faire mutuellement confiance.

J'ai donc beaucoup médité ce que « donner confiance » implique. Il s'agit d'abord, pour soi-même, de mériter la confiance de tous et aussi de veiller à garder une attitude de confiance à l'égard de chaque partenaire. Cela ne va pas toujours de soi alors que je me sais partagé entre la spontanéité et la propension atavique de mes ancêtres paysans béarnais qui, sachant de quel bois les hommes sont faits, ne leur accordaient que prudemment leur confiance avec parcimonie. Bref, les contradictions d'un homme quelconque devant ses semblables.

Une part de ma tâche sera souvent, en pleine conscience des risques et de mes responsabilités, d'aller au-delà des prescriptions d'un robuste bon sens. Il faudra, main dans la main avec des dirigeants qui prennent eux-mêmes le risque de réformes sages, discerner les changements porteurs d'un progrès, les encourager, les accompagner, les soutenir, prévenir les dérapages ; si ceux-ci apparaissent, les dénoncer sans décourager un possible redressement. Porter témoignage des progrès qui s'amorcent, se garder de toute complaisance devant les défaillances. Écouter attentivement tous ceux qui, autour de vous, peuvent guider votre discernement. Avant toute chose, garder le contact avec les responsables, quel que soit le degré de sympathie qu'ils vous inspirent.

Une des principales tâches qui me revenaient en propre était donc de chercher à les rencontrer en vérité. Souverains, présidents, chefs de gouvernement, peu ou pas accessibles à mes collaborateurs pour des raisons de prestige ou de protocole, ils détenaient chez eux le pouvoir ultime de décision ; il fallait donc les atteindre. J'étais seul en mesure de pouvoir le faire. Je devais donc être à leur contact, en pleine conscience des enjeux et des risques.

J'y travaillais de mon mieux. L'équipe de mes trois adjoints et nos collaborateurs m'y prépareraient en m'apportant tout ce qu'ils pouvaient savoir de ces hauts personnages. Je découvrais souvent combien ces hommes et femmes de pouvoir étaient différents de leur image. Certains avaient des réputations détestables et – disons-le – beaucoup de sang sur les mains. C'était pourtant des hommes. Je me refusais à douter d'avance de l'existence chez chacun d'eux de ce recoin où, au fil de vies d'affrontements, l'humain s'était réfugié. Il me faudrait l'y retrouver. Le « donner confiance » appelait cela aussi. Il me faudrait établir un contact qui puisse être poursuivi, essayer de discerner derrière d'épaisses cuirasses de méfiance ou de ruse, cette fibre secrète qui vibrait encore au bon et au bien. Il faudrait l'atteindre en prenant le risque de ne pas trop me protéger et, donc, le risque aussi de me tromper. Bref, faire en sorte que la rencontre en vérité s'opère et rende l'échange possible.

Je n'y suis pas toujours parvenu, il s'en faut ! J'ai toujours essayé. J'évoquais souvent, en me préparant à de telles rencontres, l'attitude que j'avais pu observer chez Jacques Delors lorsque, directeur du Trésor, je l'accompagnais dans ses rencontres avec des interlocuteurs difficiles. Je remarquais, en de telles circonstances, sa simplicité, sa modestie – que certains prenaient pour de la timidité –, sa manière d'entrer dans le discours de l'autre, de « se lover dans son approche » comme me l'a fait remarquer un jour Pascal Lamy qui a travaillé avec lui beaucoup plus que moi. C'est ainsi qu'il parvenait à établir le dialogue à un niveau d'échange plus vrai, à lever les préjugés pour finalement trouver – en s'y reprenant si nécessaire plusieurs fois – les bases d'accords durables. Je me suis mis à cette école. Je ne le regrette pas. Ainsi, là où il aurait pu n'y avoir que protocole, des rencontres se sont produites, des échanges se sont noués, des caricatures du FMI se sont évanouies, une relation de confiance et de vérité s'est établie. Dans le meilleur des cas – je pense à des hommes comme Nelson Mandela, Félix Houphouët-Boigny, Manmohan Singh, Fernando Enrique Cardoso et quelques autres – la qualité de cette relation était devenue telle que nos collaborateurs en tiraient la conclusion que, quelles que soient les difficultés, un accord devait être impérativement trouvé.

Cette recherche de la rencontre vraie appelle cependant la vérité dès le premier instant… contrairement à ce que l'on croit des bons usages diplomatiques. De là, des entrées en matière souvent très directes, parfois musclées qui ont pu faire froid dans le dos de ceux qui m'accompagnaient. Ce sera presque la règle dans les pays de l'Est où nos interlocuteurs imprégnés des méthodes de la diplomatie soviétique avaient l'habitude de marquer d'entrée leur territoire, d'affirmer leur force et de faire mine de n'être guère prêts à la moindre concession. Le lecteur constatera qu'après ces préambules rugueux mais à la loyale, des échanges vrais pourront s'établir.

Jeudi 18 décembre 1986 : élection improbable

Depuis novembre 1984, je dirige la Banque de France. Ce métier me passionne ; j'apprends auprès de collaborateurs d'une très haute compétence les subtilités de la gestion monétaire. Je travaille dans des relations de confiance cordiale avec deux ministres des Finances successifs, Pierre Bérégovoy et Édouard Balladur, et évidemment avec mes anciens camarades de la direction du Trésor.

Avec mon ami Philippe Lagayette, sous-gouverneur, nous commençons à aborder le grand chantier de la rénovation de la Banque. Il s'agit d'adapter ses instruments à la révolution qui a bouleversé, depuis le *big bang* britannique[1], l'économie monétaire mondiale. Il faut aussi entamer de profondes réformes de l'institution qui n'a pas beaucoup changé depuis la Seconde Guerre mondiale. Le sous-gouverneur Jacques Waïtzenegger veille sur les questions internationales. Avec lui et Philippe Lagayette, nous partageons une grande ambition : gérer le franc assez bien pour que, aussi vite que possible, la marche vers la monnaie européenne qui, pour l'instant, ne semble qu'un rêve, puisse être sérieusement engagée.

1. Il s'agit, dans le jargon des financiers, du vaste ensemble de mesures de libéralisation de l'économie financière adoptées dès son arrivée au pouvoir par Margaret Thatcher.

L'annonce par Jacques de Larosière, le 19 septembre 1986, de son souhait de mettre un terme à ses fonctions de directeur général du FMI ouvre un long processus d'élection. Le gouvernement français tient à conserver ce poste à notre pays. Il y va de son prestige et aussi du rayonnement de nos idées. La France, en effet, depuis les lendemains de la conférence de Bretton Woods, a toujours joué un rôle de premier plan dans les négociations monétaires internationales en raison de son attention pour les questions systémiques et évidemment de ses liens avec les pays africains de la zone franc dont elle s'est faite le porte-parole. Il s'agit donc de trouver un candidat présentant quelque chance d'être élu. Le contexte est difficile. Ce poste a déjà été tenu deux fois par des Français : Pierre-Paul Schweitzer et Jacques de Larosière. La Hollande, elle aussi très active dans la sphère internationale, trouve que son tour est revenu après le mandat abrégé de Johan Witteveen. Sans attendre, elle entre en campagne avec un remarquable candidat, mon ami Onno Ruding, ministre des Finances et président en exercice de l'instance suprême de gouvernance du FMI, le Comité intérimaire.

Pris de court, le gouvernement me fait savoir par M. Balladur, ministre d'État chargé des Finances, qu'il souhaite que je présente sans délai ma candidature. Il pense, en effet, que les amitiés dont je bénéficie parmi les pays du tiers-monde en raison de mon travail de président du Club de Paris[1] depuis 1978 donnent à notre pays de bonnes chances de conserver ce poste. Je demande à réfléchir. « Quarante-huit heures, guère plus, m'est-il répondu, la campagne bat déjà son plein. »

La décision n'est pas facile à prendre. Elle est pourtant vite prise. Nous devrons laisser derrière nous à Paris cinq de nos six enfants, nos parents et nos meilleurs amis. La tâche est si passionnante que nous sommes prêts, mon épouse et moi, à en accepter la charge. J'y vois au surplus une chance de réaliser un de mes rêves. Mon service militaire pendant la guerre d'Algérie,

1. Le Club de Paris est la structure internationale informelle présidée par la direction française du Trésor qui regroupe les créanciers publics pour les négociations concernant le problème de la dette entre les nations.

passé pour une bonne part à ouvrir des routes dans les monts de Tlemcen, m'a fait rencontrer l'extrême pauvreté et toucher du doigt l'urgence des tâches de développement. J'y ai trouvé une illustration frappante de cette vérité que le pape Paul VI avait si bien exprimée à la tribune des Nations unies : «Le développement est désormais l'autre nom de la paix.»

Par un étrange paradoxe, c'est là aussi, pendant ces mois de guerre, qu'une autre leçon s'est gravée dans mon esprit : il y a en toutes circonstances, fussent-elles les plus adverses, quelque chose à faire pour rendre le monde plus fraternel. Pourrais-je y contribuer, tant soit peu, au FMI ? Il y a peut-être d'autres endroits plus propices à ce travail que le FMI où l'on se consacre surtout à la stabilité monétaire et aux politiques d'équilibre économique.Pourtant, c'est la perspective du FMI qui s'ouvre. J'imagine que là aussi, de quelque manière, les leçons apprises au cours de cette guerre absurde doivent pouvoir s'appliquer.

L'horizon, cette fois, ne serait plus celui de villages délabrés mais celui du vaste monde. J'en parle le jour même à ma femme. Une fois encore, comme si souvent devant une nouvelle aventure, elle qui, dans son métier, fait des choses passionnantes à Paris, n'hésite pas : «Écoute, puisqu'on te le demande, laisse présenter ta candidature; si tu es élu, on y va...». Reste une question : serai-je à la hauteur? Je le dis carrément au ministre : «Il s'agit d'une tâche et de responsabilités magnifiques, mais si lourdes que j'hésite à m'y porter candidat car je ne suis pas sûr d'avoir la taille pour cela. Je suis cependant un fonctionnaire et j'ai toujours accepté les fonctions auxquelles j'ai été appelé; si le gouvernement persiste dans son choix, j'accepterai d'être le candidat de la France, mais je ne m'engagerai en rien, personnellement, dans cette campagne.» Je n'ai pas l'intention, lui dis-je, de passer le moindre coup de téléphone pour solliciter mon élection. «Si, malgré cela, comme vous le jugez possible, je suis élu, j'exercerai de mon mieux et dans l'enthousiasme ce nouveau métier, mais je vous laisse, Monsieur le ministre, tout le soin et la charge – que je soupçonne lourde – de cette campagne.»

M. Balladur acquiesce. Il va s'engager avec vigueur dans cette tâche, multiplier les interventions auprès de ses vingt et un collègues ministres des Finances responsables d'un siège au conseil d'administration du Fonds. Le Premier ministre, Jacques Chirac, se démène de son côté, il évoque cette affaire à toute occasion favorable et mobilise la diplomatie française pour cette cause. Mme Hélène Ploix, administratrice pour la France au FMI et à la Banque mondiale, se voit confier le soin de conduire la manœuvre à Washington. Elle fait merveille. Alors qu'au départ les augures donnent peu de chances à un troisième Français pour ce poste et que mes collègues gouverneurs rencontrés lors de l'assemblée générale du FMI et de la Banque mondiale à Washington me demandent comment j'ai bien pu me mettre dans de tels draps, les perspectives changent peu à peu. On aboutit cependant assez vite à une impasse. Une règle non écrite, datant d'un arrangement de couloirs lors de la conférence de Bretton Woods en 1945 entre Européens et Américains et peu contestée jusque-là, veut que le poste de directeur général du Fonds soit dévolu à un Européen alors que le président des États-Unis soumet à l'approbation – *pro forma* – du reste du monde son propre choix du président de la Banque mondiale. Il en a été ainsi dès l'origine. Un problème éclate lorsque, au cours de cet automne, les ministres des Finances de ce qui est à l'époque l'Europe des Douze se réunissent pour choisir leur candidat. Stupeur : ils constatent qu'ils se divisent exactement par moitié.

Ils tentent de se départager. Peine perdue : conciliabules et ballons d'essai, rien n'y fait. Début décembre, la Grande-Bretagne, présidente en exercice de la Communauté européenne, se résigne donc à laisser aux vingt-deux membres du conseil d'administration du FMI représentant ses cent cinquante-quatre pays membres la décision finale et le soin de départager ainsi des Européens incapables de s'entendre. Les premières approches manifestent un soutien croissant à ma candidature. Pour l'essentiel, le tiers-monde penche de mon côté. Après un premier vote informel, M. Ruding retire élégamment sa candidature en déclarant me « faire la plus entière confiance » pour conduire l'institution. Je suis élu.

Dévaluer le franc une dernière fois

Depuis la création du Système monétaire européen (SME), notre pays est engagé à maintenir sa monnaie dans une relation étroite avec le deutsche mark. C'est un objectif ambitieux. Il appelle une gestion rigoureuse du franc avec pour objectif d'avoir un jour une monnaie « aussi bonne » que le deutsche mark, condition de la création d'une monnaie européenne unique. Chaque fois qu'un écart trop important vient à s'instaurer entre les deux principales monnaies du système ou qu'un événement inattendu met en doute la solidité de nos équilibres, il faut purger le système : dévaluer le franc ou pousser l'Allemagne et le Benelux à réévaluer leurs monnaies.

Ce dimanche 11 janvier 1987, veille de la date prévue pour notre départ pour Washington, il me faut, une dernière fois, participer comme gouverneur de la Banque de France à un énième réaménagement monétaire à Bruxelles. Il s'agit, cette fois-ci, de faire face à l'effondrement du franc qui a suivi le rejet par les étudiants du projet Devaquet de réforme de l'université. Des désordres ont éclaté. Les manifestations multitudinaires de lycéens et d'étudiants se sont accompagnées de violences et d'inévitables bavures. Une France facilement rebelle s'est solidarisée avec sa jeunesse[1]. Les marchés ont été

1. Sans être enclin à aller jusque-là, j'avais d'autant plus de raisons moi-même de comprendre son message que le magazine à grand tirage *Actuel* avait retenu pour une pleine page une photo des manifestants centrée sur une jolie jeune fille brandissant une

prompts à en tirer les conséquences. Le réalignement monétaire devient inévitable. Dans les circonstances de janvier 1987, l'opération ne va pas de soi. Notre gouvernement n'est pas prêt à assumer l'opprobre d'une dévaluation solitaire. Le rituel de ces rencontres m'est familier. Une réunion est convoquée à Bruxelles dès le vendredi soir, après la fermeture des marchés des changes pour éviter les emballements frénétiques de la spéculation. Il nous faut plaider notre cause devant le Comité monétaire que j'avais présidé naguère, puis devant le Conseil des ministres et gouverneurs.

On peut s'attendre à des mines de commisération, mais à nulle complaisance. Les pays vertueux trouveront comme d'habitude les mesures d'accompagnement de la dévaluation que nous allons annoncer un peu courtes et le taux envisagé trop fort. Quant à demander qu'il y ait réévaluation des monnaies fortes plutôt que dévaluation du franc ou, au moins, un partage à peu près égal entre dévaluation et réévaluation des monnaies fortes, nous le demanderons évidemment mais en nous exposant, comme souvent, à de longues nuits de négociations, la plupart du temps difficiles.

C'est le cas. Il y a d'interminables réunions, des conciliabules pendant les suspensions de séance et, finalement, des travaux jusqu'à des heures indues. Dans notre malheur, nous avons finalement gain de cause. L'opération se solde par une réévaluation du deutsche mark et du florin de 3 % et des francs belge et luxembourgeois de 2 %. Mais il faut pour cela attendre le lundi matin 12 janvier. Or le soir du dimanche, les gouverneurs des banques centrales sont tous attendus pour un dîner d'adieux en mon honneur offert à Bâle par Lord Richardson, président en exercice de la Banque des règlements internationaux (BRI). Le dîner a lieu en l'absence des principaux convives, les gouverneurs des pays membres du Système monétaire européen (SME). J'ai entendu le récit de ce dîner de la part de plusieurs

éloquente pancarte. Ma bonne fortune voulut que le rédacteur ne cherche pas à s'enquérir du nom de cette égérie. Il se trouve que son père, gouverneur de la Banque de France, était sur le point d'être élu directeur général du FMI.

convives. Ils découvrirent là, pour la première fois, de quel bois était faite ma femme[1].

« Un beau dîner, me dit Brigitte, les petits plats dans les grands et évidemment tes collègues ne se sont pas privés de quelques réflexions aigres-douces sur les illusions ou les misères du SME. Mais à la fin du dîner, Lord Richardson se lève et commence à dire tout le bien qu'il pense de toi : selon lui, tu serais désormais comme Atlas portant le monde sur tes épaules. Comment tes anciens collègues de Bâle qui te connaissent bien ne te feraient-ils pas confiance et ne t'apporteraient-ils pas leur soutien chaleureux ? Alors qu'il parle, je me rends compte qu'il s'adresse à moi et me fait comprendre que je dois lui répondre... Panique ! Paul Claudel m'a sauvée. Le prologue du *Soulier de satin* m'est revenu à l'esprit. J'ai donc commencé un petit speech en le leur citant : "Messieurs les gouverneurs, 'La scène de ce drame est le monde' et vous y avez envoyé Michel..." »

Brigitte ne m'a guère dit ce qu'elle développa ensuite mais j'en ai eu quelques comptes rendus de mes anciens collègues. Ils comprirent ce jour-là que cet Atlas n'était pas un demi-dieu mais qu'il n'était pas seul ; s'il venait à fléchir, quelqu'un, près de lui, tiendrait bon. Je peux donc rejoindre tranquillement mon nouveau poste. Brigitte a eu une intuition trop flatteuse de ce que sera demain mon métier mais, apparemment, ceux qui m'ont élu veulent bien la partager et ne me ménageront pas leur soutien.

L'heure est donc venue de nous y engager. Nous partons avec armes et bagages : quelques peintures que nous aimons, plusieurs sculptures de notre fille Marie-Odile, la Bible de Jérusalem et une caisse de livres lus et relus dans nos familles. Il y a, en particulier, ceux qui m'ont nourri pendant mes années étudiantes alors que les penseurs marxistes ou existentialistes tenaient à Paris le haut du pavé : ceux de mon maître en économie François Perroux, ceux d'Emmanuel Mounier et ceux

1. Brigitte et moi étions condisciples à l'Institut d'études politiques de Paris au début des années cinquante. Nous y faisions déjà équipe pour l'accueil des étudiants étrangers, l'organisation de camps de ski ou de retraites spirituelles... Elle est encore, fort heureusement, présente dans la préparation de ce livre.

enfin du père Teilhard de Chardin qui, trente ans auparavant à New York, se passionnait devant les premiers pas de l'informatique et ceux de l'Organisation des nations unies, ces formidables avancées dans le cheminement du monde vers son unité et sa plénitude, lorsque viendra vraiment la « fin de l'Histoire ». Ces maîtres-là m'aideront à tenir lorsque viendront les heures difficiles.

Nous apportons aussi *Le Soulier de satin*. J'aurai tout loisir de relire sa *Première Journée* qui n'est pas sans quelques indications pour le livre que j'entreprends d'écrire : « Coup bref de trompette. La scène de ce drame est le monde [...]. L'auteur s'est permis de comprimer les pays et les époques, de même qu'à la distance voulue plusieurs lignes de montagnes séparées ne sont qu'un seul horizon. Encore un petit coup de trompette. Coup prolongé de sifflet comme pour la manœuvre d'un bateau. Le rideau se lève. »

Puisque Claudel autorise ce genre de libertés avec l'ordre chronologique, je commence l'évocation de ces « journées » par celle qui a le plus profondément changé le monde en ces dernières années du millénaire : le 9 novembre1989, la chute du « mur ».

I

CHUTE DU MUR
TRANSITION À L’EST

9 novembre 1989 : les Berlinois détruisent le mur

Nous nous souvenons tous de ce que nous faisions ce soir-là : suspendus, stupéfaits, à nos appareils de radio, « scotchés » à nos téléviseurs ; des Allemands de l'Est et de l'Ouest juchés sur le mur, d'autres franchissant en foules sans autre formalité le Checkpoint Charlie ou la porte de Brandebourg. Les pioches qui descellent des pans de mur, un inimaginable délire d'enthousiasme. Grand silence au Kremlin. Le lendemain est une folle journée. Le 11, Mstislav Rostropovitch – que nous allons si souvent écouter au Kennedy Center où il dirige le National Symphonic Orchestra – joue des sonates de Bach pour violoncelle, les yeux mouillés de larmes au pied de ce qu'il reste du mur. Le monde entier s'y presse désormais.

L'événement nous secoue. Nous vibrons. Il faudra, dans deux ans, voir Mandela sortir de sa prison de Robben Island pour connaître devant nos téléviseurs une émotion comparable.

L'évidence est là, tout se précipite. Le monde est autre. On est dans l'irréversible. Cette fois, c'est pour la liberté et le meilleur. J'ai oublié les coups de téléphone de ce dimanche soir, mais non les sourires sur les visages, au Fonds, le lendemain matin. Le « donner confiance » va prendre une couleur nouvelle. Ce sont ces foules qui ont su prendre le risque de la liberté qu'il faudra accompagner vers l'avenir dont elles rêvent. Mais gare aux illusions ! Nous sentons bien que, partout, nous allons devoir aider au passage à l'économie de marché[1]. Ce ne sera pas sans nous heurter à des situations acquises et nous serons témoins d'hésitations compréhensibles devant le saut dans l'inconnu. Il nous faudra nous attaquer aux ravages d'un système tout entier au service d'une idéologie et de quelques clans privilégiés. Nous rencontrerons aussi évidemment des problèmes bien connus ailleurs : déséquilibres macroéconomiques, dette et pauvreté. Des priorités vont nous apparaître bientôt comme les grands arbres que l'on découvre dans un paysage au petit matin.

Des institutions devront être transformées, des entreprises rendues au secteur privé, reconverties voire fermées, tout un appareil d'interventions publiques éliminé. Tout cela remettra en cause des positions acquises et les privilèges qui leur sont attachés. Ils ne disparaîtront pas dans la magie d'une nuit du 4 août. Il faudra travailler au milieu de tensions, voire de conflits. Plus important peut-être encore, c'est à un choc culturel qu'il faudra faire face. Toute une génération va devoir apprendre à vivre dans un autre monde, s'initier à ses codes, en accepter les disciplines, en saisir toutes les chances, accepter aussi de traverser des années de turbulences et d'incertitudes avant de commencer à bénéficier des conditions de vie que l'Ouest promet.

C'est d'une formidable transformation qu'il va s'agir. Comment s'y préparer ? Pour le Fonds, les choses sont assez claires. Nous attendions ce jour. Nous allons donc le vivre comme une veillée d'armes, avec gravité mais dans l'impatience d'agir. Une de nos missions non écrite est d'être une institution toujours prête à l'imprévu et donc, aujourd'hui, d'aller, avec l'expérience accumulée depuis bientôt cinquante ans, vers ce nouveau défi.

---

1. On entend par là le système économique où les décisions de produire, d'échanger, etc. sont déterminées par la confrontation de l'offre et de la demande sur des marchés libres. Les entrepreneurs en sont les acteurs principaux et non l'État. Celui-ci y garde en général un certain rôle, le plus souvent d'incitations ou de corrections d'excès ou d'erreurs possibles.

Un empire s'effondre

En Pologne, on n'attendra pas la chute du mur de Berlin pour choisir la liberté. En fait, la Pologne a contribué à la provoquer. Au départ, il y a le formidable ébranlement déclenché par Solidarność, les grèves de Gdańsk, le courage et l'intelligence politique de Lech Wałęsa et de son équipe, le puissant élan spirituel suscité par Jean-Paul II qui porte à l'incandescence le désir de liberté de tout un peuple et introduit dans le système brejnévien de premières et définitives fissures. On arrive ainsi aux premières élections libres au printemps 1989 et à la victoire des candidats soutenus par Solidarność. Tadeusz Mazowiecki est nommé Premier ministre. Gorbatchev laisse faire.

Une semaine s'est à peine écoulée depuis la formation de ce nouveau gouvernement ; dès le mois de septembre 1989, l'équipe du FMI est à pied d'œuvre à Varsovie, appelée par ce gouvernement. Celui-ci découvre une situation désastreuse et se met au travail. Pour nous, il s'agit du plus grand défi que nous ayons jamais rencontré. Nos interlocuteurs et leur peuple se sont battus pour retrouver la liberté et, plus encore, leur identité profonde. Ils ont résisté dans la nuit. Il faut qu'ils réussissent ce grand passage. Nous n'avons pas le droit d'échouer ; nos responsabilités sont claires à leur égard mais elles dépassent la Pologne. Les craquements dans l'édifice soviétique sont suffisamment perceptibles pour que nous sachions que la Pologne fera école.

Nous nous engageons donc dans notre travail avec impatience et ardeur, bien conscients de l'immensité des enjeux. Je vais saisir la première occasion pour me rendre à Varsovie dans la joie profonde de pouvoir contribuer à ma mesure au succès d'une entreprise que déjà, au cours de notre vie étudiante[1], mais surtout depuis près de dix ans, nous suivons en famille avec espoirs et tremblements.

Pour mieux comprendre ce que nous allons vivre, un bref retour en arrière est utile.

Paris, dimanche 13 décembre 1981

Je suis revenu hier soir de Varsovie. Comme président du Club de Paris, je viens d'y avoir, à la tête d'un groupe restreint d'experts internationaux, des conversations pour rechercher avec nos interlocuteurs polonais une solution au problème de la dette devenue écrasante de ce pays. Les échanges sont difficiles. Les recoupements comptables des créanciers mettent en évidence les mensonges délibérés des autorités polonaises qui croient amadouer leurs créanciers par des chiffres qui ne correspondent que très partiellement aux nôtres. Nos chambres d'hôtel et surtout nos valises sont fouillées en notre absence. Pour pouvoir nous concerter en toute discrétion, notre groupe doit se réfugier dans la cage de verre de l'ambassade de France dont on nous garantit qu'elle ne peut être percée par des écoutes indiscrètes.

---

1. Oserai-je l'ajouter, les pays de l'Est et en particulier la Pologne et la Tchécoslovaquie faisaient partie, pendant nos années de vie étudiante à Sciences Po, du monde que nous voulions rebâtir. Deux des piliers de notre groupe de camarades, Liba Moravkova et Thomas Babinski, avaient dû, enfants, fuir leur pays. Nous les tenions en particulière amitié, partageant leurs angoisses et leurs espérances. Souvent, ils nous faisaient part, en confidence, des nouvelles qui leur parvenaient sous le manteau de ceux qui, « chez eux » comme ils disaient, entretenaient la flamme de la liberté. Parfois, ils y mêlaient les bons mots qui fleurissent toujours dans les régimes totalitaires. Nous avons vécu à leur contact les espoirs vite réprimés de Budapest et Berlin-Est en 1956. Nous avons vibré lors du printemps de Prague et de l'héroïque calvaire d'Alexander Dubček. Son sourire triste restera gravé dans nos mémoires.

Le climat politique dans le pays se tend de jour en jour. Le monde en est de plus en plus conscient. Avant de quitter Paris, j'ai reçu commande de mes enfants de faire l'impossible pour leur ramener des affiches et des autocollants de Solidarność. Je profite d'un entracte dans nos négociations pour m'en procurer je ne sais plus comment. Dès les conversations terminées, je file à l'aéroport car, ce week-end, notre fille Claire fête ses 18 ans.

Nous voici donc le dimanche 13 décembre 1981. Après les festivités familiales, la routine nous fait allumer notre téléviseur. Avec la gravité des grands jours, le speaker annonce que des chars de l'armée parcourent les avenues de Varsovie. Tous les dirigeants de Solidarność sont arrêtés, à l'exception de Lech Wałęsa sur lequel des nouvelles contradictoires circulent. La loi martiale et l'état de siège ont été décrétés par une junte militaire conduite par le général Jaruzelski. Une manifestation spontanée se met en place, presque à notre porte, devant l'ambassade polonaise aussi claquemurée que Varsovie. Nous décidons de courir à cette manifestation. Nos six enfants ont collé sur leurs anoraks les autocollants de Solidarność ; ils vont se trouver aux premiers rangs de la manifestation. Celle-ci grossit d'heure en heure.

Dans la soirée, nous retrouvons notre téléviseur ; la Pologne est le sujet qui repasse en boucle. Le cardinal Lustiger, d'origine polonaise, vient apporter le témoignage de ses récents contacts avec Solidarność. Je retrouve aujourd'hui ses paroles. Il parle du contraste entre la situation désespérée de ce pays et l'aptitude de son peuple qui, sans autre arme que son énergie spirituelle, a su soulever la chape de plomb que Yalta a fait couler sur lui ; « tout seul et contre toute la puissance du bloc soviétique, ce peuple a soulevé le couvercle. » Puis il rapporte ses dernières conversations avec Lech Wałęsa quelque temps auparavant :

« Quel est ton objectif dans ton combat ?

– Rien d'autre que la dignité de l'homme…

– Es-tu bien conscient que cela peut mal tourner, que les Soviétiques peuvent décider d'en finir, et que ton mouvement a tout pour faire des émules hors de Pologne ?

– Nous ne nous posons pas de questions ; nous faisons ce qui est juste maintenant. »

À partir de ces heures, nous suivrons avec passion les événements de Pologne. Lech Wałęsa, ses amis et Jean-Paul II deviennent nos héros. Nous essayons de décrypter leur langage. Le sujet revient souvent au cours de nos dîners en famille. Le Club de Paris me rapproche de l'histoire qui s'écrit : je suis en charge de la négociation de la dette polonaise. Les événements se précipitent. Nous découvrons l'ampleur des problèmes qu'il faudra, un jour, résoudre.

3-4 décembre 1989 : tout commence à Varsovie

Huit ans ont passé. Brigitte et moi arrivons à Varsovie. Une neige sale recouvre la ville. À l'exception de la grand-place reconstruite à l'identique et peinte de couleurs pimpantes, la ville est grise, non seulement d'un gris de saison mais de cette couleur dont nous découvrirons qu'elle est la teinte uniforme de tout l'empire en décomposition : gris des architectures sans grâce, gris des pollutions diverses, gris des visages où se mêlent désespérance et traces des menaces et des ravages d'un totalitarisme qui a dérobé à ces peuples leur identité et n'a pas encore rendu les armes.

Le rituel des rencontres commence en cette fin d'après-midi de samedi. Nous nous rendons au siège de Solidarność où Wałęsa qui descend du train de Gdańsk nous reçoit. J'ai avec moi Massimo Russo, directeur du département Europe au FMI[1], mon assistant personnel Hugh Simpson et un interprète. Wałęsa préside la rencontre, entouré d'un trio de légende : Jacek Kuroń,

1. Massimo Russo est pour moi autant un ami qu'un collaborateur remarquable. J'avais repéré ses talents d'économiste et son exceptionnelle capacité à démêler les problèmes les plus complexes lorsque, directeur du Trésor à Paris, je l'avais pour interlocuteur à la Commission de Bruxelles dont il était le directeur général en charge des questions économiques et financières. Ma tâche était alors d'obtenir l'appui de la Commission au grand tournant de notre politique économique de mars 1983. Dès mon arrivée à Washington, je l'invitais à m'y rejoindre pour diriger le département Europe. À ce poste, il pilotera toutes nos opérations dans les pays en transition d'Europe de l'Est.

Bronisław Geremek, Leszek Balcerowicz. Ce sont ces hommes-là qui ont sauvé l'honneur de leur pays et de l'Europe et renversé le cours de l'histoire. Face à une économie délabrée, ils savent que c'est à eux qu'il incombe de prendre en main les destinées d'un pays qu'ils ont arraché à cinquante ans de souffrances et d'oppression.

Devinent-ils ce que nous ressentons ? Peu importe. Ils savent pourquoi nous sommes là et qu'ils peuvent compter sur notre bonne volonté. Ce soir, nous n'entrerons pas dans le détail des affaires. Ils nous disent leurs attentes. « Nous héritons, me dit Wałęsa, d'un château de cartes qui s'effondre et – ajoutant le geste à la parole – vous voyez, je n'ai rien dans mes poches. Il va falloir nous financer… » Je leur expose nos intentions et les limites de ce que nous pouvons faire, l'importance de leurs propres efforts et de l'aide de leurs amis au-delà de nos propres contributions.

Wałęsa écoute, attentif mais dans l'attitude de celui qui ne s'en laissera pas conter par des technocrates. Il y a quelque chose de matois dans son attitude. Elle nous signifie à la fois que c'est bien lui le patron en Pologne et que, s'il est loin de saisir tous les secrets de la macroéconomie, il faudra bien que « l'intendance suive ». Nous le comprenons vite, le gouvernement a toute sa confiance et notamment – bien que probablement il l'indispose de temps en temps – M. Balcerowicz, le ministre des Finances, avec qui nous sommes déjà en contact.

Les entretiens se succèdent. Le protocole nous amène chez le général Jaruzelski qui exerce les fonctions de chef de l'État. Alors que le souvenir de décembre 1981 ne me quitte pas, il nous reçoit entouré d'une brochette de ministres et de collaborateurs. Il est sanglé dans un costume civil comme dans un uniforme. Lorsqu'il pénètre, les yeux cachés derrière des verres teintés, droit comme un i, dans le salon d'apparat où nous l'attendons, des questions idiotes me traversent l'esprit : porterait-il un corset ? Sa raideur est-elle celle du militaire ou celle du malvoyant ? Nous nous asseyons. Il a, d'une voix douce, quelques propos de circonstance auxquels je réponds dans un langage assez protocolaire. Soudain, il se lève, se tourne vers moi et me dit : « Venez avec moi ; peut-être vaudrait-il mieux que nous nous entretenions en tête à tête et que nous laissions nos collaborateurs s'occuper de ce qui les concerne. »

Je le suis dans un petit salon attenant. Nous nous installons sur de beaux fauteuils Louis XV et, à ma plus grande stupéfaction, il me dit à peu près ceci : « Voici ce que j'ai à vous dire ; nous sommes vous et moi dans une situation des plus difficiles mais nous ne devons pas l'oublier : vous êtes français et je suis polonais. Nos deux pays, à travers l'histoire, ont souvent été dans le même camp. Nous devons aujourd'hui, et je pense que votre président ne devrait pas en disconvenir, former une nouvelle alliance. Ne l'oubliez pas, la Pologne a toujours eu et conserve aujourd'hui – et, ici, sa voix se fait plus ferme – les mêmes deux ennemis : l'un à l'Est, le Russe, l'autre à l'Ouest, l'Allemand. C'est le triste destin de ce peuple. Avec vous-même et la France, nous pouvons essayer de surmonter cette malédiction. Vous pouvez aider la Pologne à échapper en tout cas à la mainmise de son voisin soviétique. »

J'essaie de contrôler ma stupéfaction. Avec les mots les plus simples, je lui indique que mon statut de président du FMI me fait obligation d'oublier mon appartenance nationale. Même si, comme lui, j'ai un cœur de patriote, je dois simplement travailler au renforcement des économies et à leur coopération la plus pacifique possible. Je comprends certes les conclusions qu'il tire de l'histoire mais je dois aussi lui faire observer qu'au cours des années récentes, nous avons été témoins d'immenses changements géostratégiques. L'un d'entre eux, infiniment bénéfique pour la paix du monde, est un étroit rapprochement entre la France et l'Allemagne. Je pense aussi que l'Union soviétique semble dans l'impossibilité aujourd'hui de continuer à faire peser les mêmes contraintes sur les pays de l'Est. En tout état de cause, du point de vue du FMI, notre seule tâche ne peut qu'être le rétablissement économique de la Pologne dans le cadre d'une économie de marché dont elle pourra tirer une nouvelle prospérité. Il nous appartient aussi de mobiliser tous les moyens de nos États membres – y compris ceux de l'Allemagne – dans cette restauration économique de son pays. Toute l'Europe, un jour, en tirera avantage. Nous pouvons espérer que, dans un monde où les clivages de la guerre froide viendraient à s'estomper, de nouvelles relations de voisinage s'instaurent et pourquoi pas, de nouvelles amitiés.

Me croit-il ? Il me semble partagé entre scepticisme et déception d'avoir trouvé si peu d'écho.

À ce stade, il ne nous reste visiblement rien à nous dire. Je risque :

« Dois-je comprendre, Monsieur le président, que cette conversation doit rester strictement entre nous deux ?

– Évidemment ! »

Nous tiendrons parole l'un et l'autre. Longtemps après, nos collaborateurs se demanderont encore ce que nous avons bien pu nous dire. Pour ma part, je me sens quelque peu perplexe mais je suis sensible à la sincérité soudaine et maladroite de cet homme, dès notre premier contact. Je me dis, regagnant mon hôtel, que je garde peut-être une lecture trop simple de sa décision en 1981 d'instaurer la loi martiale. Peut-être ne s'est-il pas contenté d'obéir simplement à des oukases soviétiques ? Peut-être a-t-il essayé de chercher un moindre mal ? Je préfère m'en tenir à ces interrogations. Je regrette aujourd'hui encore de ne pas avoir saisi une occasion d'interroger à ce propos Bronisław Geremek dont j'ai tant admiré les analyses historiques, avant qu'il ne disparaisse dans un accident de voiture en juillet 2008.

Je rencontre ensuite le Premier ministre Tadeusz Mazowiecki. J'avais d'avance pour lui admiration et sympathie. Je connaissais ses contacts à Paris avec le groupe Esprit. Il avait eu le courage d'introduire en Pologne l'œuvre d'Emmanuel Mounier et d'essayer d'y diffuser la pensée personnaliste. Il avait été, dès la première heure, au sein de la famille de Solidarność, un des principaux intellectuels garants de sagesse et mettant à sa disposition le réseau de ses relations au-delà des frontières. Chrétien convaincu, ses fonctions de Premier ministre sont visiblement pour lui une croix fort lourde. Dès notre première poignée de mains, je suis frappé par une espèce de gravité qui ne le quitte pas ; quelque chose de triste dans le regard comme s'il avait constamment sous les yeux les souffrances et les frustrations par lesquelles son peuple devrait passer avant que ne se lève l'aube d'un matin de liberté et de solidarité. Il est parfaitement conscient des chances, certes, mais aussi des risques de la situation. Il n'est pas totalement assuré de la poursuite de l'attitude débonnaire des Soviétiques ; il mesure l'opposition encore silencieuse d'une partie de son opinion publique et notamment de tous les anciens apparatchiks et des responsables des organisations syndicales officielles. Il marche sur des œufs mais il sait où il va ; il veut parachever une transition pacifique de la dictature vers la démocratie. En matière économique, il me dit qu'il voudrait avancer avec prudence tout en comprenant pourtant la stratégie de transition rapide que Balcerowicz et une bonne partie de ses conseillers sont sur le point d'adopter. Il se gardera bien de peser sur leurs choix. Dans ce domaine comme dans les autres, « il montra à tous le chemin de crête, passage obligé de la montée humaine », comme l'a si bien dit François-Régis Hutin[1].

Je rends visite aussi aux responsables du syndicat officiel qui, d'entrée, nous invitent à ne pas nous méprendre : ils sont le syndicat le plus important en nombre d'adhérents. La turbulence de Solidarność ne doit pas le faire oublier. Ce rappel n'est pas gratuit. Ils ont entendu dire que l'aide internationale sera assortie d'un programme de réformes sur lequel ils se prononceront lorsqu'il sera annoncé ; celui-ci devrait s'accompagner d'importants crédits sociaux. En tant que représentants du syndicat majoritaire, ils comptent sur nous pour être retenus comme le canal officiel de distribution de cette manne. Je leur fais une réponse prudente : nous souhaitons en effet qu'un « filet de mesures de protection sociale » soit mis en place. Nous veillerons à ce que son financement soit assuré mais il ne nous appartient pas de décider des modalités de sa distribution. Celles-ci devront être déterminées par le gouvernement. Je pressens aussitôt que nous sommes là en présence du type de problèmes sur lesquels les forces politiques peuvent s'entredéchirer et les programmes achopper. Je garderai la question à l'esprit.

1. *Ouest-France*, 2 novembre 2013.

Le lendemain, je rends une visite de courtoisie au cardinal Glemp, primat de Pologne. Je lui demande comment il perçoit l'état d'esprit de la population polonaise devant les événements que vient de traverser le pays et face à ces perspectives nouvelles. « Ce peuple a fait preuve d'un grand courage et d'une grande patience dans tant d'épreuves. Les conditions de vie sont très dures mais j'ai confiance dans les nouveaux dirigeants et, pour l'instant, je les soutiens même si l'on sait que les prochains mois seront difficiles. Cela pourra-t-il durer beaucoup plus longtemps ? C'est la grande question sans réponse. » Il me parle alors du soutien qu'il reçoit de partout et notamment du Saint-Siège, soutien surtout spirituel évidemment, mais c'est pour lui l'essentiel. Parmi d'autres sujets, je lui fais part de ma conversation de la veille avec le syndicat officiel et l'interroge sur ce qui, dans le contexte polonais, pourrait lui apparaître comme la formule la plus sage. Sa réponse ne se fait pas attendre :

« Cette revendication ne me surprend pas et elle vous viendra de l'autre côté aussi. Mais posez-vous cette question : lorsque dans un village de Pologne, une jeune fille découvre qu'elle attend un enfant hors mariage, à qui s'en ouvre-t-elle d'abord ? Au curé de sa paroisse évidemment ! N'oubliez donc pas, si vous souhaitez que l'aide atteigne concrètement les plus pauvres et les plus délaissés et tous ces cas sociaux qu'une organisation publique peut ignorer, le rôle que peuvent jouer en Pologne des organisations d'Église. Elles devraient donc être les premières parmi les organismes distributeurs de ces concours exceptionnels. »

Nous voici donc en présence de, non pas deux, mais trois candidats à la distribution d'un hypothétique pactole. Je suis donc décidé à m'en tenir à la réponse donnée au syndicat officiel. Le gouvernement devra rendre ici un jugement de Salomon.

Je retrouve enfin M. Balcerowicz au ministère des Finances. D'entrée, son attitude m'impressionne. Très modeste dans sa mise, sans la moindre esbroufe, il s'installe dans l'attitude du technicien, conscient des difficultés – presque de l'impossibilité – de la tâche qui l'attend. Il se montre d'une fermeté intellectuelle peu commune et totalement déterminé à aller de l'avant. À aucun moment, il ne se paie de mots ; il reste d'une précision aussi grande que possible dans ses analyses, sans jamais dissimuler les lacunes dans l'information dont il dispose. Il ne me cache pas les conditions de travail absolument acrobatiques dans lesquelles il se démène. Certes, il a réuni un groupe de collaborateurs parfaitement avertis et enthousiastes, mais leur travail est rendu difficile par l'obligation dans laquelle ils se trouvent d'écouter les multiples conseillers qui se ruent dans leurs antichambres, tous ceux aussi, ministres ou autres personnalités étrangères, qui tiennent le plus vite possible à afficher dans leurs journaux ou leurs salons leur photographie avec les héros du changement en Pologne. Puis ce sont tous les apporteurs de promesses dérisoires et de suggestions farfelues qui ne lui laissent que peu de temps pour se retirer avec ses conseillers et mettre au point le programme qu'il doit annoncer dans les prochaines semaines pour l'année 1990. « Rendez-vous compte, me dit-il, nous sommes le 4 décembre, et je n'ai pas encore trouvé une minute pour jeter un premier coup d'œil sur le projet de budget pour 1990 ! »

L'excellente qualité de notre relation s'établit très vite, chacun faisant l'impossible pour la réussite du programme dont il faudra bien accoucher. Dès cet instant, une solide entente est nouée ; elle tiendra contre vents, intrigues et marées. Nous la scellons sans grands discours, non seulement dans de longs échanges avec nos plus proches collaborateurs mais aussi dans l'amitié d'un déjeuner sans prétention avec nos deux épouses.

Un programme va finalement être élaboré, mobilisant dans une extrême intensité nos deux équipes. On parlera plus tard de l'ancrage de ce programme sur une politique inflexible de taux de change. Je continue d'affirmer, pour ma part, que son véritable ancrage et les clés de son succès se trouvent dans la qualité de l'équipe autour de M. Balcerowicz, sa détermination, son enthousiasme, son intégrité et son courage, garants de toute sa crédibilité internationale. Le dire n'enlève rien au mérite de quelques experts internationaux tels que Jeffrey Sachs qui s'est fait omniprésent ni, bien sûr, à celui de la remarquable équipe que le FMI a pu détacher pour ce travail. Je pense en particulier à Peter Hole, Thomas Wolf, Hans Flickenschild, Timothy Lane, Rolando Ossowski, Frank Lakwijk et ceux qui les soutiennent à Washington.

Ajoutons que pour comprendre la réussite du programme qui va être lancé, il faut garder à l'esprit une très forte caractéristique de l'expérience polonaise : le patriotisme qui anime cette société, en dépit des différences fondamentales qui peuvent la diviser. Ce facteur nous saute immédiatement aux yeux, quels que soient nos interlocuteurs, parmi les équipes gouvernementales ou la société civile et je pourrais même dire du cardinal Józef Glemp au général Jaruzelski. Ce patriotisme comme une confiance irrépressible dans la destinée de leur pays, quels que soient les obstacles sur la route, est peut-être l'ingrédient essentiel du programme finalement adopté et de son succès.

Ce programme de passage de la Pologne à l'économie de marché mérite que l'on s'y arrête. Il va servir sinon de modèle, du moins de référence, à tous ceux qui seront lancés, au cours des années quatre-vingt-dix, par les autres pays de l'ancien empire soviétique.

Venons-en à nos travaux. L'inventaire de la situation était prêt. Nous savions l'économie dans un état déplorable. Au cours des années précédentes, un gouvernement incompétent et largement discrédité ne s'était jamais trouvé en position d'entamer le programme sérieux de réformes dont il ne cessait de parler. Celles-ci étaient demeurées superficielles et n'avaient pour objectif que de gagner les bonnes grâces et la patience des créditeurs alors que la dette extérieure contractée pendant les années soixante-dix atteignait 40 milliards de dollars et étouffait le pays. Ajoutons à cela des traits communs à bien des économies socialistes : les pénuries et les restrictions, une productivité très basse, une production en chute libre, un environnement fortement dégradé, le tout accompagné des séquelles d'erreurs lourdes dans la conduite des politiques macroéconomiques, une situation budgétaire de plus en plus déficitaire, obérée par des subventions croissantes au secteur énergétique, une situation de balance courante à la dérive et une inflation atteignant près de

30 % par mois, s'approchant ainsi du seuil de l'hyperinflation. À tout cela s'ajoutent, outre la corruption, une profonde ignorance des mécanismes de l'économie de marché, un appareil statistique démoralisé parce que trop souvent contraint de travestir la réalité ou tout simplement mal équipé pour fournir au nouveau gouvernement les informations de base nécessaires à l'élaboration de son programme. Quant au secteur bancaire – incapable de rembourser d'importants dépôts extérieurs et quasi en banqueroute – il est comme le pays et sans qu'aucune voix officielle ne l'avoue encore, au bord du désastre.

Seule bonne surprise qui ne saurait être portée au crédit des gouvernements précédents : nous trouvons en face de nous des hommes remarquablement préparés à aborder les problèmes complexes que pose la transformation de leur économie. Les hommes qui forment l'équipe que nous rencontrons ont passé les dernières années à se préparer à cette tâche – dans des conditions plus ou moins confidentielles – par une étude aussi approfondie que possible des problèmes de leur pays ; ils ont également beaucoup réfléchi à ce que devrait être leur stratégie de réforme. Non sans avoir pesé soigneusement avantages et inconvénients, ils ont fait le choix délibéré d'une approche audacieuse, convaincus que tout gradualisme les amènerait par sa logique même à laisser persister des déséquilibres fondamentaux, à maintenir en place des agents fermés à toute initiative privée, et ne pourrait donc conduire qu'à intensifier les risques d'hyperinflation.

Un autre fruit – assez inattendu pour nous – de la qualité de leur réflexion clandestine est leur sens plus aigu encore que celui des observateurs internationaux de l'étroitesse de leurs marges de manœuvre. Ceci va les amener à se montrer réticents à l'encontre des mesures de protection sociale que nous auraient suggérées de simples considérations sociales ou politiques. Dès 1990, ils décideront ainsi d'introduire un contrôle des augmentations salariales plus strict que nous ne l'aurions recommandé. De même, ils auront le courage de remettre en cause plusieurs avantages sociaux que Solidarność avait arrachés au gouvernement précédent (indexation trop généreuse des salaires, mesures catégorielles en faveur des plus importants groupes de travailleurs, des mineurs par exemple).

Fin décembre, le programme est prêt et va être annoncé. Il porte à la fois sur un très vaste ensemble de réformes systémiques et un programme d'ajustement macroéconomique tout aussi courageux, visant à une stabilisation aussi rapide que possible. Il s'agit de libérer les prix, d'accepter en conséquence leur augmentation immédiate, puis de les stabiliser aussitôt après et provoquer une chute rapide de l'inflation. La dévaluation correspondante du taux de change est opérée, le tout devant provoquer une réaction rapide de l'offre et l'élimination des pénuries. C'est ainsi que le plan va comprendre :

– un taux de change fixe épaulé par un Fonds de stabilisation des changes, et une stricte politique des revenus pour contrôler les salaires, le tout servant d'ancrage nominal au programme ;

– de rigoureuses politiques budgétaires et monétaires ;

– une libération immédiate des prix intérieurs ;

– l'ouverture du système de commerce extérieur et

– un large ensemble de mesures destinées à réduire les nombreuses rigidités institutionnelles qui faisaient obstacle à la mise en place d'une économie de marché. Il s'agit de casser les monopoles, de réformer le monde des entreprises et d'engager la privatisation des entreprises publiques.

Certains crieront au saut dans l'inconnu. Le saut, bien au contraire, avait été soigneusement paramétré et des résultats spectaculaires ne se feront pas attendre. En matière macroéconomique d'abord : l'inflation ralentit nettement et les anticipations de hausse des prix sont muselées ; le budget et la balance des paiements sont en surplus substantiels. Les pénuries disparaissent presque complètement : il n'y a plus de files d'attente aux portes des magasins. C'est le résultat des libérations des prix et du commerce extérieur. Ce dernier se détourne radicalement du COMECON[1] pour s'ouvrir à l'Ouest.

1. Le COMECON ou Conseil d'aide économique mutuelle, est une organisation – prétendument d'entraide économique – des pays d'obédience soviétique. Sous prétexte d'une meilleure planification et de spécialisation de ces économies, il est lourdement dominé par l'URSS qui le dirige en fonction surtout de ses propres intérêts.

Comme on s'y attendait, cependant, la production continue de chuter et le chômage d'augmenter. C'était inévitable dans un tel contexte de changements structurels, alors que trop d'entreprises non-viables se trouvent soudainement privées de leurs protections artificielles. Ceci ne fait que révéler la persistance de bien des problèmes dans la plupart des branches économiques. Les premiers résultats de la stabilisation vont permettre de les aborder avec encore plus d'assurance, mais il y faudra du temps. La privatisation de grandes entreprises publiques et la création d'un système financier moderne et compétitif doit y contribuer. Il faudra simultanément approfondir l'ajustement macroéconomique et continuer à maîtriser toute reprise de la hausse des prix.

Le FMI va maintenir son soutien financier. Il pourra le faire désormais au moyen d'un instrument de soutien à moyen terme couvrant les trois années suivantes. Dans ce contexte, le Club de Paris pourra, enfin, décider en mars 1991 une réduction de 50 % de la dette extérieure. Ces années verront aussi le taux de change rester stable. La Pologne pourra souffler. Peu oseront songer à un retour en arrière. Les perspectives désormais sont celles de la coopération avec les économies de marché voisines et, à l'horizon de la fin du siècle, celles de son accession à l'Union européenne.

Une révolution s'est opérée. Nous allons vivre – sur un mode mineur pourrait-on dire – des développements analogues dans les pays voisins. Avant de les décrire ici brièvement, j'aimerais évoquer un homme qui, par la seule force de sa foi, de son intelligence politique et de son patriotisme, en aura été un acteur décisif.

24 octobre 1989 : le dernier grand du XXe siècle

« Pardonnez-moi, je m'emporte, mais c'est parce que vous êtes un ami !... »

Et mon interlocuteur a un sourire auquel il serait difficile de résister...

Je crois maintenant bien le connaître. Je l'ai déjà rencontré à sa demande, il y a deux ans, mais aujourd'hui, c'est de Pologne qu'il veut me parler. Je suis seul cette fois avec lui dans sa grande bibliothèque. C'est le même homme, mais entre-temps, depuis notre premier entretien en décembre 1987, le monde a changé. Cet homme est en train de renverser l'empire soviétique et de libérer ses satellites d'Europe de l'Est. Il le fait à mains nues, sans la moindre division, aurait dit Staline, avec ce haussement d'épaules qui est resté dans l'histoire. Je devrais être intimidé, coincé peut-être ; mais l'accueil est tel, fait d'ouverture, de chaleur, d'attention, d'attente confiante perceptible au premier contact, que l'on se sent comme hissé, de plain-pied avec lui. C'est ainsi que notre conversation, conclue dans cet échange vif, s'est engagée.

On l'a compris, l'homme que je rencontre, ce 24 octobre 1989, est le pape Jean-Paul II. Qu'ai-je donc fait pour qu'il s'emporte ? Revenons donc à notre première rencontre.

J'imagine que, pour la plupart des hommes, des rencontres entre le Vatican et le FMI relèvent de l'improbable. L'un s'occupe de ce qu'il tient pour le Royaume de Dieu et sa venue dès maintenant en ce monde, en appelant les hommes à agir en frères ; l'autre, de technique monétaire, prêchant « à temps et à contretemps » les grands équilibres et une gestion sage des économies. Ajoutons que le grand principe de laïcité des institutions publiques et le « rendez à César ce qui est à César et à Dieu ce qui est à Dieu » de Jésus de Nazareth font bon ménage. Comme chrétien – et qui plus est, ancien fonctionnaire français – j'ai une conception très claire de la laïcité des institutions et je veille à ce que, dans ce domaine comme dans d'autres, le FMI soit irréprochable. Je n'avais donc pas inscrit le Vatican à mon programme initial de rencontres à travers le monde. L'occasion m'en fut offerte par la publication par le conseil pontifical Justice et Paix le 27 décembre 1986, d'un document formulant quelques reproches au comportement du Fonds et de ses agents.

En cette fin d'année 1986 et depuis plusieurs mois, la question de la dette de l'Amérique latine est dans l'impasse. Ce texte veut offrir une approche éthique de l'endettement international. Son analyse est parfaitement lucide ; il est réaliste dans ses conclusions. Mais il dérange. Un peu partout, les banquiers réagissent avec plus ou moins d'aigreur. Les gouvernements latino-américains jubilent. En France, André de Lattre, qui dirige le centre de formation de l'Association française des banques, marque ses réserves avec une courtoise fermeté. Au FMI où je prendrai mes fonctions dans quinze jours, on tord le nez. On découvre en effet, au détour d'un paragraphe, une phrase qui semble ignorer les services qu'il rend dans des conditions difficiles. Il y est dit que, « en plusieurs cas, ses décisions ont été mal reçues par les pays en difficulté, leurs dirigeants et leurs opinions publiques ; elles pouvaient apparaître imposées de façon autoritaire, technocratique et sans suffisante considération des urgences sociales et des spécificités de chaque situation. Il conviendrait que le dialogue et le service de la collectivité soient manifestés comme valeurs guidant ses actions ».

Ces phrases ne sont pas sans fondement. Il n'empêche ! Pour des agents dévoués et compétents, si souvent à la peine et traités en boucs émissaires des malheurs du monde, les qualifier de technocrates est le mot de trop ! Tout cela aurait pu être vite oublié, mais il se trouve que je connais un peu le président de ce conseil pontifical, l'ancien archevêque de Marseille, le cardinal Etchegaray ; Espelette, son village tellement aimé où on le rencontre au mois d'août, n'est qu'à quelques kilomètres de Bayonne, ma ville natale. Je sens donc que la moindre des choses est de lui rendre visite, d'en débattre avec lui et d'essayer de faire mieux comprendre au Vatican la dure condition des gardiens de la sagesse monétaire mondiale. Le cardinal – que j'avais déjà rencontré à quelques reprises – accueille cette idée avec cette ouverture d'esprit, ce goût du contact qui lui fera arpenter le monde et échanger avec la terre entière, de Fidel Castro à Saddam Hussein, des favelas et des *villas miserias* d'Amérique latine aux églises inondées de sang du Rwanda… Ce fut une vraie rencontre et le début d'une grande amitié. Il fut, sans aucun doute, à l'origine du souhait de Jean-Paul II de me rencontrer.

Rome, 21 décembre 1987

Depuis un an, je dirige le FMI. D'entrée, le pape m'installe tout près de lui, au coin de sa table, pour échanger comme deux amis, loin du face-à-face officiel[1]. Il me dit combien il est heureux de cette occasion de mieux comprendre le fonctionnement d'une institution dont l'horizon – comme le sien – est mondial. Il en discerne l'importance, mais on lui en dit souvent du mal. Il évoque la note de Justice et Paix. Il ne s'attendait pas à ce que je lui en dise du bien, ce que je fais pourtant. J'en profite pour lui expliquer la condition particulière du Fonds dans le système institutionnel mondial. Comme il connaît l'importance de nos rapports semestriels sur la situation économique du monde, les *World Economic Outlooks*, je lui donne quelques clés de nos analyses pour identifier les interactions systémiques et faire mieux saisir par les grandes puissances – sans grand succès – la portée positive ou négative de leurs politiques intérieures sur leurs voisins.

Nous en venons aux grands problèmes du moment. Je sens combien il est attentif à ce qui se passe à l'Est : jusqu'où peut aller Gorbatchev ? En Pologne, « Jaruzelski est un homme intelligent, vous savez, mais prisonnier de son système. » D'autres problèmes occupent aussi son esprit : l'Amérique latine surtout, plongée dans les débats suscités par la théologie de la libération, en proie à une crise de la dette tellement présente à son esprit que, lui qui parle si bien notre langue, ne l'évoque que comme la « *deuda* » ; et puis l'Afrique et les pays les plus pauvres…

Je retiens plusieurs éléments de cette première conversation. D'abord, son intense concentration dans notre échange. Ce « pape qui scrute l'histoire » – et le monde – comme le dira le fondateur de Sant'Egidio[2], Andrea Riccardi, dans sa magnifique biographie, s'intéresse à nos méthodes d'analyse pour repérer

1. Je raconte cette rencontre sur la base du verbatim que nous avons écrit Brigitte et moi, dans notre voiture, à peine sortis du bureau du Saint-Père. J'avais dû violer quelques règles protocolaires vaticanes pour que Brigitte assiste à cette rencontre ; je m'en réjouis encore.

2. Cette communauté, fondée à Rome en 1968 par de jeunes chrétiens se consacrant initialement à des tâches d'assistance humanitaire dans les bidonvilles de la capitale

ce qui est essentiel, les phénomènes d'influence systémique, nos méthodes de surveillance et de classement des pays. Deux ans plus tard, il s'y référera lors d'une nouvelle conversation en me disant : « Vous savez, votre grille de classement et d'observation, je l'évoque ici avec mes collaborateurs. » Mais lui, évidemment, ne s'en tient pas aux seules réalités économiques et sociales. Dans le déroulement entremêlé des événements, il « scrute et vénère un mystère ». Une sereine certitude l'habite. Ces formidables ébranlements mondiaux n'altèrent pas la paix et l'assurance dont il rayonne, vivant une invincible complicité avec celui qui « est vainqueur du mal ».

C'est un homme de rencontres. Elles sont pour lui un besoin vital. Tout naturellement, il teste ses intuitions et partage avec ses visiteurs les pensées qu'il « rumine » en préparation de ses enseignements les plus importants. Paul VI voulait une Église-conversation. Jean-Paul II est un Pape-conversation.

Comme nous sommes, en cette fin 1987, à la veille de la publication de sa grande encyclique *Sollicitudo Rei Socialis*, il revient – comme martelant des certitudes longuement mûries – sur les thèmes qu'il y développe : l'opposition entre le collectivisme et l'économie de marché, l'exigence de faire reconnaître par les États le droit à l'initiative économique, leur devoir de respecter la créativité du citoyen…

« La réforme que vous essayez de promouvoir dans les pays de l'Est ne sera-t-elle pas étouffée par l'État totalitaire ? Regardez mon pays, me dit-il. Nous avons un capitalisme d'État ; il cumule donc les défauts des deux systèmes ! Dans cet univers d'économie planifiée, tout est gouverné, mais tout est assoupi, rien ne change, rien ne naît, rien ne bouge ! Et regardez ce pays, l'Italie où j'habite maintenant, le gouvernement et les institutions y sont faibles, mais partout, des entreprises naissent, tout fleurit ! »

Il souligne enfin ce qu'il appelle le « rapport d'universalité » entre les peuples, le devoir pressant des personnes et des

---

italienne, a progressivement étendu ses engagements à l'Afrique où elle a joué un rôle majeur de médiation d'abord au Mozambique et dans divers autres pays.

gouvernements des pays les plus avancés à l'égard des pays les plus pauvres, le lien entre œuvres de justice et de paix. Je lui parle de nos efforts pour mettre en place des instruments plus efficaces pour cela – notre *ESAF*[1] – et tant d'autres initiatives en cours. Il me parle de pays précis : la Bolivie, Haïti, le Sri Lanka... Depuis un moment, toutes les cinq minutes, un *Monsignore* entrouvre la porte comme pour signifier la fin de la rencontre ; il l'ignore, et puis finit par se ranger à ces rappels. « Il faudra que nous nous revoyions », me dit-il.

Je garde un souvenir très vif aussi de la seconde rencontre dont le début de ce chapitre vient d'évoquer la conclusion. Nous sommes moins de vingt jours avant la chute du mur de Berlin. Il sent que ce moment qu'il attendait avec une telle ferveur approche. Il devine qu'il se produira plus tôt que la plupart des chancelleries ne le prévoient. Du coup, il demande à son nonce à Washington, Mgr Pio Laghi, de me prier de venir le voir. Il est soucieux de savoir comment les efforts des pays de l'Est pourront être soutenus par la communauté mondiale. Il mesure le défi qui se profile à l'horizon, le formidable désordre, les violences peut-être, qui pourraient suivre l'effondrement du système du COMECON. Celui-ci se prétend un instrument de coopération mais il n'est qu'au service du plus fort ; il est donc voué à disparaître. Comment le remplacer ? En un mot, pour Jean-Paul II, c'est très simple (il le dira plus diplomatiquement au paragraphe 28 de son encyclique *Centesimus Annus* de 1991) : pour ces pays, c'est à ce moment que « la véritable après-guerre commence ». Ces pays sont de nouveau en 1945. Il faut donc rebâtir sur les ruines de la guerre et, simultanément, effacer les lourdes séquelles du collectivisme.

Il m'accueille avec chaleur. Il me demande des nouvelles de Brigitte et de ma famille puis, comme retenant son émotion, évoque « tous ces mouvements à l'Est ». Il est clairement très informé et aucun doute ne l'effleure : une irrésistible dynamique de libération s'engage. Il en mesure tous les risques, mais une

1. *ESAF* : *Enhanced Structural Adjustment Facility* (facilité d'ajustement structurel renforcée).

formidable espérance l'habite. Encore faut-il que les hommes se mobilisent pour qu'en cette heure le monde soit à la hauteur de l'Histoire, que les violences soient évitées, qu'en un grand élan les générosités se libèrent.

« On me dit que le FMI va être chargé de coordonner les efforts des pays de l'Ouest pour aider le changement à l'Est ; comment voyez-vous cela ? »

Je lui dis que je ne sais pas jusqu'où ira notre pouvoir de coordination mais que je partage son analyse et ses espoirs. Une fois de plus, ce qui va se passer en Pologne va être décisif pour l'histoire du monde. Dans la communauté des institutions multilatérales – Commission européenne, Banque mondiale, FMI –, nous mesurons bien toute la difficulté de la tâche du nouveau gouvernement polonais confronté à une triple calamité : la dette qui n'a servi à rien, l'inflation galopante, une totale inadaptation à une économie de liberté. Tout le monde autour de moi est conscient de l'enjeu. Nous sommes tous dans l'enthousiasme devant une pareille tâche ; nous allons faire le maximum... pourvu que nos États membres nous suivent et nous en donnent les moyens.

« Mais quoi, plus précisément ? », me demande-t-il. J'entreprends de lui expliquer la panoplie de nos instruments, les procédures que nous voulons accélérer et simplifier, les prêts aux meilleures conditions. Je ne lui cache pas ma crainte qu'après l'engouement des débuts, le soutien international ne s'essouffle même si, comme nous y sommes décidés, nous faisons l'impossible pour qu'il reste à la hauteur des enjeux. Pour ce qui est du Fonds, nous maintiendrons nos prêts...

« Des prêts ? ! Mais c'est de l'argent qu'il faut donner à la Pologne ! Oui, donner ! »

Et là, il n'y va plus par quatre chemins : c'est le patriote polonais qui parle ; c'est un appel qui vient du fond de son être, sa voix sourde se fait pressante :

« Il faut aider massivement la Pologne ! Vous êtes français ; les pays d'Europe de l'Ouest – vous et les Anglais surtout – vous avez une lourde dette de responsabilité à l'égard de la Pologne ; il y a eu injustice à son égard. Vous et les Britanniques, vous nous avez abandonnés… Puis plus tard à Yalta (Yauta ! disait-il, mais peut-être oubliait-il que la France n'y était pas). Yalta aurait pu être un coup mortel pour la Pologne… si elle n'était immortelle ! Vous avez laissé pour quarante ans la Pologne sous l'emprise du totalitarisme soviétique. La Pologne a failli y perdre son âme ! Il y a là, pour vous et pour tous les pays de l'Ouest, une obligation de réparer. Ces hommes qui étaient à Yalta portent une très lourde responsabilité devant Dieu et devant l'Histoire. Cela a été une épreuve terrible. Il faut arracher la Pologne et ces pays à leur souffrance ; ils ont trop souffert, il faut les guérir, les rétablir à leur place en Europe. »

A-t-il prononcé à ce moment-là le mot de « Plan Marshall », je ne puis l'assurer, mais l'idée était celle-là.

Je lui explique alors avec plus de détails ce que les organisations internationales, l'Europe, la Banque mondiale et le FMI, pourraient faire. Nous sommes bien conscients du défi historique que nous vivons, mais nous ne pouvons agir que dans le cadre de nos règles institutionnelles. Le ton alors devient plus vif ; je perçois l'émotion contenue de ses paroles : « Il ne faut pas prêter de l'argent à la Pologne, il faut lui en donner ! Vous devez faire que cette transition réussisse, sinon les communistes reviendront ! »

J'insiste alors sur le nécessaire respect des statuts ! Il ne me dit pas qu'il faut les changer mais c'est tout comme… Je ne sais ce que je lui réponds ; il résiste encore et c'est là qu'il me dit : « Voyez, je m'emporte un peu, mais c'est parce que vous êtes un ami !… »

Il se reprend ; j'explique encore. Il reconnaît nos contraintes, mais il veut être certain que tout le possible sera fait. Je le rassure mais j'en profite pour observer – prenant peut-être le risque d'une réaction assez vive – que la Pologne devra aussi s'aider elle-même et mettre en place les structures d'un pays démocratique et d'une économie de marché, alors qu'elle tournait jusque-là au rythme désespérant d'économies bureaucratisées. La réaction ne se fait pas attendre : « Ce n'est pas au reste du monde ou aux institutions internationales d'insister là-dessus. »

J'insiste pourtant : « Vous savez, Saint-Père, les meilleurs amis de la Pologne signalent le besoin d'un changement culturel profond dans votre pays. On nous rapporte que bon nombre de Polonais travaillent à un rythme ralenti puisque leur travail ne sert – à leurs yeux – qu'à renforcer le système d'exploitation du COMECON qu'ils détestent. » Il me réplique : « Oui, c'est sûr, mais laissez-nous nous charger de ce qui doit être une reconstruction spirituelle et civique du pays. Il faut, certes, susciter à nouveau une culture du travail et mobiliser le pays pour construire un nouvel avenir, mais c'est notre affaire. » Ce « nous » n'est pas un pluriel pontifical chez ce pape qui l'a abandonné pour le « je », mais c'est : « Nous les Polonais... », nous les pays d'Europe de l'Est, cet « autre poumon de l'Europe » qu'il ne dissocie pas de son pays dans son plaidoyer, « Nous l'Église... ».

Après cet échange sans fioritures entre le patriote Jean-Paul II et le gardien des règles de fonctionnement d'une institution internationale, la conversation devient un quasi-monologue où une autre préoccupation fondamentale du Saint-Père se donne libre cours : « Qu'allons-nous faire de cette liberté retrouvée ? C'est bien ce que vous entreprenez au FMI et ce que font les gouvernements pour aider ces pays dans leur transition économique, mais il nous faut prendre garde à ce qu'un nouveau matérialisme, celui de la consommation à outrance, ne vienne se substituer au "matérialisme dialectique" que l'on a tenté de nous imposer pendant quarante ans... »

À ce moment, il revient sur ces développements si nouveaux de l'encyclique *Sollicitudo Rei Socialis* sur les structures du péché dont l'économie de marché, vers laquelle ces pays se tournent maintenant, n'est pas exempte. Parmi ces structures, il rappelle pêle-mêle « le désir exclusif du profit à tout prix, la culture de consommation et toutes ces manifestations dégénérées du capitalisme ». Il en perçoit la menace. Peu à peu dans notre conversation, son ton a changé. Assuré lorsque nous parlions des perspectives immédiates de libération, rassuré quand nous évoquions le soutien de l'Ouest, sa profonde inquiétude maintenant est palpable alors qu'il évoque ce risque de substitution d'un matérialisme à l'autre ; le ton de nouveau se fait pressant. Il sait qu'il est presque seul, parmi les leaders du monde, à s'en soucier. Il voudrait que l'alarme retentisse ! Seul son ami agnostique Václav Havel y est clairement sensible et l'évoquera avec moi. Havel insistera sur la nécessité de ne pas seulement restructurer les économies mais les systèmes de valeurs sur lesquelles elles reposent, faute de quoi peu de choses auront changé.

J'ai cent fois évoqué cette conversation dans les mois qui suivirent avec mes amis, pour mieux essayer de comprendre en profondeur le message de cette personnalité hors du commun. J'en discuterai avec le cardinal Etchegaray et Andrea Riccardi que je rencontre dans notre travail commun au Mozambique. Sant'Egidio, la communauté que M. Riccardi a fondée, joue en effet un rôle décisif dans les négociations secrètes pour le rétablissement de la paix dans ce pays, alors que le FMI travaille à faciliter la reconstruction et la remise en marche de son économie. L'un et l'autre soulignent la dimension encore plus mystique que politique du pape Wojtyła. Andrea le dit très bien :

« Pendant plus de dix ans, Jean-Paul II s'est mesuré au communisme, jusqu'à la chute du mur. » Il a été un pape « vainqueur » face à l'empire soviétique auquel, dans les années soixante-dix et quatre-vingt, la majeure partie des observateurs prédisaient une longue vie. A-t-il donc été un pape politique ? Ceux qui connaissent la dimension spirituelle, l'aspect mystique et la prière du pape Wojtyła ne peuvent qu'affirmer le contraire : la foi a été au cœur d'un pontificat fondé essentiellement sur la communication du message de l'Évangile sous toutes les latitudes. Jean-Paul II était convaincu cependant que le christianisme représentait une force de libération de l'homme et des peuples : fondé sur la dimension spirituelle, le christianisme pouvait parvenir à transformer l'histoire des nations. C'est bien ce qui s'est passé dans la libération de la Pologne vis-à-vis du communisme.

Je retiens, pour ma part, que ce pape mystique reste habité d'une conscience et d'une lucidité politique exceptionnelles. On les retrouve à tous les stades de son histoire dès ses années de jeunesse, puis d'épiscopat et de pontificat, dans sa résistance au communisme, mais aussi face aux problèmes de l'Amérique latine, de l'Afrique, de la Chine…

Le mystique n'étouffe pas, bien au contraire, le politique. Pourquoi ? Parce que Wojtyła est un homme, dans la dimension plénière du mot, polonais jusqu'au bout des ongles, engagé de toutes ses forces, de toute sa lucidité, de toute son intelligence, dans le combat pour l'homme, et d'abord sa liberté et celle de son pays. Oui, polonais avant tout, lié charnellement à son pays comme Péguy l'était à la France, d'un lien qui ne se discute pas. Il y avait une dimension mystique même dans son attachement à sa patrie. Une mystique, comme chez Péguy, pétrie d'espérance, quelles que soient les cruautés de l'Histoire.

Jean-Paul II savait mieux que quiconque ce qu'espérer veut dire, là où aucun espoir humain ne parvient à percer. Ce n'est pas pour rien que, jeune étudiant, il avait consacré son premier mémoire de théologie à un autre poète, Jean de la Croix qui, lui, chantait la foi «*aunque de noche…*[1]». La force de la «petite fille Espérance» chez ce patriote, maintenant «saint» dans son Église, aura changé la face du monde.

Après cette rencontre d'octobre 1989, je veillais comme promis à ce qu'il soit tenu informé des développements dans son pays et dans les autres pays de l'Est. Je n'aurai plus, cependant, avec lui de contact véritablement personnel. Tout à la fin de sa vie, j'ai été invité plusieurs fois à venir participer à la messe matinale qu'il célébrait à sept heures et demie dans sa chapelle privée. Le rite était immuable. Quelques invités et les religieuses au service de sa maison étaient introduits dès sept heures. Le pape était déjà là. Il n'était que prière. Immobile. Lourde masse humaine, intimement reliée de toute évidence à tous ceux qui, dans le monde, peinaient, souffraient, priaient. Cet homme vivait un martyre : celui de sa fidélité à une tâche qu'il jugeait devoir mener jusqu'au bout de ses forces.

1. «bien qu'il fasse nuit…»

Je pense que tous ceux qui ont passé ces longs moments de silence auprès de lui ont songé aux mots de Jésus[1] s'adressant à Pierre quelques jours après la Résurrection, après leur déjeuner au bord du lac, le triple « Pierre, m'aimes-tu ? » et, après la triple réponse de Pierre, « Pais mes brebis. En vérité, en vérité, je te le dis, quand tu étais jeune, tu mettais toi-même ta ceinture et tu allais où tu voulais ; quand tu auras vieilli, tu étendras les mains, et un autre te ceindra et te mènera où tu ne voudrais pas. » Et Jean, l'Évangéliste, ajoute : « Il signifiait, en parlant ainsi, le genre de mort par lequel Pierre devait glorifier Dieu. Ayant dit cela, il lui dit : "Suis-moi". »

Pour qui avait eu la chance de rencontrer Jean-Paul II dans tout l'éclat de son intelligence et d'une vigueur physique que même la balle tirée à bout portant ne semblait pas avoir altérée, ces moments étaient bouleversants. Oui, il n'était que prière et offrande, cette offrande dont parle Teilhard de Chardin, la plus difficile de toutes, celle de nos passivités, de nos diminutions, après celle de tous les combats d'une vie la plus remplie qui soit. Le « dernier grand du XXe siècle[2] » s'éteignait. Auprès de lui, à ces moments-là, on ne pouvait être que silence et humble communion, dans le souvenir de tous les combats qu'il avait menés pour la paix dans le monde, de tous les enseignements dispensés pour ouvrir les voies d'une mondialisation plus humaine.

Budapest, 16 mai 1990 : discours sur la méthode

Nous voici depuis neuf mois engagés dans cette entreprise d'accompagnement des anciennes « démocraties populaires » dans leur transition vers un régime de liberté. Il est grand temps que nous nous expliquions publiquement sur ce que nous faisons. Je saisis la première occasion de le faire. Ce sera devant l'assemblée parlementaire du Conseil de l'Europe, cette

1. Au chapitre 21 de l'Évangile de Jean.
2. L'expression est d'Andrea Riccardi qui l'a bien connu.

institution où l'Europe veut, selon le mot de Jean-Paul II, respirer de ses deux poumons de l'Ouest et de l'Est. C'est l'institution européenne la plus ancienne. Elle fut créée en 1949. Elle compte quarante-sept pays dont les membres de l'Union européenne ; les pays de l'Est vont y adhérer. Elle est la principale organisation des droits de l'homme du continent. Elle est réunie ce jour-là à Budapest car la Hongrie est en cours d'adhésion. Ce 16 mai 1990, elle m'invite à venir lui exposer les questions capitales que soulève la réforme économique en Europe centrale et orientale : Comment aborder l'économie de marché ? À quel rythme conduire la réforme ? Quel nouveau rôle pour l'État ? Quel soutien attendre de la communauté internationale ?

Face à de telles questions, la moindre des choses est d'être clair. L'économie de marché s'appréhende comme un tout. Il est légitime d'essayer de concilier le meilleur de chacun des deux mondes : l'efficacité de l'un et les protections de l'autre. Pourtant, il faut se rendre à l'évidence.

« L'expérience a été tentée, dis-je, ici ou là, de la recherche d'un "tiers chemin" réalisant cette conciliation : introduire quelques mécanismes de marché sans remettre en cause le principe même de la planification centrale. L'expérience, à ce jour, a toujours échoué ou n'a accouché que de résultats médiocres dont on peut conclure que l'économie de marché ne se prête guère à une construction graduelle, à une sorte de distillation fractionnée. Pourquoi ? Parce qu'il y a une interdépendance fondamentale entre tous les éléments d'un système économique. »

On ne peut donc échapper, dès lors, à la redoutable tâche d'aborder ensemble toutes les variables essentielles : la libération des prix et des salaires, l'ouverture du commerce extérieur, la convertibilité de la monnaie, etc.

« On discerne ainsi l'ampleur du programme de réformes à mener, si possible de front. Il n'a, pour autant, de chance de succès que si l'action économique de l'État est elle-même profondément renouvelée et si un dispositif efficace et bien ciblé de protection des populations les plus fragiles est mis en place.

Plus le filet de protection sociale sera efficace, plus les gouvernements seront à même de mieux résister aux pressions de ceux qui souhaiteraient maintenir partiellement le contrôle des prix ou retarder la liquidation des entreprises non rentables ce qui, au nom des bonnes intentions, ne ferait que retarder le moment où l'économie de marché produira tous ses effets bénéfiques.

Dans la pratique naturellement, il sera impossible d'opérer tous ces changements du jour au lendemain... En fait, un certain « gradualisme » est inévitable pour la simple raison qu'il est humainement impossible de tout changer en peu de temps. Mais il est souhaitable que la pleine portée des réformes envisagées soit annoncée d'emblée. Il y a une sorte de masse critique de réformes à mettre en œuvre sans attendre. Gardons-nous de sous-estimer les coûts économiques d'une approche trop progressive : elle n'a pour elle que les apparences de la sagesse et peut servir d'alibi à l'indécision et à l'opportunisme ; elle implique en fait une grave perte d'efficacité car elle renvoie à plus tard le moment où les entrepreneurs recevront du marché les signaux clairs qui déclencheront les réactions créatrices du secteur de l'offre : décisions d'investir ou de créer des activités nouvelles, par exemple. »

Dans le nouveau contexte ainsi créé, quelles nouvelles fonctions donc pour l'État ?

« C'est un rôle nouveau de l'État dans ses rapports avec l'économie qu'il convient de définir. L'histoire a balayé les expériences les plus contrastées : celles où l'État abandonnait, en principe, l'économie aux agents économiques, celles où il prenait tous les pouvoirs, celles aussi qui tentaient des synthèses équivoques de ces deux extrêmes. Le pragmatisme aujourd'hui définit assez clairement les tâches de la puissance publique dans une économie de marché. Trois responsabilités clés lui sont imparties : le contrôle macroéconomique, la mise en place du cadre institutionnel et législatif de l'économie, la définition et la gestion, enfin, de ce que nous pourrions appeler des filets de protection sociale.

L'État est tout d'abord responsable de la mise en place de politiques macroéconomiques claires garantissant la stabilité de l'environnement financier et les conditions d'une croissance régulière à moyen terme. Qu'on ne s'y trompe pas ! La phase initiale de la réforme économique constitue une épreuve décisive à cet égard. L'effort de réforme risque d'être rapidement mis à mal s'il n'est pas conduit dans un contexte de stabilité macroéconomique, ce qui implique rigueur budgétaire et monétaire.

L'État doit simultanément mettre en place les nouvelles structures. La tâche qui attend les législateurs est vaste. Il leur faudra démanteler le corps énorme des réglementations caractéristiques de l'économie planifiée. Plus encore, il leur faudra adopter toute une série de réformes institutionnelles ainsi que tout l'arsenal des règles juridiques et comptables qui régissent les transactions financières entre personnes privées et entre sociétés et, ce faisant, mettre en place un dispositif efficace d'incitations (au travail, à l'épargne et aux investissements). Le régime fiscal et celui de la protection sociale ont ici évidemment un rôle essentiel. »

Il est infiniment désirable que, dès ses premières mesures en ce domaine, l'État annonce la couleur. Il ne transigera pas : transparence et justice devront être ses objectifs clés.

« L'expérience suggère ainsi une approche résolue et audacieuse dans la conduite de la réforme. Elle n'est cependant concevable que si ces pays peuvent compter sur un soutien efficace de la communauté internationale. »

Parlant aussi devant des représentants des pays d'Europe de l'Ouest, je dois souligner leurs responsabilités spéciales : « Partout, nous devrons aider nos voisins à retrouver le chemin d'une croissance forte mais d'une croissance de qualité, c'est-à-dire respectant l'environnement et soucieuse des conditions de vie des populations les plus vulnérables. Et nous savons qu'il n'est d'autre chemin vers une croissance forte et de qualité que celui d'un réformisme hardi. »

Quel est donc l'effort nécessaire de l'Europe ?

Maintenir des marchés ouverts pour que les exportations des pays de l'Est puissent y accéder, en réduisant ou en démantelant les obstacles qui gênent ces échanges. L'agriculture et les textiles sont ici deux exemples importants ; faciliter le transfert de technologie et, plus modestement, généraliser les expériences d'assistance technique ; contribuer à la modernisation des infrastructures et à la promotion des flux d'investissements privés ; bref, soutenir chaque fois qu'on le peut l'adaptation de l'offre productive de ces pays pour qu'elle soit en mesure de répondre aux nouvelles caractéristiques du marché.

Enfin, je concluais. Devant cette formidable avancée de l'histoire, « notre première réaction a été de générosité et d'enthousiasme. Mais ces pays ne doivent pas être laissés seuls au milieu du gué où nous les invitons à s'engager. Ce qui importe, c'est de prolonger ce soutien pendant la durée nécessaire – plusieurs années sans aucun doute – sans s'arrêter aux inévitables revers et déceptions. En ce qui le concerne, le FMI est résolu à tout mettre en œuvre pour permettre à ces pays membres d'Europe centrale et orientale de continuer à avancer, et à les soutenir dans les transformations qu'ils entreprennent.

C'est avant tout aux pays d'Europe de l'Est eux-mêmes qu'incombe la responsabilité du changement. Ce sont eux qui en porteront le très lourd fardeau et nous savons ce qu'il en coûtera d'efforts et de sacrifices car il ne va jamais de soi d'abandonner des sécurités, fussent-elles médiocres, pour un avenir certes meilleur, mais dans l'ouverture et la compétition. Les avantages que ces pays et le reste du monde pourront tirer de leur plus complète intégration dans les circuits commerciaux et financiers internationaux dépendront principalement de la vigueur de leur effort de réforme. Certes, l'aide extérieure, notamment les apports financiers, est elle aussi indispensable ; néanmoins, les pays devront absolument éviter d'attendre que les modalités de ce soutien aient été définies ou portées au niveau de toute leur attente pour élaborer et mettre en œuvre leurs réformes. Plus vastes et plus ambitieux seront les programmes de réforme et plus tôt ils seront mis en œuvre, plus l'aide extérieure, y compris les investissements directs, aura des chances d'être substantielle. Puissions-nous, en ces moments où le vent de l'Histoire souffle si fort, être tout aussi déterminés dans notre contribution que ces pays seront résolus à s'engager dans la réforme. »

Ces propos qui détaillent notre feuille de route furent bien reçus, à l'exception peut-être de quelques murmures du côté des tenants de l'illusoire « troisième voie ». Je les répéterais souvent au cours des mois qui suivraient, m'efforçant aussi de partager l'ardeur avec laquelle nous abordions notre tâche, confiants en notre mission, exposés aussi – et nous le savions – à beaucoup de risques et à quelques mauvais coups, ignorant totalement, enfin, le temps qu'il nous faudrait pour aboutir. Nous savions qu'il serait long, d'autant que les principaux responsables à l'Ouest tarderaient un peu à accorder leurs violons.

Nous nous en tiendrons à cette ligne que l'expérience en cours en Pologne nous suggère de proposer aux autres pays de l'Est, Hongrie, Bulgarie, Roumanie, Albanie et anciens pays de la Yougoslavie… Les initiatives prises en Tchécoslovaquie nous confortent dans cette approche.

Prague, 12 octobre 1990 :
Klaus et Havel, entre mystique et politique

L'expérience tchèque fut pour le FMI assez différente de ce que nous vivions en Pologne. Il y eut dans l'immédiat un remarquable succès en termes économiques, mais le pays – la République fédérale de Tchécoslovaquie –, au bout d'à peine plus de trois ans, se scinda en deux composantes et la Slovaquie devint le 1er janvier 1993 un État souverain.

Comme devait le dire dès 1993, non sans quelque fierté, le nouveau Premier ministre de la République tchèque Václav Klaus, « le pays qui a, d'une façon délibérée – sans pression du FMI – et le plus vigoureusement mis en œuvre une lourde dose de mesures macroéconomiques restrictives est sans aucun doute la Tchécoslovaquie ». Et ce fut un grand succès. Que l'on en juge plutôt.

Dès l'automne 1990, après deux missions du FMI menées par Bijan Aghevli, le programme initial est prêt pour être lancé le 1er janvier 1991, centré autour de la libération de l'essentiel des prix[1] et d'un vaste programme de privatisations. Le FMI le soutient par un premier accord stand-by[2] pour une durée de quinze mois de 880 millions de dollars. Il est suivi en avril 1992 par un second stand-by qui n'est pas utilisé car la balance des paiements se redresse déjà et – en dépit des réticences de Václav Klaus – les investissements étrangers, rassurés par l'orientation économique choisie, arrivent en abondance. L'accord sert néanmoins de ligne de précaution. C'est donc un ministre des Finances impatient de voir ses idées mises en œuvre que je rencontre à Prague le 12 octobre 1990.

Václav Klaus, architecte de cette transition économique, a occupé pendant les années noires, au lendemain du Printemps de Prague, un poste modeste à la banque centrale où, me raconte-t-il, une de ses occupations privilégiées était... la lecture de toutes les publications économiques qui lui parvenaient gratuitement de l'Ouest. Il dévorait ainsi le bulletin bimensuel du FMI, formidable mine d'informations. Il suivait aussi de très près l'expérience économique des premières années de l'ère Thatcher et les développements de la pensée néolibérale pour laquelle – la liberté retrouvée – il affichera un engouement militant.

Nommé ministre des Finances dès les lendemains de la révolution de Velours, il veut avancer à marche forcée vers l'économie de marché, frustré peut-être de s'être fait brûler la politesse par la Pologne de Solidarność. Nos recommandations sont musique à ses oreilles; peut-être lui semblent-elles trop prudentes mais l'accord se fait très vite sur ce premier programme qui sera exécuté à la lettre. Il a si bien compris le lien entre économie de marché et entreprise privée qu'il élabore dans son coin un programme de privatisations à base de *vouchers* (coupons) dont il se fait le propagandiste; il brûle de le voir exécuté. Les questions de privatisation relevant de la Banque mondiale, je n'ai pas avec lui de débats de fond à ce propos. Nos divergences, plus personnelles qu'institutionnelles et très

---

1. À l'exception cependant des loyers et de l'énergie.

2. Ligne de crédit du FMI accordée à un pays dans le cadre d'un accord négocié de réformes économiques. L'annexe I (page 423) décrit les mécanismes de ces accords.

courtoises à vrai dire, portent sur des sujets qui l'opposent aussi – et en ce cas avec une aigreur croissante – au président de la République Václav Havel. Il s'agit de l'orientation même de la réforme économique, du rythme de celle-ci et de la vision de la vie politique.

Nous nous en entretiendrons à diverses reprises. Je garde particulièrement en mémoire un déjeuner qu'il nous offre à Brigitte et à moi avec son épouse Livia, dans un restaurant du vieux Prague, au pied de la Tour de l'Horloge, par une journée ensoleillée d'avril 1990. Nous n'avons guère de divergences sur les travaux de nos équipes, mais ses références multiples à l'expérience thatchérienne m'amènent à lui rappeler que la référence la plus évidente et – à mon avis – la plus adaptée à un pays comme le sien, sortant d'années de collectivisme et recherchant les voies d'une approche humaniste de l'économie, est plutôt celle de l'économie sociale de marché dont l'Allemagne offre un exemple convaincant.

Il m'écoute, m'interroge, marque ses réserves mais reste sceptique. Il n'a pas encore ce ton péremptoire qu'il adoptera plus tard. Il y a dans ses propos cette courtoisie de la bonne société de Prague telle qu'on la retrouve dans le *Journal* de Kafka. En fait, sachant que je vais, après le déjeuner, rencontrer le président Havel, il me presse de le convaincre de cesser de tergiverser. Je découvre alors la profondeur de leur désaccord dont les premiers échos commencent à filtrer. En fait, une guerre de positions s'est ouverte entre eux. Klaus veut pousser les feux, Havel hésite, laisse certaines initiatives en suspens. Plus sensible que personne aux multiples différences d'états d'esprit et de rêves d'avenir des populations de son pays, le Président n'est pas prêt à les brusquer. Il voudrait le laisser s'établir paisiblement dans la liberté retrouvée avant d'aborder les questions qui peuvent le diviser.

Havel me le dira dès les premiers échanges de notre conversation : il ne voit pas de bonnes raisons de forcer le cours de l'histoire, ni surtout de risquer d'exacerber les pulsions sécessionnistes en Slovaquie. Klaus n'est pas de cet avis. Avant que nous ne nous quittions, il insiste. En fait, il ne comprend ni ne supporte les subtilités et ce qu'il appelle les états d'âme de son président. Il ne souffre pas ce qu'il tient chez Havel pour de la condescendance. « Je vais, me dit-il, prendre la tête d'un mouvement politique qui deviendra dès le printemps prochain le Parti démocratique civique. » Clairement Napoléon perce sous Bonaparte.

Je l'invite à temporiser, à patienter. La réforme économique à laquelle il veut donner son nom ne peut produire ses fruits que portée par un large consensus national. Il serait prudent de tenir compte des fragilités auxquelles le Président est sensible. Klaus écoute, opine du chef mais n'obtempère pas. Je lui promets de dire au Président l'intérêt de certaines de ses propositions qui me semblent sages et peu risquées, mais je l'invite en échange à cheminer le plus longtemps possible, main dans la main, avec celui qui demeure aux yeux du monde l'homme de la révolution de Velours. Est-il indisposé par la différence de leurs statuts dans l'opinion internationale ? Je le sens déjà tenté par l'intransigeance. À la différence de ce qui réussira entre Menem et Cavallo en Argentine, ici, mes bons offices feront long feu.

Ma rencontre avec Havel est – à mon regret – moins réussie que je ne le voudrais. C'est pourtant un grand moment pour moi que de rencontrer l'un des auteurs de la charte de 1977 et le héros de la révolution de Velours. Est-ce la chaleur de cet après-midi ? Est-ce la fatigue de mon interlocuteur ou celle de l'interprète ? Seraient-ce les préventions du président Havel qui est informé du déjeuner que nous venons d'avoir ? Je ne suis pas certain que nous nous soyons compris pleinement. Sur certains points, ce ne sera qu'à la lecture, quelque temps après, de ses nouvelles déclarations que je saisis pleinement la portée de ses remarques qui, pourtant, confirment certaines des opinions qui me tiennent le plus à cœur. Un des malentendus de cette conversation me fait encore sourire aujourd'hui.

Je commence par me féliciter devant lui de notre communauté de vues avec son gouvernement sur la teneur du programme de transition en préparation, centré sur la libéralisation des prix. Malheureusement, là où j'ai parlé de prix, il semble avoir compris « valeurs » ; je trouve étrange sa réponse. J'interroge du regard l'interprète qui ne semble pas troublé. Je sens que nous ne sommes pas sur le même registre ; je parle économie, il semble parler de valeurs au sens philosophique du terme. Il y a clairement un glissement du concept de prix à celui de valeurs. Cette partie de la conversation reste confuse dans mon esprit. Le malentendu ne s'éclaircira pleinement que lorsque, dix ans après, s'adressant à l'assemblée générale du FMI et de la Banque mondiale réunie symboliquement à Prague en octobre 2000, il aura ces admirables paroles :

« Des voix se lèvent soulignant la nécessité de restructurer l'économie des pays en développement et le devoir des riches de les soutenir. Si cela se fait en douceur, sur la base d'une excellente connaissance d'un milieu concret et de ses intérêts et besoins uniques, c'est certainement bien et utile. Mais j'estime qu'il nous revient de penser une autre restructuration : celle du système de valeurs sur lequel repose notre civilisation actuelle. »

Ce n'est pas tout. Le Président souhaite aussi me faire part de son souci de ne pas précipiter le cours des choses dans un pays qui a tant souffert et dont il souhaite parachever la transition. Ici, même si son langage n'est pas celui des économistes, je me sens intuitivement sur sa longueur d'ondes. Je n'ai pas à transcrire mes souvenirs, trop fragmentaires, de notre conversation à ce propos ; j'en retrouverai l'essentiel peu de temps après dans son discours de réception à l'Académie des sciences morales et politiques à Paris, le 27 octobre 1992 :

« Je constatai ainsi avec effroi que mon impatience à l'égard du rétablissement de la démocratie avait quelque chose de communiste. Ou, plus généralement, quelque chose de rationaliste, l'unité des Lumières. J'avais voulu faire avancer l'Histoire de la même manière qu'un enfant tire sur une plante pour la faire pousser plus vite. Je crois qu'il faut apprendre à attendre comme on apprend à créer. Il faut semer patiemment les graines, arroser avec assiduité la terre où elles sont semées et accorder aux plantes le temps qui leur est propre. On ne peut duper une plante, pas plus qu'on ne peut duper l'Histoire. Mais on peut l'arroser. Patiemment, tous les jours. Avec compréhension, avec humilité, certes, mais aussi avec amour. »

Telle n'étais pas, évidemment, la philosophie de son ministre des Finances et nous fûmes par la suite les témoins de l'évolution déjà en germe en cet automne 1990 : la réussite remarquable de la transition économique et la mésentente ouverte entre les deux leaders suivie, après les élections de juin 1992, de l'accord de Václav Klaus et du Slovaque Meciar pour diviser le pays contre l'opinion déterminée de Havel.

Au cours des années suivantes, Klaus dirigera le gouvernement tchèque jusqu'en 1997. Il deviendra ensuite pendant plus de cinq ans leader de l'opposition, puis succédera à Václav Havel en 2003 à la présidence de la République.

C'est avec émotion aussi que nous allons rencontrer le président du Parlement, Alexander Dubček, cet homme qui fut secrétaire général du Parti communiste dans les années soixante, succédant au stalinien Antonín Novotný. Il avait tenté alors, sous l'œil soupçonneux des Soviétiques, l'expérience du « socialisme à visage humain ». On se souvient comment Moscou et les pays frères y avaient mis fin en envoyant le 21 août 1968 leurs blindés parcourir les rues de Prague. Évincé et réduit aux fonctions d'agent technique des eaux et forêts, Dubček était resté fidèle à ses positions d'ouverture et avait participé à la révolution de Velours qui l'amènera à cette présidence. C'est l'homme d'apparence chétive que nous avions vu dressé contre Moscou et prêt à se sacrifier pour préserver l'essentiel et éviter un bain de sang qui nous reçoit. Il n'a aujourd'hui qu'un seul objectif : des élections approchent, pleines d'incertitudes pour un homme aussi attaché que lui à l'unité du pays et à la solidité des institutions. Il porte une préoccupation essentielle : faire adopter dès que possible une soixantaine de lois qui établiront le cadre législatif de l'économie de marché. C'est pour lui une course contre la montre. Il ne peut compter que sur une dizaine de semaines de travail législatif avant la fin de l'année.

Il nous décrit en détail ce paquet dans lequel je reconnais bien des dispositions qui reflètent les recommandations du FMI ; il nous précise les règles d'organisation du travail parlementaire sur lesquelles il compte pour aboutir. C'est un homme qui jette ses dernières ressources d'intelligence et d'énergie dans la bataille pour établir son pays dans la liberté. Nous ne pouvons que lui dire notre admiration et modestement nos encouragements. Les textes furent votés. Il devait mourir deux ans plus tard.

Cette journée se termine par un dîner avec l'homme qui deviendrait pour moi la référence la plus sûre pour les étapes suivantes : le nouveau gouverneur de la banque centrale, Josef Tošovský. Avec lui, une relation de confiance s'établit d'entrée. L'homme est d'une remarquable pondération. Il s'est admirablement préparé aux fonctions qui l'attendaient en dirigeant à Londres une succursale d'un établissement bancaire tchèque. Il saura faire preuve, dans les circonstances troubles qui vont suivre, d'autant de lucidité que de courage. Il eut à doter sa banque d'un statut d'indépendance, régler le divorce amiable avec la Slovaquie et cohabiter harmonieusement avec un ministre des Finances qui lui reprochera « d'idolâtrer » le FMI. Les circonstances feront que lorsque le gouvernement Klaus sera emporté par une crise financière, il devienne Premier ministre en attendant de nouvelles élections en juillet 1998. Il retournera alors à la banque centrale après avoir rétabli la stabilité du pays.

Dans l'immédiat en tout cas, je sais, après cette conversation à bâtons rompus, que la gestion monétaire de la transition tchèque sera menée avec professionnalisme et fermeté.

URSS : l'Union se disloque

La tentation est grande d'assimiler les événements que nous allons vivre avec l'agonie et l'éclatement de l'Union soviétique à la transition déjà en cours dans les autres pays de l'Est. La différence tient en peu de mots mais elle est fondamentale. Dans un cas, nous avons affaire à des pays de taille moyenne, voire minuscules, encore indépendants et qui vivaient en économie de marché en 1939 ; la réforme s'y opère dans l'enthousiasme de la liberté recouvrée après quarante-cinq années d'asservissement. Avec l'Union soviétique, il s'agit de l'effondrement soudain de l'une des deux superpuissances mondiales. La population, ici, ignore, pour l'essentiel, ce qu'il lui advient. Elle n'a connu, depuis plus de soixante-dix ans, qu'un régime totalitaire et la médiocre stabilité de ses conditions de vie ; elle ne perçoit donc d'abord que leur dégradation dramatique et l'humiliation d'une défaite sans combat après un long affrontement avec l'Ouest.

La différence est bien plus radicale encore. Pour comprendre le cheminement cahotant de la réforme dans l'ancienne Union soviétique, il est indispensable de s'en remémorer le point de départ : la décrépitude de l'empire transmis par Brejnev à Gorbatchev, ses structures vermoulues, ses dynamiques de développement paralysées… Les efforts du nouveau secrétaire général du Parti communiste n'y changeront pas grand-chose. C'est surtout à l'Ouest que la perestroïka et la glasnost feront rêver. La classe politique soviétique dans sa majorité en sera plus irritée qu'ébranlée. Les quelques réformes entreprises, parfois à grands sons de trompe, ne font qu'effleurer cette immense économie. Gorbatchev de plus en plus isolé, sans changer son discours, devra se résigner à de simples changements de surface.

À l'aube des années quatre-vingt-dix, avec la disparition du monopole du Parti qui s'était approprié l'État, c'est l'État lui-même qui s'effondre. Le pouvoir du président de l'Union soviétique – et tel sera le cas pour Boris Eltsine devenu président de la Russie – ne s'exerce guère au-delà des quelques kilomètres carrés qui entourent les murs rouges du Kremlin. Ailleurs, l'appareil administratif gère ; il n'obéit qu'à son gré aux impulsions du centre. L'armée reste une « grande muette » mystérieuse et inquiète, digérant mal sa déroute en Afghanistan. Seuls subsistent, pour justifier l'illusion de la puissance, un arsenal nucléaire disproportionné et les richesses mal exploitées du sous-sol. Jamais roi n'a été aussi nu.

À l'Ouest, nul ne se fie plus depuis longtemps aux chiffres diffusés par la propagande soviétique, mais nul, non plus, ne se doute de l'ampleur du désastre. Il faudra attendre la grande étude interinstitutionnelle dont le G7 nous passera commande en juillet 1990 pour en avoir quelque idée.

Telles sont les principales raisons pour lesquelles le défi redoutable que nous avons rencontré dans les démocraties populaires devient, en Union soviétique, proprement dantesque. Au bout d'à peu près cinq ans, l'économie de marché était, grosso modo, établie là-bas. Dix ans seront nécessaires pour qu'elle prenne racine ici. Il y faudra programme sur programme. Le travail de réforme trop souvent fragmentaire sera constamment menacé d'être jeté aux orties par la majorité hostile du Parlement, la Douma. Notre périple sera semé d'échecs et de crises majeures plus que de succès évidents. Nous avancerons par à-coups avant, finalement, d'aboutir à l'aube de l'an 2000.

Aurait-on pu faire mieux ? Aller plus vite ? Réduire les souffrances de ce peuple ? Créer des conditions de retrouvailles plus chaleureuses entre l'Est et l'Ouest ? Beaucoup en doutent et se contentent d'observer qu'un objectif essentiel a finalement été atteint. Certes ! Mais je garde mêlé à la satisfaction du travail accompli dans une formidable aventure humaine le souvenir aussi de bien des frustrations devant la lenteur des progrès ou devant nos impuissances face à tant d'hostilité au changement.

Rarement au cours de son histoire, une telle chance a été offerte à l'humanité. Là où elle avait dû s'installer depuis quarante-cinq ans dans un grand schisme, divisée en deux blocs antagonistes et surarmés, elle pouvait soudain se réunir dans la liberté et la coopération, partager enfin, face à l'avenir, « une grande espérance en commun[1] ». Il eût fallu pour cela que les pays les plus prospères, vainqueurs de ce long affrontement idéologique, se montrent capables de générosité, d'audace et d'une vision commune et ambitieuse de leur intérêt bien compris. Ce ne fut pas le cas.

Le processus de transformation ne pouvait dès lors qu'être cahotant et hasardeux, suscitant aigreurs, rancunes et suffisamment de nostalgies pour que des forces rétrogrades rêvent de le remettre en cause. On les verra exploiter les appréhensions de ceux qui risquent de perdre leurs privilèges et les réticences de ceux, innombrables, qu'un avenir inconnu effraie. Il faudra attendre la réaction de la rue à la tentative d'un deuxième putsch, en octobre 1993, pour que l'attachement de l'opinion publique à la démocratie apparaisse irréversible.

À l'Ouest, prudence, méfiance et, disons-le, courte vue prévalent souvent. On s'attache à faire porter par les institutions internationales l'essentiel du fardeau du soutien à ce changement. On fait du FMI l'instrument central de cette transformation ; non qu'il soit convenablement équipé pour cela, mais tout simplement parce que parmi toutes les grandes institutions existantes, il est probablement le moins mal préparé à affronter l'inattendu. Reconnaissons-le cependant, l'ampleur des problèmes de l'URSS agonisante dépasse les moyens à sa disposition et leurs règles d'emploi. Un tel chantier exige une durée d'intervention prolongée dépassant largement celle de ses

1. Ces mots me reviennent souvent à l'esprit. Ils sont de ce grand maître spirituel auquel je dois beaucoup, Pierre Teilhard de Chardin.

opérations traditionnelles et des moyens humains et financiers supérieurs aux siens.

Il ne peut pourtant se dérober à la tâche. Il lui faut donc, pendant dix ans, constamment tâtonner, louvoyer, essayer (en matière de politique de change en particulier) des approches qui peuvent apparaître contradictoires. Il devra valoriser de premiers résultats, friser l'échec, subir des critiques souvent justifiées venant des horizons les plus variés et continuer d'accompagner, d'encourager, de soutenir tous ceux qui, dans les quinze nouvelles républiques et surtout en Russie, continuent de cheminer cahin-caha vers l'économie de marché. Seul compte, à vrai dire, cet objectif, à condition d'y parvenir en minimisant les souffrances des populations et en gardant pleine conscience des risques qui, en permanence, pèsent sur l'éveil d'une fragile démocratie.

Avec le recul de l'histoire, nous pouvons mieux discerner aujourd'hui les deux grandes étapes de ce processus. La première s'étale sur plus de cinq ans, de la liquidation de l'URSS fin 1991 aux premiers mois de 1997. Au fil de plusieurs programmes dont seul un dernier accord stand-by est réalisé de manière satisfaisante, la Russie avance peu à peu dans un premier train de réformes et parvient à un certain degré de stabilisation. Elle a suffisamment intériorisé alors les logiques et disciplines de l'économie de marché pour pouvoir envisager de ne plus avoir recours aux financements du FMI. Le premier vice-premier ministre chargé de l'Économie, Anatoli Tchoubaïs – dont je connais l'exceptionnel talent, la droiture et la compétence – peut ainsi venir me rencontrer à Hong Kong à l'occasion de notre assemblée annuelle d'octobre 1997 et évoquer l'éventualité d'un « divorce amical ».

Cette perspective devrait m'enchanter. La fin amicale d'un programme est en effet un signe de succès que le Fonds accueille toujours avec empressement. Dans le cas de la Russie, nous pourrions parler de triomphe ! Nous n'en sommes hélas pas là ! Les progrès économiques sont réels mais les fragilités liées à la surévaluation du taux de change et à l'impuissance à collecter des ressources fiscales pour assurer un équilibre durable du budget sont trop évidentes. Il me faut me résigner à prêcher la patience. Tchoubaïs admet ma réponse avec humour et sans surprise. Il ne se sent pas en mesure de faire adopter les mesures de renforcement radical auxquelles la crise qui se déclenche au même moment en Asie ajoute une justification supplémentaire.

Une nouvelle crise – financière celle-ci – survient en juillet-août 1998, d'une violence telle que le pays ne peut s'en dégager qu'au prix d'une sévère dévaluation et d'un défaut partiel. Il nous faut remettre de nouveau un programme sur le métier. Cette fois, ce sera le bon. Dès les premiers mois de l'an 2000, la Russie a reconquis la confiance des investisseurs et s'est suffisamment adaptée à l'économie de marché pour pouvoir voler de ses propres ailes, décider seule de ses choix majeurs de politique économique, retrouver de confortables taux de croissance et figurer enfin, à partir de 2005, parmi les pays qui, au FMI, sont créditeurs des autres.

J'aimerais maintenant évoquer les principaux épisodes de la première de ces deux étapes en m'arrêtant d'abord à la manière dont, au cours de l'hiver 1989-1990, l'Ouest accueille les préludes de l'effondrement de l'URSS.

L'Ouest et l'effondrement de l'URSS

Au FMI, passée la joyeuse exaltation des journées de novembre 1989, nous nous tenons prêts à agir. En Union soviétique aussi. Il y a cependant un verrou à faire sauter. Staline, dès les premiers jours de la guerre froide, a opposé son *niet* à l'adhésion de l'Union soviétique et, à quelques exceptions près, de ses satellites aux institutions de Bretton Woods. Nous devons donc, pour l'instant, rester l'arme au pied. Cela d'autant plus que les hésitations prévalent partout sur la marche à suivre.

Les Russes veulent, sans aucun doute, rejoindre en tant que membres à part entière l'ensemble des institutions de la communauté économique internationale. Ils savent que l'adhésion au Fonds est un point de passage obligé vers les financements internationaux. La seule idée de bénéficier de prêts assortis de conditions heurte, cependant, leur conception de la souveraineté nationale. Elle est incompatible, pensent-ils, avec le statut qui leur revient parmi les « grands ». Pour que nul ne l'ignore et le lendemain même de l'adhésion formelle de la Russie et de douze autres républiques au FMI, à la veille d'un voyage vers quelques installations clés du complexe militaro-industriel, Eltsine fera une déclaration tapageuse à ce propos. « Je ne suis pas d'accord en tout point avec les vues du FMI... Je veux éviter les turbulences qu'ont connues divers pays du tiers-monde qui s'en sont tenus aux programmes d'austérité approuvés par le Fonds... Nous n'avons pas l'intention de travailler sous ses ordres. » Immédiatement, je fais savoir qu'à mon avis, « le président Eltsine a bien compris les méthodes du Fonds : jamais de *diktat* mais la recherche patiente avec chaque pays d'un accord sur un programme qu'il puisse considérer comme le sien... C'est ce que nous avons fait jusqu'ici et ce que nous avons l'intention de faire avec la Russie ». Je ne me prononce évidemment pas sur les chances que nous avons d'y parvenir bientôt.

Du côté des grandes puissances, les positions sont teintées d'ambiguïté. Aux États-Unis, pour ma plus grande surprise, il n'y a guère dans les cercles officiels, à l'annonce de la chute du mur de Berlin, de déchaînement d'enthousiasme. La surprise est totale. On perd un ennemi, surévalué dans sa puissance, mais dont on pense avoir pris la mesure. Un équilibre – de terreur, certes – s'effondre mais il était, pour certains, préférable à l'incertitude. Vers quoi va-t-on ? Gorbatchev sera-t-il capable de maîtriser des pulsions de liberté qu'aux yeux du Conseil national de sécurité il a imprudemment plutôt qu'héroïquement déchaînées ? Ne sommes-nous pas au bord du chaos ? Lorsque l'ennemi d'hier viendra demander de l'aide, faudra-t-il la lui accorder et à quelles conditions ? Et pour quoi faire ? Sur ce point, les vues sont assez unanimes : on se soucierait d'abord du démantèlement de l'appareil militaro-industriel et du suréquipement guerrier ; les conditions macroéconomiques du redressement importeraient, certes, mais beaucoup moins.

L'Europe, elle-même, ne tardera pas à laisser apparaître ses divisions et ses propres ambivalences. Faut-il accepter et à quel rythme une possible réunification allemande ? Quel modèle offrir aux Soviétiques : le marché « pur et dur » de l'approche néolibérale ? Celui de l'économie sociale de marché sur laquelle Mme Thatcher ironise ou, rêve caressé par quelques-uns à Paris, un modèle d'économie mixte préservant les prétendus acquis de l'expérience soviétique ?

L'heure, de toute façon, n'est pas encore à chiffrer l'ampleur d'un éventuel soutien ni à définir ses modalités. Pour y faire face, on se résigne, comme à l'accoutumée, à privilégier l'approche multilatérale pour réduire la contribution individuelle de chacun, tout en amenant les Russes à des réformes économiques et à l'ouverture internationale qu'il serait difficile de leur faire adopter autrement. L'enjeu est si important que l'on tente de s'octroyer un contrôle aussi étroit que possible de l'action de la Banque mondiale et du Fonds pour montrer aux Soviétiques que l'on garde le dernier mot sur l'aide apportée. Quant aux contributions supplémentaires que l'on ne peut éviter, tout l'art consiste, évidemment, à faire payer son voisin. Cela ne nous promet guère de grandes heures de l'histoire économique, tel le plan Marshall dont l'humanité peut être fière. Ce sont plutôt des malentendus à dissiper, quelques occasions d'explications plus ou moins vigoureuses, de probables tentatives de torsions de bras jusqu'à ce que, au fil des événements, les rôles des uns et des autres finissent par être suffisamment définis.

Pour l'instant, en ces premiers mois de l'hiver 1989-1990, nous restons dans nos starting-blocks. À l'Ouest comme à Moscou, on fait mine d'hésiter encore devant une adhésion de l'URSS à nos institutions. Chacun, pourtant, la tient *in petto* pour inéluctable. L'URSS, pourtant, continue de faire peur, surtout en raison de tout ce que l'on ignore d'elle, au-delà de son KGB, de son armement nucléaire et même de son potentiel militaire, piteusement mis en échec en Afghanistan. Il est donc urgent de tenter de faire connaissance.

Faire connaissance

Les contacts, en fait, ne manquent pas. Le FMI ne s'y refuse pas. Je me souviens d'une première réunion à Genève, à l'occasion d'un rendez-vous annuel, au bord du lac, des organismes des Nations unies. L'homme que je rencontre, certainement pas par hasard, est chargé des affaires économiques au ministère soviétique des Affaires étrangères. Il fera du chemin ensuite. Il s'appelle Sergueï Lavrov. Poignée de main cordiale[1] ; il est accompagné d'un comparse. Nous nous extasions sur la luminosité de ce beau matin ou sur les fresques de José Maria Sert. Nous décidons d'aller prendre un café, histoire de faire connaissance. Il évoque, sans autre considération, tout ce qu'une grande institution comme le Fonds et son pays – l'un des plus grands – pourraient faire ensemble. Il déploie quelques-uns de ces traits de la diplomatie soviétique que je reconnaîtrai souvent, cette manière, en particulier, d'affirmer la main sur le cœur : « Intelligent comme vous l'êtes, vous avez certainement déjà compris qu'il n'y a qu'avantages pour vous dans ce que je vous propose… ». Je reste prudent au risque d'apparaître très borné, car je n'ai encore aucune idée de l'équilibre de mon Conseil sur cette affaire. Je ne lui dissimule pourtant pas ma grande bonne volonté personnelle et ma conviction que cette première rencontre devrait avoir des suites.

Je reçois quelque temps après, pour un petit déjeuner à Washington, un personnage assez mystérieux que j'ai du mal à situer sur les organigrammes sommaires de la diplomatie soviétique dont nous disposons. La consonance musicale de son nom suffit à me le rendre sympathique. Il s'appelle Sytarian. Nous commentons les derniers développements diplomatiques ; je lui explique les procédures d'admission au FMI et – ce qui l'intéresse davantage – l'esprit dans lequel nous instruirions une éventuelle demande. L'homme est vif et subtil, pose les bonnes questions et s'en tient là. Il me dit qu'il rendra très fidèlement

1. Mais typiquement soviétique. Elle vous broie les phalanges. C'est une des rares choses que j'ai constamment redoutée pendant ces années-là !

compte « chez lui » sans clairement m'indiquer à quel niveau. Alors que je le raccompagne, nous descendons ensemble le grand escalier qui mène à l'entrée du siège du Fonds. Nous avons en face de nous, soigneusement alignés et serrés les uns contre les autres, les cent cinquante-quatre drapeaux des pays membres de l'institution. « Regardez, lui dis-je, il ne reste pas beaucoup de place pour votre drapeau ; si vous tenez à l'accrocher là, dépêchez-vous ! » Il s'arrête un instant, me regarde au fond des yeux et me dit : « Avez-vous songé qu'il vous faudra peut-être en accrocher quinze ? » À peine ai-je le temps de réagir qu'il s'est déjà engouffré dans le tambour de la porte tournante.

Je regagne, songeur, mon bureau du douzième étage ; c'est la première fois que l'on évoque devant moi ce qui relève encore à l'Ouest de l'inimaginable. J'ai hâte d'en savoir plus. Justement, le G7 réuni à Houston (Texas) à la mi-juillet 1990 va passer commande à quatre institutions – la nouvelle Banque européenne pour la reconstruction et le développement (BERD), l'OCDE, la Banque mondiale et le FMI – d'un grand rapport sur l'état de l'Union soviétique, ses perspectives de développement et ses besoins probables de financement. Pour éviter toute susceptibilité interinstitutionnelle, les Sept n'ont pas désigné officiellement de chef de file. Il est simplement demandé au FMI d'en être le *convenor*. Ce terme n'a guère d'équivalent dans notre langue ; c'est une manière de charger le Fonds de la marche pratique du groupe, des assiettes et des couverts et probablement d'un peu plus… si affinités. Pour être sûr que j'ai bien compris le message, chacun des sept grands me fait savoir à sa manière que je dois m'asseoir au *driving seat* et que si les choses vont mal, ce sera de ma faute. Il nous faudra remettre notre rapport avant le 20 décembre au président Bush qui le transmettra au Premier ministre britannique, John Major, prochain président du G7 pour l'année 1991.

À peine cette commande nous est-elle passée que je demande à Alan Whittome[1], un de mes conseillers sur le point de prendre

1. Il avait dirigé notre département Europe, puis notre département Stratégies. Il s'était illustré comme négociateur des grands accords stand-by avec le Royaume-Uni et l'Italie dans les années soixante-dix.

sa retraite, d'en être le coordinateur, assisté de Teresa Ter-Minassian, une remarquable économiste, directrice adjointe de notre département des affaires fiscales. Je demande aux autres chefs de département, très conscients de l'importance de l'enjeu, de détacher pour y contribuer un groupe d'experts choisis parmi leurs meilleurs collaborateurs. Sans prendre le moindre repos pendant quatre mois, ils accompliront, avec leurs collègues des trois autres institutions, un magnifique travail d'inventaire et de diagnostic.

29 juillet 1990 – Nikolaï Ryzhkov, Premier ministre

Un premier voyage à Moscou le 27 juillet 1990, en ma qualité – vieille de trois semaines – de *convenor* de cette grande étude, me donne un aperçu de l'état de décrépitude profonde de l'économie et du système. Nous sommes les témoins d'une agonie.

Nous rencontrons les plus hauts responsables. Nul parmi eux n'a la moindre idée de ce que l'avenir réserve. Certains se risquent à essayer de mettre en valeur les premiers pas qu'ils tentent vers une économie de marché mais ils ne songent qu'à des avancées très lentes. Le ministre des Finances – comme tant d'autres à travers le monde – me dira, évidemment, qu'il n'a aucune marge pour réduire son déficit. Le Premier ministre Nikolaï Ryzhkov, un profil typique de technocrate soviétique intelligent, ancien directeur général d'un gigantesque complexe de construction d'équipements industriels dans l'Oural (Uralmash), puis secrétaire du Comité central pour les affaires économiques, nous reçoit entouré d'un aréopage de ministres, d'académiciens et de directeurs. Il porte beau. Son exposé introductif sans la moindre aspérité ne nous apprend rien. Vient l'heure des questions. Nous l'interrogeons sur diverses idées de changement que la presse prête à Gorbatchev. Ses réponses nous consternent : « Oui, c'est une idée… C'est à voir… On va l'étudier… ». Il n'est que dérobades tout en proclamant constamment son choix résolu de la réforme. Au Gosplan, temple de la planification centrale, où nous pensions rencontrer les stratèges du régime, la rencontre est encore plus consternante. Savent-ils même où ils en sont? Bref, ce grand pays n'a plus les moyens de la puissance qu'on lui prête. Plus grave encore, il est, d'évidence, tout à fait incapable de concevoir et de mettre en œuvre par lui-même les moyens d'échapper au chaos. Une leçon s'impose : on pourra discuter des mérites de telle ou telle approche du changement, mais il est certain qu'elle ne pourra être conduite par de tels hommes.

Quelques pas dans les rues nous en disent finalement beaucoup plus long que bien des exposés d'experts : délabrement des immeubles dont les loyers sont bloqués depuis 1927; un petit côté Hyde Park dans une rue piétonne – la rue de l'Arbat – où des groupes de passants s'agglutinent autour d'orateurs qui vitupèrent «ces leaders pourris qui bradent la patrie soviétique». À côté d'eux, quelques vendeurs de bric-à-brac cherchent à venir se réfugier dans nos voitures pour se faire payer en dollars nos quelques emplettes, car la police en civil serait, prétendent-ils, omniprésente et prête à les rançonner à son tour. Splendeur de la liturgie orthodoxe entraperçue dans une cathédrale du Kremlin dont on nous chasse sans ménagements. Nous rencontrons, avec la même émotion, de jeunes mariés qui vont déposer non loin de là leur bouquet de mariage sur la tombe de héros de l'Union soviétique.

Tout ceci, l'étude interinstitutions va le décrire de façon aussi précise que possible, rendant caduques les données inutilisables des publications soviétiques et les évaluations de la CIA et des autres agences étrangères.

De fait, pour qui sait déchiffrer le langage mesuré des experts internationaux, le constat est terrifiant. Je le retrouve dans la note qu'Alan Whittome m'a préparée pour l'entretien que Barber Conable, président de la Banque mondiale, et moi-même devons avoir avec le président George Bush à l'occasion de la remise de cette étude.

L'économie n'est que désordre et confusion. La production a reculé de 4% en 1990; elle reculera de l'ordre de 6% en 1991. L'inflation officielle est de 5% mais de 12% si l'on tient compte des artifices du contrôle des prix. Le système de distribution s'effondre, les pénuries se répandent, des barrières s'instaurent entre les républiques... Sous l'angle des finances extérieures, beaucoup dépend du prix du pétrole. S'il se situe autour de 26 dollars le baril en 1991, la situation sera gérable. Au-dessous, des problèmes majeurs se profilent ; la dette existante est déjà de 52 milliards de dollars, des arriérés peuvent être identifiés atteignant déjà 5 milliards. En fait, les réserves de change sont épuisées ; la question de l'unité monétaire de la zone rouble est implicitement posée. Au total, l'étude est formelle : il n'y aurait pas de justifications pour une assistance internationale à moins que ne soient engagées des réformes profondes qui devraient porter sur :

– la restauration de la stabilité monétaire et budgétaire ;

– la libération des prix, accompagnée de mesures sociales pour en atténuer l'impact sur les plus défavorisés ;

– le changement des règles du droit de propriété et des premières privatisations ;

– l'ouverture à la concurrence et des progrès vers la convertibilité du rouble.

Si tel était le cas, un soutien extérieur pourrait se justifier, notamment sous la forme de financement de projets de modernisation ou d'intérêt commun, pour la transformation, par exemple, de l'industrie gazière et pétrolière et la protection de l'environnement. Selon toute probabilité, la réforme sera très difficile à mener et exigera plusieurs années. C'était une conclusion sans panache. On ne pouvait en attendre davantage de quatre institutions dont les actionnaires étaient encore incapables de discerner jusqu'où ils pourraient s'engager dans la reconstruction de cet immense pays.

20 décembre 1990, à la Maison Blanche

Nous sommes dans le bureau ovale, mon collègue de la Banque mondiale et moi. En face de nous, l'homme le plus puissant du monde, vainqueur de la guerre froide par effondrement de son adversaire. À ses côtés, Jim Baker devenu secrétaire d'État, et Nick Brady, secrétaire au Trésor. Nous présentons brièvement les conclusions du rapport. Il nous faut faire court et ne pas nous attarder sur les aspects consternants de la condition humaine dans cet immense pays. Les observations du rapport sur la diversité des situations sociales entre les républiques sont pourtant terrifiantes. Ici, nulle atmosphère de drame. Nous sommes dans le factuel. Pas le moindre souffle du vent de l'Histoire : l'idée d'un plan Marshall, d'un grand dessein qui pourrait ouvrir au monde des décennies de prospérité et de paix ? Rien de tel. Si l'heure d'un soutien à des réformes sérieuses vient à sonner, l'Amérique sera clairement parcimonieuse. Notre conversation porte pour l'essentiel sur les prochaines étapes de nos relations avec les Russes et le G7. Le Président nous prie de transmettre félicitations et remerciements à nos collègues auteurs de cette étude ; nous échangeons nos vœux de « *Merry Christmas* » et les choses en restent là.

Il est temps d'aller célébrer Noël. L'atmosphère cordiale et détendue de cette rencontre laisse transparaître combien, au niveau le plus élevé, l'Ouest est loin encore d'avoir pris la mesure de ce qu'il lui revient de faire. Où sont passés ce bel élan de solidarité, les perspectives d'un nouveau monde bâti sur la coopération internationale et la démocratie qui s'esquissaient, alors que s'effondrait le mur de Berlin ? Pour la première fois, je crains que nous ne manquions un formidable rendez-vous avec l'Histoire.

Craintes justifiées hélas. Peu de choses se passent dans les premiers mois de 1991. En fait, des plans s'esquissent : celui par exemple d'une transition russe en cinq cents jours vers l'économie de marché. Il est élaboré par un groupe de chercheurs « réformistes » russes conduit par Grigori Iavlinsky et du côté américain par des universitaires de renom autour de Graham Allison. J'ai pour ma part, en mon for intérieur, de sérieuses réserves à l'égard de telles approches. Elles minimisent le temps requis pour mettre en place toutes les structures institutionnelles indispensables à la réussite d'une transition. Elles sont surtout fondées sur l'hypothèse totalement erronée d'une prédisposition soviétique à la réforme, analogue à celle que la Pologne a manifestée. L'Union soviétique est, hélas, aux antipodes.

Je redoute les frustrations qui pourraient s'ensuivre pour ceux qui s'engageraient sur cette voie et risqueraient de se trouver, au mieux, au bout de cinq cents jours, au milieu du gué. L'évaluation du montant du soutien financier extérieur nécessaire semble également à des années-lumière des intentions du Trésor américain. Le partage de la charge de son financement fait l'objet de plans sur la comète alors que chacun des grands pays va déployer beaucoup d'ingéniosité pour échapper à l'essentiel de ce fardeau. Ces premiers travaux auront eu, cependant, le grand mérite de donner lieu à des échanges entre économistes et de nourrir les réflexions déjà en cours en Russie, notamment autour d'Egor Gaïdar, directeur du périodique de réflexion économique le plus respecté… *Le Communiste.*

Au total, les années 1990-1991 sont, pour nous, au FMI, des années d'impatience. De toute évidence, il nous faudra intervenir en URSS. Le plus tôt serait le mieux ; mais le monde tergiverse. Nous essayons de ne pas perdre trop de temps. La grande étude va sérieusement nous occuper, compte tenu du rôle particulier qui nous est confié. Nous lançons aussi une augmentation de notre capital (les quotes-parts) pour 60 milliards de dollars qui devrait nous permettre, le jour venu, d'être mieux équipés pour de nouveaux défis. Le Congrès des États-Unis – dont la part est d'environ 12 milliards – se fait tirer l'oreille mais finit par la voter.

Dans l'ensemble, l'Ouest reste timoré. Gorbatchev pourra en avoir une première idée lors du sommet de Londres en juillet 1991. Il y est invité par John Major, au nom du G7. Tout auréolé d'une gloire méritée, nanti d'un prix Nobel de la paix, Gorbatchev croit ou feint de croire qu'on lui revaudra le formidable courage et la hauteur de vue dont il a su faire preuve au cours des journées de novembre 1989 où l'Histoire a basculé pacifiquement, grâce à lui. Il lui faut déchanter ; le G7 le gratifie d'un strapontin. Il venait de lui lancer pourtant, quelques jours avant son voyage à Londres, un appel pathétique :

« Nous avons la conviction, avait-il écrit, que nous pouvons venir à bout de cette crise en Union soviétique si nous menons à bien une adhésion à l'économie de marché en désétatisant, en privatisant, en éliminant interdictions et contraintes, en stimulant les efforts au travail et la vie des affaires, en promouvant et en soutenant l'entreprenariat… Pour cela, il est important que nous devenions membres des organisations économiques internationales, dont le FMI. » Il n'eut pour toute réponse qu'une offre assez vague d'assistance à l'intégration de l'Union soviétique dans l'économie mondiale. Bon joueur d'échecs, il réplique dès le lendemain par une demande formelle d'adhésion au FMI.

La réaction de Nick Brady, secrétaire au Trésor américain, ne se fait pas attendre. Cette demande est, dit-il, une « erreur tactique » ; elle est prématurée ; elle pourrait être « contre-productive ». J'en suis stupéfait. On n'a pas le droit de se tromper à ce point sur le sens des événements. Je décide donc, pour ma part, de passer outre et d'aller de l'avant. Je dépêche immédiatement à Moscou John Odling-Smee, le numéro deux du département Europe, pour ouvrir des discussions préliminaires sur cette adhésion. Les choses vont aller bon train et moins de trois mois après, je me rendrai à Moscou pour signer avec Gorbatchev le premier accord d'association.

Entre-temps, le secrétaire américain au Trésor tentera de se rattraper en se plaignant deux mois plus tard du peu d'avancement des négociations avec l'URSS qu'il attribuait à des « lenteurs bureaucratiques au FMI ». Nous fîmes évidemment une mise au point polie. Il devait récidiver quelques semaines plus tard, lors d'une réunion dans son bureau.

« Michel, me dit-il, vous devez prendre le pouvoir à Moscou. L'URSS est en décomposition, vous devez faire comme McArthur au Japon : un homme de chez vous à côté de chaque responsable là-bas. Envoyez deux mille gars et ils régleront le problème !

– Monsieur le secrétaire, le FMI a tout juste deux mille fonctionnaires et bientôt cent quatre-vingts pays membres. Or, vos collaborateurs s'opposent aux augmentations d'effectifs les plus justifiées…

– Enfin, faites quelque chose, débrouillez-vous… »

Il ne me restait plus qu'à lui promettre de continuer à faire de notre mieux.

Je cite cette anecdote parce qu'elle reflète assez bien l'attitude de certains grands pays à l'égard des institutions internationales : les freiner dans leur élan pour leur reprocher plus tard leur lenteur. Tentation fréquente aussi d'en faire les boucs émissaires de leurs propres manquements. Je me demande comment cela peut encore tromper quelqu'un. Nick Brady était, cela dit, comme il l'a montré dans le règlement de la crise de la dette latino-américaine, un bon secrétaire au Trésor. Il a été quelque temps irrité contre moi à cause de mon refus de l'accompagner à Moscou dans un avion de l'US Air Force. « Ne suis-je pas un assez bon compagnon de voyage ? », aurait-il dit. Il l'était, mais il ne réalisait pas que l'image d'un directeur général du FMI débarquant à Moscou d'un avion militaire américain aurait pu être ravageuse.

Pendant toute cette « campagne de Russie », il faudra être prêt à de tels épisodes. Les autorités américaines, en particulier, feront souvent des déclarations publiques pour tenter de nous amener à agir dans telle ou telle direction. Elles finiront par comprendre que c'est peine perdue. L'effet de telles gesticulations est déplorable. Elles ignorent le statut d'indépendance des institutions et de leurs agents et diffusent l'image fallacieuse d'organismes à leur botte[1].

Dans cet environnement compliqué, la responsabilité de coordonner et de mener la manœuvre est bien retombée sur nous. Nous savons que les échecs éventuels nous seront imputés et que nous serons la cible de toutes les critiques de quelque camp qu'elles viennent. Cela fait partie de notre condition ; nous nous mettons donc au travail sans états d'âme. Je perçois chez

1. Le président Chirac m'expliquera un jour sa propre pratique : « Je ne peux pas m'empêcher de dire à mes interlocuteurs à l'Est, en Afrique ou en Amérique latine, que je vais appeler Michel Camdessus pour lui dire combien je trouve important qu'il les aide, mais j'ajoute toujours : je lui fais toute confiance, il agit toujours de façon raisonnable et généreuse… » Cette méthode me semblait évidemment préférable. Je n'en serai pas moins soupçonné, ici ou là, d'être trop sensible aux vues de mon pays.

ceux que nous désignons pour ouvrir ces nouveaux chantiers autant de gravité que d'enthousiasme.

Mikhaïl Gorbatchev, derniers jours au Kremlin

Je dois me rendre au Kremlin le 5 octobre 1991 à onze heures pour signer avec Mikhaïl Gorbatchev notre premier accord. Il s'agit, avant même que la Russie ne devienne membre des institutions de Bretton Woods, de mettre en place tout un dispositif d'échange d'informations, d'assistance technique et de coopération. Le but est de faciliter la prise de décision russe et surtout de faire en sorte que, dès l'adhésion de l'URSS, les administrations soviétiques – ministère des Finances, Plan et banque centrale essentiellement – et les équipes du FMI soient immédiatement en mesure de parachever ensemble le travail commencé pendant que les formalités complexes d'adhésion se dérouleront à leur rythme, toujours trop lent à mon goût.

Je m'attends à un premier contact protocolaire et à une conversation plus ou moins précise sur les perspectives ouvertes par ce document. J'apprends ce jour-là qu'aucune rencontre avec des dirigeants soviétiques ne correspondra jamais exactement à mes attentes.

Trois collaborateurs m'accompagnent : John Odling-Smee, Charles Seeger et Jean Foglizzo, notre représentant encore officieux à Moscou, et une interprète. En route pour le Kremlin, Jean Foglizzo – dont je connais depuis nos années communes à la direction du Trésor à Paris la finesse des analyses politiques – m'explique la situation de M. Gorbatchev : « C'est un dirigeant très affaibli que tu vas rencontrer. Peut-être ne veut-il pas le reconnaître ou fait-il semblant de ne pas s'en rendre compte, mais il n'est plus le patron. Le coup d'État d'août dernier, son internement à Sotchi[1], sa remise en selle par Eltsine en ont

1. On se souvient que, le 18 août 1991, quelques dirigeants du Parti communiste et quelques généraux ont décidé de proclamer l'état d'urgence, prétextant mensongèrement l'état de santé de Gorbatchev, et ont, de fait, pris le pouvoir, refusant les projets de démantèlement de l'URSS prêtés à Gorbatchev. Les blindés envahissent Moscou mais

fait un président en sursis ; ses jours au pouvoir sont comptés. Cela ne l'empêche pas d'exposer volontiers ses visions à long terme… »

Nous arrivons au Kremlin et arpentons des couloirs déserts. Je m'étonne en moi-même du silence de ces lieux. « Nous sommes samedi », me dis-je. Puis, je me refais une réflexion qui m'est familière : « C'est un bon signe de la solidité d'un pouvoir que l'absence de toute agitation autour de son titulaire… ». Lourde erreur. L'explication de cette tranquillité conventuelle est tout autre. Je ne l'ai pas encore suffisamment réalisé mais, en ces premiers jours d'octobre, en Union soviétique, l'État n'existe plus. Ce qu'il peut en rester a déserté ces lieux pour les bureaux où Eltsine s'est maintenant installé.

Nous voici, enfin, dans l'antichambre de M. Gorbatchev.

On nous introduit dans son bureau. Il y a un drapeau rouge derrière le siège de celui qui n'est plus secrétaire général du Parti communiste. Il a démissionné récemment de cette fonction, mais il est encore président de l'URSS. Je cherche du regard l'endroit où devait se trouver la porte que Staline, en Géorgien soupçonneux, aurait fait murer, dit-on, pour interdire tout accès derrière son dos. Point de traces. Sur une table de réunion, des parapheurs sont prêts pour nos signatures, ainsi que les inévitables bouteilles d'eau minérale et de soda. Le gouverneur de la banque centrale, Gerachtchenko, Iavlinsky, l'économiste, et Grachev, le porte-parole, nous rejoignent. Nous bavardons quelques instants. M. Gorbatchev arrive. Nos regards se croisent. A-t-il perçu l'émotion qui m'a étreint un instant ? Il s'avance vers moi, la main tendue et me lance sans autre préambule : « Monsieur le directeur général, j'ai remarqué votre regard, je sais ce que vous pensez !

– Monsieur le président, c'est très simple : j'ai le grand honneur de rencontrer pour la première fois le dirigeant d'une très grande puissance héritière d'une immense histoire, avec

Eltsine, juché sur un char, galvanise la foule des Moscovites contre les usurpateurs. Le putsch échoue et Eltsine – qui fait libérer Gorbatchev de la datcha où il est en résidence surveillée – en sort grand vainqueur.

lequel je pense avoir à travailler ; c'est donc, pour moi, un grand moment…

– Non, non, pas du tout ! Vous avez scruté mon visage, et je pense que vous soupçonnez les traces d'une nuit agitée… comme on en prête parfois aux dirigeants russes dans vos pays !

– Monsieur le président, je m'en garderais bien…

– Mais si ! Et c'est vrai, je ne me suis couché qu'à trois heures du matin et vous ne devinerez jamais pourquoi ! J'ai voulu terminer avant de vous voir un livre que l'on vient de me recommander. Je l'ai trouvé si captivant que je l'ai lu jusqu'au bout. Au fait, pourquoi n'en parlerions-nous pas un peu ? Asseyez-vous. Vous devez l'avoir lu ; c'est un livre sur l'économie sociale de marché par Ludwig Erhard !

– Bien sûr, je le connais, mais vous savez, il y a plusieurs approches de l'économie sociale de marché et, en France où j'ai grandi, notre vision est plus interventionniste que celle d'Erhard…

– Certainement, mais vu d'ici, les différences s'estompent. J'aimerais d'ailleurs vous dire tout de suite ma conclusion. J'ai lu ce livre en pensant à notre rencontre de ce matin et à ce que nous allons devoir faire ici. Il s'agit d'aller le plus vite possible au-delà de ce que nous avons engagé avec la perestroïka et la glasnost. Eh bien, je me dis maintenant qu'il faudra faire tout ce qu'Erhard suggère : libre entreprise, État ramené à ses tâches de souveraineté, privatisation des entreprises, concurrence, ouverture au commerce international, bref, l'économie de marché. »

Musique à mes oreilles. Je l'écoute, partagé entre ravissement et scepticisme. A-t-il songé aux obstacles sur le chemin à parcourir ? Mais il reprend : « De tout notre attirail d'économie publique, je ne demanderai à garder qu'une chose !

– Laquelle ?

– Le contrôle des prix ! »

Ma réponse fuse : « Monsieur le président, je pense plutôt l'inverse ; gardez si vous le voulez, pour l'instant, toute votre organisation, mais aussi vite que possible, libérez les prix ! »

Suit une discussion animée. Il a parfaitement compris le rôle central des prix en tout système économique, en économie de marché encore plus qu'ailleurs. Leur libération est le grand pas qu'un jour il lui faudra franchir, comme les Polonais viennent de le faire avec succès. Clairement, il n'y est pas encore prêt.

« Je crains que ceci ne soit, entre nous, un désaccord de fond, lui dis-je, mais notre conversation me laisse penser que nous finirons par en venir à bout. Cet accord que nos collaborateurs ont préparé et qu'ils nous invitent à signer devrait nous y aider. »

Il acquiesce. Nous en commentons brièvement le texte. Mais je pense à autre chose. Comment ce grand pays, après soixante-dix ans de « centralisme démocratique », pourra-t-il se doter d'une économie sociale de marché ? Rapidement, nous évoquons quelques autres sujets qui lui tiennent particulièrement à cœur. Une forme d'aide alimentaire car, dans la désorganisation actuelle, les magasins de produits de première nécessité sont vides ; il n'est pas question d'avancer dans la réforme tant que ce problème ne sera pas réglé.

Il en vient à l'énorme chantier de la transition vers l'économie de marché, « un combat aussi difficile que celui que nous avons mené contre le fascisme », ajoute-t-il. Mais il est optimiste : « Nous avons toutes les ressources naturelles et humaines nécessaires pour être un pouvoir économique majeur dès que nous aurons traversé cette transition temporaire.

– Nous sommes là pour vous y aider, lui dis-je, et pour vous appuyer dans votre demande de soutien à l'Ouest. »

Puis il veut nous convaincre que le processus est bien avancé : « Il y a maintenant 20 millions de personnes qui travaillent dans des petites entreprises, dans des coopératives, etc. ; avec leurs familles, cela fait 40 à 50 millions de personnes ; elles sont toutes engagées maintenant dans l'économie de marché.

– Nous sommes bien d'accord, lui dis-je, pour conclure. Il faut que vous puissiez bientôt montrer à tous que des résultats sont là. Croyez-le bien, plus fortes seront vos initiatives dans cette direction, plus fort sera le soutien que vous pourrez attendre de l'extérieur. Nous sommes avec vous dans le même bateau. Aux yeux du monde, les succès ou les échecs de votre pays seront aussi les nôtres. »

Nous ouvrons nos parapheurs ; photographes et opérateurs de télévision sont introduits. Nous nous quittons, après les longues poignées de main d'usage dans les crépitements de leurs appareils et les promesses de nous revoir. Je crois deviner que, dans l'euphorie de cet instant, Gorbatchev est lui aussi habité par d'autres pensées. Nos réflexions se portaient il y a quelques minutes sur les fascinantes perspectives d'un rattrapage de ce que les économies de marché avaient de meilleur mais est-ce le pressentiment des formidables obstacles qu'il entrevoit qui plisse soudain son front ? Les propos de Jean Foglizzo me reviennent ; je m'interdis donc de nourrir trop d'illusions. La réalité nous rattrape. Depuis Sotchi, cet homme est pris à la gorge. À dialoguer avec lui, nul ne s'en douterait. Seul le silence des couloirs parle.

Comme j'aimerais pourtant travailler avec lui ! Dès mon retour à Washington, je veille à ce que chacun des termes de l'accord soit rapidement mis en œuvre mais je peine encore à imaginer à quel point le terrain se dérobe déjà sous ses pieds. À Moscou, c'est un vaincu. Le coup de grâce, de fait, lui a été porté au mois d'août dernier par le putsch. Il ne suscite plus qu'indifférence ou dérision. Moins de trois mois plus tard, dans une improbable résidence forestière de Biélorussie, la dissolution de l'Union soviétique est prononcée ; la Communauté des États indépendants (CEI) est créée. La Russie, l'Ukraine et la Bélarus en sont les premiers membres. Eltsine, le fils de koulaks sibériens, a mieux perçu les signes des temps et compris le sens de l'histoire que Gorbatchev, l'intellectuel inquiet. Il va s'installer en maître au Kremlin. Désormais, nous ne traiterons plus qu'avec la Russie et quatorze autres républiques. Sytarian ne m'avait-il pas prévenu ? À Noël, Gorbatchev s'efface.

Il faut nous adapter à ce changement de paysage et d'interlocuteurs. C'est moins difficile qu'on aurait pu le craindre. Certes, les problèmes en sont aggravés. La dissolution de l'Union tourne à bien des égards (notamment monétaires) à une totale confusion. Pourtant, une des premières décisions d'Eltsine est sage : il choisit un remarquable jeune Premier ministre qui, en un tour de main, fait « la conquête de l'Ouest ».

Egor Gaïdar : trop jeune, trop seul, trop tôt

Eltsine s'en explique dans ses Mémoires[1]. C'est, affirme-t-il, « un homme d'une espèce nouvelle », moins radicale cependant que celle d'un autre économiste plus en vedette à Moscou, Grigori Iavlinski. Ce dernier devait publier, à grand tapage, le manifeste dit du *great bargain*. Il se fait fort maintenant de réaliser ce grand passage en quatre cents jours et non cinq cents. Il viendra à Washington faire sa tournée des grands-ducs mais son étrange dégaine et ses promesses de passage en force convainquent moins que la fermeté intellectuelle et le langage pondéré de Gaïdar, son rival âgé de 35 ans.

Dès nos premiers contacts, Gaïdar m'impressionne. Certes, l'homme au visage poupin mais au regard pétillant d'intelligence est très jeune – inimaginablement jeune pour de telles fonctions – mais dès ses premiers mots, on perçoit son esprit de finesse autant que sa capacité de synthèse ; travailleur acharné, il a tout lu des soubassements théoriques de l'économie de marché et s'exprime à ce propos avec une parfaite aisance. Sa rapidité d'esprit n'altère en rien sa capacité d'écoute. Il frappe tout autant par l'élégance de ses manières, la préciosité de son langage, une courtoisie confinant parfois à l'obséquiosité. On croirait entendre un personnage de Tolstoï. Qui l'aurait rencontré, au cours d'un de ses voyages incognito à l'Ouest, aurait pensé tomber sur quelque descendant d'une famille de Russes blancs, lui, le fils et le petit-fils de notables soviétiques. Il aimait d'ailleurs évoquer ses origines : un grand-père paternel, Arkady, vénéré de tous comme à la fois héros de l'Union soviétique et auteur d'ouvrages édifiants pour la jeunesse du pays ; un père, Timur, correspondant de la *Pravda* à

1. « Egor Gaïdar frappait avant tout par son assurance. Pas l'assurance d'un effronté, ni l'assurance d'un homme fort et plein d'énergie comme il y en a beaucoup dans mon entourage. Non, c'était une assurance d'un tout autre type. On voyait immédiatement que Gaïdar n'était pas quelqu'un "qui y va au culot", mais un homme très indépendant avec un sens très marqué, quoique sans ostentation, de sa propre dignité. Un intellectuel donc qui, à la différence d'un administrateur borné, ne cacherait pas ses doutes, ses réflexions, ses faiblesses, mais défendrait malgré tout ses principes jusqu'au bout, parce qu'il s'agissait vraiment de ses propres principes, de ses propres idées, mûries et vérifiées, et non pas de vérités apprises et répétées par conformisme. » Boris Eltsine, *Mémoires*, Flammarion, 2000.

Cuba pendant la crise des missiles – bonne occasion de rencontrer Che Guevara et Raúl Castro – puis en Yougoslavie où il se trouve encore en 1968, lorsque le 21 août, « l'aide internationale » des troupes du Pacte de Varsovie qui réprime l'expérience du « socialisme à visage humain » de Prague ouvre les yeux de son fils. « C'était, soudainement, dira celui-ci, la fin de mon enfance. » Il avait douze ans.

Un peu plus de vingt ans plus tard, il devait former avec Eltsine un couple inattendu.

Gaïdar est cette « tête d'œuf » qu'Eltsine place auprès de lui pour prendre en charge la révolution économique qu'il veut mener, tambour battant, mais sans beaucoup d'idées personnelles sur la marche à suivre. Il a été repéré aussi par le groupe d'universitaires américains qui, autour du Massachusetts Institute of Technology (MIT) et de la Kennedy School, souhaitent proposer leurs services à Gorbatchev puis à Eltsine et leur offrir clés en main une économie de marché, après s'y être préparé, en marge du travail du FMI, auprès de la Pologne de Solidarność. Gaïdar conserve, cependant, certaines distances à leur égard, comme il l'avait fait quelques mois auparavant au moment de la publication aux États-Unis du « programme des cinq cents jours ». Il m'expliquera en privé ses réticences. Il était retenu par la totale impréparation de la banque centrale et des ministères qui auraient à conduire la formidable mutation envisagée. Appelé aux affaires et pressé par Eltsine qui veut – au lendemain de l'éclatement de l'Union – créer l'irréversible par une « thérapie de choc », il lui faut franchir le Rubicon, comptant sur l'aptitude de la société russe à survivre au chaos et sur une aide extérieure qui, hélas, ne sera pas au rendez-vous.

Le 2 janvier 1992, Gaïdar lance son programme. Il libère l'essentiel des prix, introduit une TVA au taux de 28 %, réduit des deux tiers les crédits pour les achats de matériel militaire, abaisse massivement les subventions agricoles, etc. Les conséquences sont immédiates : le niveau général des prix est multiplié par dix, mais bien vite, les étagères vides des magasins commencent à se remplir. Pour éviter une spirale inflationniste, il faudrait que la banque centrale soit en mesure de limiter la hausse initiale au niveau des ajustements nécessaires. Elle en est incapable. L'intervention immédiate du Fonds devient indispensable. Un puissant soutien financier extérieur est nécessaire, d'autant que l'on s'attend à une chute de la production de l'ordre de 50 % pour les trois prochaines années, avant qu'une reprise ne se manifeste.

Nos équipes se mettent donc au travail, la communication est excellente entre Gaïdar et John Odling-Smee. Ils mettent au point un « mémorandum de politique économique » qui fournira, peu après, le cœur d'un premier accord stand-by à lancer dès l'adhésion officielle aux institutions de Bretton Woods.

Le 30 mars 1992, l'adhésion de la Russie et des quatorze autres républiques au FMI et à la Banque mondiale est enfin votée par le Conseil du Fonds. Le rêve de nos fondateurs de créer une institution universelle est réalisé désormais. La scène du drame est vraiment le monde. Nous pouvons aller de l'avant. Nous y sommes d'autant plus enclins que l'administration Bush et l'Allemagne de Kohl – faisant de nécessité vertu – annoncent dès le surlendemain un plan de soutien du programme russe pour 1992 à hauteur de 24 milliards de dollars dont 6 milliards pour un fonds de stabilisation des changes sur le modèle polonais. Ces chiffres reprennent ceux sur lesquels repose le programme que nous négocions avec Egor Gaïdar, mais il est fondé sur des engagements trop imprécis du G7 pour être pris pour argent comptant. Il nous faut, d'urgence, nous assurer que toutes ces promesses seront tenues… Ce sera l'une de nos préoccupations lancinantes tout au long des prochaines années.

Pour lancer cette campagne, je vais prononcer dans le grand amphithéâtre de Georgetown University un discours où je décris de mon mieux – devant un parterre d'étudiants, mais surtout de journalistes, de diplomates et d'assistants de membres du Congrès – les formidables enjeux de notre travail dans l'ancienne Union soviétique et les moyens d'y faire face. Jamais, je pense, je n'ai mis autant de cœur dans un discours… mais il en faut beaucoup plus pour convaincre les parlements de reconsidérer de difficiles arbitrages avec plus de générosité !

Trois mois après, le premier accord stand-by est signé. Il n'a qu'une portée limitée. Comme il ne dépasse pas le premier quart de la quote-part russe, il n'a pas à être assorti de conditions très exigeantes. Il ouvre la voie cependant à tous les autres financements extérieurs et aux opérations de rééchelonnement de dettes du Club de Paris qui, sous la conduite de Jean-Claude Trichet, devenu directeur du Trésor, fera tout au long de ces années un remarquable travail. Sa tâche ne sera pas facile. Cette fois, les Américains se montrent extrêmement généreux. Cela ne trompe personne ; comme leurs créances sur les Russes sont minimes et celles des Européens – notamment des Allemands – très élevées, ils trouvent là une excellente occasion de valoriser leur contribution auprès des Russes aux frais des autres.

Dans l'état de la Russie en ce début de 1992, je pense, pour ma part, que le plein succès d'une opération reproduisant le précédent polonais est tout à fait improbable. Je ne l'aurais pas recommandée. Pourtant, une opération suffisamment forte pour marquer une rupture avec le passé est nécessaire ; il faut donc s'accommoder de l'expérience Gaïdar et faire l'impossible pour qu'elle réussisse. Nous devons la soutenir, redoubler notre assistance pour faciliter tous les changements envisagés dans l'ordre monétaire et budgétaire et nous tenir prêts à quelques déconvenues. Nous n'imaginions pas cependant qu'il nous faudrait cheminer avec nos partenaires pendant presque une décennie et multiplier les programmes au milieu de la lassitude des uns et de l'exaspération des autres, avant que des résultats décisifs n'émergent de leurs efforts.

Pour essayer de contribuer de notre mieux au succès de ce premier programme, je me rends à Moscou à l'invitation de Boris Eltsine pour un premier contact.

La Russie de Boris Eltsine

Moscou, 4 juillet 1992

C'est jour de fête nationale aux États-Unis. J'en profite pour répondre à cette invitation. Je vais rencontrer le président de la Russie, le fossoyeur aussi de l'ancienne Union soviétique.

En arpentant avec moi le long couloir qui conduit au bureau du président, le Premier ministre, Egor Gaïdar, me prévient : « Ne soyez ni surpris, ni offensé, le Président n'a pas les bonnes manières de Gorbatchev ; vous risquez de le trouver quelque peu *bullish.* » *Bullish*... je ne connais ce terme que dans le langage boursier. Mais *bull* : taureau... Dans l'instant, ce mot me rappelle le taureau bondissant dans l'éclatant soleil, la musique des bandas et le vacarme festif des arènes de Bayonne. Gaïdar perçoit ma surprise ; il s'empresse de rectifier : « Mais ce n'est qu'une affaire de style, vous savez ; j'aurais dû dire que son style est un peu agressif, soviétique en quelque sorte ! »

Je vais bientôt m'en rendre compte. Nous ne sommes plus dans le château de la Belle au bois dormant où j'avais rencontré Gorbatchev. L'antichambre du président grouille de journalistes et d'opérateurs de télévision. Je reconnais l'homme de haute taille qui gesticule, parle à très haute voix au milieu d'eux. « Voilà le président, me souffle Gaïdar.

– Que leur dit-il ? »

Hésitation du Premier ministre.

« Autant que vous le sachiez ! Il vient de leur dire qu'il ne laissera pas le FMI traiter la Russie comme le Burkina Faso.

– Ah bon ! En effet, mais c'est bien ! Il m'offre une entrée en matière ! »

Je sens Gaïdar perplexe. Je n'ai pas le temps de lui répondre. Quelqu'un vient de signaler à Eltsine que nous sommes là. Dans l'instant, il traverse le groupe de journalistes et nous introduit dans une salle de réunion, sans cesser de leur parler à la cantonade.

J'opte pour une ouverture « à la soviétique », seule chance peut-être pour que, de son côté, il abandonne le registre *bullish* :

« Monsieur le président, lui dis-je à peine sommes-nous assis l'un en face de l'autre et alors que quelques journalistes qui nous ont suivis s'attardent encore, je crois avoir compris que vous ne souhaitiez pas que nous traitions la Russie comme le Burkina Faso. Je dois vous dire que nous ne faisons pas d'exception au FMI à une règle que j'appelle la "règle de la nation la plus favorisée[1]". Cela signifie que tout pays, quel qu'il soit, y compris le Burkina Faso évidemment, a le droit d'être traité de la manière la plus favorable possible par notre institution, à l'intérieur de ses règles de fonctionnement. J'ai donc bien l'intention d'appliquer cette règle à votre grand pays. Il devrait se considérer bientôt comme "la nation la plus favorisée". C'est déjà le cas du Burkina Faso et de bien d'autres. J'aimerais beaucoup pouvoir en discuter dès aujourd'hui avec vous. »

La traductrice fait son travail. Je perçois, à la manière dont elle choisit ses mots, qu'elle s'attend à quelque éclat. Gaïdar, assis à la droite d'Eltsine, est impassible. Au fur et à mesure du déroulé de la traduction, j'essaie de lire les réactions de mon interlocuteur sur son visage. Il n'essaie pas de les cacher : surprise, stupeur, puis froncement du front dans l'attention. Enfin, un sourire, vite effacé… « Bon, bon, finit-il par dire, parlons un peu de ce que vous pouvez faire pour nous aider. »

1. J'utilise ici, avec quelque liberté, un terme du vocabulaire du droit commercial international dont le sens technique est très différent de l'idée de l'égalité de traitement entre États membres du FMI que je souhaite introduire dans nos discussions.

Suivent des échanges qu'il s'efforce pour sa part de rendre « civilisés[1] ». Pourtant, sachant peut-être qu'il allait me toucher à un point sensible, il ajoute : « Vous savez, j'ai reçu récemment la visite de Madame Soljenitsyne. Elle est venue spécialement des États-Unis, envoyée par son mari, pour m'encourager et m'apporter son soutien. Elle m'a dit aussi qu'il n'aimait pas beaucoup ce que l'Ouest – et donc vous, le FMI – vous venez faire ici ; il est préoccupé ; il me demande de faire très attention. N'importez pas de l'Ouest, avec son argent, son matérialisme avec tout ce qui l'accompagne de corruption des mœurs, d'abandon de Dieu, etc. » Le président me regarde, il recherche l'effet produit.

Je m'empresse de répondre : « J'ai la plus grande admiration (j'ai peut-être dit vénération) pour Alexandre Soljenitsyne. J'ai lu la plupart de ses livres. » Je les énumère depuis *Une journée d'Ivan Denissovitch* dans les années soixante jusqu'au *Pavillon des cancéreux*. C'est un des plus grands écrivains de ce siècle, mais je ne suis pas sûr que, reclus dans son exil volontaire dans le Vermont, il soit tout à fait au courant de ce qu'est le FMI. J'aimerais qu'un jour il puisse être rassuré sur ce que nous faisons…

– Il ne l'est pas encore, c'est le moins qu'on puisse dire[2]… » Nous revenons au travail du FMI en Russie au cours des prochains mois. Eltsine insiste sur le choix d'une transition aussi rapide que possible vers l'économie de marché, « une thérapie de choc » et, visiblement, il aime cette expression. Il nous dit sa confiance en Gaïdar, malgré les féroces critiques des milieux les plus conservateurs. Tout dans son attitude autant que son langage nous dit sa détermination et sa capacité – dont il ne doute pas – à déplacer les montagnes.

Nous n'irons pas beaucoup plus loin cette première fois.

1. Les Russes, à l'époque, employaient cette expression pour qualifier une conduite respectueuse de leur part des usages et des principes qu'ils prêtaient aux Occidentaux.

2. En effet, il ne l'était pas encore. En 1998, il publiait un vibrant pamphlet *(La Russie sous l'avalanche)* où il dénonçait tout à la fois l'incurie du gouvernement et l'influence démoralisante de l'Ouest se traduisant par « une nouvelle gangrène spirituelle ».

« Bon, me dit Gaïdar sur un ton complice dès que nous nous retrouvons seuls dans le couloir, ce fut une conversation franche et utile. Cela suffit pour que nous puissions avancer. »

J'en suis un peu moins sûr ; je mesure mieux maintenant les conditions de travail éprouvantes de ce jeune Premier ministre qui ira de l'avant, servi par sa magnifique intelligence et porté, dans un total désintéressement personnel, par l'amour de son pays, doublé comme le dira plus tard Eltsine, des convictions d'un « démocrate révolutionnaire ».

Gaïdar va continuer de mener bataille sur tous les fronts. Hélas, il devient très vite le bouc émissaire par excellence de tous ceux, innombrables, qui voient leurs positions et leurs privilèges remis en cause par ce jeune blanc-bec. Son discours ne passe plus ; l'hostilité de la Douma ne désarme pas.

Tout au long d'une courte année de gouvernement, Gaïdar sera un homme courageusement seul. Il n'existe que par la confiance de plus en plus mesurée d'un Eltsine prêt à des actions de choc à condition qu'elles aient des résultats immédiats et si possible éclatants, conditions qui, de toute évidence, n'ont guère de chance d'être réunies à ce moment-là, d'autant que l'aide extérieure tarde à se mettre en place. Les ambassades occidentales lui sont, certes, acquises. Il est riche de la meilleure image internationale qu'ait jamais connue un Premier ministre russe. Dès le second semestre de 1992 cependant, la plupart des missions diplomatiques portent leurs regards sur la composition probable de l'équipe suivante.

Elles devinent qu'Eltsine n'aura bientôt d'autre choix que de constituer un nouveau gouvernement pour calmer l'agitation de la Douma dont le président Rouslan Khasboulatov commence à conspirer. Il lui faut donner quelques gages à une opposition qui se fait entendre de plus en plus bruyamment, dans la presse et les antichambres du Kremlin. Les exigences du « complexe militaro-industriel » se font pressantes ; le mécontentement de tous les milieux qui se disent, non sans raison, victimes d'une stratégie de choc trop improvisée – armée, agriculteurs, retraités, etc. – s'étale partout. Ce sera peut-être Soljenitsyne qui portera à Gaïdar le coup de grâce en déclarant, en enfant de la Sainte Russie : « Appliqueriez-vous une *thérapie de choc* à votre mère ? »

Eltsine a compris. Il va user d'une méthode que nous lui verrons utiliser maintes fois : il limoge, sans grand ménagement, son Premier ministre. Un signe avant-coureur avait été donné peu avant, avec l'entrée au gouvernement en qualité de vice-pemier ministre chargé de l'Énergie de Viktor Stepanovitch Tchernomyrdine, ancien président de Gazprom, le grand monopole gazier du pays. La désignation de ce dernier comme Premier ministre, le 14 décembre 1992, jette un froid à l'Ouest et dans les institutions multilatérales. Non seulement nous regrettons l'homme si brillant et courageux qui est remercié, mais le pedigree de son successeur nous inquiète. Non qu'il ait mené la cabale contre son prédécesseur mais il est lié de toute évidence aux milieux qui se sont opposés à l'action du gouvernement au nom d'une idéologie nationaliste et industrialiste, ultime avatar à nos yeux du brejnevisme. Nous avons en mémoire les batailles perdues par Gaïdar autour de la libération des prix de l'énergie ; nous soupçonnons son successeur d'être porteur d'une « stratégie alternative » dont, d'avance, nous n'attendons rien de bon.

Les premières semaines du nouveau gouvernement ne sont l'occasion d'aucune annonce inquiétante, ni de signaux, non plus, en direction du Fonds. Nous restons sur nos gardes et nous mettons à profit cette sorte de morte saison dans nos rapports avec les Russes pour tirer les premières leçons de notre expérience. Le travail accompli depuis l'étude des quatre institutions nous a amenés à découvrir bien des problèmes et à remettre en cause quelques approches. Nous intensifions aussi notre travail d'assistance technique auprès de l'administration russe et de celle de chacune des quatorze autres républiques. Ce sont des mois d'efforts pour y répandre le b.a.-ba de la gestion des économies de marché. Nous concentrons nos efforts sur les banques centrales et les ministères des Finances. Nous devons aussi nous initier nous-mêmes à la situation économique et sociale réelle de chacun de ces nouveaux États. Nous mesurons très vite combien certains d'entre eux – dont la production était déterminée ou absorbée par l'appareil industriel russe – se trouvent déstructurés par la disparition du COMECON.

Les équipes du Fonds découvrent, en particulier, à Moscou la réalité d'un institut d'émission qui n'est guère plus qu'un bureau du Trésor, lui-même peu au fait des données les plus élémentaires de l'économie financière. Une toute première priorité s'impose : il faut aider la Gosbank, aussi vite que possible, à se transformer en une banque centrale moderne. Cela demandera du temps. De même, nous sommes en présence d'un ministère des Finances sans une direction des impôts digne de ce nom, et donc d'un ministre des Finances réduit à l'impuissance.

Pendant ce temps, nous nous organisons aussi à Washington pour la tâche qui nous attend. Ce sera vite fait. Je conviens avec Lewis Preston, président de la Banque mondiale, et son brillant adjoint Ernie Stern, d'un partage du travail entre nos deux institutions. En gros, le Fonds se consacrera à la macroéconomie (budget, monnaie, changes, etc.) et la Banque aux problèmes structurels et d'investissement. Dans l'immédiat, par exemple, les problèmes de la zone rouble seront pour le Fonds et les privatisations pour la Banque, quitte à ce que les programmes de chacune des deux institutions soient coordonnés avec ceux de sa voisine de la 19e rue[1]. Sur le plan administratif interne, une nouvelle division est mise en place dans le département Europe pour couvrir essentiellement ce qui s'appelle encore le COMECON ou CAEM (Conseil d'assistance économique mutuelle). Un excellent professionnel, principal rédacteur de l'étude interinstitutionnelle, Thomas Wolf, en est chargé. Dès l'adhésion, un nouveau département dénommé Europe II est créé. Il est confié à John Odling-Smee. John nous vient du Trésor britannique et nous l'avons mis à l'épreuve quelque temps en lui confiant nos relations avec l'ancienne Yougoslavie, elle-même en processus de décomposition, violent celui-

1. Cette coopération nous amènera souvent à inscrire parmi les conditions de nos programmes du FMI des clauses en matière de politiques structurelles – de privatisation, par exemple – qui ne sont pas de sa compétence mais qui sont importantes dans les stratégies de la Banque mondiale sans qu'elle soit sûre de pouvoir les faire prévaloir à travers ses propres programmes. Elles figureront donc parmi nos conditions et nous seront parfois reprochées. Cela faisait partie des aléas d'une coopération, par ailleurs, très fructueuse.

là. Chargé de l'ancien empire soviétique, John fera un travail au-dessus de tout éloge et tiendra le gouvernail pendant la dizaine d'années de cette traversée. Par tous les temps serait peu dire[1]... Les collaborateurs auxquels il confiera les relations avec la Russie seront de bonne trempe : Ernesto Hernández-Catá, Yusuke Horiguchi, Jorge Márquez-Ruarte et Gérard Bélanger ; ces deux derniers auront à faire face à la crise de 1998 et ses séquelles.

Les conditions de travail de ces équipes seront souvent ingrates. Elles vont se trouver face à des interlocuteurs aux compétences parfois mal définies, peu au fait des relations avec des institutions multilatérales, très souvent déstabilisés par les « événements de Moscou » et rendus peu loquaces par la prudence que ceux-ci inspirent ou par simple ignorance des fondements de l'économie de marché. Pourquoi ne pas rappeler aussi leurs conditions précaires de travail dans d'anciennes maisons d'hôtes du Parti ou des hôtels où l'électricité et le chauffage étaient parfois intermittents. Je rencontrerai moi-même, au cours de l'hiver glacial d'une république caucasienne, des équipes rédigeant note sur note, écharpe autour du cou, bonnet sur la tête et gants aux mains, le chauffage de l'hôtel en panne et nul ne sachant quand il serait rétabli.

Deux problèmes majeurs s'imposent à notre attention pendant ce bref intermède : quel que soit le bilan du stand-by conclu le 5 août 1992 dont nous savions par avance qu'il serait très partiellement satisfaisant, nous comprenons qu'il nous faut nous doter d'un instrument financier mieux adapté au contexte de ces quinze nouvelles républiques. Il nous faut aussi lever une incertitude majeure en matière monétaire : faut-il conserver, et comment,

1. John a les vertus et les qualités de la fonction publique britannique : une compétence sans défaut, un engagement personnel constant sous une allure détendue, une discipline qui n'altère en rien son indépendance d'esprit, la franchise avec laquelle il exprime son opinion et vous met en garde lorsqu'il vous sent au bord du dérapage. Il sait, quand il le faut, prendre du champ, analyser sans complaisance la situation, prendre enfin l'initiative des changements de cap. Il sera aussi dans les innombrables occasions où nous aurons à travailler ensemble un compagnon dont l'humour, la connaissance des hommes et la culture agrémenteront les moments difficiles. Bon chef d'équipe enfin, soucieux de ménager ses troupes, il en obtiendra le meilleur d'elles-mêmes.

la zone rouble ou préparer chaque république à une gestion monétaire indépendante ?

*La facilité de transformation systémique (*STF[1]*)*

L'expérience Gaïdar le montre avec évidence : on ne transformera pas ces pays en économie de marché si nous ne disposons pour les aider que des accords stand-by. Leurs réserves de change sont épuisées ; leurs administrations sont soit pléthoriques soit squelettiques, mais parfaitement ignorantes des réalités des économies ouvertes ; il leur faut enfin reconstruire de fond en comble des structures de production arbitrairement déterminées par le COMECON pour servir le centre et particulièrement son appareil militaro-industriel.

Face à ces réalités, les accords stand-by ne peuvent convenir : ils s'étalent sur deux à cinq ans ; or, il nous faut d'abord « acheter du temps » pour que les réformes soient mises en place, pour qu'on puisse stabiliser et remettre progressivement en état de marche ces économies. Nous imaginons donc un nouvel instrument : une « facilité de transformation systémique », remboursable sur dix ans au lieu de cinq, permettant aux pays d'emprunter jusqu'à 50 % de leur quote-part, en deux tranches, à la seule condition que les pays soumettent au FMI leurs intentions de mise en place des institutions de base d'une économie de marché.

Le conseil d'administration approuve – probablement avec soulagement – ces propositions qui ouvrent quelques espoirs d'avancées en avril 1993. C'est un succès. Nous pourrons désormais accompagner les progrès de ces pays aussi longtemps que ce sera nécessaire. Dès le mois de mai, nous signons un premier accord de ce type avec l'une des républiques, le Kirghizstan, qui, sous la conduite d'un président d'une remarquable agilité intellectuelle, Askar Akaïev, a décidé de lancer un programme audacieux de stabilisation et de créer pour son

1. *STF* : *Systemic Transformation Facility.*

pays une nouvelle monnaie, la som. Son introduction est un succès. D'autres pays devaient suivre dont la Russie. Cette facilité restera en vigueur jusqu'à la fin de 1995. Le Conseil, avec probablement un certain optimisme, avait considéré que les opérations de stabilisation et de transformation seraient suffisamment avancées à ce moment-là pour que le Fonds puisse se contenter d'avoir recours de nouveau à ses facilités traditionnelles. Entre-temps, vingt pays en auront bénéficié pour un montant relativement modeste de 4,1 milliards de DTS[1]. La *STF* a bien joué son rôle de catalyse en mobilisant auprès des autres contributeurs les financements supplémentaires nécessaires pour cette étape critique de leur histoire.

Notre travail en Russie peut ainsi reprendre en des termes renouvelés. Nous pourrons lui ouvrir, sans trop forcer nos règles, deux nouvelles tranches de crédit de plus d'un milliard de dollars chacune : l'une dès juillet 1993 et l'autre en avril 1994.

Que faire de la zone rouble ?

La question du devenir de la zone rouble est évidemment incontournable pour le FMI. Elle est aussi techniquement, autant que stratégiquement, l'une des plus difficiles. Faut-il conserver cette zone au moment où chacune des quinze républiques accède à l'indépendance politique ? Faut-il la rejeter ? Faut-il la réformer pour en faire, à l'exemple de ce qui se met en place en Europe de l'Ouest, une nouvelle union monétaire d'États souverains ?

Les avis vont être très partagés en Russie et dans la plupart des autres républiques. On en débattra aussi de fin 1990 à fin 1993[2] au sein du G7 et du FMI.

---

1. Rappelons que le DTS (Droit de tirage spécial) est constitué aujourd'hui d'un panier des principales monnaies du système : le dollar, l'euro et le yen. La question de son élargissement au renminbi est désormais ouverte.

2. Seul le Tadjikistan gardera le rouble comme monnaie jusque courant 1995, payant cela d'une forte inflation provoquée par l'afflux de roubles démonétisés ailleurs.

Pourquoi tellement tergiverser ? Pourquoi une telle réserve du FMI sur une question au cœur même de ses compétences ?

Les tenants du maintien de la zone ont de bons arguments. Elle est un lien de solidarité entre des économies fortement intégrées ; elle peut être dans chacune d'elles un élément de stabilité à une heure de multiples remises en cause. Politiquement (et ceci comptera pour la fraction la plus conservatrice de la Douma), elle reste un élément, plus discret que d'autres, du pouvoir russe et en quelque manière, du bouclier de protection des minorités russes dispersées dans l'immense territoire de l'ancienne Union. Au plan strictement monétaire, enfin – et cet argument est important pour les gouvernements des nouvelles républiques – elle leur évite d'avoir à porter la responsabilité de la stabilité monétaire, alors qu'elles ne disposent avec les succursales locales de la Gosbank que de très modestes embryons de banques centrales pour lesquelles la politique monétaire se réduit à l'approvisionnement régulier des agents économiques en billets de banque et pièces de monnaie.

L'option opposée de l'indépendance monétaire sera d'abord politique. Elle est adoptée, comme allant de soi, par les Baltes dès leur déclaration d'indépendance. Ils auront tous leur monnaie nationale avant la fin de 1992. Ailleurs, on hésite. Des débats s'instaurent entre les divers partenaires sur la structure et les pouvoirs d'une union de banques centrales indépendantes. Ceci retardera les décisions. Finalement, deux raisons majeures feront progressivement pencher la balance vers des monnaies nationales : l'inflation importée de Russie du fait des erreurs initiales de sa politique monétaire et l'intransigeance russe dans les débats sur la création d'une Union rénovée ; la Gosbank n'accepte pas, en effet, de renoncer au pouvoir d'arrêter, seule, les décisions majeures de politique monétaire du nouvel ensemble.

Quelle peut être la position du FMI ?

Au sein du staff, un vif débat s'engage. On évoque les thèses de Robert Mundell, ancien fonctionnaire du Fonds, devenu prix Nobel d'économie, sur la taille optimale des zones monétaires ; on distille l'expérience européenne. Ne serait-il pas raisonnable de chercher à optimiser une politique monétaire de la zone au niveau de la Gosbank, au lieu de disperser nos moyens d'assistance technique dans douze républiques où nul n'a la moindre idée de ce qu'est la politique monétaire en économie ouverte? Mais d'autres arguments aussi forts sont avancés. Puisque chaque pays doit se reconstruire à partir d'une situation de table rase et rechercher de nouvelles solidarités à l'Ouest, pourquoi les encombrer d'un lien monétaire exclusif avec la Russie? Y a-t-il des chances pour que l'expérience Gaïdar réussisse à éradiquer l'inflation, au point de permettre au rouble d'offrir un ancrage solide à la zone? Les Russes eux-mêmes s'y prêteront-ils, si tant est que les autres le souhaitent?

Pour ma part, j'écoute attentivement les uns et les autres. Après avoir vigoureusement milité, en d'autres temps, pour la création d'un système monétaire et d'une monnaie européenne, comment ne serais-je pas attentif aux points de vue de ceux qui, ici, veulent s'inspirer de cette expérience? Pour l'avoir exercé dans mon pays, je sais cependant la force des liens qui relient le pouvoir de battre monnaie et la souveraineté nationale. Le choix entre les options sur la table appartient à chacun de ces pays. Nous devons l'éclairer, le hâter à la rigueur (lorsque l'absence de décision paralysera le redressement), mais nous ne sommes pas en droit d'imposer nos vues sur l'option fondamentale. Je m'en tiendrai rigoureusement à cette ligne, avec le plein assentiment de Stanley Fischer qui vient de prendre ses fonctions de premier directeur général adjoint, et de John Odling-Smee qui sont à la manœuvre.

Stan Fischer

J'ai recruté en qualité de premier directeur général adjoint, au cours de l'été 1993, Stanley Fischer pour remplacer Dick Erb à la fin de son mandat. Il est le prestigieux professeur de macroéconomie au MIT; il devient tout de suite pour moi un incomparable alter ego pendant toute la seconde partie de mon séjour à Washington qui a coïncidé avec ce que j'appellerai plus bas « les premières crises du XXIe siècle ». Par sa maîtrise des mécanismes macroéconomiques et monétaires, sa puissance de travail, l'ouverture internationale qu'il devait peut-être à son histoire personnelle et à celle de sa famille, par sa gentillesse, son sens de l'humain et de l'organisation, il exerçait sur l'institution un leadership discret mais d'une efficacité sans faille. Sa carrière universitaire était telle qu'un bon nombre de nos interlocuteurs à travers le monde s'honoraient d'avoir été de ses élèves. L'autorité intellectuelle de l'institution lui devra donc beaucoup. Très vite nous avons compris combien nous pouvions compter l'un sur l'autre ; nous savions que nous nous comprenions le plus souvent sans mot dire ; je pouvais me reposer sans réserve sur sa loyauté et son amitié. L'ajouterai-je, la gravité des questions que nous avions à traiter chaque jour n'enlevait rien à la gaieté de nos rencontres, à la joie aussi de tout partager dans notre tâche. Lui et Rhoda, son épouse, ne se doutent pas de tout ce que je leur dois.

Certains en seront surpris au sein du staff, habitués à me voir parfois trop prompt dans la prise de décision. D'autres, comme mon ami Egor Gaïdar, y verront « la plus sérieuse erreur technique du FMI dans son travail en Russie ». Il écrira même plus tard que, faute d'avoir forcé la dissolution immédiate de la zone rouble, le FMI a pris la responsabilité de l'échec de sa propre expérience. L'inflation résultant de l'obligation pour la Gosbank d'alimenter en crédits les gestions désordonnées des nouvelles républiques aurait ruiné les chances de succès de son expérience et donc celles d'obtenir de ses amis de l'Ouest les financements massifs qui lui étaient promis[1]. Je ne pouvais évidemment accepter de le suivre sur ce point. Nous n'en avions pas le droit. J'ajoute qu'aggraver le chaos dans les autres républiques pour faciliter la tâche des réformateurs à Moscou nous aurait aliéné immédiatement et pour longtemps ceux de leurs voisins qui allaient s'engager dans un effort comparable. Il nous fallait au contraire construire avec eux la relation de confiance dont dépendrait demain leur succès.

Avions-nous raison ? On en débattra peut-être longtemps encore dans les universités. Je persiste à penser que nous avons en cela rempli notre mandat au mieux de nos moyens.

1. Je n'ai jamais, évidemment, partagé cette analyse. Comment attribuer à la seule zone rouble l'emballement de l'inflation en Russie qui « pèse » pour les deux tiers de la zone ? Que valaient, enfin, les promesses d'apports massifs du G7 que Gaïdar ne vit jamais se réaliser ?

Comment les choses se sont-elles déroulées ? Dès leur décision prise, nous expliquons aux Pays baltes – qui seront, par ailleurs, généreusement soutenus par la Banque centrale de Finlande et les pays scandinaves – les conditions de la réussite de l'indépendance monétaire et nous mettons notre assistance technique à leur disposition. Au même moment, devant ce que nous percevons des immenses problèmes de la Gosbank et de la précarité de ses moyens de pilotage, nous décidons de mettre de forts moyens techniques à sa disposition. Je recrute pour cela l'ancien gouverneur de la Banque nationale de Belgique (et ancien président de la Banque des règlements internationaux), Jean Godeaux, pour conduire cette expédition de soutien et entretenir un dialogue suivi avec les responsables[1].

Nos équipes parcourent la zone, distribuent et commentent dans chaque république une note détaillée présentant, en toute objectivité, les avantages et les inconvénients des diverses options et surtout les conditions macroéconomiques et structurelles du succès de chacune d'elles. Puis, comme les conversations entre les républiques s'intensifient pour étudier la faisabilité d'une zone rouble rénovée entre États souverains, nous leur fournissons, à l'occasion d'une grande réunion à Tachkent les 21 et 22 mai 1992, un aide-mémoire détaillant ce que devraient être les modalités de celle-ci pour fournir un cadre équilibré de relations entre partenaires. Peine perdue. Après avoir coopéré aux travaux, approuvé même un communiqué annonçant l'accord, le gouverneur de la Gosbank, Georgy Matyukhin est rappelé à Moscou avant la fin de la réunion. Son remplacement interviendra peu après. Le communiqué n'est pas publié. La Russie n'acceptera pas la création d'une zone où elle devrait partager le pouvoir ; au même moment, l'inflation reprend de plus belle chez elle.

C'est la fin des illusions. Le Fonds garde son attitude de neutralité, mais dès le début de 1993, après une opération de conversion monétaire décidée en juillet à Moscou

---

1. La Banque de France y dépêche son ancien directeur de la fabrication des billets, Michel Destresse.

sans concertation avec les républiques partenaires, ni préparation commune, il ne cache plus qu'à son avis, une zone centrée sur le rouble a de moins en moins de chances d'être durable. Courant 1993, sans pour autant leur imposer notre préférence, nous subordonnons désormais nos concours aux pays qui hésitent encore à ce qu'une décision soit prise. Aucun programme de renouveau économique n'a en effet de chances de succès si le régime monétaire n'est pas stabilisé. Cette exigence ne posera guère de problème : à l'exception du Tadjikistan, toutes les républiques avaient pratiquement à ce moment-là arrêté leur choix.

2 septembre 1993 : Tchernomyrdine et nos ignorances

Quelques mois après sa prise de fonction, le nouveau Premier ministre vient à Washington comme pour chercher, lui aussi, un adoubement auprès du gouvernement américain. Il établit un bon contact avec le vice-président Al Gore. Il espère probablement trouver de ce côté-là un soutien aussi éclatant que possible qui lui permettrait d'échapper à l'influence, à ses yeux excessive, que le FMI exerçait sur son prédécesseur. Entouré de divers collaborateurs, il me reçoit à Blair House. J'ai une grande habitude de ces lieux et des rencontres de prise de contact qui s'y déroulent. Le protocole y règne en maître. Tout y invite à la courtoisie, à des propos feutrés. Cette fois-ci, j'ai droit, au contraire, à une ouverture *bullish* du plus pur style soviétique dont Gaïdar nous avait fait perdre l'habitude.

Sans autre préambule, le Premier ministre, solidement calé sur son coin de divan, m'observant droit dans les yeux, me dit à peu près ceci : « Je me suis fait rendre compte des négociations intervenues entre le FMI et la Russie, depuis vos premiers contacts avec le président Gorbatchev. Elles n'ont pas été satisfaisantes, tout simplement parce que, au fond, vous ne connaissez rien, absolument rien, à la Russie, ni vos collaborateurs, ni peut-être vous-même. »

Je l'écoute sans broncher mais je laisse transparaître dans mon regard – car, à mon tour, je plonge mes yeux dans ses prunelles – un brin de surprise à peine amusée. Le voici qui se tourne vers un de ses collaborateurs, lui donne un ordre. Celui-ci se lève, se précipite hors du salon, revient quelques instants après brandissant une de ces grandes cartes en toile cirée de couleurs vives qui, autrefois, ornaient les murs de nos salles de classe. C'est une carte de l'ancienne Union soviétique. Il s'en saisit, la déplie, l'étale sur la table basse en face de nous et commence son cours : « La Russie, ce n'est pas un pays, c'est un continent. Elle couvre onze fuseaux horaires d'Est en Ouest. Du Nord au Sud, elle va des glaciers polaires à des déserts brûlants. Voici la Volga, l'Oural qui sépare la Russie de la Sibérie… » Et il égrène un condensé de géographie.

Reprend-il son souffle que j'essaie de lui faire comprendre que ces données ne nous sont pas totalement étrangères mais que nos difficultés se trouvent plutôt du côté de l'articulation entre monnaie et budget et d'une zone rouble qui vole en éclat. Il revient à ce qu'il voit comme nos ignorances. J'insiste sur les conditions de base du bon fonctionnement de l'économie de marché dont le président Eltsine continue à dire qu'elle est son objectif. Il n'en démord pas : notre approche peut marcher ailleurs, mais pas dans un pays comme le sien dont ses mains balaient la carte. N'en tenant plus, je lui dis tout simplement ceci :

« Monsieur le Premier ministre, vous avez peut-être raison lorsque vous affirmez que nous avons tout à apprendre sur la Russie. Mais laissez-moi vous dire ceci en toute franchise : j'ai l'impression que si nous sommes très ignorants des réalités russes, vous l'êtes tout autant de celles de l'économie de marché. » Il se tourne vers l'interprète, craignant peut-être d'avoir mal compris, mais avant même qu'il n'ait le temps de répliquer, j'ajoute : « Eh bien, plutôt que de nous faire mutuellement le reproche de nos ignorances, je vous fais une proposition amicale : je passerai avec vous tout le temps que vous pourrez dégager dans votre agenda surchargé pour venir vous expliquer les complexités de l'économie financière de marché, et vous voudrez bien m'initier en plus grand détail au formidable potentiel et aux difficultés de votre pays… » Un ange passe.

Il tope là : « Pourquoi pas ? Quand commençons-nous ?

– Dès que possible pour l'un et l'autre. Que nos collaborateurs arrangent cela… »

La conversation prend alors le cours normal d'un premier entretien. Nous en venons aux impasses auxquelles nous sommes confrontés. Il me dit sa détermination à les surmonter. Je lui dis la nôtre à l'y aider. Il me parle de sa relation avec son président ; ils partagent la même approche et les mêmes opposants. Ils ne doutent pas d'avoir le dernier mot. Nous nous quittons dans des manifestations bruyantes de cordialité et il me rappelle ma proposition « d'éducation mutuelle… ».

J'ai probablement été trop oublieux de mes propres contraintes d'agenda en m'engageant ainsi. Le sort en est jeté ; je vais devoir tenir parole. Quelques week-ends plus ou moins prolongés vont y passer. Aujourd'hui, longtemps après, je ne le regrette pas. Nos relations très franches deviendront cordiales et, à la fin, familières. Il y aura un rituel. J'arrive le vendredi après-midi à Moscou. Il m'attend dans un hélicoptère ; nous filons ensemble, survolant des immensités enneigées seulement striées des silhouettes des bouleaux et percées parfois de l'éclat au soleil couchant de coupoles dorées d'églises plus ou moins délabrées. Nous nous posons sur ce qui doit être la pelouse de résidences officielles en pleine forêt. On m'invite à revêtir une tenue militaire matelassée pour opérations dans le Grand Nord ; je chausse de lourdes bottes, coiffe une chapka ; on m'arme d'un fusil de chasse et nous marchons, engoncés dans ces tenues, vers des affûts où nous attendrons en silence que quelques sangliers viennent prendre à portée de nos armes leur repas du soir. L'attente est parfois interminable mais je savoure l'effet apaisant de cette veille silencieuse après l'agitation des jours précédents.

La horde, enfin, se risque devant nous. C'est un massacre en quelques minutes et nous rejoignons triomphants la datcha où un repas surabondant est servi : du sanglier sous toutes ses formes, des pâtés aux rôtis ; la vodka coule à flots. On ne s'attarde pourtant pas à table, mais au coin du feu, une carafe d'un breuvage qualifié de « cognac » à portée de main, nous abordons jusqu'à passé minuit, tout décalage horaire oublié, les rudiments de l'économie financière : le triangle maudit – budget, balance des paiements, monnaie –, la convertibilité, le rôle des institutions… Adam Smith, Ricardo, Schumpeter, Keynes, Friedman sont salués au passage mais nous en venons toujours à une liste manuscrite de questions qu'il tire de son portefeuille.

Vers une heure du matin, j'essaie de faire comprendre qu'il faut récupérer quelques forces pour la journée du lendemain. Mais non ! Il nous faut soit faire quelques longueurs, nus comme des vers, dans la piscine surchauffée de la maison, soit passer un quart d'heure dans un sauna où je crois mourir d'épuisement. Le lendemain matin à l'aube, on casse la glace de l'étang et avec des cannes rudimentaires, nous procédons à une pêche miraculeuse de truites visiblement affamées ou suicidaires. Puis, après le traditionnel petit déjeuner russe (thé, concombres et cornichons, tomates, fromage blanc et charcuterie), les cours d'économie reprennent, entrecoupés de décryptages pour moi des « réalités » russes : essentiellement la description des clans qui divisent la Douma et assiègent le pouvoir, mais aussi les relations complexes avec les quatorze autres républiques ; l'Ukraine, en particulier, que Viktor Stepanovitch[1] connaît bien, revient souvent dans nos conversations. J'obtiens parfois une pause pour une promenade dans les minuscules villages environnants. Partout, c'est une même pauvreté digne, un univers de la monotonie et de l'ennui. Les boutiques, quand il y en a, sont quasiment vides ; peu d'enfants, peu d'images sur les murs ; parfois, quelques témoignages d'une glorieuse conduite pendant la guerre. On peine à susciter un minimum d'échange, à recueillir un sourire comme si tout espoir avait déserté ces contrées.

1. C'est ainsi que je m'adresse à lui désormais. Pour lui, je suis « Michel ».

Pendant quelque temps, nous gardons le secret sur ces rencontres singulières. Elles finissent par s'ébruiter parce qu'un des hommes du KGB ou un des gardes forestiers qui assurent notre protection a révélé à un journaliste que je suis un si mauvais tireur qu'il tire le gibier en même temps que moi pour s'assurer de quelques victimes à mon tableau de chasse. Je puis confirmer aujourd'hui que je suis, en effet, un très mauvais tireur et déteste tuer des animaux; mais au cours de ces fins de semaines-là, il s'agissait de tout autre chose. J'ai plaisir à évoquer aujourd'hui le climat de confiance et de cordialité qui s'est construit autour de ces épuisantes rencontres. Le travail des quatre années que nous devions traverser, en quelque sorte main dans la main, en fut considérablement facilité.

Au fil de nos rencontres, j'apprendrai à connaître Viktor Stepanovitch, à apprécier son bon sens, son humour, son écoute. Il y a chez lui quelque chose que je ne trouve pas fréquemment chez mes interlocuteurs : une capacité à laisser de côté son objectif immédiat, tel ou tel avantage dans une négociation, pour entrer dans un échange, suivre son interlocuteur dans ce qu'il cherche à partager. Il entre vraiment en conversation avec lui. Et puis, il est russe, jusqu'au bout des ongles; on le sent capable de tenir bon dans l'adversité et de partager avec chaleur les joies de la vie.

Vite, nous avons pris l'un et l'autre la mesure de nos moyens respectifs; nous savions dans nos échanges jusqu'où – comme l'aurait dit Cocteau – nous pouvions aller trop loin. Nous ne franchirions pas, au nom de l'amitié, les limites de nos mandats mais la qualité humaine de ces contacts arrangerait bien des choses.

1993-1995 : coup d'État, crise de change et premières avancées

Dès avril 1994 en effet, nous parvenons à un accord pour mettre en place la deuxième tranche de la nouvelle facilité de transformation systémique. Nous avons, cette fois, le plein assentiment du Premier ministre, alors qu'avant notre rencontre de Blair House, il avait tenu la première pour quantité négligeable.

Juste après notre dernière rencontre cependant, un événement majeur se produit. Le conflit entre le président Eltsine et la Douma a atteint son paroxysme. N'en pouvant plus, Eltsine prend, courant septembre, quelques mesures radicales. Il dissout la Douma, convoque des élections pour décembre et soumet au référendum constitutionnel un renforcement du pouvoir présidentiel.

Un nouveau coup d'État se produit dont les meneurs sont cette fois le général Alexandre Routskoï, vice-président de la Fédération de Russie, et Rouslan Khasboulatov, président de son Soviet suprême. S'appuyant sur un groupe de généraux factieux, ils cherchent à déposer Eltsine. Un grand nombre de députés se retranchent dans la Maison Blanche, siège du Parlement. Des barricades se dressent dans les rues de Moscou car ces généraux ont donné l'ordre à des unités de blindés de prendre position autour de la Douma. À tout instant, on peut s'attendre à ce qu'ils marchent vers le Kremlin. Le monde entier suit en direct ces développements sur CNN. Je le fais, tout au long d'une nuit, d'une chambre d'hôtel à Tokyo où je me trouve. Les bruits les plus contradictoires circulent pendant cette nuit du 3 au 4 octobre. Eltsine parvient néanmoins à rallier à sa cause quelques unités d'élite. Il fait tirer sur la Maison Blanche dont quelques étages sont incendiés. Des troupes de choc l'envahissent. Eltsine, une fois de plus, l'emporte. Il emprisonne pour quelque temps les conspirateurs et lance la campagne électorale.

Les élections du 12 décembre fournissent des résultats ambigus : la réforme de la constitution est adoptée, mais la mouvance ultranationaliste gagne des sièges à la Douma. Le climat ne s'allège que très peu. Pourtant, sa victoire donne au président et à son gouvernement un ascendant psychologique dont il veut profiter pour avancer. C'est donc avec des interlocuteurs un peu plus en confiance que nous reprenons le travail.

La négociation n'est pas facile entre les deux équipes en présence, mais ce n'est pas le moment de la laisser s'ensabler. Je vais à Moscou. Bousculant un peu les uns et les autres, nous parvenons, Tchernomyrdine et moi-même, à un accord soumis cependant à un certain nombre de préconditions qui seront remplies. Le conseil d'administration peut donc approuver en avril 1994 cette deuxième tranche de la nouvelle facilité. C'est un acte de foi car tout le monde est conscient que la Russie a encore beaucoup de mal à mettre de l'ordre chez elle. L'inflation ne recule pas encore ; elle accélère même. Du coup, le marché des changes s'effondre brutalement sans autre signe précurseur – un « mardi noir » – le 11 octobre 1994. Le rouble perd soudainement plus de 20 % de sa valeur contre le dollar. Ce choc fait l'effet d'un coup de semonce. Eltsine se convainc de la nécessité de jouer son va-tout sur une intensification des efforts de réforme. Il renforce le gouvernement en nommant Anatoly Tchoubaïs premier vice-pemier ministre en charge de l'Économie ; il renvoie Gerachtchenko qui avait remplacé Matyukhin à la banque centrale par une excellente et solide technicienne, Tatiana Paramonova. C'est avec cette nouvelle équipe que nous mettons au point un second programme stand-by qui, cette fois-ci, sera le bon ; approuvé par notre Conseil en avril 1995, il sera entièrement respecté et mettra solidement la Russie sur la voie de la stabilisation.

Sous la conduite de Stanley Fischer, nous redoublons nos efforts pour éviter tout dérapage. Nos missions se relayeront à Moscou chaque mois, conduites par Yusuke Horiguchi qui fera courageusement pendant plus de trente mois son voyage mensuel à Moscou. Comme le respect des engagements, en matière budgétaire en particulier, est d'une importance critique, nous demandons aux Russes d'accepter un suivi mensuel de leurs résultats. Tchernomyrdine que je rencontre à Paris, accepte. De notre côté et à regret, nous acceptons que si les résultats en matière de collecte de l'impôt sont insuffisants, ils soient compensés par l'annulation de crédits « gelés » d'un montant correspondant.

Nous n'aimons pas cette solution, car le niveau des dépenses publiques est déjà très au-dessous de ce que l'on peut attendre d'un État moderne, mais il n'est d'autre moyen, en raison de l'hostilité de la Douma à toute hausse de l'impôt, de tenir le déficit du budget. Pour mettre toutes les chances de notre côté, je rends deux visites à Eltsine à Moscou, l'une le 11 mars 1995, l'autre le 22 février 1996, pour tenter de rendre plus solide encore son engagement au côté de son gouvernement et réduire les risques de dérapage, alors que s'annonce pour 1996 une année d'élection présidentielle.

Ces rencontres sont très cordiales. Désormais, nulle tentative d'intimidation ou d'esbroufe. Nous sommes devenus des partenaires. En février 1996, il signe, en présence de ses principaux ministres et après leur en avoir donné lecture avec fermeté, la lettre qu'il m'adresse promettant son soutien complet au programme sur lequel nous nous sommes mis d'accord et prenant l'engagement « d'user de tous les moyens à sa disposition pour assurer son succès ». Je signe de mon côté un communiqué conjoint par lequel j'annonce que je suis prêt à recommander l'approbation de ce programme par le conseil d'administration, dès que quelques mesures préalables – d'une importance critique pour nous – auront été prises.

Avec cet accord de « facilité élargie » qui porte sur 6,9 milliards de DTS, nos engagements totaux en Russie atteignent 14 milliards de DTS fin mars 1996. La Russie devient ainsi le plus important débiteur de l'histoire pour le Fonds, mais le programme est solide et le conseil d'administration l'approuve sans rechigner.

Comme on peut s'en douter, l'octroi d'un prêt de cette importance – alors qu'une campagne présidentielle est imminente – suscite à l'Ouest les interrogations et parfois la vertueuse indignation des éditorialistes. Ceux-ci vont jusqu'à dire que consentir de tels crédits, c'est permettre « de financer la guerre en Tchétchénie », sans compter que, suggèrent certains, une partie de ces crédits auraient été récupérés par les milieux mafieux ou auraient abouti dans les banques suisses.

Ces insinuations nous choquent sans nous surprendre. Nous sommes pleinement conscients des ambiguïtés apparentes de notre condition d'instrument de la communauté internationale dans des circonstances plus que confuses. Mais nous n'acceptons pas que la crainte d'être mal jugés nous dissuade de faire notre devoir. Shail Anjaria, le directeur de notre petite unité d'information, use donc de notre droit de réponse. Dans le contexte de la Russie d'aujourd'hui, « ne pas mettre en marche l'accord négocié, écrit-il, voire lui substituer un montage financier provisoire plus modeste équivaudrait à sacrifier une chance d'entretenir une dynamique de progrès et à refuser à un gouvernement légitime le droit d'engager son pays. Refuser de prêter serait alors, vraiment, interférer dans le champ politique et, de fait, prendre partie pour une alternative mal définie. Ce serait non seulement une erreur mais aussi une faute ».

Pendant quelques mois, la bonne application du programme est remarquée par les observateurs ; la confiance se manifeste par un flux d'investissements étrangers. Trop important peut-être car il risque de se traduire par l'appréciation rapide du taux de change que le pays n'est pas encore en mesure de supporter.

À ce stade, un premier résultat peut être enregistré. La stabilisation, vaille que vaille, est atteinte. En 1992, au moment où la Russie était accueillie au FMI, son inflation atteignait 2 500 % l'an ; fin 1995, elle était contenue entre 1 et 1,5 % par mois. Le produit intérieur chutait de 15 % en 1992 ; il retrouvera la croissance en 1997. Le déficit budgétaire global est ramené pour la même période de 19 à 6 % et la banque centrale cesse de le financer. Sous la conduite de Mme Paramonova, la Gosbank retrouve sa crédibilité dans la famille des banques centrales. La marche vers l'économie de marché est donc bien engagée : la plupart des prix sont libres, la planification autoritaire a disparu, les deux tiers de l'économie appartiennent désormais au secteur privé. Les obstacles au commerce international disparaissent, le rouble s'échange librement sur les marchés, les portes sont ouvertes aux transferts de technologie et aux investissements étrangers. Le commerce extérieur a crû de 50 % depuis 1993.

Tout cela a été réalisé en dépit d'un redoutable héritage : un grand nombre d'entreprises non rentables, des infrastructures à bout de souffle, une énorme dette extérieure. C'est maintenant en tant que membres à part entière de la famille de Bretton Woods que la Russie et les quatorze autres républiques vont pouvoir participer à Madrid aux festivités du cinquantenaire de ces institutions.

L'Ukraine, enfin indépendante ?

Un long périple difficile vers l'économie de marché attend aussi l'Ukraine. Plus difficile peut-être que celui dont nous venons d'être témoins en Russie, car elle est encore plus mal préparée que sa voisine aux chances et aux risques – aux disciplines surtout – de l'économie de marché. Elle dispose certes de ressources naturelles importantes et d'une population bien formée, mais tout son appareil industriel a été conçu pour servir le complexe militaro-industriel soviétique et, véritable symbole de l'état de ce pays, sa banque centrale dispose d'un splendide immeuble, mais nul n'y a la moindre idée de ce qu'est une politique monétaire. Elle agit comme succursale de la Gosbank, laquelle n'était, comme on le sait, qu'un bureau du Gosplan.

Les questions monétaires vont bientôt – de façon fort inattendue – me donner une première idée de quelques réalités ukrainiennes. À peine en fonction, le premier président d'une Ukraine qui s'était unilatéralement déclarée indépendante, Leonid Kravtchouk, se rend à Washington, comme il se doit. Je suis prié de venir le rencontrer. Le contact est chaleureux. « C'est une excellente chose, me dit-il, que le président du FMI soit un Français, car les Français sont les mieux placés pour comprendre ce que c'est que l'Ukraine. Nos deux pays sont semblables. Nous avons un climat identique, un nombre voisin d'habitants, du charbon, du blé, du bon vin, un excellent cognac… » Ici, il comprend à ma mimique qu'il ne doit pas pousser trop loin les équivalences. Il se corrige un peu pour ce qui est de la qualité des spiritueux et conclut que nous sommes donc faits pour nous comprendre. J'en conviens. Je lui parle brièvement de la vocation du FMI à servir tous ses membres et je lui promets que nous mettrons toute notre ardeur à l'accompagner dans la grande traversée vers l'économie de marché qu'il veut entreprendre.

« Justement, me dit-il, et comme il faut faire les choses dans le bon ordre, je veux commencer par doter mon pays d'une des meilleures monnaies du monde, et je sais que nul mieux que vous n'en connaît l'importance. Je viens donc vous demander vos conseils à ce propos. »

Je lui réponds spontanément qu'on peinerait à imaginer une meilleure approche, quelle qu'en soit la difficulté. Nous serons donc prêts à l'assister de notre mieux. Je souligne à l'envi la vertu de cette stratégie, puis l'interprète entreprend la traduction de mes propos. Pendant ce temps, mon esprit s'évade[1]. M. Kravtchouk qui a écouté, ravi, la traduction de ma tirade, en vient tout de suite à la seule question de politique monétaire qu'il a en tête : « Bon, dites-moi alors où je dois faire imprimer nos billets et frapper nos pièces pour avoir une monnaie d'excellente qualité. »

Mon rêve s'effondre et je vois son visage s'assombrir lorsque je commence à lui expliquer qu'il y a un grand préalable à la fabrication des billets : le ferme contrôle de l'émission monétaire. La définition et la mise en œuvre d'une saine politique monétaire doivent précéder la signature de contrats avec des imprimeurs de billets. Clairement, ni lui ni hélas ses collaborateurs n'avaient d'idées bien précises sur les articulations, en économie de marché, entre la monnaie, le budget, la balance des paiements, etc. Il accueille cependant avec bonne

1. Je me souviens de cette rencontre de mon prédécesseur, Per Jacobsson, avec le général de Gaulle, dans les premiers jours de juin 1958. Dès son installation à Matignon, le nouveau président du Conseil avait souhaité connaître le jugement du directeur général du FMI sur la situation économique de la France. Il l'avait accueilli par ces mots : « Monsieur le directeur général, que puis-je faire pour l'économie de mon pays ? » La réponse fut immédiate : « Mon Général, donnez une bonne monnaie à la France. » Suivit, à l'Élysée, une conversation où devait s'esquisser un plan qui porterait le nom de Jacques Rueff.

grâce mon offre de lui envoyer des équipes d'excellents experts pour l'élaboration d'un programme de transition. Prenant congé, je ris sous cape d'avoir si vite, en cette affaire, pris mes désirs pour des réalités.

Peter Hole, le subtil et solide économiste qui, pendant plusieurs années, a écrit ou m'a aidé à préparer mes discours, prend la tête de notre équipe ukrainienne et coordonne le travail massif d'assistance technique, monétaire, budgétaire, fiscale qu'il va falloir mener. Pendant de longs mois, il devra suer sang et eau. Il s'agit de tout mettre en place alors qu'il n'existe pas de statistiques fiables sur l'état réel du pays. Comme par-dessus le marché, le Parlement russe se venge du comportement jugé désinvolte de l'Ukraine en la chassant de la zone rouble dès mars 1992, il faut faire face - avec les moyens du bord – à une situation de vide monétaire.

Une monnaie de transition est créée, le karbovanets. Elle est mise en circulation au milieu du plus grand désordre : l'hyperinflation bat son plein, le budget est voté mais vite rendu caduc. Aucun programme réaliste de soutien ne peut être mis en place. Périodiquement, les mineurs du Donbass s'agitent, font grève, menacent de descendre sur Kiev. Deux ans passeront ainsi jusqu'à la mi-1994 où, au lendemain des élections, Leonid Koutchma, un brillant dirigeant d'entreprise, ancien Premier ministre qui avait démissionné en raison de la lenteur des réformes, remplace Kravtchouk Il nous appelle immédiatement au secours.

Je me rends sans délai à Kiev à son invitation pour réfléchir avec lui aux réformes à mettre en place en priorité. La conversation prend vite un tour très concret. C'est un interlocuteur résolu à avancer et à mettre en place les mesures nécessaires. Un premier programme est défini dans les semaines qui suivent. Il présente simultanément au Parlement les grands traits de sa stratégie radicale de réforme. Les engagements pris à l'égard du FMI sont respectés. Nous pouvons mettre au point un nouveau programme au milieu de mille difficultés.

Il faudra attendre 1996 pour que la situation se stabilise et pour que, avec un deuxième programme, le pays s'engage très fermement sur la voie de la transition. Nous décidons de l'appuyer au maximum de nos moyens par un stand-by de 2 milliards de dollars. Je vais le présenter à M. Moroz, président du Parlement – la Rada ; il se porte fort de sa ratification. J'écris aux ministres européens pour demander qu'ils mettent en place au plus tôt un concours de 250 millions d'ECU. Au total, 900 millions de dollars sont demandés au G7. Enfin, le FMI conduit une médiation entre l'Ukraine et la Russie pour que celle-ci accepte de rééchelonner sur dix ans une dette de 4,2 milliards de dollars. « Stratégie à haut risque », écrit l'éditorialiste du *Financial Times*, « mais le pari mérite d'être pris ». Il faudra attendre 1996 pour que la situation se stabilise et pour que la nouvelle monnaie nationale – l'imprononçable hryvnia – puisse être mise en circulation et que les nouveaux billets fabriqués depuis longtemps en secret sortent de leur cachette.

La croissance n'est pas encore au rendez-vous. Ici plus qu'ailleurs, les vieilles entreprises publiques (aussi tentaculaires qu'inefficaces) font obstacle au progrès économique. Le gouvernement persévère pourtant dans ses efforts. Hélas, fin 1997, la crise asiatique frappe l'économie et la monnaie souffre du retrait des investisseurs étrangers. De nouvelles élections interviennent au printemps 1998. C'est l'occasion de se ressaisir. Le FMI remet, avec ses interlocuteurs, l'ouvrage sur le métier. La tâche est difficile. Autant le Président s'engage pour un nouvel accord, autant le Parlement marque ses réticences et tarde à voter des textes clés.

Sur ces entrefaites, le défaut russe d'août 1998 vient faire peser une nouvelle et insupportable pression sur la hryvnia. Le pays est aux abois ; Koutchma nous appelle de nouveau au secours mais nous ne pouvons nous engager à l'aider sans obtenir l'assurance que ses principales banques créancières à l'étranger maintiendront leurs crédits. Il n'est pas question que la contribution du FMI serve à les rembourser. La situation se dégrade de jour en jour ; la monnaie risque de s'effondrer sur le marché des changes. Nous échangeons plusieurs fois par téléphone. Je finis par lui suggérer de nous rejoindre dans la résidence de Crimée où, le 26 août, je dois rencontrer Tchernomyrdine, de nouveau pressenti pour être Premier ministre à Moscou, à la recherche lui aussi de la meilleure manière d'arracher son pays à la banqueroute.

Dès mon arrivée, je suis saisi par la tension palpable et bien compréhensible des quelques experts qui accompagnent mes interlocuteurs. Nous commençons notre rencontre par un étrange dîner tous ensemble. Les relations sont bonnes entre Tchernomyrdine et Koutchma ; nous décidons de renvoyer au lendemain matin les questions russes. La discussion sur la crise ukrainienne tarde à s'engager. Par je ne sais quel détour, le football s'invite au menu et clairement le sujet passionne la table d'autant que chacun trouve là une chance d'oublier un instant le drame qui l'amène ici.

Il se trouve que l'un des conseillers de Koutchma est l'ancien président du Dynamo de Kiev, ennemi héréditaire semble-t-il du Spartak de Moscou. L'intermède de chauvinisme sportif détend un peu l'atmosphère. Dès que je le peux, fort de l'autorité que me confère le triomphe de l'équipe de France à la coupe du monde le mois précédent, je reprends le contrôle de la conversation et ramène les urgences ukrainiennes sur le tapis. Il est déjà onze heures du soir. Nous continuerons jusqu'à près de trois heures du matin.

Pas de décision concrète mais chacun comprend l'ensemble des contraintes des autres. Cela évitera les erreurs de manœuvre dans les jours qui suivent. Profitant d'une visite du président Chirac venu discuter à Kiev des problèmes de coopération internationale autour de la catastrophe de Tchernobyl, Koutchma le supplie de me téléphoner pour obtenir du FMI un effort supplémentaire. J'ai Jean-David Levitte, son sherpa, au téléphone alors que le président français visite la cathédrale de Kiev. Il me dit le chaleureux soutien de la France à l'Ukraine et combien il compte sur ma compréhension. Je lui dis qu'elle est acquise, mais combien il serait important que la France insiste auprès du G7 pour que celui-ci soutienne mes propositions au conseil d'administration. Il me le promet.

Les Ukrainiens, évidemment, feront savoir à son de trompe que Chirac m'a téléphoné. On en conclura, à tort, que j'ai changé de position. Le G7, en revanche, laissera comprendre qu'il n'était pas hostile à ce qu'une solution soit trouvée au Conseil du Fonds. Nous décidons donc de battre le fer pendant qu'il est chaud ; nous passons un accord avec la banque centrale pour élargir la bande de fluctuation de la monnaie et procéder ainsi à une dévaluation raisonnablement contrôlée. L'accord de facilité élargie est bouclé ; Viktor Iouchtchenko, gouverneur de la banque centrale, presse les investisseurs étrangers de convertir leurs bons du Trésor à court terme en obligations à long terme moins rentables. Il y parvient. L'accord est soumis à notre Conseil qui l'adoptera avec quelques tremblements. Il sera exécuté correctement et prolongé pour couvrir une période de quatre ans jusqu'en 2002.

Dans ce cadre, l'Ukraine retrouvera enfin une croissance forte dont elle bénéficiera pendant les premières années du XXIe siècle. Notre financement total de 1,6 milliard de dollars et le travail d'un grand nombre d'équipes d'assistance technique qui resteront sur place tout le temps nécessaire auront permis à ce pays – si peu préparé à adopter l'économie de marché – à commencer à en bénéficier. Il lui reste, hélas, encore beaucoup de chemin à faire à la fin de ce programme : une grande pauvreté, le problème du chômage d'une population bien éduquée et une corruption qui gagne du terrain.

Treize fragments d'empire en liberté

L'accession quasi simultanée des treize autres républiques à la souveraineté politique, à l'indépendance monétaire et à l'économie de marché va s'opérer selon des processus variés mais tous se heurtent aux mêmes redoutables problèmes : libérer les prix, interrompre la spirale inflationniste entre salaires et prix, conduire une politique budgétaire responsable face au déclin de la production et de l'emploi, adopter des mesures sociales bien ciblées sur les plus pauvres, alors que l'élimination de subventions coûteuses aux produits de consommation s'impose, introduire de nouvelles monnaies avec l'effacement de la zone rouble, réorienter le commerce extérieur alors que le COMECON disparaît, et conduire enfin les privatisations…

Certains parmi ces pays (ceux qui conservent un régime autocratique surtout) préféreront ignorer ces défis et s'en tenir aux méthodes et aux structures antérieures. D'autres opteront pour des avancées plus ou moins graduelles vers l'économie de marché. Dans tous les cas, le FMI sera disponible pour apporter au moins son assistance technique, exercer sa surveillance, tenter par ses programmes de faciliter et de financer la transition, coordonner les soutiens extérieurs, en concentrant ses propres interventions sur les composantes macroéconomiques et monétaires des programmes.

Même ainsi délimitée, la tâche du Fonds est immense. La responsabilité du suivi de ces programmes est partagée entre mes trois adjoints. Stan Fischer coordonne le tout. Nos équipes sont au travail dans chacun de ces pays devenus membres du FMI. Elles persévèrent malgré les déconvenues ici, les reculades là, l'insuffisance de nos moyens et du soutien international partout. Lorsqu'il le faut, elles vont tirer les sonnettes dans les capitales de pays amis pour obtenir ou coordonner des concours. Leurs responsables sillonnent cette immense zone. Ils doivent dénicher des interlocuteurs, s'attacher à les comprendre et à se faire comprendre. Ce n'est pas une mince affaire.

J'admire profondément leur courage et leur ardeur ; ils font comme si cela allait de soi. Ils sont si conscients de vivre une formidable aventure collective qu'ils ne se plaignent jamais. Il faudra que Brigitte, qui s'attache à développer des contacts amicaux avec les épouses de ces missionnaires si souvent éloignés de leur famille, me rapporte ce qui lui revient de leur vie réelle pour que nous adoptions quelques règles minimales de simple humanité pour le déroulement de leurs missions[1]. Je ne joue, moi-même, qu'un rôle mineur dans le travail du Fonds dans ces pays. Je me tiens, évidemment, au courant des programmes et des avancées des uns et des autres. On me soumet pour décision les cas embarrassants. Je rencontre les dirigeants. Je pousse le dialogue aussi loin que je le peux. Je tâche de convaincre les plus hésitants, de réconforter ceux qui ploient sous la tâche. Certaines de ces rencontres, comme celles que nous aurons, par exemple, avec le président Chevardnadze et son épouse en Géorgie, ne changeront guère le cours déjà bien engagé de notre travail mais nous apporterons un éclairage précieux sur le pouvoir tel qu'il s'exerçait avant la perestroïka et les traces profondes de l'histoire récente sur ces pays. Dans un langage subtil, plein d'humour et d'éloquents silences, je recevais ainsi de précieuses leçons.

Il me fallait, enfin, rendre attentifs nos missionnaires à l'extraordinaire diversité sociologique et culturelle de ces pays. Chaque fois que je le peux, je les rejoins sur le terrain. J'essaie

1. Décider, par exemple, que l'on s'interdira d'envoyer en mission des agents dont l'épouse est sur le point d'accoucher.

de les aider à « faire passer » nos messages, à modérer ici ou là leur zèle missionnaire et à corriger parfois un langage un peu trop technocratique. Travail utile certainement, insuffisant sans doute, mais, petit à petit, nous avancerons.

Les pays baltes : retour à l'indépendance

Parmi ces républiques, seuls les trois pays baltes annexés par l'Union soviétique en 1940 ont une réelle expérience et une vraie nostalgie de l'indépendance et de l'économie de marché. Ils seront les premiers à prendre, en 1992, ou à négocier – au moins pour la forme – leur indépendance. Devenus aussitôt membres du FMI, ils souhaiteront battre immédiatement leur propre monnaie d'autant qu'ils pourront l'appuyer sur l'or balte conservé dans les banques centrales de l'Ouest[1]. Nous leur suggérions de procéder avec une sage progressivité ; ce n'était nullement leur avis. Ils avaient probablement raison. Dès juin 1992, Siim Kallas, gouverneur de la Banque centrale estonienne, mettait avec succès la nouvelle couronne en circulation.

Les gouvernements au pouvoir jouiront d'un large assentiment de leur opinion publique dans leurs efforts pour hâter la transition. Ils bénéficieront aussi d'un soutien substantiel et multiforme de leurs voisins nordiques. Ceux-ci suivront de près le travail du FMI chez chacun d'eux et, chaque fois que j'en aurai la possibilité, je ferai des détours de quelques heures par Helsinki, Stockholm et Oslo pour coordonner notre action avec celle de ces gouvernements.

Des problèmes difficiles auront à être réglés : la réorientation du commerce extérieur vers l'Ouest et la cohabitation avec les minorités russes qui y avaient été établies pendant les

---

1. Celles-ci, pendant quarante-cinq ans, refuseront de le livrer à l'Union soviétique, en arguant de l'illégalité de l'annexion. Je me souviens d'avoir eu – comme directeur du Trésor ou comme gouverneur de la Banque de France – des débats assez vifs à ce propos avec les autorités soviétiques au début des années quatre-vingt, dans le cadre de ce que nous appelions « la grande commission franco-soviétique ».

cinquante années précédentes. Ces pays surent y faire face. Ils mettront rapidement en place les réformes clés. Dès 1994, ils retrouveront le chemin de la croissance. Ils continueront pourtant durant toute la décennie à s'appuyer sur l'assistance technique du Fonds et sur ses financements, véritable certificat de bonne gestion apprécié des investisseurs étrangers. Nos concours les aideront aussi, fin 1998, à faire face avec succès aux contrecoups de la violente crise traversée par la Russie.

Le périple des autres républiques

Dans les autres républiques, la transition serait plus difficile.

La Bélarus offre le plus vif contraste avec ses voisins baltes. Très étroitement intégrée dans le système économique et industriel soviétique, ses efforts tendront le plus souvent au cours des années quatre-vingt-dix à se protéger des conséquences de la décomposition de l'empire et à en retarder les effets. Elle s'accroche, par exemple, le plus longtemps possible, à la zone rouble puis, après avoir créé sa propre monnaie lorsque la zone disparaît, elle tente de faire monnaie commune avec la Russie. Celle-ci en joue pour la maintenir sous son étroite dépendance. Ceci se traduit par une politique de refus du changement, vouée évidemment à l'échec.

Les relations avec le FMI deviennent vite problématiques. Je rends visite au président Loukachenko pour essayer de rechercher avec lui les voies d'une transition ordonnée vers une économie plus ouverte. Il campe sur ses positions, peu soucieux, semble-t-il, d'explorer d'autres pistes et assez satisfait de l'effet produit par sa fermeté sur des collaborateurs admiratifs. Ce voyage à Minsk est un échec. Cela n'empêchera pas le Fonds de poursuivre le dialogue mais à la fin de la décennie, le pays semble encore s'enfermer dans un statut de témoin d'un système dépassé.

Deux autres républiques doivent à leurs richesses naturelles un statut de pays à revenu moyen dans les analyses internationales. Ils se gèrent de façons contrastées. Le Turkménistan, vaste, désertique et peu peuplé mais riche de ses réserves de gaz, cherche d'autant moins à réformer et à ouvrir son économie que ses créanciers privés, garantis par la richesse gazière du pays, lui permettent de faire face à ses besoins financiers sans avoir à s'engager sur les voies du changement que nous ne cessons de lui recommander. Ici aussi, son étrange président, ancien secrétaire général du Parti communiste turkmène, affublé du titre de Turkmenbachi et désigné en 1999 comme président à vie, gouverne le pays à sa guise en maître absolu.

Il en va autrement du Kazakhstan, cet autre immense pays richement doté en ressources pétrolières et gazières. Il est gouverné par Noursoultan Nazarbaïev, ancien président du Soviet suprême de son pays et élu président en 1991. Proche de Gorbatchev, il s'associe pourtant à Eltsine pour mettre fin à l'Union soviétique et s'engager sans tarder dans une politique de transition vers l'économie de marché. Peu pressé de se séparer de la zone rouble dans laquelle son économie est étroitement intégrée, il comprend assez vite que Moscou, pour des raisons de souveraineté, refusera un système monétaire fédéral où le pouvoir serait équitablement partagé. Il prépare alors sa propre monnaie avec l'aide de nos experts dont il apprécie le concours.

À sa demande, je viens le rencontrer à Almaty en octobre 1992. Il veut savoir à qui il a affaire. Nous aurons plusieurs réunions dont un long dîner de travail pour passer en revue toutes les questions que soulèverait un accord avec le Fonds. Je ne puis échapper le lendemain – un dimanche – à une partie de chasse près de la datcha présidentielle. Les faisans surabondent et se posent quasiment à nos pieds. Encore un massacre ! Je m'en lasse assez vite alors que mon hôte s'en donne à cœur joie. Les gardes-chasses veilleront, en fin de partie, à ce que mon tableau soit au moins aussi fourni que celui de mon hôte. À la tombée du jour, nous nous retrouvons au coin d'un magnifique feu de cheminée pour bavarder tout au long de la soirée.

Il me raconte avec verve et humour ses années de dirigeant soviétique, les à-côtés des réunions du Comité central ou du Bureau politique. Entre deux anecdotes, nous revenons aux perspectives de son pays. Il est manifestement décidé à le moderniser. Il me demande de lui expliquer certaines préoccupations qu'il a décelées chez mes collaborateurs, les résultats que nous obtenons ailleurs, la stratégie à développer pour aider les Russes dont il mesure les difficultés et dont son économie demeure solidaire dans son indépendance. Et tout à trac : « Tchernomyrdine m'a dit qu'il avait mal mené sa première rencontre avec vous, vous ne lui en voulez pas, n'est-ce pas ? Je vais lui dire que vous êtes le genre de gars avec qui on peut travailler ! »

Tchernomyrdine me dira peu de temps après que Nazarbaïev l'avait appelé pour lui passer le message promis mais se hâta d'ajouter que ce n'était vraiment pas nécessaire…

Une succession d'accords – *STF* et stand-by – devait s'ensuivre pour accompagner la mise en place de la nouvelle monnaie et des diverses institutions d'une économie de marché. Les financements du Fonds se firent de moins en moins nécessaires avec l'afflux de capitaux étrangers attirés par les ressources du pays et la prudence de sa gestion macroéconomique. Ici aussi, ils étaient maintenus à titre de précaution et comme « certificat de bonne conduite ». Ils permirent aussi au pays de traverser sans trop d'encombres les conséquences de la crise russe de 1998.

Les sept autres pays – qu'ils soient européens (la Moldavie), caucasiens (la Géorgie, l'Arménie et l'Azerbaïdjan) ou qu'ils appartiennent à l'Asie centrale (comme l'Ouzbékistan, le Kirghizstan ou le Tadjikistan) – avaient pour caractéristique commune d'être très pauvres, leur revenu par tête n'excédant pas 300 à 500 dollars. Nous y avons rencontré des situations d'extrême dénuement, de sous-équipement et de délabrement de structures vieillies dont l'entretien était le cadet des soucis des échelons centraux de l'Union soviétique. Ici plus encore que dans les autres républiques, le soutien extérieur est indispensable.

Nous ne pourrons y être efficaces qu'en y utilisant les instruments que nous avons créés pour les pays les plus pauvres : l'*ESAF* puis la facilité pour la réduction de la dette et de la pauvreté[1]. Ils resteront cependant très insuffisants, faute d'être accompagnés d'autres financements extérieurs, pour permettre une amélioration rapide de la condition de leurs populations. À l'exception de l'Ouzbékistan où l'ancien chef du Parti, le président Karimov, est au pouvoir et ne voit guère de raisons d'abandonner les structures et le régime antérieur, le travail du Fonds peut s'appuyer en général sur une bonne coopération des autorités, même si les progrès sont rendus plus lents qu'ailleurs, non seulement par l'insuffisance de sources de financement mais surtout par l'absence de structures administratives en mesure de gérer la transition.

Finalement, même l'Ouzbékistan finira par se résoudre à adopter une stratégie de réforme, à son rythme évidemment, et en se contentant trop souvent de demi-mesures. Une longue rencontre avec le président à Tachkent en octobre 1995 m'avait laissé sans grand espoir.

À Samarkand avec Hitler, Staline et Tamerlan

C'est donc un brin mélancolique que je parcourais le lendemain, avec Brigitte, sous un soleil éclatant les ruines de Samarkand. Nous sommes émerveillés mais je revis mes conversations de la veille. Comment venir à bout de l'obstination de Karimov et de la servilité de quelques courtisans ? L'éclat des céramiques d'un bleu céleste finit par me saisir tout entier. Nous parcourons ensuite la grande place du marché. Les fruits superbes, les énormes miches de pain, les interpellations bruyantes des marchands, les mille couleurs des robes et des foulards des femmes ouzbèkes, la gaieté de cette foule apparemment si indifférente aux débats de stratégie économique, la joie que je lis sur le visage de Brigitte et de nos compagnons me ramènent à une sorte d'espérance sereine. Notre guide fera le reste en nous faisant raconter par le gardien sentencieux du mausolée de Tamerlan la « contribution décisive » de celui-ci à la défaite d'Hitler. Voici en quelques mots son récit : Tamerlan, redoutable conquérant descendant de Gengis Khan, fait au XIVe siècle de Samarkand sa capitale. Il fait inscrire sur sa simple pierre tombale : « Celui qui perturbe mon tombeau va déclencher un envahisseur plus terrible que

1. Dans le cas du Tadjikistan victime au surplus pendant quatre ans d'une guerre civile qui avait conduit six cent mille personnes à quitter les zones de conflit dans des conditions atroces, il nous fallut commencer par mettre en œuvre, dès les premières lueurs de l'apaisement en 1997, notre assistance «post-conflit».

moi. » Au XXe siècle, des théories se répandent sur les rapports entre la taille de la boîte crânienne et l'intelligence. Staline en 1941 fait ouvrir le tombeau de Tamerlan pour vérification de la théorie ; le surlendemain, 22 juin, Hitler envahit la Russie ! De bonnes âmes font part à Staline de la malédiction de Tamerlan. Il se hâte de le faire réinhumer avec une très digne célébration musulmane. Nous sommes en novembre 1942... les Allemands vont être battus à Stalingrad. Gare désormais à qui irait cracher sur cette tombe !

Karimov envisage certes de prendre quelques mesures, d'écouter nos avis mais estime pouvoir se passer de nos financements. Il accepte pourtant de négocier un programme ; qui fait long feu. Quelque temps après, Stan Fischer revient à la charge. Il obtient même des « engagements inconditionnels » du président, mais ils sont vite abandonnés sans que nous puissions contribuer autrement que par de l'assistance technique à de trop lents progrès.

Nous venons de rencontrer les pays les plus pauvres de l'ancienne Union soviétique. Il est temps de revenir au début de mon séjour au FMI et d'exposer la nouvelle stratégie mise au point pour faire face aux problèmes de la dette et de la pauvreté du tiers-monde.

II

DETTE DU TIERS-MONDE ET PANNE DU DÉVELOPPEMENT

Hiver 1987 : repérages

En ces premières semaines à Washington et sur les recommandations de Dick Erb[1], alors que le problème de la dette du tiers-monde est dans tous les esprits, je vais vers les uns et les autres avec de simples questions : qu'attendez-vous de moi ? Comment nous y prendre ? Que feriez-vous à ma place ?

La réponse la plus fréquente est : « Continuez ! » Beaucoup ajoutent la réponse de Margaret Thatcher, dont la vigueur des convictions néolibérales fait école : « *There Is No Alternative*[2] ! », formule répétée à l'envi au point d'être réduite à un sigle (TINA). Par leurs hésitations, certains cependant me font sentir qu'il faudrait introduire des inflexions ici ou là. Je rêve de quelques jours de retraite pour y réfléchir. C'est exclu. La vie de l'institution n'arrête pas. Il faut trois fois par semaine, matin et soir, présider le conseil d'administration où vingt-deux administrateurs parlant vingt-deux anglais différents – alors que le mien

1. Dick Erb est le directeur général adjoint qui m'accueille à Washington. Sa sagesse, sa compétence et sa loyauté m'inspirent une totale confiance. Je ne saurais jamais assez dire tout ce que je lui dois. Simple, direct, il est solide et nuancé dans ses analyses. Il sait rester à sa place mais la tenir, s'effaçant toujours devant l'institution et son chef ; il a une sorte d'allégresse à la tâche. Je la partage ; elle nous rapproche ; pour l'un et l'autre, elle va de soi. Il devient pour moi un ami qui m'encourage à recueillir les avis les plus divers et qui ne s'étonnera jamais de me voir m'éloigner parfois de ses suggestions mais se réjouira plutôt de me voir tenter d'explorer des chemins nouveaux.

2. « Il n'y a pas d'alternative. »

demeure hésitant – débattent de questions dont tous les détails sont encore loin de m'être familiers.

C'est aussi le défilé des ministres des Finances, des hauts fonctionnaires, parfois des chefs d'État de passage à Washington pour qui la visite au directeur général du FMI et au président de la Banque mondiale fait partie du rituel, aussitôt après leur passage à la Maison Blanche. Chacun attend très légitimement des réponses à ses questions ou à ses états d'âme. Autant donc de dossiers – souvent complexes – à absorber et à maîtriser dès que possible. Il me faut offrir des réponses responsables et encourageantes à ces interlocuteurs, sans pour autant troubler les fonctionnaires qui guettent les nuances que je pourrais apporter aux « éléments de langage » qu'ils m'ont soigneusement préparés. Je veux pourtant garder les mains libres.

Au fil de ces rencontres, plusieurs évidences s'imposent. L'une est tout à fait claire : je suis attendu sur la dette. La majorité qui s'est formée sur mon nom et m'a élu attend autre chose que le *statu quo*, sans pour autant nourrir l'illusion d'un miracle. Plus réservés, les autres savent qu'ils ne doivent pas exclure *a priori* des changements, car l'impasse en ce domaine se confirme chaque jour. Deux autres questions émergent et un étrange silence sur un point essentiel de la mission du FMI me trouble de plus en plus : les perspectives, l'évolution et les problèmes du système monétaire international, alors que dans quelques semaines, le G7 va se réunir à nouveau cette fois-ci au Louvre dans l'espoir de développer les avancées espérées de l'accord du Plaza[1].

Le questionnement le plus pressant porte sur la réponse à donner aux problèmes spécifiques des pays les plus pauvres. La dette extérieure que beaucoup ont accumulée au cours de la décennie précédente – du fait en grande partie de l'incommensurable irresponsabilité de beaucoup de banquiers – s'ajoute à la baisse des prix de leurs matières premières pour rendre inopérante pour eux une stratégie vertueuse attendue de la recherche

1. Il s'agit d'une réunion du G5 en septembre 1985, dans ce palace de New York. Elle a pour objet de stopper l'appréciation du dollar et de fixer des principes de coopération entre grandes puissances pour la stabilité de leurs monnaies.

d'une discipline macroéconomique et d'un ajustement structurel. Cette approche suscite de plus en plus d'hésitations parmi leurs dirigeants lorsqu'ils ne la rejettent pas ouvertement. Ils en sont réduits à laisser s'accumuler des arriérés, y compris vis-à-vis des prêteurs privilégiés (le FMI et la Banque mondiale). La liste s'allonge ainsi des pays cloués au pilori par la communauté internationale et voués à vivre au jour le jour – tous investissements exclus – de leurs maigres ressources courantes. Malgré tous ses efforts, le FMI manque d'instruments de réponse crédibles à de telles situations. Il est sommé par les principaux pays créanciers d'obtenir, sans délai, le remboursement de ses propres créances sur ces pays misérables. « *We must have our money back*[1] », me rabâche le clan des plus orthodoxes.

Cette formule thatchérienne qui a fait plier l'Europe au début de la décennie est reprise, cette fois à l'encontre de nos débiteurs en défaut. Pour une caisse de crédit mutuel comme le Fonds, la question est vitale. Ne pas être remboursé signifie, à terme, devoir cesser son activité. Les pays qui se sont ralliés à regret à mon élection guettent à ce propos ma réaction. Ne vais-je pas me ranger dans le camp des « colombes » sur cette affaire ? Ce n'est pas mon intention. Je me refuse cependant à réduire le rôle mondial du FMI à celui d'un huissier collecteur de créances en souffrance. Il faut régler d'urgence cet irritant problème. Nous ne pourrons y parvenir, toutefois, qu'en visant plus haut : il y faut une stratégie nouvelle dans ses ambitions et dans ses moyens. La définir devient l'urgence numéro un.

La question de la stratégie du Fonds est pourtant plus vaste. Moins clairement posée pour les pays en développement en mesure de faire face à leurs échéances, elle suscite un peu partout beaucoup d'hésitations. Est-elle simplement mal comprise ? N'est-elle pas, dans la pratique, mise en œuvre de façon trop réductrice ? Ignore-t-elle des questions qui, de plus en plus, occupent les esprits ? Sur tous ces points, la confusion règne.

1. « Nous devons nous faire rembourser notre argent. » Ils reprenaient ainsi les mots restés célèbres de Margaret Thatcher au Conseil européen.

Entre deux visions de l'économie

Peu à peu les choses me deviennent plus claires. Le FMI et ses États membres vivent un écartèlement entre deux familles de pensée apparemment irréconciliables. L'une croit aux vertus du marché et en exalte les réussites; l'autre les conteste et en dénonce les ravages. La monnaie, le budget, l'ouverture des économies, le rôle de l'État sont au cœur de leurs discordes.

De par son origine, le FMI se situe du côté d'une économie de marché. Il est marqué par les circonstances de sa naissance : ses deux principaux fondateurs s'appellent Keynes et Dexter White[1]… Le FMI croit en l'efficacité économique, à la liberté, mais le néolibéralisme qui proscrit toute intervention économique de l'État n'est pas pour autant dans ses gènes. Même s'il reconnaît que les excès ou les erreurs de l'État-providence doivent être évités et, si nécessaire, corrigés, il croit que l'État a un rôle à jouer. Un lourd et universel soupçon pèse pourtant sur lui. Beaucoup de commentateurs en font un croisé du néolibéralisme. Cent fois j'aurai à répondre à des interpellations à ce propos. « Vous êtes des néolibéraux ; pour vous, la politique économique se résume à l'action de la *main invisible du marché* ». Je répondrai invariablement : « Non, nous voyons notre seul but – le progrès des économies – comme le produit de l'action conjointe de trois mains et non d'une seule : la *main invisible du marché*, certes, car on n'a rien inventé de mieux pour l'ordinaire de la vie économique, mais les marchés peuvent se tromper et beaucoup de prédateurs s'y rencontrent ; il y faut donc la main régulatrice de l'État. Le marché, enfin, ne sait pas régler les problèmes de pauvreté ; il y faut donc aussi la main de la solidarité, capable d'introduire une indispensable gratuité dans les transactions économiques. » Cette profession de foi répétée pendant treize ans ne parviendra pas à dissiper autant que je le souhaitais scepticisme et préventions.

Une des raisons de ces soupçons réside dans le fait que le Fonds s'est longtemps vu comme une institution technique, non

1. On sait que McCarthy reprochait à ce dernier sa sympathie pour Moscou.

comme une des institutions politiques des Nations unies. Cette distinction entre institutions techniques et politiques n'est écrite nulle part, mais elle prévaut dans beaucoup d'esprits. Pour les services du Fonds, son discours au monde doit être très simple : «Laissez-nous vous aider à équilibrer vos balances de paiements courants et à redresser vos données macroéconomiques et le reste vous sera donné par surcroît.» Ceci, pour certains, va plus loin et dicte une distinction officieuse des responsabilités entre le FMI et la Banque mondiale : au premier, les grandes questions de système monétaire, d'équilibre d'ensemble et de surveillance des grandes puissances; à la Banque mondiale, les pays pauvres dans une optique de financement à long terme du développement et d'assistance humanitaire. J'objecte que rien dans nos statuts n'autorise une telle dichotomie mais elle est affirmée comme un article de foi.

J'ai eu droit à un exposé sans fard de cette *shadow doctrine* de la bouche de George Shultz, à l'époque secrétaire d'État américain lorsque, histoire de faire connaissance, il m'invite à venir partager une omelette avec lui au département d'État, peu de jours après mon arrivée. Il a parfaitement décrypté mes préoccupations; aussi sans s'embarrasser de préambules, il en vient rapidement à son message : «Vous arrivez ici, précédé d'une très bonne réputation et les États-Unis n'ont en fait qu'à se féliciter de la qualité de leur coopération avec vous au sein du G5 et tout particulièrement au sein du Club de Paris où vous avez débrouillé bien des affaires embarrassantes. Nous vous en sommes reconnaissants. Vous aimez l'Afrique et vous êtes sensible à la situation des pays pauvres, nous n'allons pas vous le reprocher; mais ne perdez pas votre temps avec eux pour pas grand-chose. Ils ne pèsent pas pour beaucoup dans les grands équilibres mondiaux. Laissez donc tout cela à la Banque mondiale et occupez-vous des grands sujets : nos déséquilibres budgétaire et extérieur ici, la stabilité des changes, bref, le G10[1] ! Travaillez avec le G10 et prenez un peu de temps pour

1. Il s'agit évidemment des dix principaux pays auxquels on a ajouté la Suisse en raison de l'importance de la place financière de Zurich.

jouer au golf. » Je n'ose pas lui confesser que, de toute ma vie, je n'ai traîné de caddie qu'au supermarché le samedi après-midi. Je n'ai nullement l'intention de me mettre à pratiquer ce sport. Je lui rappelle, maladroitement peut-être, que les pays pauvres sont autant que les pays du G10 membres du FMI et ont droit à tout son soutien. Je dois donc les suivre de près eux aussi. Je lis un mélange de consternation et d'apitoiement dans son regard. Nous ne nous reverrons plus.

Cette conception, j'en conviens, s'accorde à celle qui règne dans beaucoup de banques centrales quant au rôle de la politique monétaire. « Faisons une monnaie stable, éradiquons l'inflation, surveillons soigneusement les banques… et tenons-nous en là. » Vision juste en ce qui concerne les banques centrales car une monnaie saine est d'intérêt général et, au surplus, supprime l'impôt le plus inique qui soit car les hausses de prix pèsent d'abord sur les plus pauvres, toujours mal protégés contre elles. Vision juste mais qu'un regard sur l'ensemble des autres données politiques, économiques et sociales doit éclairer si l'on veut agir avec pertinence au plan global ; vision trop courte donc pour le FMI. Son rôle de conseil sur les politiques économiques l'oblige à élargir sa vision. Les disciplines qu'il préconise trouvent leur justification ultime, non en elles-mêmes comme une partition que nous aurions à faire jouer en gardiens solitaires de la vertu financière, mais dans leur rôle central dans la poursuite d'un développement intégral. Ceci nous fait donc obligation de placer explicitement le souci des plus pauvres au cœur de nos stratégies et de nos actions. S'en abstenir nous ferait manquer notre but.

Les tenants de l'autre famille de pensée nous le rappellent d'ailleurs avec de plus en plus de véhémence. À mon arrivée au FMI, mes principaux collaborateurs me le disent : « Les gouvernements et les opinions publiques font de moins en moins confiance au FMI pour les tirer d'affaire. Il est le bouc émissaire par excellence des difficultés des pays pauvres. Les slogans anti-FMI fleurissent partout sur les palissades des villes et des pays du tiers-monde. » Le mur à Berlin en sera couvert lorsque nous célébrerons, dans cette ville, les assemblées annuelles de la Banque et du Fonds en octobre 1988. Volontiers provocateur, le président Moubarak m'accueille lors de notre première rencontre par ces mots : « Je lis sur les murs que le sigle FMI signifie : *fonds international du meurtre* ou *fonds international de la misère* ; quelle est, des deux, la version correcte ? »

Quelques événements déplorables souvent anciens et dont il est fort injuste d'attribuer la principale responsabilité au FMI sont cités *ad nauseam* pour discréditer tout à la fois l'institution et les plans d'ajustement structurel qu'il met au point avec la Banque mondiale[1].

Des ONG pleines des meilleures intentions mais s'appuyant souvent sur des analyses marquées de préjugés idéologiques exigent l'adoption de « solutions alternatives » et trouvent partout dans les médias, les syndicats, les milieux religieux et même dans certains cabinets ministériels des pays avancés une attention complaisante. L'histoire, hélas, a démontré que de telles expériences n'aboutissent, après une brève période d'euphorie, qu'à plonger les pays dans des situations désastreuses. Nous tentons de leur ouvrir les yeux, mais nos explications, peu contestables sur le plan technique, sont rejetées. Un camp du refus est en place. Quelques agences des Nations unies lui manifestent une certaine empathie. Les campagnes anti-Fonds y trouvent d'éloquents porte-parole. Les discussions vont bon train entre les services du Fonds et de la Banque mondiale d'un côté, et certaines agences des Nations unies telles que

1. En Égypte, en janvier 1977 : le gouvernement d'Anouar el-Sadate cherche un accord avec le Fonds, mais le taux de change surévalué et l'essentiel des dépenses budgétaires sont déclarés non négociables par le gouvernement : tous les énormes chapitres budgétaires, évidemment, mais aussi l'emploi dans le secteur public, les entreprises publiques, etc. Or, la crise est d'abord budgétaire. Que reste-t-il à faire ? Couper les lourdes subventions pour les produits de première nécessité. Avant même de conclure les négociations avec le Fonds, le gouvernement procède à des coupes qui devaient accroître d'environ 50 % le prix de la farine, des produits pétroliers et des cigarettes. Manifestations contre le gouvernement, répression sanglante : 80 morts… La presse fait porter la responsabilité sur le FMI.

Au Maroc, en juin 1981 : un accord avec le Fonds était en vigueur mais, ici aussi, c'est la baisse des subventions aux produits alimentaires dont le gouvernement assume la responsabilité qui déclenche des protestations. Même scénario qu'en Égypte : 60 morts et le Fonds est accusé d'avoir « mis le feu aux poudres ».

En République dominicaine, en 1984 : les négociations sont en cours pour redresser une situation devenue catastrophique. Alors que les conversations s'éternisent, le Président annonce que l'austérité va être indispensable. Manifestants et police sont débordés : peut-être 80 morts !

l'Unicef, l'OIT, la Cnuced[1]. Celles-ci, au nom de leurs objectifs sociaux, cherchent à faire sauter ce qu'elles croient être, chez nous, les verrous financiers au développement.

La polémique atteint un sommet avec la publication en juillet 1989 par la Commission économique pour l'Afrique de la Cnuced d'un rapport recensant les objections les plus courantes aux stratégies des institutions de Bretton Woods et les caricaturant sans retenue. Le président de cette commission, le professeur Adebayo Adedeji, est parvenu, à partir de présentations statistiques fortement biaisées, à faire adopter ce texte lors d'une réunion des ministres des Finances africains.

Le Fonds s'y voit reprocher des programmes fondés plus sur des équations que sur une connaissance des réalités du terrain. La discipline du crédit qu'il préconise pour maintenir les équilibres financiers écraserait les investissements ; des hausses de taux d'intérêt encourageraient la spéculation plus que les activités productives ; la recherche de taux de change d'équilibre n'aurait guère de sens pour des pays producteurs de matières premières et victimes du protectionnisme des pays industriels. La liberté des prix, enfin, la limitation des interventions publiques et celle des déficits budgétaires iraient à l'encontre d'un soutien dynamique au développement, dans un continent dont le secteur industriel privé ou les marchés financiers sont au mieux fragiles sinon inexistants.

Cette rhétorique est ravageuse et nous la verrons ressurgir au pire des crises un peu partout, en Afrique certes, mais aussi en Amérique latine et demain en Asie. Elle dissuade les pays qui en ont le plus urgent besoin de s'engager dans un dialogue avec nous. Elle nous sera rabâchée sans cesse. Elle sera au cœur des critiques qui nous seront opposées, sans qu'en général un grand respect des faits ou des contraintes qui nous enserrent ne vienne les nuancer. Nous n'en déploierons que plus de zèle à essayer

1. Unicef : Fonds des Nations unies pour l'enfance.
OIT : Organisation internationale du travail.
Cnuced : Conférence des Nations unies pour le commerce et le développement. Elle est tenue par le groupe des soixante-dix-sept pays en développement, comme son bureau d'études et de réflexion.

de bien faire, sachant très bien que seul un succès confirmé de notre action finira par en venir à bout. Entre-temps, il nous faut être plus clair sur nos vrais objectifs et sur la stratégie que nous voulons poursuivre. Il s'agit de tenir les deux bouts de la chaîne entre ces deux pôles : l'indispensable rigueur de gestion et le souci d'une croissance dont les plus pauvres puissent bénéficier.

Par chance et sans que j'y sois pour quoi que ce soit, une occasion de débattre informellement de stratégie va s'offrir. On m'annonce pour fin février un séminaire organisé par les services de recherche du FMI et de la Banque mondiale sur l'orientation stratégique des deux institutions. Il réunira les principaux experts universitaires mondiaux et des représentants des gouvernements intéressés ; je serai invité à l'ouvrir. Je pourrai profiter de son caractère confidentiel pour m'exprimer sans langue de bois.

C'est une bonne occasion de prendre le taureau par les cornes. Mais que puis-je dire ? Je demande à David Finch, directeur du service en charge des réflexions stratégiques[1], de m'envoyer celui de ses collaborateurs reconnu pour être l'un des plus orthodoxes. Je souhaite en discuter à loisir avec lui. C'est Manuel Guitián. Je le connais depuis longtemps et j'apprécie sa droiture et la force de ses convictions sans pour autant les partager. Il est espagnol et j'aime m'entretenir avec lui dans sa langue maternelle que je pratique avec plus d'aisance que l'anglais.

Mince, sec, ascétique, ferme, rarement péremptoire, il aurait pu vous faire l'effet d'un nouveau Torquemada[2] si un éclair de bienveillance, d'humour et de gaieté ne venait illuminer son regard. Nous travaillons donc ensemble et rédigeons un texte qui manifeste assez clairement un désir d'ouverture et de dialogue tout en invitant aux efforts d'imagination nécessaires. C'est assez pour que Michel Rougé qui représente le Trésor français à cette réunion rende compte à Paris d'un surprenant changement de

1. Le redoutable et très respecté département ETR (*Exchange and Trade Relations Department*).

2. Il s'agit ici du grand inquisiteur qui répandit la terreur en Espagne sous les Rois catholiques.

climat au FMI[1]. Cela suffit aussi pour que David Finch sente que, décidément, un vent mauvais se lève sur le Fonds et décide d'anticiper quelque peu son départ à la retraite. C'était un homme d'une grande intégrité, totalement identifié aux traditions du Fonds. Je regrette qu'il ait pu voir mon arrivée comme celle d'un dangereux hérétique. J'en profite pour le remplacer par Alan Whittome, le remarquable directeur du département Europe qui a été l'architecte dans les années soixante-dix des grands programmes d'ajustement soutenus par le FMI en Grande-Bretagne et en Italie.

Quel type de croissance poursuivre ?

Ces premières mises au point sont utiles. Elles soulignent que la stratégie globale du Fonds doit en permanence être remise sur le métier, s'affiner et s'enrichir au fil des expériences et de la réflexion de la communauté internationale. S'il n'est pas

---

1. Qu'avons-nous décidé de dire pour susciter de telles réactions? De simples évidences me semble-t-il aujourd'hui, avec le recul du temps.

Nous tirons d'abord les leçons des expériences accumulées au cours des années récentes en ce qui concerne la remise en ordre fondamentale des économies, ce que nous appelons l'ajustement et la croissance. Rien ne doit les opposer : l'ajustement est fondamentalement au service de la croissance. La croissance, pourtant, n'est pas toujours au rendez-vous. Il nous faut bien reconnaître que tous, pays en difficultés, pays créditeurs et institutions internationales, se sont parfois contentés de programmes d'ajustement qui ne parvenaient pas à donner toutes ses chances à la croissance. C'était le cas lorsque les politiques macroéconomiques et structurelles recommandées négligeaient d'encourager l'épargne, les exportations ou des investissements laissés sous-financés, souvent en raison de promesses d'aide extérieure non tenues. Il nous faut donc à l'avenir répondre soigneusement à une triple nécessité : d'abord mieux tenir compte des caractéristiques propres de chaque pays dans la définition des programmes alors que ces derniers sont souvent caricaturés comme des «camisoles de force» d'un modèle unique imposé aux pays, quelle que soit la nature de leurs problèmes. Ensuite, intégrer ces programmes dans des perspectives globales à moyen terme pour mieux garantir une reprise durable de la croissance. Enfin, s'assurer par des efforts constants d'explication d'un soutien populaire durable.

Au passage, les responsabilités des pays industriels sont fermement soulignées. Beaucoup dépend d'eux en raison de l'impact de leurs politiques nationales sur le niveau des taux de change et des taux d'intérêt mondiaux, sur le volume du commerce international et celui de l'aide internationale au développement. Les banques, enfin, devraient revoir leur attitude : «Des changements majeurs s'opèrent chez leurs clients endettés, disions-nous, mais lorsque la compréhension et le soutien des banques créditrices ne les accompagnent pas, ces progrès sont mis en péril et avec eux, la qualité des créances.»

question de remettre en cause les objectifs majeurs de stabilité monétaire et d'équilibre budgétaire et extérieur, il devient de plus en plus clair que c'est sur la nature même de la croissance que doit porter la réflexion. Il faut progressivement passer d'une « stratégie d'ajustement pour la croissance »[1] à une stratégie d'ajustement structurel tournée vers une croissance de haute qualité. Une conception purement quantitative ne peut suffire. Plus que la croissance, l'objectif doit être un développement intégral.

Mais que signifie ce concept que l'on traiterait aujourd'hui de « mot-valise », trop imprécis pour être au centre d'une stratégie ?

Mon maître à l'Université de Paris, François Perroux, m'a initié à des réflexions fondamentales sur ce thème[2]. Nous devons chercher à être plus concrets et proposer, à la lumière des expériences que nous accumulons, une définition aussi réaliste et ambitieuse que possible de cet objectif central. C'est ainsi que nous allons nous référer de plus en plus souvent à « une croissance de haute qualité ». Elle devient un thème clé de mes interventions et je m'attache à en fournir à chaque occasion une définition explicite : une croissance fondée sur des politiques sages, menées dans la continuité, équitables dans la distribution de ses fruits et respectueuses de notre cadre de vie. Cette référence à une « haute qualité » de la croissance devient notre marque de fabrique. Elle se confond assez largement avec ce que recouvre aujourd'hui le concept de « développement durable ».

Vers une croissance de haute qualité

Je donnerai en diverses occasions une définition plus précise de la « croissance de haute qualité ». Je profite pour cela, par exemple, de mon discours à la Conférence générale de l'Organisation internationale du travail (OIT) à Genève, le 10 juin 1991 :

1. « *Growth Oriented Adjustment Strategy* » (*GOAS*).

2. J'avais retrouvé les échos de sa pensée dans l'admirable encyclique *Populorum Progressio* de Paul VI en 1967. Alors que « toute croissance est ambivalente », le développement « pour être authentique, doit être intégral, c'est-à-dire promouvoir tout homme et tout l'homme ».

> « L'objectif ultime est la croissance, une véritable croissance et donc durable. Ceci suppose un combat de tous les instants contre l'inflation, le chômage, les déséquilibres extérieurs et un endettement excessif pour éviter le recours aux stratégies de *stop and go*. La tâche est complexe. La croissance par elle-même, même forte et durable, n'entraîne pas nécessairement le plein-emploi ou une distribution équitable des revenus. Il nous faut donc rechercher une croissance dynamique provoquée par des investissements créateurs d'emplois, susceptibles d'accroître les capacités productives et accompagnés de programmes pour l'amélioration des compétences professionnelles et de la productivité des travailleurs. Cette croissance de haute qualité fait toute sa place à la réduction de la pauvreté, à celle des inégalités excessives dans la distribution des revenus ; elle s'attache à l'amélioration de la condition des femmes et au respect de l'environnement. Seul un modèle de croissance qui dépasse une approche purement quantitative et qui tient compte des caractéristiques sociales et culturelles des pays a quelques chances de pleinement satisfaire les populations et de bénéficier de leur soutien malgré les sacrifices qu'il implique. Il est clair qu'un tel soutien ne s'exprime que si les principaux acteurs (pouvoirs publics, entreprises et travailleurs) sont pleinement associés aux efforts pour le succès de tels programmes reflétant l'équilibre dynamique des priorités de ces partenaires sociaux. »

L'affrontement idéologique demeure quelles que soient nos mises au point entre ces deux familles de pensée et nous aurons toujours à tenir les deux bouts d'une chaîne invisible et à avancer sans souvent être compris des uns et des autres. C'est dans ce climat qu'il nous faut aborder, en ces premiers mois de 1987, le problème brûlant de la dette et d'abord celle des plus pauvres.

La dette : état de la question

Depuis le 15 août 1982 et la cessation des paiements du Mexique, des progrès notables ont été accomplis et la stratégie mise en place a permis de maîtriser de redoutables effets de dominos[1]. Un bilan peut être dressé : le déficit en comptes

1. Transposant à la dette internationale une stratégie initiée à la direction française du Trésor pour amener les banquiers – dans le souci de la préservation de leurs créances – à participer au financement (sur des bases assainies) d'entreprises en dépôt de bilan, Jacques de Larosière (avec la complicité de Paul Volcker, président de la Réserve fédérale)

courants des pays importateurs de capitaux est tombé de 18 % de leurs exportations en 1982 à environ 4 % en 1984. Malheureusement, deux nouveaux développements adverses sont venus frapper les pays en développement : d'un côté, la chute des prix du pétrole et de certaines autres matières premières en 1986 et, de l'autre, celle de leurs financements extérieurs, ramenant globalement le niveau des investissements pouvant être financés par les pays lourdement endettés à 16-17 % de leur PIB, ce ratio est gravement insuffisant pour des pays au début de leur processus de développement[1].

On se retrouve dans l'impasse. De nouvelles approches devaient être adoptées. Compte tenu des moyens limités alloués par les pays industriels à un effort de solidarité internationale, une première distinction s'impose : la contribution publique internationale – quelles qu'en soient les formes – devra être réservée aux pays les plus pauvres et manifestement insolvables ; la solution pour les pays à revenu intermédiaire serait alors recherchée dans une négociation – probablement difficile – avec leurs créanciers privés.

Cela n'ira pas de soi. Il faudra amener les pays avancés à consacrer aux pays pauvres plus de ressources, en s'exposant au soupçon de détourner, vers la résolution du problème de la dette, les ressources d'aide internationale normalement allouées au développement. Il faudra aussi remobiliser les banques au profit des pays endettés à revenu intermédiaire alors qu'elles traînent les pieds de plus en plus lorsqu'il s'agit de contribuer aux apports de *new money* en soutien de programmes de bonne qualité. Du côté des débiteurs, la

---

avait mis au point une stratégie efficace amenant la communauté des créanciers bancaires à contribuer avec de l'argent frais (*new money*) au financement de programmes sérieux de redressement négociés par les pays gravement endettés avec les équipes du FMI et financés par celui-ci, la Banque mondiale, les assureurs-crédits et les autres créanciers publics ou privés. Cette stratégie avait eu des effets positifs et rétabli la confiance.

1. La baisse des prix des matières premières avait de son côté des effets ravageurs sur le ratio d'endettement par rapport aux exportations dont les recettes doivent permettre de les réduire. Il se situait désormais à 305 % contre 245 % en 1982. On atteignait ainsi des seuils qui ne permettaient plus de garder l'illusion d'un règlement rapide du problème de la dette. Dans certains pays, le poids de son stock se situait à un niveau interdisant le financement de nouveaux investissements.

lenteur des progrès vers une solution d'ensemble exaspère les impatiences. On peut craindre à tout moment qu'une ou plusieurs initiatives unilatérales de cessation des paiements ne viennent dégrader un climat déjà plus que tendu. Il faut agir vite, inviter les uns et les autres à de nouveaux efforts d'imagination et tenter de trouver avec eux une solution qui ne se limite pas à se débarrasser sur autrui des efforts qui reviennent à chacun.

En fait, ni les banquiers, ni les gouvernements ne semblent encore mûrs pour un réel changement d'approche à l'égard des pays à revenu intermédiaire. C'est donc du côté des pays les plus pauvres – dont l'insolvabilité est indéniable – qu'il faut donc essayer d'avancer. Dans ce domaine, du côté des créditeurs, ce seront les gouvernements, plus sensibles que les grandes banques internationales aux dimensions sociales et politiques des problèmes, qui seront nos interlocuteurs. Nous aurons donc là, peut-être, une chance de réaliser une percée.

Que faire pour les plus pauvres ?

Nous commencerons donc par la dette des plus pauvres. Après tout, ils ont été pour beaucoup dans ma décision de rejoindre le Fonds ; ils ont fait pencher la balance pour mon élection. Ils attendent, peut-être sans trop d'illusion, une nouvelle compréhension de leurs problèmes, quelque initiative qui puisse soutenir plus efficacement leurs efforts. Cette attente est légitime. Il faut prendre le taureau par les cornes et rechercher sans plus attendre les moyens de donner toutes leurs chances aux programmes sérieux de redressement ou/et de désendettement qu'ils viendraient à adopter. Si nous voulons remplir à leur égard les devoirs fondamentaux du Fonds, il nous faut trouver des mécanismes d'intervention tels que les pays qui feront preuve de détermination à s'en sortir n'en soient pas empêchés par une dette reconnue non remboursable.

Plusieurs objectifs sont à concilier :

– réduire cette dette, voire l'annuler ; si l'on opte pour la simple réduction, s'assurer que ses nouvelles échéances seront compatibles avec le niveau d'importations et d'investissements nécessaires à leur bonne marche vers le développement durable ;

– les convaincre que le Fonds a pris toute la mesure de leurs difficultés, qu'il ne leur imposera pas des exigences incompatibles avec leur situation réelle et que nous cherchons à nous doter pour cela de moyens exceptionnels pour soutenir leurs efforts.

Au-delà de la dette, un problème majeur subsiste et s'aggrave de jour en jour dans ces pays : leur impuissance à atteindre un taux de croissance économique qui dépasse celui de l'accroissement de leur population. Pour bon nombre d'entre eux, le taux de croissance par tête est négatif. Depuis un certain nombre d'années, des populations déjà très pauvres s'appauvrissent encore. Or, pour l'instant, nous ne sommes guère équipés pour faire face à ce problème.

Certes, la Banque mondiale dispose d'instruments de prêts à long terme et de ressources dites de l'Agence internationale de développement (AID)[1] à un taux d'intérêt très bas ou quasiment nul pour le financement de ses actions à moyen et long terme. Le financement global des besoins de la balance des paiements relève cependant des contributions du FMI ; mais pour cela nos instruments de prêts sont inadaptés. Il nous faut inventer un dispositif suffisamment nouveau et attractif pour que les gouvernements prennent le risque de s'engager avec nous dans des programmes vigoureux qui rendent possible un décollage. Il y a grande urgence.

Alassane Ouattara, un matin d'avril 1987

Le problème vite identifié, j'essaie d'en prendre la mesure, d'écouter les spécialistes, de méditer le succès des quelques pays qui font heureusement exception, particulièrement en Afrique, là où l'urgence est la plus criante. L'île Maurice, le Botswana, la Tunisie sont de bons exemples, mais leur liste est courte. La réflexion universitaire sur ce problème, encore fragmentaire ou trop dominée par des approches idéologiques, ne nous propose guère de réponse crédible. J'ai heureusement auprès de moi, dans ce concours d'idées, la richesse d'expérience des services du FMI et surtout de sa direction Afrique dont Alassane Ouattara[2] a pris les rênes.

1. Ou IDA : *International Development Agency*.

2. Alassane Ouattara, directeur du département Afrique, sera plus tard gouverneur de la BCEAO puis Premier ministre de Côte d'Ivoire avant de devenir en 1994 un de

J'ai connu Alassane naguère lorsqu'il était vice-gouverneur de la Banque centrale des États de l'Afrique de l'Ouest (BCEAO) où je représentais le Trésor français. Nous partagions les mêmes ambitions pour le développement de l'Afrique et menions les mêmes combats ; bientôt, d'amicales nos relations deviendront fraternelles. Sur la dette, nous tenons réunion sur réunion avec les uns ou les autres, sans trouver de réponse convaincante. L'idée me vient alors de l'inviter pour un *brain storming* un samedi matin, dans la tranquillité de notre jardin : « Arrive avec ta solution », lui ai-je dit, « Brigitte et moi te préparerons un petit déjeuner. »

Je revois la scène. La matinée lumineuse, les cornouillers en fleurs, les couleurs vives de la nappe antillaise, la corbeille de muffins sur la table, la sérénité à la fois grave et souriante de notre ami. « Alors, qu'est-ce qu'on peut faire ? » lui dis-je, la première tasse de café avalée.

« J'ai bien réfléchi, tu sais. Il ne faut pas que nous cherchions midi à quatorze heures. Nous avons un instrument – la facilité d'ajustement structurel[1] (*SAF*) – que nous utilisons peu parce qu'il est mal doté et encombré de conditions d'emploi trop compliquées, mais il est le seul à nous permettre de faire des prêts à taux très faible. Imagine qu'au lieu d'en accroître les ressources de 10 à 20 % comme on nous le demande parfois, tu en triples le montant et que nous disposions ainsi d'une masse de manœuvre de 8 à 10 milliards de dollars pour soutenir de premiers programmes réellement exemplaires à la différence des programmes peu convaincants que nous soutenons aujourd'hui ; à ce moment-là, tout serait changé !

– Trouver 8 à 10 milliards de dollars, en claquant des doigts ? Tu es fou !

– Non, mais tu devras aller faire la quête parmi les grands pays. Ils te doivent bien quelque chose pour avoir accepté de

---

mes trois directeurs généraux adjoints. Il est aujourd'hui, depuis 2011, président de la République de son pays.

1. Ce guichet permet de consentir à une soixantaine de pays à bas revenus des prêts à un taux d'intérêt très bas, pour un faible montant de leur quote-part (70 %), pour des durées de l'ordre de huit ans, mais à faible conditionnalité. Les ressources qui leur sont allouées proviennent des profits réalisés sur la vente d'une partie du stock d'or du FMI à la suite des accords de la Jamaïque. Le total des prêts ainsi consentis s'élèvera à 1,8 milliard de DTS.

quitter le confort et les ors de la galerie dorée de la Banque de France pour venir ici faire ce travail. Suppose que tu en arraches ce triplement. Tu auras alors, en gros, ce qu'il nous faudra pour changer notre discours et notre capacité de soutien à l'égard des pays pauvres. Nous serons, enfin, en mesure de leur dire : vous ne pouvez pas rester dans l'impasse ; mettez le paquet, nous le mettons aussi ; voyez, nous avons réuni de quoi commencer…

– Tu me dis ça sans rire ?

– Sans rire !

– Tu crois que les Africains se jetteront à l'eau ?

– Oui, quelques-uns, en tout cas !

– Tu crois que nous pourrons trouver l'argent nécessaire ?

– Je te l'ai dit, ça dépend de toi ! Les grands pays ne le lâcheront pas facilement, mais ils te doivent quelque chose et ils ne peuvent pas laisser le Fonds aussi désarmé.

– Tu sais que si l'on démarre cette affaire, ce sera à toi de la gérer ?

– Évidemment !

– … Comment fait-on ?

– Tu n'as pas une minute à perdre : le G7 se réunit à Venise dans quelques semaines. Tu n'as pas le choix, c'est là qu'il faut frapper. Ce sont les Italiens qui président. Ils ont été de ceux qui t'ont envoyé ici. Va les voir et, tout de suite, mets Mitterrand, ton président, dans ton jeu… »

La matinée passe très vite. Comment annoncerons-nous cette initiative au conseil d'administration, comment faire le tour des contributeurs potentiels, comment éviter les torpilles qui pourront arriver de tel ou tel côté, comment surtout dissiper le formidable scepticisme qui ne manquera pas de se dresser devant nous ?

Où donc aller chercher des alliés ? Alassane n'y va pas par quatre chemins : « Pour les pays en développement, avec Prabhakar Narvekar[1] et Ted Beza[2], nous nous mettrons en

1. Le chef du département Asie.
2. Le chef du département Amérique.

campagne. Ils feront l'impossible. Quant à l'Afrique, il nous reste quelques amis qui n'attendent que ça ! »

La conversation de ce matin-là est restée gravée dans ma mémoire. Je découvre jusqu'où peut aller l'imagination et, comme on dit en Amérique, la « vision » de mon ami. Je sais désormais que je pourrais compter sur cet homme, où que la vie nous conduise. L'essentiel pour nous devient possible. Le Fonds retrouve peut-être enfin une chance d'aider efficacement ces pays.

Dès le début de la semaine suivante, tout est mis en route. Premiers consultés, Dick Erb et Alan Whittome me disent : « Essayez ! » Je perçois dans le regard de ce dernier comme de la gourmandise à la perspective des enjeux, des batailles, du défi que nous nous lançons. Leurs mains ne trembleront pas. Le conseil d'administration est ouvert à l'idée, y compris les pays qui devinent que je leur tendrai la sébile. Il y eut des grognements du côté de la Banque mondiale qui discerna le risque d'un hold-up sur des ressources d'aide dont elle avait la gestion. Oubliant cela, son vice-président, directeur général de la SFI[1], Moeen Ahmad Qureshi, fit pour me soutenir un magnifique plaidoyer devant les ministres des Finances des pays contributeurs à l'Agence internationale du développement. Le président de la Banque, Barber Conable, ancien membre du Congrès des États-Unis et grand électeur du Parti républicain, se contenta d'un commentaire politique destiné, je pense, à rassurer ses troupes : « *It will not fly*[2]... ».

De fait, mon collègue exprime le sentiment à peu près général en dehors du cercle de mes plus proches complices. Cela ne nous décourage pas. Nous n'avons pas le choix ; nous ne pouvons pas nous résigner à l'impuissance.

Il fallait donc mener cette opération tambour battant. Au bon cœur des pays riches d'abord. Nous avons de la chance. Le mois de mai me fournit l'occasion de diverses rencontres. D'abord Onno Ruding, président du Comité intérimaire auquel je devais

1. SFI : Société financière internationale, la filiale secteur privé de la Banque mondiale.

2. « Cette idée-là ne va pas décoller... »

la courtoisie de l'informer parmi les premiers de cette entreprise. Il m'encourage et me souhaite sincèrement bon vent. Puis, un bon nombre de ministres des Finances, lors de leur rencontre annuelle à l'OCDE à Paris. Je puis ensuite faire d'une pierre deux coups, à Ottawa, où le Premier ministre Brian Mulroney recevait le président Mitterrand. Brian Mulroney m'accueille en me lançant : « Vous avez en face de vous un Premier ministre qui va rentrer au *Guinness des records* : je vais terminer mon mandat avec un taux de popularité inférieur à mon taux d'inflation... » Pourtant, son taux d'inflation n'est pas excessif ! Encouragé efficacement par son administrateur au FMI, Marcel Massé, qui m'accompagne pour cette escapade, il me promit, ainsi que Michael Wilson, son ministre des Finances, son plein soutien.

François Mitterrand est chaleureux. J'avais pris congé de lui quelques mois auparavant. Il ne m'avait pas caché, alors, son désaccord avec le gouvernement qui avait souhaité m'envoyer à Washington[1], mais il ne me reproche pas, bien au contraire, d'avoir obéi en bon soldat.

« Alors, ça va à Washington ? Est-ce que je peux vous aider ? »

En deux mots, je lui explique notre projet et lui dis : « Sans le G7, c'est-à-dire sans vous, je n'y arriverai pas...

– Mais pourquoi la France vous a-t-elle envoyé au FMI si ce n'est pour soutenir les pauvres ? Vous avez mon accord total. Je demande à mon sherpa, Jacques Attali, de vous arranger ça. Mais s'il échoue, je me battrai à Venise. »

Le tour est joué. En fait, François Mitterrand ce jour-là est pressé de parler d'autre chose, de mes premiers contacts, de quelques pays africains qui le supplient de me faire fléchir sur telle ou telle condition d'un programme. Il le fait sans conviction, avec un sourire entendu, connaissant mes contraintes. En fait, très vite, notre échange tourne à ce qui est une de ses

1. Il avait eu alors ce mot : « Je suis en face de vous comme Titus... ». Je l'avais regardé, un peu interloqué. « Mais oui, vous savez : ab urbe dimisit invitus invitam !

– Ah oui, puis-je lui répondre, je suis la pauvre Bérénice ! » Ma bonne fortune avait voulu que quelque temps auparavant, un de mes enfants me supplie de l'aider à préparer un commentaire de texte de la tragédie du grand Racine... où, malgré lui, malgré elle, le couple princier doit se séparer !

distractions favorites, une conversation à bâtons rompus sur des sujets mi-graves mi-badins entre gens qui s'estiment et sont curieux des opinions d'autrui. Michel Noir, nouveau ministre du Commerce extérieur de son gouvernement de cohabitation, traversant par hasard le salon où nous nous trouvons, en fait un instant les frais. Le Président nous présente, le prie de se joindre à nous et lui lance : « Au fait, M. Noir, quel âge avez-vous ?... Je vous trouve si jeune ! Vous avez une longue vie politique devant vous ! Vous aurez même le temps d'être dans l'opposition. C'est épatant l'opposition. J'y suis resté vingt-trois ans. Vous verrez, c'est plus agréable que le gouvernement. Vous verrez, vous verrez ! » M. Noir se dandine sur son fauteuil. Le Président, l'œil mi-clos, pétillant, s'assure que je partage son amusement...

Le président Mitterrand tient parole. Après une vive discussion nocturne, Jacques Attali ne put maintenir dans le texte du communiqué de Venise la petite phrase que nous avons mijotée pour ouvrir la voie à l'approbation de notre projet.

L'affaire est donc portée à la discussion des chefs d'État et François Mitterrand plaide tant et si bien que la phrase est adoptée. Les chefs d'État et de gouvernement du G7 accueillent favorablement, nous dit-on, notre projet, y compris l'accroissement significatif des ressources de la facilité en cause pour les trois prochaines années ; ils exigent une conclusion des discussions sur mes propositions avant la fin de l'année. C'est gagné. Le Président tient à ce qu'on me fasse savoir immédiatement comment il a vaincu les dernières réticences. Il me le rappela longtemps après, alors que je lui rendais compte des résultats très encourageants des programmes que cette facilité avait rendu possibles.

Il ne reste plus qu'à traduire ces promesses en argent comptant. Ce n'est pas une petite affaire. La discussion des budgets des États pour 1988 et les années suivantes est déjà – début juillet – bien entamée et il faut éviter de déshabiller Pierre – les programmes d'aide au développement – pour habiller Paul, cet instrument nouveau qui n'a même pas encore trouvé son nom. Simultanément, nous devrons le mettre sur pied en lui donnant toute la solidité requise, sans l'encombrer d'un fatras de conditions, toutes justifiées, mais dont l'ensemble peut conduire à la paralysie. Je confie cette tâche à une équipe restreinte qui a toute ma confiance : Jack Boorman qui, un jour, remplacerait Alan Whittome à la tête du département ETR, Thomas Leddy, adjoint au trésorier du Fonds, et Reinhard Munzberg, numéro trois du service juridique. Ils sont parmi les *best and brightest* et qui mieux est, tout à fait motivés. Pleinement conscients de l'enjeu, ils font merveille au prix, je le crains, de week-ends sacrifiés et de congés raccourcis.

La nouvelle facilité pourra prêter jusqu'à deux fois et demie et, dans les circonstances hautement exceptionnelles, trois fois et demie la quote-part au capital du Fonds des pays emprunteurs. Le volume des prêts dépendra des besoins des pays et de la qualité de leurs programmes. Leur taux d'intérêt sera de 0,5 % et ils seront remboursables en dix ans dont cinq ans et demi de grâce, conditions si clémentes pour des prêts de soutien à la balance des paiements qu'il nous fallut dire qu'il ne s'agissait que d'une expérience temporaire. Elle sera en fait reconduite. Elle est toujours en vigueur sous des modalités qui seront aménagées à diverses reprises. Le choix de son nom fut loin d'être une réussite. Décidément peu doué pour la communication, le FMI finit par l'appeler – j'en souris encore – « la facilité d'ajustement structurel renforcée », en anglais « *enhanced structural adjustment facility* » d'où son sigle familier *ESAF*, sous lequel elle sera désormais connue partout. Pour séduire d'éventuels clients, on peut mieux faire.

La collecte des fonds fut une tâche autrement redoutable. Nous demandions aux gouvernements un effort peu commun et dans des délais très brefs.

Nous avions une idée précise du besoin : le triplement suggéré par Alassane nous conduisait à demander aux contributeurs potentiels une somme de l'ordre de 8 milliards de dollars, somme qu'ils risqueraient de juger totalement irréaliste, eux qui considéraient très méritoire d'apporter chaque année à l'aide internationale des sommes augmentées seulement d'un modeste ajustement à l'inflation. Au surplus, où aller chercher ces contributions ? Hors la générosité légendaire des pays nordiques, le gisement (hélas très verrouillé) des pays pétroliers, sur qui pourrions-nous compter ?

Curieusement, nous n'eûmes pas de trop grandes difficultés à faire accepter la légitimité de cet ordre de grandeur par les pays créditeurs. On pouvait craindre que chacun ne s'en remette à la générosité de ses voisins. Nous nous trompions. Vingt-sept pays contribueraient dont certains très au-delà de nos attentes.

Nous allions, pourtant, rencontrer quelques problèmes. Une difficulté sérieuse d'abord : la modicité de la contribution américaine qui sera limitée à 140 millions de dollars. Si ce que j'appelle les « très mauvaises habitudes de la communauté internationale » viennent à se manifester à nouveau en cette occasion, nous échouerons. Ces habitudes consistent, dans des cas semblables, à proportionner l'effort de chacun à celui des autres, en fonction de tel ou tel paramètre retenu (PIB, niveau des réserves, niveau des exportations, etc.). Si chacun calibre sa contribution sur celle des États-Unis, l'échec est garanti. Nous devons nous lancer en d'éloquents plaidoyers dénonçant l'archaïsme et l'arbitraire de ces méthodes et soulignant le caractère absolument *sui generis* de cette opération. Ce point de vue finit par prévaloir.

Il fallait aussi tordre le cou à une autre suggestion que je jugeais scélérate « Financez donc cet excellent projet en vendant l'or du Fonds ». Je me gendarmais évidemment : vendre cet or, nos bijoux de famille, c'est affaiblir le Fonds, ses membres et d'abord les plus pauvres. L'idée qui en avait séduit plus d'un fut donc finalement abandonnée.

La France, dont le Président venait de mener la bataille à Venise, fit son devoir et je pus signer à Paris avec M. Balladur la convention prévoyant la contribution de notre pays. La cérémonie eut lieu dans les beaux salons du palais du Louvre dont le déménagement dans un nouveau ministère à construire à Bercy avait été renvoyé à plus tard pendant ce temps de cohabitation. Il s'agissait d'un don de 495 millions de dollars et d'un prêt d'un peu plus d'un milliard.

La plus grande contribution vint finalement du Japon. Ce fut la bonne surprise que les Japonais me réservèrent lors d'un voyage au début du mois de décembre. L'EXIM Bank du Japon nous prêterait près de 3 milliards de dollars et nous ferait bénéficier d'un don de 428 millions de dollars pour nous aider à ramener le taux des prêts à 0,5 %. Je ne pouvais que l'attribuer à l'entregent, au savoir-faire, à la compétence et à la confiance du vice-ministre des Finances, Makoto Utsumi. J'aurais, en bien d'autres occasions, à lui demander son soutien. Je trouverai toujours auprès de lui une prodigieuse intelligence des situations et un sens rare du bien commun universel.

La modestie de Makoto Utsumi m'interdit d'en dire davantage sur lui. Il a décidé, lui, de ne pas écrire de mémoires, devant la difficulté à s'assurer que l'on reste à chaque instant dans l'exacte vérité et que l'« oublieuse mémoire » ne nous joue pas le moindre tour. Comment ne pas m'arrêter un instant, cependant, sur cet ami aussi délicat que chaleureux, l'acteur étourdissant d'intelligence de la plupart des négociations financières internationales des années quatre-vingt et quatre-vingt-dix ? Que de fois l'ai-je vu débloquer d'un tour de main totalement inattendu la situation la plus embrouillée, effaçant simplement ses traces ensuite non sans un malicieux sourire.

Il serait injuste qu'une telle modestie fasse que l'histoire oublie, au-delà du peu que je raconte, son soutien aux pays d'Amérique latine tout au long de la crise de la dette, son appui au FMI et tout particulièrement à nos efforts pour faire revivre le droit de tirage spécial. J'ai eu la chance d'innombrables échanges avec lui, notamment lorsque le prêtre de bouddhisme zen qu'il est aussi traversait à pied mon pays natal en pèlerin de Compostelle.

Pour ma plus grande joie, deux grands pays européens qui ne s'étaient ralliés qu'à regret à mon élection au FMI, me trouvant peut-être trop « tiers-mondiste », la Grande-Bretagne et l'Allemagne, contribuèrent aussi pour des montants substantiels[1].

---

1. La Grande-Bretagne par un don de 535 millions de dollars, et l'Allemagne par un prêt de plus de 900 millions et un don de 169 millions de dollars.

L'ensemble des grands pays industriels les suivirent. Les engagements furent suffisamment conséquents dès la fin de l'année 1987 pour que le conseil d'administration adopte le 18 décembre le projet dans son intégralité.

Le Fonds redevient ainsi un partenaire crédible pour soixante pays très pauvres. Nous étions en ce 18 décembre au jour anniversaire de mon élection. Je m'en rends compte pendant la réunion du Conseil, alors que nous discutons d'obscures clauses de garantie. Celles-ci passionnent suffisamment mes collègues pour qu'ils ne surprennent pas la bouffée d'émotion qui m'étreint alors.

Le Fonds se trouve ainsi mieux équipé pour faire face aux problèmes des plus pauvres. En parallèle et pour ouvrir la voie à ce que la Banque mondiale et les banques internationales devront faire en faveur des pays émergents, les ministres des Finances du G7 décident de rendre progressivement plus généreuses les conditions d'allégement de la dette des pays les plus pauvres par le Club de Paris. Ces décisions furent très généralement prises à l'occasion des différents sommets annuels du G7, préparés au sein de ce Club où les représentants du FMI, travaillant en parfaite intelligence avec les valeureuses équipes de la direction du Trésor, ont soutenu discrètement mais très efficacement la cause de ces pays[1]. C'était une véritable « nuit du 4 août » puisque nous étions autorisés à renoncer ainsi, de fait, à notre statut de prêteurs privilégiés[2]. Cela nous permettra de lancer plus tard un nouveau programme en faveur des Pays pauvres très endettés (PPTE[3]) dont on pourra attendre une nouvelle avancée vers la véritable solution de leurs problèmes. Ceci se

1. C'est ainsi que l'on eut d'abord les « termes de Toronto » adoptés en juin 1988, sur la base de propositions françaises. Notre pays eut le mérite d'être le premier à reconnaître qu'il ne pouvait plus être question de se contenter de rééchelonner les dettes publiques mais qu'il était indispensable d'en réduire significativement la valeur actuelle. On eut ensuite les termes de Houston en 1990, ceux de Londres en 1991, puis ceux de Naples en 1994, jusqu'à ce que, sur la proposition du Fonds et de la Banque mondiale en 1996, les réductions de dettes soient étendues aux créances – elles-mêmes jugées jusqu'ici intangibles – des organismes multilatéraux.

2. Au nom duquel des créances des institutions de Bretton Woods sont tenues à l'abri par le Club de Paris du rééchelonnement de leurs créances.

3. Mieux connu sous le sigle *HIPC* : *highly indebted poor countries*.

traduira par la création en 1999 de la « facilité pour la réduction de la pauvreté et la croissance ». Arrêtons-nous d'abord un instant sur l'*ESAF*, ce navire amiral de nos stratégies envers les pays pauvres et sur ses avatars successifs.

Un instrument pour les plus pauvres

Nous nous en sommes tenus au schéma proposé par Alassane Ouattara : un prêt pratiquement sans intérêt[1], sur une période longue – dix ans dont cinq ans de grâce – et surtout un principe fondamental : un accès d'autant plus généreux que l'engagement propre du pays sera plus vigoureux. Une sorte de pacte de confiance est ainsi offert aux pays les plus pauvres. C'est sur ce principe devenu une sorte de slogan que nous allons engager nos conversations avec nos interlocuteurs, au départ parfois hésitants ou méfiants, peinant à partager notre confiance dans leur possibilité de devenir maîtres de leur destin.

Nos services comprennent très vite que nous jouons une sorte de va-tout sur le succès de cet instrument et chacun redouble d'engagement. Le succès se manifestera peu à peu. Onze pays se lancent dans de tels programmes en 1988-1989 et parmi eux le Ghana, le Kenya, la Bolivie, la Mauritanie, le Niger, le Togo et l'Ouganda. Ces programmes tiennent leurs promesses. Satisfait, le conseil d'administration n'hésite pas à prolonger la période d'expérimentation, puis à faire de l'*ESAF* un instrument permanent. L'heure viendra où il faudra tendre à nouveau la sébile à nos actionnaires pour pouvoir continuer de prêter au taux de 0,5 %.

Nous y parviendrons et notre joie, ce jour-là, fut de recevoir une contribution du Bangladesh – pays reconnu à ce moment-là comme un des plus pauvres du monde – avec un message très simple : « L'*ESAF* nous a permis de nous reprendre en main et de faire de tels progrès vers la croissance dans l'équilibre que

1. Le taux de 0,5 % n'est là que pour couvrir une partie des frais de négociation et de gestion.

nous pensons qu'il est de notre devoir aujourd'hui de contribuer au grand effort collectif pour que beaucoup de pays pauvres puissent connaître la même expérience. » D'autres pays suivront cet exemple. Ce sera de nouveau le cas en 1999 lors d'une nouvelle levée de fonds. Nous voulions à ce moment-là, profitant de l'impact de la magnifique campagne Jubilée 2000 lancée par les ONG d'obédience chrétienne, étendre l'ambition de l'*ESAF* à un objectif plus explicite de réduction de la pauvreté et de la dette des pays hautement endettés. Les sommes à réunir étaient importantes et nous étions conscients de ne pouvoir les atteindre par un appel à la seule trentaine de pays avancés.

Nous décidons donc de donner l'exemple en affectant au financement de la nouvelle « cagnotte » les intérêts produits par la vente d'une partie (14 millions d'onces) de notre stock d'or et d'inviter l'ensemble des pays du monde à se joindre à cette nouvelle initiative. Nous expliquerons l'évidence : chacun bénéficiera des progrès des pays les plus pauvres ; il faut transformer pour eux une dette impayable en opportunités de croissance. Ce seront finalement quatre-vingt-treize pays – et donc beaucoup de pays du tiers-monde[1] – qui contribueront, bon nombre d'entre eux transformant en contribution à cette nouvelle facilité une créance qu'ils détenaient sur le Fonds[2].

Ce ne fut pas sans efforts épuisants pour l'équipe de Jack Boorman, ni sans quelques vigoureuses torsions de bras de pays européens plus enclins à vendre l'or du Fonds qu'à solliciter leur propre budget. *In extremis*, tard dans la soirée, à la veille du Comité intérimaire qui devait statuer à ce propos, la somme nécessaire était réunie. Sous cette nouvelle forme, l'*ESAF* (devenue la « facilité pour la réduction de la pauvreté et la croissance » – *PRGF*) devrait continuer à bien remplir sa tâche.

Son succès devra beaucoup à la très étroite collaboration de la Banque mondiale chargée de la négociation du volet « réduction

---

1. Dont dix pays d'Afrique et quarante-cinq autres pays en développement, suivant ainsi l'exemple du Bangladesh.

2. Il s'agissait d'un fonds constitué pour faire face à d'éventuelles pertes sur créances arriérées. Il était de fait devenu inutile après que nous eûmes aidé nos débiteurs à nous rembourser.

de la pauvreté » de ces programmes. Ceux-ci sont enrichis aussi par l'association aussi systématique que possible de la société civile à leur préparation. Cela n'ira pas toujours de soi ; certains gouvernements nous reprocheront d'aller un peu trop loin dans des pratiques de consultation de la société civile qui ne leur sont pas encore familières. Compte tenu des effets bénéfiques de cet instrument non seulement pour le succès de notre action mais aussi pour enrichir la culture du Fonds en l'ouvrant davantage à l'impératif de réduction de la pauvreté, nous décidons d'en faire un instrument permanent dans l'arsenal de nos facilités.

Comment y parvenir alors que nous restons tributaires des contributions budgétaires des États membres toujours menacées d'une interruption au gré des retournements conjoncturels ? Nous en sommes réduits à chercher à constituer une réserve financière suffisante pour produire une sorte de rente annuelle perpétuelle d'un milliard de dollars exclusivement destinée aux pays membres en sévères difficultés. Grâce à l'intelligence financière et à la créativité de quelques-uns de nos collaborateurs du département en charge de nos réflexions stratégiques (PDR) – Jack Boorman, Tom Leddy et Benedicte Christensen en particulier –, ce dispositif est créé. Il ne nous reste plus, comme ce sera le cas pour mes successeurs, qu'à être vigilants pour éviter que nos actionnaires ne succombent à la tentation de puiser dans ce fonds à d'autres fins, remettant en cause ainsi son caractère perpétuel.

L'*ESAF* donc a bien servi le Fonds en l'aidant à répondre aux besoins des plus pauvres. Elle a bien servi aussi nos États membres. Ce n'est pas le lieu ici d'étaler les statistiques montrant les effets positifs de ces programmes sur les avancées de chacun des pays emprunteurs. Qu'il suffise de dire que globalement les progrès constatés ont correspondu à nos attentes et les différents bilans qui en ont été publiés m'ont toujours semblé plus que satisfaisants puisqu'en règle générale, au terme de ces programmes, les pays se trouvaient placés durablement sur un sentier de croissance.

Quelques premiers résultats dans les pays pauvres

Pour ne citer qu'un seul exemple concernant l'un des pays les plus pauvres du monde, le Niger, Emilio Sacerdoti et Philippe Callier ont établi que, dans le cadre d'un tel programme, entre 1997 et 2005, le taux de mortalité infantile est tombé de 156 ‰ à 81 ‰, celui d'accès à l'eau potable a été porté de 40 % à 69 %. Il reste évidemment beaucoup à faire mais ces pays savent qu'ils pourront désormais continuer à être soutenus dans leurs efforts pour s'arracher à la pauvreté. Le fonds a trouvé quelque encouragement dans le jugement porté en décembre 2004 par Oxfam, un acteur qui ne peut pas être taxé de complaisance à l'égard du FMI : « Là où la réduction de la dette a pu être mise en place, il y a eu des bénéfices réels pour ceux qui vivent dans la pauvreté. Pour ceux, parmi les quarante-deux pays éligibles, qui ont bénéficié des programmes PPTE, les dépenses pour la santé et l'éducation, surtout dans les centres de santé ruraux et les écoles primaires, ont augmenté. Comme la réduction de dette est stable et à long terme, transitant par les budgets gouvernementaux, elle couvre des dépenses récurrentes vitales, telles que les salaires des enseignants et des professionnels de santé. Au Mali, cinq mille enseignants locaux reçoivent ainsi un traitement mensuel. Au Bénin, plus de la moitié de la contribution PPTE a été allouée au recrutement de personnel pour les centres de santé ruraux, au combat contre le sida, à la lutte contre la malaria, pour les vaccinations et enfin pour améliorer l'accès à l'eau potable. »

Ma joie a été surtout très grande lorsque, visitant tel ou tel pays, on m'a montré des puits où les femmes du village pouvaient maintenant venir puiser de l'eau à deux pas de chez elles, libérées désormais d'une corvée qui souvent les mobilisait trois à quatre heures par jour sinon plus, de nouveaux dispositifs d'assainissement, des centres de santé ruraux ou des écoles construites de leurs mains par des pères de famille sur des crédits ouverts dans le cadre de tels programmes, qui avaient contribué aussi à établir un bon équilibre macroéconomique. J'entends encore deux présidents africains me dire à peu près dans les mêmes termes : « Grâce au système que le FMI a mis en place, au lieu de nous échiner à payer année après année les échéances de dettes irremboursables et dont les intérêts faisaient boule de neige, nous avons pu construire plusieurs milliers d'écoles, de dispensaires ou des kilomètres de chemins ruraux… »

Le Fonds est ainsi devenu pour les plus pauvres de ses membres un partenaire constructif et non plus seulement un censeur sans empathie. Cela ne l'a pas transformé en une institution d'aide au développement, car tel n'est pas son objet, mais il peut désormais remplir de façon plus sensible et humaine la mission pour laquelle il a été créé. Mais que de temps, que de palabres avant d'y parvenir ! Il nous faudra retenir cette leçon : dans la vie internationale, il faut mettre toujours le temps de son côté et tenter de prévoir de son mieux et tous ensemble les besoins incontournables de demain.

La crise de la dette nous avait convaincus de la nécessité d'enrichir ainsi l'arsenal du FMI. Chemin faisant, nous percevions mieux aussi la nécessité de faire évoluer sa culture vers une conception plus large de sa mission. Cela, évidemment, devrait prendre aussi quelque temps et nous n'y parviendrions qu'au fil de programmes inégalement couronnés de succès.

De crise en crise, réformes en Afrique

Ainsi, avec l'*Enhanced Structural Adjustment Facility* (*ESAF*), nous disposons d'un meilleur instrument de soutien aux pays très pauvres. Parallèlement, nous avons renforcé deux autres facilités : l'*Extended Fund Facility* (la facilité élargie) et notre instrument de lutte contre l'instabilité des cours des matières premières[1]. Nous avons précisé nos stratégies, nous tentons d'ouvrir l'institution à une dimension moins exclusivement technique, plus ample et plus humaine des programmes d'ajustement. L'essentiel se jouera désormais dans la manière dont nous conduirons notre action auprès des pays de plus en plus acculés à la précarité mais, en général, toujours sur leurs gardes à notre égard. Une des plus grandes difficultés proviendra du retard avec lequel les programmes de redressement seront engagés. Les déséquilibres financiers se transforment, en effet, souvent en crises politiques majeures. J'aurai affaire alors à des chefs d'État aux abois. Ce furent d'abord deux pères fondateurs de l'indépendance de leurs pays, tous deux, jusqu'ici, à la recherche de « solutions alternatives » à celles du FMI mais très inégalement inspirés par les valeurs de « l'humanisme africain ».

1. La facilité de financement compensatoire.

Drame en Zambie

Kenneth Kaunda est un des chantres de cet humanisme. Son pays, l'ancienne Rhodésie du Nord, est indépendant depuis 1964. Il le gouvernera jusqu'en 1991. Il a instauré un régime de parti unique dont il veut faire le creuset de l'unité nationale de son pays ; soixante-dix langues y sont parlées et les rivalités ethniques risquent à tout moment de donner lieu à des conflits violents. Potentiellement riche, dotée d'énormes réserves de cuivre, la Zambie va connaître une croissance très rapide dans les années soixante. Les fluctuations du prix du cuivre et les erreurs d'une gestion très centralisée suivant les méthodes dirigistes si répandues dans l'Afrique de ces années-là, y mettent fin. La situation devient catastrophique. Le PIB par habitant est divisé par trois ; il tombe de 720 dollars par tête en 1981 à 250 en 1986.

Dans ce contexte, les relations avec le FMI se dégradent. Plusieurs tentatives d'accord échouent. Les arriérés à l'égard de tous ses créditeurs – dont le FMI – commencent à atteindre des montants insupportables. Au début de 1987, la situation devient critique. Fin 1986 en effet, Kaunda, en désespoir de cause, prend l'initiative de lancer une « opération vérité » impliquant une réduction radicale des subventions au prix du maïs, l'élément essentiel de l'alimentation des Zambiens. Des émeutes s'ensuivent. On parle d'une centaine de morts. Les discussions reprennent alors avec le FMI. Le Premier ministre vient à Washington ; j'envoie une mission à Lusaka pour évaluer les chances d'un nouvel accord. Je profite d'une réunion des ministres du G7 fin avril 1987 à Washington pour appeler les grands pays à soutenir nos efforts alors que nous tentons de tirer la Zambie de l'impasse. Quelques jours après, le 1er mai, nouvelle volte-face. Le président Kaunda annonce qu'il rompt les relations avec le FMI et renvoie notre représentant permanent à Lusaka. La Zambie, proclame-t-il, va désormais déterminer seule sa destinée et limiter à 10 % de ses revenus d'exportations les paiements de la dette. Il adopte un système de change totalement irréaliste ; il laisse son ministre des Finances tenir un singulier double langage : insulter le Fonds[1] devant la réunion annuelle des ministres des Finances africains à la Banque africaine de développement et, plus discrètement, nous faire savoir qu'il souhaite conserver de bonnes relations avec nous…

Que faire ? Éviter d'abord, évidemment, que les choses ne s'embrasent. Pour cela, grâce à quelques stratagèmes, nous faisons en sorte que la déclaration d'inéligibilité de la Zambie à nos concours[2] soit reportée de quelques mois et soit ainsi, si nécessaire, suffisamment dédramatisée. Rétablir aussi le contact pour éviter que le pays ne dérape sur le sentier de la banqueroute. Enfin, comme Kaunda nous avait tendu une perche, pourquoi ne pas le prendre au mot ?

8 octobre 1987 :
« Monsieur le président, donnez-moi une chance… »

Quelques jours après l'annonce de l'inéligibilité de son pays, Kaunda arrive à Washington. Je vais le voir à son hôtel, moins luxueux que ceux où j'avais rencontré jusque-là d'autres chefs d'État. Je suis perplexe. Rencontrerai-je le « Gandhi zambien », héros d'un socialisme humaniste, ou le leader charismatique sans grande indulgence pour ses adversaires ? On m'introduit. Il est assis sur un étroit canapé, son regard est droit ; il s'y mêle fermeté, intelligence et malice, il tient un mouchoir blanc à la main qu'il agite comme un chasse-mouche. Peu de collaborateurs avec lui. Que lui dire ? Me fiant trop, à l'époque, à ma mémoire, je n'ai pas gardé de notes de cette conversation, mais j'en retrouve la trace dans une lettre qu'il m'adressa trois ans après et que j'ai sous les yeux. Elle donne une bonne idée du chemin parcouru :

1. « Le Fonds est devenu un instrument d'oppression et de destruction de la vie humaine. »

2. Les règles du Fonds stipulent qu'un pays qui suspend le paiement de ses dettes à son égard ne puisse plus avoir recours à ses concours. Une caisse de crédit mutuel risque d'être, en effet, promptement paralysée si ses concours ne sont pas remboursés à bonne date.

« Mon cher Michel,

Permettez-moi, d'abord, de vous appeler ainsi, Michel. Je ne sais si vous vous en souvenez, mais lorsque mon gouvernement prit la décision d'abandonner son programme avec le Fonds, vous veniez juste de prendre vos fonctions de directeur général. Vous m'avez alors dit : "Pourquoi ne m'avez-vous pas donné une chance de travailler avec vous ?" De fait, lorsque, plus tard, nous avons repris nos négociations avec le Fonds, nous avons bâti entre nous un code de bonne intelligence qui nous a conduits là où nos relations personnelles sont arrivées aujourd'hui[1]. »

Les termes trop louangeurs de cette lettre me font revivre cette première rencontre. Après lui avoir respectueusement reproché de ne pas m'avoir donné ma chance, je lui dis ma conviction, répétée de multiples fois ailleurs : « Tant qu'il y des hommes engagés pour le bien de leurs peuples, il n'y a pas de situation désespérée ; c'est la mission même du FMI, sacrée à mes yeux, de leur donner confiance. » « Donner confiance à nos États membres » comme nous le demande l'article 1er de nos statuts, et les accompagner dans leurs efforts.

Comme j'ai pris soin, au cours des vacances précédentes, de lire son livre *Lettre à mes enfants*, j'ajoute qu'en nous fondant sur les valeurs qu'il y professe – notamment la recherche de la coopération avec toute la communauté mondiale –, nous pourrions essayer de repartir ensemble d'un bon pied. Il saisit la balle au bond. « Essayons de relancer une nouvelle fois nos conversations officielles. Veillons cette fois, l'un et l'autre, à éviter qu'elles ne dérapent. » Il m'offre deux autres livres avec d'affectueuses dédicaces[2]. J'en profite pour lui envoyer quelques

1. La lettre se poursuivait ainsi : « Depuis que vous avez entrepris votre si difficile travail, votre ligne directrice a été celle de la restructuration à visage humain. Il doit en être ainsi. L'économie comme la politique est faite pour des êtres humains – non pour des êtres humains indifférenciés, mais pour des êtres humains comme des individualités. Autant que je le sache, telle est votre attitude à l'égard des hommes dans cette importante fonction. »

2. « Rien ne vaut plus que le service authentique de Dieu et de l'homme ! Nous serons toujours reconnaissants pour la part que vous y prenez. Continuez, je vous prie, à servir ainsi et souvenez-vous de continuer à sourire tout le temps. Que Dieu vous bénisse. K.K. »

jours après une lettre personnelle lui donnant mes impressions de lecteur[1].

À partir de ce moment, non seulement il n'y aura plus de gesticulations entre nous, mais nos collaborateurs sauront qu'il faudra travailler dans une confiance mutuelle retrouvée. Leur travail sera difficile. La situation s'est énormément détériorée. Kaunda doit faire face à des émeutes et une tentative de coup d'État en 1990. Il tient bon et m'appelle pour me dire sa détermination à persévérer. Je ne trouve rien d'autre à lui dire que « *God bless you, Mr. President* ! » et l'assure que nous continuerons à faire l'impossible pour soutenir ses efforts. Les arriérés ne cessent pourtant de s'accumuler. L'imagination de Dick Erb nous permet de mettre au point une procédure associant, sous la surveillance du Fonds, les efforts du pays pour redresser sa situation au soutien bilatéral d'un groupe de pays amis. C'est ce que nous appellerons un « programme d'accumulation de droits[2] ».

Après plusieurs années sous ce régime, un programme *ESAF*, accompagné de concours d'un groupe de pays amis, devait permettre de solder les dettes de la Zambie vis-à-vis du Fonds pour un montant dépassant alors un milliard de dollars. Entre-temps, le pays avait été solidement remis sur une trajectoire de progrès économique. La coopération internationale encouragée par ces progrès reprenait de plus belle ; les équipes du Fonds et les « humanitaires » s'organisaient pour travailler la main dans la

---

1. « Monsieur le président,

Ce fut pour moi un honneur et un plaisir d'avoir cette chance de vous rencontrer pendant votre séjour d'octobre à Washington. J'ai apprécié cette occasion d'avoir avec vous une conversation aussi ouverte sur tant de sujets.

Merci de m'avoir offert deux de vos livres si amicalement et chaleureusement dédicacés. Leur lecture m'a fait très clairement comprendre combien votre réputation de sagesse d'homme d'État et comme source d'inspiration était méritée. Ils m'ont beaucoup donné à penser : sur la tension qui peut apparaître entre un engagement pour la non-violence et un désir de justice, sur les difficiles rapports entre l'égalité et l'individualisme. Ils nous rappellent surtout les valeurs humaines de base qui sont de la plus haute importance. Notre travail technique au Fonds n'est qu'un moyen au service de ces valeurs et non une fin en soi. »

2. Cette procédure consistait à négocier avec chacun d'eux des programmes pluriannuels dont le succès année après année permettrait de rétablir leur solvabilité jusqu'à ce que, grâce à un prêt à très court terme d'un pays amis, ils puissent rembourser leurs arriérés et entrer immédiatement après dans un programme de droit commun avec le FMI.

main. Je veillais, à chaque occasion, à les rencontrer ensemble, de préférence au siège d'une organisation des Nations unies. Pendant ces voyages et alors que je parcourais les ministères, Brigitte y découvrait une ONG ou une organisation sociale. Elle trouvait des expériences souvent originales qu'elle ferait connaître dans les pays où elle m'accompagnerait plus tard. Elle raconte par exemple dans un de ses livres, où elle explique l'approche systémique des problèmes familiaux, le travail de l'Unicef dont elle avait été témoin à Lusaka en février 1991[1].

Le soir, dans nos chambres d'hôtel ou dans les maisons d'hôtes officielles où le prétentieux le dispute souvent au mauvais goût et au piètre fonctionnement de la plomberie, nous mettions en commun nos observations. Par une sorte de douce et subtile osmose, un peu plus d'humanité était ainsi instillée dans le corps du FMI.

Au fil des mois, en Zambie, les choses changent. La vie politique s'anime. Sous la pression de son opinion publique, Kenneth Kaunda fait adopter une nouvelle constitution basée, cette fois, sur le multipartisme. Son opposant, le syndicaliste Frederick Chiluba, remporte fin 1991 la nouvelle élection présidentielle avec 81 % des voix et 80 % des sièges à l'Assemblée nationale. Kaunda s'efface. Le nouveau président prolongera la mise en œuvre des programmes économiques soutenus par le Fonds, exorcisant les vieilles méthodes du « socialisme africain ». Les relations avec le Fonds continueront à s'approfondir, aidées

---

1. *La spirale ascendante*, Desclée de Brouwer, 2002.

« Le centre familial disposait d'une petite maternité de huit lits – avec possibilité d'envoyer rapidement à l'hôpital en cas d'urgence –, d'un centre de planning familial pour les femmes et les couples, d'une unité de renutrition infantile à base de bouillie de céréales et de soja. Il s'y ajoutait un groupe de femmes responsables d'immeubles ou de quartiers qui visitaient régulièrement leurs voisines pour leur apprendre l'hygiène, les soins aux enfants et leur parler de contraception. Ailleurs en ville, une autre équipe de l'Unicef s'occupait d'insertion sociale et professionnelle des jeunes. Pour compléter cette action, Joyce Mapoma avait créé avec des chômeurs un incubateur d'entreprises, fournissant à chaque candidat entrepreneur un local, un soutien à la gestion et un microcrédit pour démarrer. L'inventivité de ces petits entrepreneurs et leur volonté de réussir faisaient plaisir à voir. Quand je leur ai demandé s'ils remboursaient leur crédit, la réponse a été immédiate : « Bien sûr ! Pour en obtenir un autre ! » En zone rurale, autour d'un moulin à blé, maïs et soja qui servait de lieu de réunion, Joyce Mapoma proposait aux jeunes femmes qui demandaient un dispensaire de réparer avec leurs maris un vieux bâtiment susceptible d'abriter en outre une halte-garderie ou une école maternelle pour les jeunes enfants. »

par l'assistance technique que dirige notre chef de mission, Mme Burke Dillon.

L'impact à travers l'Afrique de cet accord avec un des leaders les plus charismatiques du continent fut important. Le FMI n'était plus anathème. D'autres accords pourraient suivre avec, certes, une fortune inégale.

S'entendre avec Mobutu ?

Notre expérience avec le Zaïre de Mobutu (un autre pays au bord de l'abîme à la fin des années quatre-vingt) fut loin de connaître le même succès. Tout fut essayé. Qu'en est-il resté ?

Cet immense pays a pourtant de nombreux atouts pour réussir. Ses énormes richesses peuvent en faire un pôle de développement entraînant le cœur de l'Afrique vers une croissance rapide et longtemps durable. Hélas, ses richesses ont toujours fait, de mémoire d'homme, l'objet de toutes sortes de pillages. Pillage organisé et géré pendant les années de colonisation par de puissants groupes financiers belges – pillage civilisé celui-là, diraient les cyniques –, pillage effréné depuis l'indépendance au profit du despote au pouvoir et des coteries successives qui l'entourent, pillage, enfin, par ses voisins qui n'ont pas renoncé à mettre la main sur le Kivu et tout l'Est du pays.

Plus importants encore que les trésors miniers, il y a tout un peuple et ses richesses humaines d'activité, de courage et d'ingéniosité. Exprimant son admiration devant la façon dont les Zaïrois survivent au cœur de la totale anarchie des dernières années du règne de Mobutu, un sociologue me disait : « Observez ce pays, c'est l'un des rares qui pourrait survivre sans un État, tellement son peuple est riche de sagesse et de créativité… ». Ce sage m'a donné à penser. Hélas, même si un peuple peut survivre sans État (j'en doute beaucoup) ou, disons, avec seulement un État minimal, sa survie est mise en cause lorsque c'est l'État lui-même qui organise le pillage. C'était cela la tragédie du Zaïre depuis la fin de l'ère coloniale.

En ces années quatre-vingt, ce pays souffre, au surplus, de deux problèmes majeurs : des fluctuations capricieuses du cours du cuivre, un problème que nous venons de rencontrer en Zambie ; une corruption endémique aussi à tous les niveaux de l'État. Nul secteur n'en est exempt. Les tentatives périodiques pour y porter remède tournent court. Ajoutons à cela que le régime de Mobutu Sese Seko bénéficie d'une complaisance coupable de la part de certains milieux d'affaires européens. « On peut faire des affaires avec eux… », entend-on dire. Une tolérance plus marquée encore prévaut aux États-Unis où l'on reconnaît à ce pays un rôle essentiel en Afrique dans la guerre froide, face à la pénétration cubaine en Angola et à une instabilité régionale permanente attribuée aux agents de Moscou[1]. Les recommandations réitérées des missions du FMI appelant à la rigueur et à la transparence dans la gestion de l'État et des entreprises publiques tombent, donc, dans des oreilles distraites. Contre vents et marées, le Fonds, tout au long des années soixante-dix à quatre-vingt, maintient le contact, ne serait-ce que pour préserver les pays voisins de la catastrophe que serait pour eux son effondrement. Plusieurs programmes se succèdent pour éviter la débâcle et, si possible, ouvrir une trajectoire de progrès. Quelques avancées se manifestent de temps en temps mais en 1986, la crise des matières premières (ici celle du cobalt) entraîne une fois de plus l'abandon d'un programme. À nouveau, il faut négocier.

Un nouvel accord est adopté pour 1987-1988. Il donne une priorité particulière au renforcement du contrôle et des procédures de surveillance ; il exige notamment que toutes les dépenses publiques soient désormais recensées et autorisées par le budget général. L'accord est signé, mais il déplaît vivement au maréchal, chef de l'État.

Lors d'un de ses voyages à Washington, le 30 juin 1989, il demande à me rencontrer. Il me reçoit dans le grand salon de Blair House, la résidence des hôtes du président des États-Unis, en face de la Maison Blanche. Le maréchal, calot de léopard sur la tête, le visage barré par de sombres et lourdes lunettes,

1. La CIA y aurait, me dit-on, une plateforme de première importance.

bâton de commandement à la main, est entouré d'une cour de ministres. J'ai amené avec moi le très sage Mamadou Touré, ancien ministre des Finances du Sénégal, redevenu depuis peu directeur du département Afrique, et Pierre Dhonte en charge de ce lourd dossier dans nos services. On nous installe en face du maréchal. Sans autre entrée en matière, il m'indique qu'il a auprès de lui le président de la commission des Finances du Parlement dont les avis sont, dit-il, de la plus haute importance. Il ne peut supporter quelque atteinte que ce soit à la souveraineté de son pays. Il se tourne alors vers lui et l'invite à prendre la parole. Ce parlementaire se rengorge, formule quelques mots laissant transparaître son hostilité au Fonds et exprime son «plein soutien au programme du président-fondateur[1]».

Mobutu déroule alors un discours qui me laisse perplexe :

«Monsieur Camdessus, il y a quelque chose d'intolérable entre vous et moi : vous ne me faites pas confiance. Depuis six mois, j'ai tout mis en ordre, mais le climat reste le même. Qu'est-ce qu'on me reproche ? On s'acharne à me surveiller. Je crois comprendre qu'on ne veut pas que j'aie une maîtresse ! Craindrait-on qu'elle me rende moins performant ? Essayez, Monsieur Camdessus, de me comprendre. Le soupçon, c'est vraiment insupportable. Imaginez que vous êtes en train de travailler dans votre bibliothèque. Vous vous rendez compte tout d'un coup que madame Camdessus est passée dans son boudoir et est en train de s'habiller pour sortir faire des courses. Et voilà que vous allez lui dire que vous ne voulez pas qu'elle sorte, parce qu'elle pourrait rencontrer x ou y. Ne serait-ce pas insupportable pour madame Camdessus ?»

Je le reconnais de bonne grâce, songeant en moi-même qu'il n'avait guère idée des conditions de vie d'un fonctionnaire français, père de six enfants. Où aurais-je trouvé place dans ma maison pour une bibliothèque ou un boudoir ?

«Vous êtes d'accord, Monsieur le directeur général ? Alors faites taire votre représentant à Kinshasa qui raconte trop de choses !

1. Je me réfère ici aux notes prises à chaud au retour de cette rencontre.

– Mais Monsieur le président, c'est à travers lui que le monde peut avoir un compte rendu fidèle de vos progrès et ceci vous sera précieux. Tenez-le pour votre allié ; il sera prêt à constater, avec joie, si tel est le cas, que tout est en ordre et le monde le croira ! »

Mamadou Touré, qui connaît bien Mobutu, intervient ici :

« Monsieur le président, ces agents du FMI risquent leur crédibilité et leur vie pour vous aider…

– Leur crédibilité peut-être, pas leur vie ! » réplique le président-fondateur, et il enchaîne en dépliant un numéro du *Soir* de Bruxelles rapportant que, selon le FMI, les dépenses de la présidence zaïroise sont égales au montant du budget général. Il crie au mensonge.

« Eh bien, aidez-nous à établir la démonstration, Monsieur le président, lui dis-je, que la vérité est autre.

– Venez donc passer avec moi une journée à Kinshasa avant la fin de l'année pour que vous vous rendiez compte par vous-même…

– J'en passerais bien volontiers deux si cela devait nous permettre de consolider les bases de notre accord ! »

Ma bonne volonté ne semble pas le convaincre. Il termine :

« Le FMI suggère par exemple de taxer la consommation de produits pétroliers… et pourtant il est toujours au service des multinationales ! »

Je lui indique, sans plus, que je ne vois guère ce qui pourrait fonder un tel soupçon. La réunion se termine sur quelques efforts de ma part pour lui faire comprendre notre vif désir de remettre l'ouvrage sur le métier avec son gouvernement et d'établir nos relations sur la base d'un projet solide auquel nous puissions adhérer lui et moi, au service d'un pays qui a tout pour connaître un jour la prospérité. Visiblement, il n'en est pas là.

Nous sortons perplexes et attristés. Mawakani Samba, cet homme modeste et sage qui représente le Zaïre à notre Conseil et qui a assisté à la rencontre, assis aux côtés des ministres, nous rejoint sur la 16e Rue. « Vous n'avez pas l'air très heureux, me dit-il, mais vous savez, il fallait qu'il entende tout cela, il fallait que cela soit dit ! »

Soit, mais la rencontre est un échec. Mobutu revient à la charge peu après. Il nous reproche, cette fois, une situation dans laquelle, depuis quelques mois, le Zaïre rembourse au FMI plus d'argent qu'il n'en reçoit dans le cadre d'un accord stand-by. Il oublie simplement que la médiocrité des progrès constatés nous empêche de débourser davantage. Il en vient à déclarer à *Jeune Afrique* qu'il « ne cédera pas aux diktats du FMI ». Il m'accuse, enfin, de comploter contre lui avec les Belges et décide de cesser ses remboursements. Cela nous prive désormais de toute marge dans la négociation. Nous ne pouvons pourtant nous résigner à l'impasse. Il faut trouver une issue car ce sont évidemment les pauvres qui deviennent ainsi les otages des caprices du despote. Agir comme il le fait va priver son pays de tout soutien extérieur, fût-ce pour les besoins humains les plus essentiels. Nous avons tout tenté pour l'éviter ; il ne peut plus y avoir d'espoir de solution que dans un retour de cet homme sur lui-même. Il faut que quelqu'un l'aide à comprendre qu'il ne peut rester indifférent ainsi aux conséquences humaines de ses actes. Mais qui donc pourrait l'amener à cette prise de conscience ?

Sire, parlez-lui comme un frère…

Je consulte quelques augures. Sans succès. L'idée me vient alors de parcourir avec Brigitte, un dimanche après-midi, nos listes d'amis. Brigitte me dit : « Trouvons quelqu'un qui puisse lui parler comme un grand frère ! » En bout de liste x, y, z… nous tombons sur Jacques van Ypersele, mon ancien compagnon du Comité monétaire européen et complice dans beaucoup de batailles pour l'Europe monétaire, devenu directeur de cabinet du roi Baudouin. Un éclair traverse nos esprits. C'est le roi Baudouin qu'il nous faut ! Lumineuse évidence que l'on découvre à deux ! Cet homme est un souverain plus ancien que Mobutu dans le protocole international ; il est belge et connaît bien les affaires zaïroises ; il doit avoir sur le maréchal cet ascendant que gardent étrangement les puissances coloniales et que confère la monarchie. Je sais surtout, par Jacques, la profondeur de ses qualités humaines et spirituelles.

Je ne fais ni une ni deux et décroche mon téléphone. Jacques est au bout du fil. Je lui dis en deux mots notre idée qu'il pourrait, évidemment, trouver saugrenue. Mais non. « J'en parle tout de suite au roi », me dit-il. Peu après, il me rappelle : « Viens dès que tu peux, le roi t'attend et sera très heureux de te connaître… »

Le 9 octobre 1989, un huissier m'introduit dans une grande pièce nue du château de Laeken ; je ne me souviens que d'une grande table ancienne et de deux chaises très simples au milieu de la pièce. Tout est gris ici comme le ciel humide de ce début d'automne. Le roi Baudouin franchit la porte modestement, lui aussi vêtu de gris. Seul son visage, pourtant grave, est éclairé d'un doux sourire. Je le sens plus intimidé peut-être que moi, mais comme livré tout entier à son métier.

Il m'invite à m'asseoir. Ses yeux plongent dans les miens. Bonté et retenue s'y mêlent. Dans quelques instants, il n'y aura plus dans cette pièce que ce regard et son écoute. Il sort de sa poche un crayon et un petit carnet qu'il pose sur ses genoux. Je comprends qu'il me dispense de tout propos protocolaire ; je n'aurai donc qu'un mot sur l'honneur que je ressens de cette première rencontre et ma gratitude pour le soutien de la Belgique dans mon travail ; et j'en viens à l'essentiel :

« Sire, je viens vous demander une aide qu'il n'est pas très convenable de solliciter d'un souverain. Vous savez tout de nos démêlés avec le président Mobutu. Nous sommes dans une impasse dont son peuple souffre à l'extrême. Je n'aperçois d'issue que dans un retour de cet homme sur lui-même. Or, je ne vois que vous pour avoir une chance de l'y conduire. Je viens donc vous demander de lui parler comme un frère aîné parle à son frère. »

Je lis sur son visage la trace – vite maîtrisée – de son trouble. Et j'entends ceci :

« Mais que puis-je sur lui ? Il se conduit très mal, vous savez, envers la Belgique. Vous voulez me demander de lui suggérer, pour aider son peuple, de revendre ses avions et ses châteaux qui sont mieux meublés que les miens ?

– Non, ou plutôt pas encore, Sire ! Mais peut-être pourriez-vous lui parler à partir de votre expérience personnelle des responsabilités d'un souverain ? Vous pourriez lui expliquer

– oui, comme un frère parlant à son cadet – que vous comprenez qu'il n'aime pas la situation dans laquelle il se trouve. Pourtant, il pourrait rétablir des relations normales avec la communauté internationale. Vous seriez prêt à l'y aider. Son véritable bonheur personnel peut se trouver là, dans l'amélioration du sort des plus défavorisés au Zaïre…

– Vous croyez qu'il peut entendre ça ?

– De vous, oui ! Et je crois que, comme chrétien, vous pensez comme moi que nous n'avons pas le droit de désespérer de cet homme.

– Bien sûr, bien sûr ! »

Il y a un instant de silence méditatif. Puis la conversation reprend. Cette fois-ci sur la meilleure façon de s'y prendre, sur la possibilité d'une politique alternative – constructive celle-ci – au Zaïre, sur le rôle possible de tel ou tel pour y aider. Je découvre là l'extrême respect du roi pour les personnes, pour les usages diplomatiques, mais aussi son savoir-faire, son souci des moindres détails. Au fil de l'échange, je devine que sa décision est prise et je perçois sa détermination. Pendant plus d'une heure, nous faisons le tour de la question ; une sorte de complicité – oserais-je dire fraternelle – se noue. Il me promet de faire l'impossible. Je suis certain qu'il le fera et je comprends qu'il portera cela dans sa prière. Je prends congé après ce long entretien. Je note dans mon carnet : « Baudouin, confiance, encouragements, effacement… ». Oui, effacement mais beaucoup plus encore. Sur les cimes glacées du pouvoir, j'avais rencontré un saint, de ceux dont le métier est d'effacer leurs traces. Je n'eus au cours des semaines suivantes que quelques messages brefs mais lourds de sens de Jacques van Ypersele. Quelque temps après, mes collaborateurs me disent : « Vous savez, nous avons l'impression que Mobutu est en train de changer… ». Je fais mine de m'étonner mais les faits sont là : des améliorations notables dans nos relations, des mesures allant dans le bon sens pendant plusieurs mois. L'espoir renaît chez nous et chez tous ceux qui suivent la situation de près. Hélas, quelques mois plus tard, c'est la rechute et, cette fois-ci, dans une poussée d'hyperinflation et l'effondrement de la monnaie. Tout est remis en cause.

Je n'eus que près de quinze ans plus tard le fin mot de l'histoire. Assis à la droite de la reine Fabiola à un petit déjeuner œcuménique au Parlement européen où je devais intervenir, je lui dis mon admiration et mon affection pour son époux décédé en 1993. On devinait la communion constante de la reine avec lui ; elle en portait le portrait en un médaillon discret à son cou. Je lui racontais ma rencontre d'octobre 1989. « Le roi ne m'en avait pas parlé à ce moment-là, me dit-elle, mais peu après, alors que nous donnions une grande réception à je ne sais quelle occasion, je l'ai vu entraîner le président Mobutu dans l'embrasure d'une fenêtre. J'étais assez surprise, d'autant que ce n'était pas l'homme avec lequel j'imaginais qu'il puisse aimer partager des confidences. Pourtant, la conversation durait étrangement… Maintenant je comprends ! »

Je compris aussi. Hélas, peut-être n'avons-nous pas su accompagner convenablement le maréchal pendant cette période de retournement temporaire. Une autre tentative eut lieu, plus tard, pour laquelle, avec la « troïka » composée de la Belgique, des États-Unis et de la France, nous avions mobilisé le président Diouf du Sénégal et le roi Hassan II qui avaient gardé de bonnes relations avec Mobutu. Cet effort aussi fit long feu. Il y aura, de 1992 à 1996, un intermède pendant lequel, avec une sage et patiente autorité, l'archevêque de Kisangani, Mgr Laurent Monsengwo, présidera la Conférence nationale souveraine et le Haut Conseil de la République pour la doter d'institutions plus démocratiques, mais peu de progrès pourront être réalisés en matière économique. Ce n'est qu'après le renversement de Mobutu par Kabila en mai 1997, puis le remplacement de celui-ci par son fils, que les « autorités » – devenues celles de la République démocratique du Congo – peuvent entreprendre, pour relancer l'économie, de normaliser leurs relations avec leurs créanciers. Un nouveau programme de redressement économique peut alors être mis en place au début de la nouvelle décennie dans le cadre de la facilité pour la réduction de la pauvreté et la croissance qui a pris le relais de l'*ESAF* sur la base des mêmes principes. Mais entre-temps, que de désordres, que de souffrances, que de morts ! Entre 5 et 10 millions nous dit-on.

Reconnaissons-le : lorsque l'on considère l'état actuel de ce grand pays, l'échec de la communauté internationale dans ses timides efforts pour l'assister dans sa marche vers le développement apparaît pitoyable. Pouvons-nous pour autant désespérer de son sort ? De nouvelles et immenses opportunités s'offrent à lui comme à une vingtaine d'autres pays africains regorgeant de minerai que le monde se dispute. L'Europe, le G7 et le G20 sont donc en présence d'un immense défi qu'ils partagent avec les dirigeants de ce pays. Comment faire désormais pour que ces richesses servent d'abord et surtout à son développement humain ?

Mandela et de Klerk : deux hommes pour un pardon

Johannesburg, 17 février 1991

En cet hiver 1990-1991 où tant de sujets nous sollicitent à l'Est, vivement encouragé par un remarquable conseiller financier à l'ambassade d'Afrique du Sud à Washington, M. Le Roux, j'accepte de faire un crochet par Johannesburg lors d'une tournée africaine pour y rencontrer discrètement, à sa demande, M. de Klerk, président de la République d'Afrique du Sud. Celui-ci souhaite faire mieux comprendre à la communauté des institutions multilatérales la sincérité de sa recherche d'ouvertures pour une fin aussi ordonnée que possible de l'apartheid. Frederik de Klerk a déjà fait, il y a un an, l'inimaginable. Mandela l'a raconté mieux que personne dans son autobiographie : « Le 2 février 1990, F. W. de Klerk s'est levé devant le parlement pour prononcer le discours traditionnel d'ouverture de ses travaux ; il a fait ce qu'aucun chef d'État sud-africain n'avait jamais fait jusque-là : il a commencé pour de bon à démanteler le système de l'apartheid et jeté les bases d'une démocratie sud-africaine. »

Je suis heureux de rencontrer un homme qui est en train d'écrire l'histoire de son pays. Il nous accueille souriant, détendu, amical. Il invite Brigitte qui m'accompagne pour ce voyage à rester avec nous pour notre entretien et notre déjeuner. « L'Afrique du Sud observe le repos dominical, nous dit-il. Nous avons tout notre temps. » Aucune agitation de collaborateurs ne vient troubler nos échanges. Le Président s'exprime longuement. Il veut me faire comprendre à quel point les sanctions internationales nuisent à ses initiatives et se retournent finalement contre leur objectif. Il les comprend, certes, mais il rêve d'une stratégie concertée de désescalade. Il aimerait que je l'aide à essayer de la « vendre » au secrétaire général des Nations unies. « Regardez, me dit-il, j'ai fait ceci et cela – quelques premiers gestes pour desserrer l'étau policier du régime – mais soit on prend tout cela pour quantité négligeable, soit on y voit je ne sais quelle intention machiavélique ! Pourquoi le secrétaire général, au lieu de feindre l'indifférence, ne m'enverrait-il pas un modeste signal ? Tenez : vous pourriez lui proposer celui-ci pour manifester un brin de confiance en ma bonne volonté ; pourquoi ne permettrait-il pas à nouveau, comme en passant, de laisser inscrire les crabes à la mode du Cap au menu du restaurant des délégués à New York ou Genève ?... Enfin, ça ou autres choses, mais il faut que les choses bougent à New York aussi. »

Je n'aurais évidemment jamais pensé que de tels gestes puissent figurer au répertoire des gesticulations diplomatiques. Je m'empresserai d'en faire part au secrétaire général Boutros Boutros-Ghali. J'ignore la réaction immédiate de l'Organisation mais les choses finiront par bouger. Il me dit aussi ses inquiétudes. Les milieux d'affaires sont sur des charbons ardents. Le moindre dérapage dans les négociations avec le Congrès national africain (l'ANC) peut déclencher la chute du rand, la panique accélérer les fuites de capitaux à l'étranger. Pour lui comme pour Mandela, ce serait l'échec. « Il faut éviter ici ce qui est arrivé – et vous le savez bien ! – en Algérie.

– Nous ferons tout notre possible, lui dis-je, et serons très attentifs aux développements au jour le jour. »

Je devais rencontrer à nouveau M. de Klerk à Washington le 1er juillet 1993 au cours de la phase d'interrègne entre l'ancien régime et le premier gouvernement Mandela. C'est maintenant un homme soulagé, heureux d'avoir trouvé en Mandela un vrai partenaire. Sa confiance en son interlocuteur est réelle, même s'il n'est pas encore sûr de la pleine réussite de ce qu'ils entreprennent ensemble. Il ne dispose pas, reconnaît-il de bonne grâce, du même ascendant sur la communauté blanche que Mandela sur les siens. Son souci est de me convaincre de faire en sorte que le FMI soit prêt à les soutenir dès que les sanctions des Nations unies seront levées. « Tout délai renforce la main des plus radicaux dans une ANC plus divisée qu'elle n'en a l'air », me dit-il. Je le rassure et lui explique nos intentions. « Nous songeons (je le lui dis en confidence) à un premier prêt de 850 millions de dollars. Nous serons la première institution multilatérale à vous financer. » Il me dit toute sa reconnaissance. Il dirigera la transition avec grande habileté, une remarquable ouverture d'esprit et une belle confiance dans l'aptitude des hommes et des femmes de son pays à s'inventer un nouvel avenir. La manière dont il conduira les négociations constitutionnelles avec l'ANC sera exemplaire. Un nouveau gouvernement multiracial sera mis en place et je me réjouirai pleinement de le voir partager en 1993 le prix Nobel de la paix avec Nelson Mandela. Il mérite comme lui une grande place dans l'histoire de son pays et du monde.

Nelson Mandela

Je rencontre Nelson Mandela pour la première fois à l'occasion de sa visite triomphale à Washington. Il vient prendre un petit déjeuner à sept heures du matin le samedi 25 septembre 1993, au lendemain de son discours à l'assemblée générale des Nations unies où il est venu plaider la levée des sanctions.

C'est un modèle d'humanité. Un seigneur et pas seulement par la distinction de sa démarche et de son attitude, quel que soit son interlocuteur. Vous êtes immédiatement sous le charme de son sourire et de son accueil. Il vous veut de plain-pied avec lui, même si vous ne pouvez pas ne pas être profondément impressionné par tout ce qu'il représente, par sa simplicité aussi, comme s'il veillait à ce que son extraordinaire histoire ne le statufie en aucune manière. Il est d'une totale liberté, à l'égard de tous et de lui-même, ferme sur ses objectifs mais prêt à reconnaître son ignorance. Cet homme d'une parfaite lucidité qui n'ignore rien de la méchanceté des hommes, irradie une joie intérieure. Il connaît ses propres faiblesses mais il est si parfaitement réconcilié avec lui-même qu'il sera pour les autres l'homme par excellence du pardon et de la réconciliation. Il est pleinement convaincu de la possibilité de celle-ci parce que, tout naturellement, il prête à son peuple sa propre grandeur d'âme et parce qu'il a foi dans la capacité des Blancs à accepter la main qu'il leur tend.

Vite, il me parlera de F. W. de Klerk avec une réelle estime pour sa sagesse et la manière dont il remplissait sa tâche, *a really hard job* !

Plusieurs questions le préoccupent en matière économique. Les caisses sont vides, les réserves de change fondent à vue d'œil, les risques de banqueroute ne sont pas loin. Il faut éviter que la transition ne s'opère dans le chaos économique et, en cas de pression majeure de la spéculation, trouver le moyen de rétablir le calme sur le marché du rand. Il comprend que je m'y emploierai. Il est, en ce qui le concerne, prêt évidemment à signer un stand-by avec le FMI mais deux obstacles politiques s'y opposent : les réticences, d'une part, d'une fraction importante de l'ANC endoctrinée par l'idéologie « anti-Fonds » qui lui a été prêchée pendant les années d'exil au Zimbabwe et, d'autre part, les sanctions toujours en vigueur aux Nations unies qui interdiraient un tel accord.

Au FMI, nous partageons son analyse. Nous savons pourtant qu'il nous faut trouver une solution ; la souplesse d'esprit de nos juristes nous y aidera. Nous pourrons arguer des conséquences dramatiques pour l'agriculture de la sécheresse en 1992 et 1993 et de la baisse très forte du prix de l'or dont le pays est un gros exportateur. Notre guichet de « financement compensatoire » pour de telles circonstances pourrait faire l'affaire en ce cas, d'autant qu'il est assorti d'une très faible conditionnalité. Nous pourrions donc être prêts à verser dans l'instant 850 millions de dollars à l'Afrique du Sud dès la levée des sanctions à condition que Mandela puisse convaincre les représentants de l'ANC au Conseil exécutif de transition de signer une lettre les engageant à soutenir une politique de gestion macroéconomique raisonnable pour 1994. Mandela accepte avec chaleur cette approche. Notre directeur adjoint du département Afrique, Leslie Lipschitz, retournera à Pretoria pour finir, non sans difficultés, de régler les derniers détails de l'accord. Ainsi, dès la levée des sanctions en décembre 1993, notre Conseil approuvera notre accord dans l'enthousiasme.

Notre conversation se poursuit sans trop nous soucier du brouhaha de ceux qui, dans la pièce voisine, sont impatients de voir Mandela. Nous parlons maintenant de l'avenir au-delà des risques de turbulence de court terme. Il évoque son projet le plus cher : faire sans trop tarder que toutes les races dans le pays puissent bénéficier bientôt du même niveau de protection sociale que les Blancs. Immense chantier qui passe par une gestion économique optimale et le développement des régions rurales déshéritées du pays. Je commence à lui expliquer les outils à sa disposition, l'aide technique, les financements à moyen terme que nous pourrions apporter en liaison avec la Banque mondiale et la Banque africaine. Il écoute passionné ; il me demande d'y travailler et de mobiliser les soutiens, de prendre beaucoup de contacts dans son pays où nul n'a l'air, dit-il, d'être conscient de ce que nous pourrions faire ensemble... Mais voici que fait irruption dans notre salle à manger Jesse Jackson, un pasteur noir très en vue à Washington, qui arrive élégant, bombant le torse, suivi d'une cohorte d'autres leaders de l'*African Caucus* et d'une horde de reporters et de cameramen. Je lis dans le regard de Mandela qu'il nous faut nous en tenir là. Il doit se rendre à je ne sais quelle manifestation où il est attendu depuis un moment. Nous nous promettons de reprendre vite le cours de notre conversation et de nous mettre au travail au plus tôt sur les pistes esquissées.

Nous nous y engageons avec ardeur mais nous sentons que l'hostilité idéologique au sein de l'ANC ne faiblit pas. Alassane Ouattara décide d'aller les rencontrer suivi de

Stanley Fischer. Sans grand succès. On ne pardonne pas au Fonds d'avoir consenti un prêt au régime précédent en 1982-1983. On craint sa conditionnalité, ses empiétements sur la souveraineté nationale, etc. Les conversations traînent. Le prêt consenti au titre de la « facilité compensatoire » produit entre-temps son effet bénéfique, mais l'équilibre reste très fragile. Le très sage gouverneur de la banque centrale, Christian Stals, fait face avec habileté, garde un contact permanent avec Stan Fischer qui le conseille et l'encourage. Le besoin d'un ambitieux programme à moyen terme demeure à nos yeux impérieux. Les hésitations de l'ANC inquiètent les marchés.

Fin mars 1996, Mandela remanie son cabinet. Le nouveau ministre des Finances, Trevor Manuel, qui avait connu les prisons de l'apartheid, n'a pas le temps de faire ses preuves. Le rand reste sous pression. Les réserves de change atteignent un niveau très bas. Le ministre m'appelle au secours. Notre bonne fortune veut que la Cnuced – qui va tenir sa conférence annuelle à Johannesburg – m'invite à y prendre la parole et m'offre peu de temps après, en avril, une occasion d'intervenir publiquement.

Dès la fin de la cérémonie d'ouverture, je réunis la presse pour un dialogue impromptu. Je rends compte de mes conversations avec Trevor Manuel et dis tout le bien que je pense de ses approches macroéconomiques. Puis, allant je crois à l'extrême des risques que je peux prendre, je m'étonne qu'il y ait encore des gens pour spéculer contre une telle politique. « Jouer contre une telle politique est un pari perdu » et je crois me souvenir d'avoir même dit : « Je rappelle aux journalistes européens que lorsque j'étais gouverneur de la Banque de France, les spéculateurs n'ont pas gagné d'argent en spéculant contre le franc ; ils ne gagneront pas ici non plus. » J'ai de la chance ; le marché retrouve son calme. Nous en profitons pour tenter d'avancer dans notre négociation d'un grand programme à moyen terme. Pour que les réticences s'apaisent, nous soulignons que ce programme aura pour base le plan pour la croissance, l'emploi et la redistribution que Trevor Manuel a lui-même préparé. Les choses avancent et pour battre le fer quand il est chaud, je fais à nouveau un saut en octobre à Johannesburg pour sceller l'accord avec Mandela.

La cassette interdite

J'ai rendez-vous avec lui, cette fois pour un petit déjeuner en tête à tête à sa résidence privée. Il s'agit de régler quelques derniers points entre nous avant l'adoption définitive du programme, ce matin même, par le gouvernement. C'est un très beau programme. Il vise à engager, après les progrès acquis vers la stabilisation, une action structurelle centrée sur la création d'emplois et la réduction des inégalités entre une minorité privilégiée – essentiellement urbaine et multiraciale – et la grande majorité noire, très pauvre et déshéritée de l'intérieur du pays. Nous avons mis le plus grand soin à sa préparation avec la Banque mondiale. L'importance systémique d'une Afrique du Sud prospère et socialement stable est telle que nous avons décidé de lui appliquer un soutien financier maximum. Il devrait s'agir d'un total de l'ordre de 7 milliards de dollars, montant tout à fait exceptionnel dans les conditions de l'époque.

Mandela est enchanté par les perspectives que cette stratégie ouvre à son pays ; nous nous mettons d'accord sans la moindre difficulté sur les questions qui nous avaient été réservées et sur les modalités du lancement, aussi prochain que possible, de cette opération. Nous évoquons la situation de quelques autres pays africains qu'il suit de près et nous décidons de rencontrer ensemble la presse. Il le souhaite et, en fait, elle est déjà réunie sur la pelouse de son jardin. Nous convenons de n'évoquer que les principes de notre coopération pour laisser au gouvernement le privilège d'annoncer un programme qui ouvre de magnifiques perspectives au pays.

La rencontre avec la presse se déroule dans un climat chaleureux. Nelson Mandela en profite pour dire la reconnaissance qu'il nous porte pour notre soutien décisif à un moment critique de l'histoire de son pays, avant même que le nouveau régime n'ait pu être effectivement installé. « Le FMI, dit-il, a évité ainsi qu'un effondrement du rand sous les poussées spéculatives ne vienne rendre la transition plus difficile encore.» Il en profite pour dire tout le bien qu'il pense des conseils que nous lui apportons et combien il adhère à nos principes de sagesse macroéconomique. Les journalistes évoquent les spéculations plus récentes contre le rand et Mandela réitère ses compliments à l'égard du Fonds et rappelle comment, par des déclarations très fermes de confiance, j'avais pu quelque temps auparavant tuer dans l'œuf les dernières tentatives des spéculateurs.

Je suis quelque peu surpris qu'il s'en tienne surtout ainsi à notre combat contre la spéculation sans évoquer autrement qu'en des termes très généraux l'accord, à mon avis beaucoup plus important, que nous venons de conclure. «Nous voulons cette aide financière du FMI!», martèle-t-il simplement. Je m'abstiens, par courtoisie, d'aller plus loin à mon tour puisque le gouvernement devrait le faire de toute façon en fin de matinée. Nous concluons cette conférence de presse dans un climat de gaieté et d'euphorie et un journaliste me remet gentiment une cassette de cette rencontre.

Je passe la matinée en diverses rencontres, y compris de membres du parlement dont j'ai du mal à secouer le scepticisme sur l'avenir de leur pays. Je rencontre Mgr Desmond Tutu et sa commission Vérité et Réconciliation, mais la journée se passera sans annonce du gouvernement. En fin d'après-midi, Trevor Manuel vient me voir à l'improviste alors que je m'apprête à rejoindre l'aéroport. Il m'annonce, consterné, que l'ANC vient d'opposer un veto à notre accord : le gouvernement a évidemment demandé à la presse de ne pas rendre compte de notre conférence de presse de ce matin pour ne pas embarrasser Mandela. Il me demande courtoisement de ne pas diffuser la cassette qui m'a été remise. «Je ne ferai jamais quoi que ce soit qui puisse embarrasser le Président», lui dis-je. Nous n'échangeons que quelques mots. Je mesure sa déception. «L'ANC ne s'oppose pas, finit-il par me dire, à ce que nous continuions d'échanger.

– Nous serons toujours là pour cela. Laissons les esprits se calmer quelque peu…», lui dis-je à mon tour.

Je suis bien décidé à continuer à l'aider dans son impossible métier et à maintenir la confiance. Je file, la rage au cœur, à l'aéroport. Trente millions de Sud-Africains, tous les ruraux tellement oubliés, méritaient les premières améliorations de niveau de vie que ce programme aurait pu leur apporter.

Il ne verra, hélas, jamais le jour. La stabilisation économique s'opérera cahin-caha, sans ce « grand bond en avant » que la stratégie élaborée avec soin par Trevor permettait. Elle n'avait pourtant rien d'un diktat du Fonds. Je regrette encore cette occasion manquée. J'aurai plusieurs années plus tard le plaisir de travailler de nouveau avec Trevor. Nous étions, avec Amartya Sen et quelques autres, chargés de formuler des propositions pour la rénovation de la gouvernance du FMI. Certaines d'entre elles verront le jour.

Je ne reverrai plus Nelson Mandela ; mais je tiens pour un grand privilège d'avoir pu contribuer un tant soit peu au succès de l'œuvre de sa vie, une expérience unique dans l'histoire du monde.

Robert Mugabe, l'homme qui ne se laissera pas convaincre

Le récit de notre tentative pour un grand programme de soutien à l'accélération de l'intégration économique et sociale de l'Afrique du Sud m'amène à évoquer le Zimbabwe de Mugabe. Mes interlocuteurs sud-africains ont souvent évoqué la très forte influence de ce dernier sur les leaders de l'ANC. Pendant toutes les années d'apartheid, l'ANC a bénéficié au Zimbabwe de la possibilité d'y établir des bases arrière et d'un constant soutien logistique. Mugabe lui-même, Premier ministre de son pays depuis 1980 lorsque la Rhodésie du Sud devient le Zimbabwe, prête dans toutes les enceintes internationales sa voix au combat contre le régime de Pretoria. Il continue d'y mêler – alors que les grandes voix de Nyerere et Kaunda ont abandonné ces thèmes – toute une rhétorique anti-impérialiste et de lourds soupçons à l'égard des institutions de Bretton Woods. Une doctrine Mugabe s'élabore ainsi et les cadres de l'ANC en exil, dont il soigne la formation particulièrement, en sont imprégnés. Ils lui voueront, une fois l'indépendance acquise, reconnaissance et fidélité. Les nouveaux leaders politiques sud-africains devront en tenir grand compte et ne pas trop apparaître comme autorisant une dérive de leur politique vers les approches occidentales.

En ce qui concerne son propre pays, Mugabe s'autorise un étrange jeu de bascule. Il travaille à démanteler, non sans brutalité, le pouvoir économique des fermiers blancs et développe un effort important en matière sociale (en particulier pour l'éducation) ; il souligne l'orientation socialiste de sa politique et fait état de sa défiance à l'égard de l'Occident. Au même moment, il confie la responsabilité de l'économie à un de ses camarades d'école, membre d'un même groupe de jazz, Bernard Chidzero, gestionnaire rigoureux qui, lui, recherche les avis et le soutien de nos institutions.

Pour l'encourager et compte tenu de son prestige personnel en Afrique, nous confions à ce dernier la présidence d'une structure de haut niveau des institutions de Bretton Woods, le Comité du développement. Il tente, chez lui, de concevoir et de mettre en œuvre un programme d'ajustement structurel mais se heurte à de fortes oppositions au sein du parti dominant, la Zimbabwe African National Union (ZANU-PF). Dans un vif climat de tension, il n'a pas les coudées franches. La croissance ne décolle pas et l'inflation n'est pas maîtrisée. Gravement malade, il finit par quitter le ministère des Finances. Je cherche alors à maintenir le contact avec ce pays et je rencontre à trois reprises le président Mugabe.

Jamais je ne parviens à trouver avec lui ce niveau de confiance que j'ai l'habitude de rechercher avec mes interlocuteurs. Il écoute mais garde une constante réserve, comme si son opinion était faite et comme s'il était surtout décidé à ne pas s'en laisser conter. Peut-être suis-je de mon côté trop prémuni à son propos par tous les rapports qui me sont faits, y compris par certains de ses collaborateurs. Aucune tension ne s'installe (il est trop habile pour s'y prêter), mais à certains moments, il risque une ironie acide ; à d'autres, il fait mine de réfléchir. Lorsque je lui propose des précédents de pays sur la bonne voie, il prend l'air entendu et me fait comprendre que comparaison n'est pas raison. Bref, je sens que le courant ne passe pas. Je tente de préserver le dialogue en le faisant prolonger au niveau des services, mais le succès en est plus que modeste. Cet échec est l'un de mes regrets, mais lorsque j'y pense, les mots de Jacob Frenkel, mon premier *chief economist*, me reviennent à l'esprit : « Il faut être deux pour danser un tango... ».

Novembre 1995 : l'icône appelle au changement

Comme Kenneth Kaunda, Julius Nyerere est un autre des « pères fondateurs » de l'Afrique postcoloniale. Il en est une icône. Il a conduit son pays, la Tanzanie, à l'indépendance. Il en a fait un pays phare dans la construction d'un modèle de socialisme humaniste en Afrique. Cela ne pouvait aller sans quelques tensions avec le FMI. Les demandes de celui-ci en 1979 concernant un ajustement sérieux de la parité monétaire et un desserrement de l'étreinte étatique sur l'économie, provoquent par exemple l'expulsion de la mission du FMI et des campagnes enflammées de Nyerere contre ses politiques. De fait, Nyerere devient, pendant toute la première moitié des années quatre-vingt, l'un des plus brillants porte-parole des thèses synthétisées par le professeur Adedeji[1]. Cela n'empêche pas la poursuite de relations avec le FMI et l'assouplissement progressif de l'approche interventionniste, en particulier avec l'avènement de son successeur, M. Mwinyi. Ceci aboutit à la conclusion et au succès d'un premier accord d'*ESAF*, puis, grâce à la poursuite par le nouveau gouvernement de sa politique de réformes, à la mise en place d'un second programme, interrompu simplement en 1993 par l'imminence des élections.

Entre-temps, Nyerere lui-même, dont l'influence demeure grande – bien au-delà des frontières de son pays – évolue lui aussi. Quelle n'est pas ma surprise, lors d'une importante réunion

1. Voir page 140.

de la Coalition pour l'Afrique[1] à Maastricht, à l'automne 1995, après une succession de discours assez embarrassés de leaders africains qui peinaient à donner acte à nos institutions des succès de plus en plus évidents de nos programmes dans leur région, de voir Nyerere se lever, se mettre à arpenter l'allée centrale, un micro à la main et à improviser à peu près ceci : « Messieurs, ne perdons pas notre temps et reconnaissons les faits : nous avons eu une vision commune qui correspondait à l'état de l'Afrique au lendemain de la décolonisation ; elle a certainement été utile ; nous y tenir, aujourd'hui, serait une erreur. Le temps ont changé ; ayons la lucidité de le reconnaître même si nous avons eu longtemps des réserves à l'égard de l'ajustement structurel. Acceptons de nous inspirer des exemples qui réussissent ; mettons cette nouvelle croissance au service de l'amélioration du sort des plus pauvres et reconnaissons le bon travail que font les institutions de Bretton Woods. » Il y eu beaucoup d'applaudissements dans la salle et, évidemment, quelques grognements mais ces propos après ceux de Kenneth Kaunda, de Jerry Rawlings au Ghana et de biens d'autres, marquèrent un tournant pour l'ensemble du continent.

Au plan intérieur, le retournement est accentué par l'élection en 1995 de Benjamin Mkapa qui s'attelle immédiatement à poursuivre stabilité et croissance par l'ouverture de l'économie. L'amélioration substantielle du niveau de vie de la population est l'objectif qu'il poursuit. Il compte sur le Fonds pour l'y aider. Il sait que la maîtrise de l'inflation est une condition essentielle de ces progrès. Un nouveau programme *ESAF* est lancé en 1996 et connaît un succès remarquable. À la fin de celui-ci, le rythme de croissance s'accélérant, le gouvernement peut donner une priorité plus grande à la lutte contre la pauvreté dans le cadre des nouveaux programmes que le Fonds vient de lancer. Au fil de ces programmes, après une première réduction de plus de moitié de sa dette aux créanciers publics et à nos institutions dès 1996, la

1. Cette Coalition est un forum Nord-Sud qui réunit les dirigeants africains et leurs principaux partenaires de la communauté internationale pour examiner les problèmes les plus urgents de développement en Afrique.

totalité de cette dette devait être effacée. Les progrès de la Tanzanie allaient à leur tour inspirer ses voisins.

Éthiopie et Mozambique : la sagesse des guérilleros

Au cours des années quatre-vingt-dix, le Mozambique et l'Éthiopie, ruinés par d'épouvantables guerres civiles, ont adopté sous la présidence de Meles Zenawi en Éthiopie et de Joaquim Chissano au Mozambique, des politiques de reconstruction et d'ouverture de leurs économies qui furent, malgré d'immenses difficultés, de réels succès. Les deux pays étaient délabrés. Leur situation était catastrophique et seul un fort soutien international, dépassant 80 % des ressources budgétaires pour le Mozambique au début des opérations de reconstruction appuyées sur nos programmes *ESAF*, pourrait leur permettre progressivement de se reconstruire et de retrouver des taux de croissance remarquables.

Du côté de l'Éthiopie, un conflit de deux ans avec l'Érythrée freine les efforts de stabilisation mais le Fonds reprend son soutien et l'éligibilité du pays à la facilité pour la réduction de la dette contribue puissamment à la reprise de la croissance.

En ce qui concerne le Mozambique, j'avais pu, trois mois après l'adoption de la nouvelle constitution en novembre 1990 et alors que les négociations de paix se poursuivaient avec l'aide des émissaires de la Communauté de Sant'Egidio, venir rencontrer le président Chissano à Maputo. Il souhaitait esquisser avec nous un programme de soutien à la reconstruction du pays et de son économie. Ce pays est alors un des plus pauvres du monde, mais on sent l'espoir y renaître et les initiatives se multiplier pour trouver les voies les plus efficaces vers le redressement et le combat contre la pauvreté[1]. Un des éléments importants de

1. Brigitte qui m'accompagne me raconte comment, dans des hôpitaux délabrés, on sauve des prématurés de faible poids à la naissance avec la technique du « kangourou » : la mère tient le nourrisson entre ses bras croisés et s'entoure d'un châle pour le tenir au chaud. « On n'a pas besoin de couveuses, lui dit-on, mais on manque d'antibiotiques. » De même, elle rencontre un directeur d'école qui prépare la rentrée de trois mille enfants avec des enseignants qui assurent un horaire de trois fois trois heures chaque jour avec

ce plan est une opération conduite avec la Banque mondiale et quelques pays donneurs pour la réduction de la dette extérieure : les deux tiers de celle-ci sont ainsi réduits de 94 %. Le redémarrage du pays est rapide en dépit d'une succession dramatique d'inondations et de sécheresses.

Au total et après un nouveau programme couvrant la période 1996-1999, le pays finira de régler son problème de dette comme l'Éthiopie dans le cadre de notre nouvelle facilité pour les pays très pauvres et très endettés. Entre-temps, l'accord de paix sera signé au siège de Sant'Egidio à Rome, le 4 octobre 1992. Le pays croîtra pendant une décennie à un rythme de 7 % l'an, permettant plus qu'un doublement du revenu national et ramenant son taux d'inflation de 50 % à 2 %. Dans ce contexte, près de deux millions de réfugiés peuvent être rapatriés et plus de quatre-vingt-dix mille combattants des deux camps être désarmés et un bon nombre se voir attribuer des terres à cultiver. On découvre aussi que l'une des conséquences de la guerre est une très haute prévalence du sida. Avec le soutien du président Chissano, Sant'Egidio y lance le remarquable programme *Dream* qui permettra d'apporter des soins gratuits à cent mille personnes dans dix pays d'Afrique et d'enrayer la transmission de ce mal des mères à leurs bébés.

---

des classes de soixante-dix élèves. Pour impliquer les parents et motiver les enfants, il mobilise les pères de famille pour compléter le matériel, construire des toilettes et installer une clôture autour de l'école.

Zone franc : dévaluer pour un renouveau

J'ai évoqué surtout jusqu'ici des pays anglophones d'Afrique. Comme on peut l'imaginer, les problèmes rencontrés dans la partie francophone, un quart de siècle après leur accession à l'indépendance, sont assez similaires. Une importante différence tient cependant à l'appartenance de quatorze d'entre eux (de l'Afrique de l'Ouest, de l'Afrique centrale et des Comores) à la zone franc. Elle leur assure une utile solidarité entre eux et avec la France et tous les avantages d'un lien avec une grande monnaie internationale. Des problèmes sérieux apparaîtront pourtant dès la fin des années quatre-vingt lorsque ce lien se traduira par une appréciation du franc CFA de plus en plus insupportable.

Ce problème longtemps resté tabou finit par altérer sérieusement la vie économique de ces pays et leurs relations avec le reste du monde. Il soulève toutes les questions liées aux ajustements de parités monétaires ; elles sont rendues encore plus difficiles, en ce cas, par les différences dans les structures de production. Elles rendent une dévaluation majeure indispensable pour la plupart, alors que d'autres peuvent s'accommoder du *statu quo* ou d'un ajustement faible de la parité. Pour la rendre possible, je vais devoir rencontrer fréquemment leurs principaux dirigeants et préparer soigneusement les lendemains.

Dévaluer de moitié le franc CFA

Le franc CFA est une exception dans un système de flottement généralisé des monnaies. Il ouvre aux pays regroupés dans la zone franc de grands avantages, mais aussi des obligations de discipline résultant de son rattachement, en parité fixe, à une grande monnaie internationale, à l'origine le franc français et aujourd'hui l'euro. Depuis 1958, tous les pays de la zone se sont accommodés du taux historique de cent francs CFA pour deux francs français. Ce taux n'était pas inscrit dans le marbre des accords initiaux entre la France et ses pays partenaires de la zone et pourtant, au fil des ans, il est devenu sacro-saint pour la plupart d'entre eux comme pour la France. Son éventuelle dévaluation, de temps en temps évoquée dans les cercles universitaires ou industriels, est devenue un sujet tabou au point que plusieurs dirigeants africains identifient à tort la survie de la zone à l'immutabilité de son taux de change.

Pourquoi cette idolâtrie d'un taux historique à une époque où le libre flottement des monnaies est devenu la règle ?

Beaucoup de raisons respectables justifient cette attitude : le souci de ne pas donner prise à la spéculation, la crainte des incertitudes et des flottements dans les politiques macroéconomiques et aussi la défense de quelques intérêts bien établis. Au surplus, plus le temps passe, plus une opération si elle a lieu, devra être de grande ampleur. Ceci la rend plus hasardeuse, et implique surtout de la part des gouvernements africains de plus grandes difficultés à se mettre d'accord entre eux, dans le plus grand secret, sur son principe et sur son taux. Cela impliquerait aussi le jour venu, dans les quatorze pays, la mise en place impeccable et simultanée d'opérations d'accompagnement de grande ampleur.

Une dévaluation ne réussit que si elle est saisie comme occasion d'une mise en ordre générale des paramètres macroéconomiques et de changements structurels devant lesquels les pouvoirs publics ont souvent reculé jusque-là. Bon nombre de responsables du côté français craignent que les gouvernements africains n'aient ni les moyens techniques, ni la force politique de mener de telles opérations ; ils préfèrent leur recommander ce que les économistes appellent l'ajustement interne. Ceci consiste à reconstituer la compétitivité érodée par un taux de change surévalué, par des mesures drastiques telles que le blocage ou la diminution des salaires, les réductions d'avantages sociaux, etc. On prend ainsi le risque de la déflation et de troubles sociaux. Face à la difficulté de la question posée, la tentation est grande de l'ignorer en attendant je ne sais quelle bonne fortune qui en atténuerait la sévérité.

La zone franc ne vivant pas dans un monde clos, cette position s'est traduite, à partir de 1987-1988, par des périodes de tensions de plus en plus intenables. Dès cette période, le taux de change effectif réel du CFA s'est presque continûment apprécié (d'une base 100 en 1985, il atteignait 140 en 1992) et parallèlement, les termes de l'échange de la zone se dégradent, passant de la même base 100 en 1985 à 60 en 1992. Dès 1988, il va rester autour de ce niveau ; ce qui rend nécessaire un ajustement. Cela comportait pour les pays de la zone des conséquences graves. Les éleveurs de pays comme le Burkina Faso, qui alimentent en viande les villes de la côte comme Abidjan, Lomé ou Cotonou, perdent littéralement leurs marchés puisque les produits européens y arrivent à un prix très inférieur. Il ne leur reste qu'à abandonner leurs maigres pâturages et à venir grossir d'une main-d'œuvre sans emploi les zones urbaines de la côte. On est témoin, aussi, de sorties massives de capitaux. Des valises de billets transitant par les salons d'honneur des aéroports africains y suffisent ; elles vont rejoindre, de préférence, les banques suisses.

Une première prise de conscience se produit en France dès 1988. Le nouveau Premier ministre français, Michel Rocard, très attentif aux réalités africaines, n'a pas tardé à en percevoir la nécessité incontournable ; il a souhaité savoir où en était le FMI à cet égard. Je viens partager avec lui mes convictions et celles de tous les services du FMI lors d'une rencontre en juillet 1988. Je lui explique les redoutables complexités de l'opération ; il les saisit dans l'instant, sans que cela n'altère sa détermination. Il va se heurter à la vive opposition de son ministre d'État, ministre des Finances, Pierre Bérégovoy.

Celui-ci s'est rallié – après l'avoir vivement combattue pour la France – à la stratégie de « désinflation compétitive » de son prédécesseur Jacques Delors, et considère – avec la foi des convertis et un grand courage personnel – que ce serait une erreur d'offrir à la zone franc les facilités qu'il juge délétères de la dévaluation. Il faut au contraire, selon lui, les encourager à s'engager dans un ajustement interne fait essentiellement de discipline salariale et budgétaire. M. Bérégovoy gagne la première manche de ce combat. Courant décembre 1988, M. Rocard me fait savoir qu'il doit jeter l'éponge même si sa conviction demeure intacte. Le débat va continuer et durer près de cinq ans de plus. Des discussions analogues vont prendre place parallèlement parmi les responsables africains dont les divergences d'intérêts s'accentuent mais pour qui, évidemment, les enjeux sont énormes.

Tant au FMI qu'à la Banque mondiale, nul ne doute de l'opportunité de l'opération. Le reproche m'est d'ailleurs fait – surtout de la part des Américains – de ne pas essayer de forcer l'opération en mettant tout mon poids dans la balance. Je suis, pour ma part, bien persuadé que ce qu'ils appellent « mon poids » n'y suffirait pas. De plus en plus préoccupé par le coût économique et social de l'inaction et les très faibles espoirs que l'on peut placer dans des efforts supplémentaires d'ajustement interne, je prends discrètement toutes dispositions pour que le FMI soit prêt à saisir la première occasion. Une équipe confidentielle de veille et de préparation est mise en place, sous l'autorité de Mamadou Touré, ancien ministre des Finances du Sénégal et directeur Afrique du FMI. Ses quatre ou cinq membres sont tous convaincus de la nécessité et de la difficulté de l'opération. Ils mettent à leur travail une ardeur militante, une discrétion et une compétence réellement sans égales. Quelques mois avant le jour J, l'équipe s'élargit à chacun des chefs de mission en charge de chacun des treize pays en cause. Ils comprennent tous que leur prochain accord avec chacun d'eux sera, peut-être, l'ouverture d'une ère nouvelle.

Cela n'ira pas sans de multiples péripéties, tellement les acteurs sont nombreux et les intérêts divers et importants. Il faut convaincre dans le plus grand secret chacun des pays et s'assurer de la pleine coopération de la France où, comme je viens de le dire, les points de vue sont loin d'être unanimes.

Dissonances en Afrique

Les conditions semblent réunies une première fois en 1992. Les travaux préparatoires ont beaucoup avancé avec les pays de la zone. La nécessité d'agir est enfin reconnue. Le débat cependant n'est pas tranché sur le choix de la stratégie : le dosage d'ajustement interne et externe et celui du taux d'un éventuel réalignement. Notre analyse est claire. Compte tenu de l'écart des termes de l'échange à compenser, une stratégie centrée exclusivement sur l'ajustement interne est illusoire ; elle serait d'une dureté extrême pour les pays en cause et donc vouée à l'échec. Il nous paraît déraisonnable d'exposer ces pays à quelques années de stagnation et d'austérité par idolâtrie d'un taux de change historique.

Soudain, presque à l'improviste, une réunion de chefs d'État est convoquée à Dakar pour les 30-31 juillet. Nous n'y sommes pas conviés. Ce sujet est à l'ordre du jour. L'apprenant au cours d'un vol entre Paris et New York, je fais des pieds et des mains à l'atterrissage pour sauter dans un avion pour Dakar et tâcher de faire entendre notre voix dans cette affaire plus que toute autre de notre compétence. Je cours d'un guichet de compagnie aérienne à l'autre, escorté d'une exquise hôtesse d'Air France qui trébuche dans ses escarpins à hauts talons, déploie des trésors d'ingéniosité mais, maudits soient les décalages horaires, embarquerais-je que je n'arriverais que pour voir réenrouler les tapis rouges.

J'enrage mais des nouvelles m'arrivent qui ajoutent à mon dépit : l'accord sur la dévaluation n'a pu se faire. Les deux leaders les plus favorables à la dévaluation étaient de fait hors-jeu : le président Biya du Cameroun parce qu'il vient de perdre son épouse ; le président Houphouët-Boigny, bien que présent à la réunion, est malade et ne tient debout, me dit un de ses collaborateurs, qu'en avalant du maxiton[1]. La réunion se conclut donc par un accord sur un nouvel effort collectif d'ajustement interne. Une délégation de chefs d'État va le porter à la connaissance du président Mitterrand. Celui-ci, très sceptique, en prend acte. Le FMI est invité à aider chacun de ces pays à mettre au point ces programmes. Il le fera dans la conviction – partagée par plusieurs pays – que ce n'est que reculer pour mieux sauter.

Une période de dix-huit mois s'ensuit pendant laquelle, devant les médiocres résultats de cette approche héroïque, les convictions – y compris à Paris – finissent par s'inverser et la plupart des acteurs reconnaissent qu'un réalignement de grande ampleur est devenu indispensable. Cette conviction est soutenue par la confrontation de deux scénarios que nous avons soigneusement élaborés. Ils établissent, d'évidence, la faisabilité et l'impact décisif d'une opération vérité du taux de change qui offre des chances sérieuses d'un redécollage de ces économies. La poursuite du *statu quo* aurait en revanche des conséquences pitoyables.

Le président Mitterrand m'invite à venir m'en entretenir avec lui. Anne Lauvergeon, à l'époque secrétaire générale de l'Élysée, l'a soigneusement préparé à notre rencontre. D'un coup d'œil sur un tableau que je résume ci-dessous, Anne a tout compris. Elle me sera, dans les péripéties qui suivront, d'un secours indéfectible. Le Président me consacre de longs moments. Il s'intéresse à mes explications et me décrit de quelques mots, pétris de malice, les états d'âme de la classe politique et des milieux d'affaires français. Il guette mes

1. Il décédera le 7 décembre 1993. J'avais eu avec lui des relations de grande cordialité. À plusieurs reprises, devant les difficultés de son pays en partie liée à l'excessive appréciation du franc CFA, il m'avait invité à venir le rencontrer à Abidjan ou à Paris. Je revois son amical et énigmatique sourire. Il se plaisait à me raconter, pendant de longues heures, avec un art consommé de la conversation, une multitude d'anecdotes sur sa vie d'homme politique à Paris, sous la IVe République, puis tout au long de sa présidence depuis l'indépendance. Il prit rapidement un très grand ascendant sur tous les dirigeants de la zone franc que son statut de doyen ne fit que confirmer. Il portait une vive considération aux institutions de Bretton Woods et lorsque nous en venions – enfin ! – aux questions dont je souhaitais l'entretenir, notre accord se faisait sans difficultés. Il fut rapidement acquis à l'idée de la dévaluation et s'efforça de la faciliter, en dépit de sa santé chancelante.

réactions. Avant même que je m'en explique, il a compris que je ne suis ni impressionné, ni disposé à rechercher une approche mi-chèvre, mi-chou. Il a retenu surtout l'importance de l'enjeu pour l'Afrique. Il approuve notre option et attend non sans quelque curiosité les batailles qui suivent, pour lesquelles il me souhaite bon vent. À moi de convaincre maintenant le gouvernement de cohabitation que préside M. Balladur.

Il me faudra, à nouveau, expliquer en détail nos deux scénarios : l'un de poursuite de l'ajustement interne, l'autre assorti d'un réalignement de 50 %, c'est-à-dire fixant la nouvelle parité à 200 francs CFA pour un franc français, contre la parité historique de 100 francs CFA pour un franc. Ils pouvaient se résumer comme suit pour les trois années suivantes (1993-1996), pour l'ensemble des treize pays :

	Poursuite de l'ajustement interne à parité inchangée	**Dévaluation de 50 %**
Croissance moyenne	1,5 %	4,5 %
Croissance par tête	(-) 1,5 %	1,5 %
Inflation	2,5 %	35 % – 1re année 10 % – 2e année < 4 % – 3e année
Compétitivité	Insuffisante de 35 %	Satisfaisante dès la 2e année
Solde budgétaire	(-) 2,5 milliards de F/an	(+) 11 milliards de F/an
Balance extérieure	(-) 4,6 milliards de F	(+) 4,3 milliards
Investissements extérieurs	Poursuite du retrait	Reprise des investissements
Arriérés extérieurs	Aggravation	Élimination, restructuration et réduction de la dette

Les chiffres ne font pas ressortir le saut qualitatif qu'entraîneraient les politiques publiques du second scenario : dynamisme de la croissance et desserrement des contraintes sur les politiques sociales. Ce sera une grande satisfaction, au cours des deux années qui suivirent le réalignement, de voir avec quelle précision ces perspectives se réaliseront, voire seront dépassées dans le bon sens, ouvrant la voie à la poursuite de politiques macroéconomiques beaucoup plus constructives sur la longue période. Ceci est tout à l'honneur des auteurs de ces scénarios, synthèse des travaux analogues pour chacun des treize pays que nos missions ont préparée avec un soin minutieux.

Que de telles ambitions de stabilisation et de croissance se soient réalisées presque à la lettre en dit long aussi sur la qualité et le sérieux du travail des administrations nationales de ces pays et de leurs trois banques centrales en liaison avec nos équipes. Mais ici j'anticipe ; il faut d'abord que l'opération puisse avoir lieu.

Débat en France

Côté français, il faut encore quelque patience.

M. Alphandéry, ministre des Finances, est préoccupé par la complexité et les aléas politiques de l'opération ; en économiste rigoureux, il en mesure les enjeux. L'administration française qui, faute d'autres solutions, prend en charge, pour l'instant, les financements des échéances de certains pays – dont la Côte d'Ivoire – auprès de la Banque mondiale et du FMI, considère de plus en plus la dévaluation comme inévitable. Anne Le Lorier, conseiller technique du Premier ministre, me suggère que la décision finale à Paris serait facilitée si j'en expliquais les tenants et aboutissants à Jacques Chirac, maire de Paris, qui – toujours passionné par l'Afrique – reste hostile au changement de parité. Je vais le voir à l'Hôtel de Ville. Après deux entretiens (l'un d'eux en présence de Jacques Foccart), l'ancien Premier ministre lève, en maugréant, ses objections.

Tous les acteurs sont enfin d'accord pour se réunir et en discuter les 10 et 11 janvier 1994 à Dakar, sous couvert d'une réunion du conseil d'administration d'Air Afrique au niveau des chefs d'État.

Ces deux journées sont l'événement central de quarante années de coopération, un de ces moments certes où les structures et les hommes sont mis durement à l'épreuve mais qui sont l'occasion d'un tournant décisif. Une économie profondément déprimée, en stagnation depuis une décennie, devrait passer de taux de croissance négatifs par tête à une longue période de croissance positive, de progrès économiques et sociaux incontestables. Cela ne peut aller sans quelques péripéties de dernière heure.

10 janvier 1994 : conclave monétaire à Dakar

La réunion va se tenir à Dakar puisque le président Abdou Diouf est le président en exercice d'Air Afrique ; elle va avoir lieu dans un hôtel flambant neuf, éclatant de marbres et d'équipements rutilants, financé par je ne sais quel potentat du Golfe.

Le président Diouf aura à jouer, à son corps défendant, un rôle essentiel. Jusqu'à la dernière minute, il devra vaincre ses propres hésitations et même l'hostilité ouverte de son ministre des Finances, M. Sakho. Son intégrité, sa sagesse et son intelligence des situations feront le succès de la rencontre.

Puis-je rapporter ici un souvenir qu'il a si souvent raconté lui-même ?

Il va présider cette rencontre décisive ; c'est donc avec lui qu'il me faut en régler, par téléphone, les moindres détails. Nos conversations téléphoniques se multiplient donc pendant les derniers jours de décembre et les premiers jours de janvier. Elles sont constamment amicales, mais parfois tendues, souvent fort longues. « Appelez-moi, m'avait-il dit, à l'heure du dîner pour que personne ne nous dérange. » Mme Diouf, cependant, a remarqué la tension qui, parfois, étreint son époux au cours de ces conversations. Aussi, dès qu'on l'avertit de mes appels, en épouse catholique pratiquante d'un président musulman, elle saisit son chapelet et nous accompagne de ses prières… Elles seront exaucées.

Je me rends à Dakar le 10 janvier, accompagné du directeur Afrique du FMI, Mamadou Touré, une des personnalités africaines les plus respectées[1]. Le président Diouf souhaite que

1. Mamadou Touré a été, en son temps, un exemplaire ministre des Finances du Sénégal ; au cours des dernières années, il a présidé à la préparation minutieuse de cette opération avec les quatorze pays en cause. Nous étions accompagnés de son numéro deux, M. Calamitsis, et, sur place, de notre représentant résidant à Dakar, Robert Franco, qui devait assurer avec efficacité notre soutien logistique.

j'explique moi-même à ses collègues les tenants et aboutissants de cette opération.

Je fais escale à Paris pour une ultime réunion de préparation présidée par le Premier ministre, M. Balladur, à laquelle il a convié aussi mon collègue de la Banque mondiale, Lewis Preston. La réunion se tient non sans un certain degré de tension. M. Balladur, le visage fermé, nous interroge à partir d'une liste de points sur lesquels il veut entendre lui-même les engagements de nos deux institutions. Comment seront financées les mesures sociales d'accompagnement ? Selon quel calendrier le « paquet » d'ensemble des mesures financières sera mis en place et, surtout, sera-t-il suffisant ? Il décide que la France sera représentée à la réunion de Dakar par Michel Roussin, ministre de la Coopération, accompagné de Jean-Michel Severino, directeur du développement au ministère de la Coopération, de Bruno Delaye, conseiller technique à l'Élysée, et de Christian Noyer, directeur du Trésor et à ce titre, président du Club de Paris, dont la contribution à la réduction de la dette extérieure des pays de la zone sera essentielle.

Un seul point n'est pas clarifié : la Banque mondiale devrait-elle assister à la réunion ? Apprenant, à mon arrivée à Dakar, qu'une équipe de la Banque dirigée par Mme Katherine Marshall s'y trouve pour un séminaire sur l'éducation des filles, je décide de l'inviter à participer à notre réunion même si elle n'a pas reçu pour cela d'instructions de sa hiérarchie. Abandonnant, après quelques mots d'ouverture, le séminaire où elle était entourée de sept ministres de l'Éducation et d'éminents sociologues, elle nous rejoint. Je l'éclaire sur ce qui se prépare dans le plus grand secret. Cela n'altère en rien son sang-froid. Nous accordons nos violons autour de sandwichs quelques minutes avant la réunion.

La réunion commence à 15 heures par un long huis clos entre chefs d'État africains. Nous sommes reclus avec les ministres des Finances des quatorze États et quelques collaborateurs dans un immense salon adjacent et bavardons sans trop savoir ce qui se trame. Plus l'attente se fait longue, plus j'en viens à la conclusion qu'il nous faudra, lorsque nous serons introduits, jouer d'entrée notre va-tout sans précautions oratoires et écarter toute solution de renvoi ou de choix d'un taux trop faible. Délégués français du Fonds et de la Banque mondiale, nous sommes convaincus que si cette réunion échoue, nos institutions deviendront des cliniques de soins palliatifs pour ces malheureux pays ; or tel n'est pas notre métier… C'est à 19 heures que nous sommes priés, Katherine Marshall et moi, de rejoindre les présidents siégeant avec M. Roussin autour d'une magnifique table ronde. Avec des mots d'une amicale courtoisie, Abdou Diouf m'invite à exposer à ses collègues le point de vue du FMI sur cette affaire.

Que pouvais-je leur dire ? Je n'avais pas eu souvent le sentiment de vivre un moment si décisif d'histoire ; j'étais profondément touché d'y être ainsi associé par la confiance de mes hôtes. Je leur parle à cœur ouvert. Le choix qu'ils doivent faire est difficile. Il n'y a pas d'un côté un eldorado et de l'autre le chaos ; mais, dans les deux cas, encore des efforts et des sacrifices. Au-delà, dans un cas, des lendemains d'un vrai développement appuyé par une coalition de soutien sans précédent ; dans l'autre, la poursuite de la stagnation, les réticences accrues des investisseurs étrangers, le risque de découragement de leurs plus fidèles partenaires… Pour nous, au FMI, les perspectives sont claires : un réalignement réaliste leur permettrait de retrouver le rôle phare du développement africain qui fut celui de la zone jusqu'à la fin des années soixante-dix. J'égrène alors le chapelet des résultats escomptés selon les scénarios[1] de réalignement préparés avec leurs équipes.

Pourquoi attendre davantage ? Et pourquoi ne pas présenter leur décision collective à leurs peuples pour ce qu'elle est vraiment, non un choix contraint mais une occasion de s'arracher à la spirale de déclin ? Aujourd'hui, ils peuvent opérer à froid. La décision sera la leur. Attendre les exposera à devoir, un jour prochain, opérer à chaud sous la pression des spéculateurs. Ils connaîtront alors le sort malheureux dont la si puissante Banque d'Angleterre a donné en septembre 1992 le

1. Voir le tableau page 198.

triste exemple[1]. Agir maintenant peut ouvrir l'avenir que leurs pays méritent.

J'ai parlé en ami, recherchant successivement les yeux de chacun d'entre eux. Peu se sont dérobés à mon regard. Un seul manifeste son scepticisme en s'enfonçant dans son fauteuil et pour nous convaincre que tout cela l'endort, laisse échapper de bruyants ronflements… « Ne vous laissez pas impressionner, me murmure le chef d'État assis à ma gauche, il fait semblant ! » Les avais-je convaincus ? J'ai à peine fini que de multiples questions me sont posées.

Le président du Bénin, Nicéphore Soglo, fort de son expérience d'ancien administrateur de la Banque mondiale, mène l'interrogatoire : « Vous nous suggérez de sauter sans parachute ! Le coût de notre dette va doubler ! Et celui du panier de la ménagère ? Quid des prix du pétrole ? Quid de l'emploi des jeunes ? Quel taux d'investissement prévoyez-vous ? Et le financement du soutien, quand arrivera-t-il ? »

À tout cela, nous avons des réponses et l'exposé de Mme Marshall, détaillant avec compétence et convictions les différentes formes de soutien que son institution est décidée à mettre en place, vient les renforcer.

Le président Diouf en vient à se demander si les quatorze programmes nationaux que nous envisageons de soutenir ne pourraient pas être lancés simultanément. Hélas, chaque pays est à un stade différent de préparation, certains un peu moins avancés que d'autres… Puis, comme notre solution commence à s'imposer dans les esprits, le président Bongo indique d'un ton sibyllin qu'il a un problème à soulever mais qu'il le fera ultérieurement.

M. Roussin intervient alors avec vigueur, saluant le courage des pays qui ont tenté la voie de l'ajustement interne. La preuve est faite désormais qu'il faut aussi adapter la parité. La France sera là surtout pour combattre les retombées négatives dans le court terme du réalignement. Elle s'est assurée du soutien loyal

1. Après avoir dépensé une grande partie de ses réserves de change pour maintenir un taux de change surévalué, la Banque d'Angleterre finit par céder devant la spéculation, sort du système monétaire européen et dévalue en catastrophe.

des institutions internationales. « C'est l'heure du choix, à vous de jouer ! La France sera à vos côtés. » La question fuse : « Quel sera le soutien de la France ? » Notre pays orchestrera à travers le Club de Paris, présidé par Christian Noyer, les opérations de réduction de dettes extérieures à des conditions aussi favorables que possible ; elle y participera en commençant par effacer les créances arriérées de l'Agence française de développement. M. Noyer intervient alors pour donner une illustration chiffrée impressionnante de l'effort évoqué par le ministre.

La discussion reprend, toujours animée par Nicéphore Soglo. Le nouveau Premier ministre de Côte d'Ivoire, M. Duncan, intervient et soutient le réalignement en qualité d'ancien ministre des Finances du gouvernement de M. Ouattara, avant la mort, il y a à peine un mois, du président Houphouët-Boigny. La discussion se prolonge ; il est près de dix heures du soir lorsque le président Diouf interpelle M. Roussin : « Jusqu'à quand êtes-vous disposés à rester à Dakar ?

– Jusqu'à ce qu'une fumée blanche sorte de ce conclave ! »

Interrogé à mon tour comme Mme Marshall, nous faisons la même réponse. Nous sommes prêts à attendre d'être convoqués à nouveau dans la nuit ou à l'aube pâle. Puis le président Diouf soulage tous ses collègues : la nuit porte conseil ; nos travaux reprendront le lendemain à dix heures.

Nous nous retrouvons dans les mêmes lieux pour des heures de discussions, après une nouvelle attente que la lecture des journaux du matin ne rend guère amène. Il suffit de parcourir leurs titres : « CFA, danger mortel » – « Dévaluation : baroud d'honneur » – « L'Afrique trahie » – « La France abandonne la zone franc »...

Le débat reprend, M. Soglo et M. Duncan continuent de l'alimenter de leurs questions et remarques. D'autres demeurent silencieux. « Nous sommes comme des chèvres devant l'abattoir ! », soupire un président. Je multiplie les assurances : le FMI agira sans délai. Nous prendrons des mesures exceptionnelles pour hâter les décisions et faciliter autant que possible la simultanéité de leurs opérations. Mais voici que la suggestion est faite de renvoyer à un peu plus tard la décision. « C'est prendre le risque d'organiser la débandade», est-il sur le champ répondu. Sur ce, l'on revient en boucle sur les questions déjà évoquées la veille : poids de la dette, arriérés de salaires aux travailleurs, bourses aux étudiants au Niger, pécules de démobilisation de 12 000 soldats au Tchad. M. Roussin (après une nouvelle consultation de Paris) annonce une aide exceptionnelle de la France pour le versement immédiat d'un mois d'arriérés de salaires dans les pays en plus grande difficulté (Niger, Tchad, Centrafrique, Mali et Togo). Sans satisfaire tout le monde, cela produit son effet. L'atmosphère est, soudain, allégée.

M. Bongo, visiblement de fort mauvaise humeur à l'égard du FMI, tente alors, avec l'aide des présidents du Tchad et du Niger, une ultime manœuvre de renvoi de la décision jusqu'à ce que, martèle-t-il, toutes les mesures concrètes de mise en œuvre soient prêtes dans chacun des quatorze pays et leurs financements décidés avec la plus grande précision. Il faut donc à nouveau expliquer les dangers d'une telle approche. L'impatience me gagnant quelque peu, je rappelle que l'on ne peut attendre des institutions – même dans de telles circonstances – qu'elles règlent des problèmes relevant de la seule responsabilité des gouvernements. M. Compaoré, président du Burkina Faso, reconnaît la légitimité de cette remarque. La réunion se poursuit ainsi jusqu'à 16 heures quand les présidents décident de nouveau de se retrouver entre eux, pour nous convoquer de nouveau vers 20 heures, Mme Marshall et moi.

Entre-temps, la tension dans les couloirs monte d'un cran. Le gouverneur de la BCEAO[1], Charles Konan Banny, accompagné de son assistant Abdoulaye Bio Tchané[2], guette le moment où il pourrait se glisser dans le salon des présidents pour leur faire signer le traité portant création de l'UEMOA[3], étendant ainsi à l'ensemble des questions économiques – et non plus seulement à la monnaie – les compétences de la zone. Il en porte les

1. La Banque centrale des États d'Afrique de l'Ouest est la banque centrale commune de l'ensemble des pays francophones de l'Afrique de l'Ouest.

2. M. Bio Tchané devint par la suite ministre des Finances du Bénin, puis directeur du département Afrique du FMI de 2002 à 2008.

3. Union économique et monétaire ouest-africaine.

parapheurs sous le bras et M. Bio Tchané l'encrier de cérémonie. Ce dernier devait me raconter quelques années plus tard que dans le stress du moment, il cassa cet encrier... Les membres des délégations, prostrés dans leurs fauteuils, attendent, la plupart résignés à ce qui désormais semble leur échapper.

Tout n'est pas seulement résignation à l'inévitable. J'entends encore Charles Konan Banny aller de groupe en groupe répétant : « Vous savez, le soleil se lèvera demain et les choses ne seront pas si différentes. Il y aura toujours des embouteillages dans les rues, du travail dans nos bureaux et, espérons-le, de nouvelles opportunités à saisir... » Son collègue, M. Mamalepot, gouverneur de la BEAC[1], reste, lui aussi, serein mais silencieux. À la longue, les conversations portent de plus en plus sur les horaires d'avion de retour et notamment du Dakar-Paris de 21 h 50... Du côté des présidents, le sens de l'inévitable gagne du terrain. M. Bongo réclame un projet de déclaration commune et l'on débat de qui devra le lire. Le sort tombe sur le ministre des Finances du Cameroun. Entre-temps, le président des Comores, resté silencieux jusque-là, appuyé sur le pommeau d'argent de sa canne, déclare que lui ne pourra pas suivre. Trop tard pour que tout soit remis en cause et l'on décide de créer pour les Comores un régime spécial à mi-chemin : chacun est trop épuisé pour s'en formaliser.

Peu après, la tension se relâche un instant et Charles Konan Banny, le gouverneur de la BCEAO, peut recueillir les signatures des chefs d'État sur le nouveau traité. Nous sommes alors invités à signer un communiqué reflétant le désir de tous de faire de nécessité vertu et de manifester la solidarité qui les unit même dans de redoutables épreuves. Le président Compaoré, tapotant sa montre, indique qu'il est temps d'en rester là. Il nous reste à en rendre compte à la presse. J'en suis chargé avec le ministre camerounais. L'annonce du taux provoque un immense émoi dans la salle.

Puis nous nous précipitons ventre à terre à l'aéroport.

1. Banque des États de l'Afrique centrale.

Turbulences des lendemains

Les lendemains immédiats n'ont pas été sans turbulences ! La nouvelle parité entre en vigueur le 12 janvier 1994 à zéro heure. Rancœur de quelques opérateurs surpris par l'ampleur et la soudaineté de l'événement qui n'avait été précédé que de très peu de fuites et d'aucune vague spéculative significative de dernière minute ; commentaires négatifs d'adversaires résolus, prêts à annoncer des suites apocalyptiques ou à monter en épingle les conséquences microéconomiques négatives dans le court terme (approvisionnements en produits pharmaceutiques, par exemple). Bien des plaintes proviennent des milieux urbains les plus favorisés qui perdent d'importants avantages indus. Les autorités réagissent avec rapidité et sang-froid. Les plans d'accompagnement sont mis en place dans les délais prévus ainsi que les financements de soutien attendus des grands partenaires institutionnels et de la France. Il est réconfortant de voir d'importantes usines textiles remises rapidement en marche et l'élevage reprendre son développement au Burkina où la concurrence des produits importés à un taux de change antiéconomique l'avait mis en sommeil. De même, dans le panier quotidien des ménagères des zones urbaines, les produits vivriers locaux reprennent leur place.

Assez vite, le succès est manifeste et se confirme, au cours des années suivantes, dans le cadre des programmes HIPC pour la croissance et la réduction de la dette du FMI. Au bout de dix ans, une étude menée au FMI par Menachem Katz et Hans Weisfeld (qui, à ma connaissance, n'a pas été contestée) formule les observations suivantes : le taux de change réel demeure remarquablement stable et satisfaisant en termes de compétitivité ; la croissance s'est redressée, atteignant pour la période 1997-2002 une moyenne proche de 5 %, très significativement au-dessus de la croissance démographique, alors que son taux très faible pendant la quinzaine d'années précédentes s'était accompagné d'un appauvrissement continu par tête ; les équilibres budgétaires ont retrouvé des niveaux acceptables et seront durablement maintenus ; l'inflation, après la hausse immédiate de 1994 qui, d'ailleurs, n'a pas dépassé le niveau prévu de 35 %, est devenue à partir de la troisième année inférieure à 4 %, compatible ainsi avec le maintien d'une bonne marge de compétitivité ; le niveau moyen de l'endettement public a été ramené d'un sommet de 120 % du PIB en 1994 à 60 % en 2003 ; les indicateurs de pauvreté, enfin, commencent à régresser.

Il reste de grands progrès encore à accomplir : le renforcement des institutions et du système bancaire, l'amélioration de l'environnement de l'entreprise, la poursuite surtout des objectifs du millénaire[1] et la réduction de la pauvreté, mais un obstacle majeur a été éliminé et la zone franc est consolidée.

Après le succès de cette opération, ces pays ont pu continuer de bénéficier des nouveaux programmes du FMI pour la croissance et la réduction de la pauvreté. En dépit des turbulences de la première décennie du XXIe siècle, ces pays sont parmi ceux qui ont le mieux traversé les crises financières mondiales des dernières années. Leur solidarité régionale ne cesse de bien les servir. Ils continuent leur marche en avant.

---

1. Voir pages 284-285 et annexe V page 440.

De sommet en sommet, passer de la coopération au partenariat

Tout au long des années qui suivent la dévaluation du franc CFA et alors que les progrès de l'Afrique s'affirment en termes de gestion économique, il apparaît, dans nos échanges avec ses dirigeants et parfois dans nos débats avec les représentants de la société civile africaine, qu'un changement profond devrait s'opérer dans la relation de « coopération Nord-Sud » qui garde trop souvent sous ce nouveau vocable bon nombre des travers de l'assistance d'hier. Il nous semble qu'il est grand temps d'inscrire ces relations dans un autre contexte.

La substitution d'une culture de partenariat aux formes d'assistance que nous avons pratiquées sans succès pendant des décennies apportera une mutation majeure. Le partenariat est dialogue d'égaux. Il implique que notre partenaire, dans ce dialogue, arrête lui-même ses propres choix et ses priorités. Il implique aussi la totale franchise de part et d'autre et l'acceptation du regard critique de l'autre sur nos politiques à son égard. Il appelle un profond respect des exigences éthiques du partenaire, de sa culture, de ses traditions, y compris dans l'organisation de la vie collective. Il exige que nul ne se défausse de sa responsabilité sur l'autre. Au surplus, le partenariat ne devrait plus recouvrir seulement les relations d'État à État. Il devrait être multidimensionnel, s'étendre aux entreprises, aux institutions financières et à la société civile.

Juin 1996 – Sommets à Lyon et à Yaoundé

Une occasion magnifique pour accréditer cette idée nous est offerte par le président Chirac en juin 1996. Il est celui des chefs d'État du G7 qui, au cours de ces années, apprécie le plus le rôle joué par les organisations multilatérales. Il ne cessera d'essayer d'articuler l'action de la diplomatie française avec celle des Nations unies. Il comprend et soutient l'action des organisations de Bretton Woods[1]. Comme il doit présider à Lyon le sommet du G8, il m'invite avec Boutros Boutros-Ghali et mes collègues de la Banque mondiale, de l'OMC et de la Cnuced à venir participer à la réunion de travail qu'il souhaite consacrer dans la matinée du 29 juin aux travaux de nos institutions. C'est une première. Jamais les chefs d'État ne s'étaient jusque-là prêtés à un tel exercice. Quelques jours à l'avance, il m'indique combien il souhaite que «je mette le paquet» sur l'Afrique. Comme je suis également invité à m'adresser dix jours après à l'assemblée plénière de l'Union africaine à Yaoundé, au niveau des chefs d'État, je trouve là une rare occasion d'aller encourager le partenariat dans des termes identiques devant ces deux instances suprêmes.

À Lyon, je plaide de mon mieux. J'explique que l'heure est venue de mettre en place un partenariat trilatéral (G7, Afrique, organisations de Bretton Woods) dans lequel chacun a des obligations à respecter, mais dont le succès sera celui de l'Afrique et du monde tout entier. L'écoute est bonne. Le président Chirac semble ravi. Deux ou trois questions puis le débat s'essouffle un peu. Grâce à Dieu, les sherpas ont bien fait leur travail et une importante partie de leur communiqué est consacrée à «un nouveau partenariat global pour le développement» comme «ambition pour le XXIe siècle».

J'arrive à Yaoundé avec cette offre de partenariat du G8. Il s'agit de convaincre les Africains de la saisir au vol et de se mettre en position de s'en prévaloir. Les chefs d'État africains ne disposent pas de sherpas aussi expérimentés que leurs collègues

---

1. Il le manifestera en février 1999 en rendant visite à Washington au FMI et à la Banque mondiale.

du G8. Ils ne sont pas suffisamment préparés à mesurer toute la portée de cette offre. L'écoute me semble moins attentive : cinquante présidents siègent, chacun entouré de quelques collaborateurs ; les allées et venues sont incessantes ; nous sommes, par-dessus le marché, aux heures lourdes de l'après-midi. Je reprends, avec toute ma conviction, mes thèmes de Lyon et détaille les responsabilités des uns et des autres pour conclure en donnant l'adhésion pleine, entière et responsable du FMI à un tel partenariat. Je ne suis pas certain, il s'en faut, que toute la portée de ces propositions ait été perçue. Deux ans après, au sommet de Ouagadougou, je reviens sur ces thèmes et cette fois-ci, le message me semble passer bien mieux ; le succès de nombreux pays dans les programmes que nous soutenons rend nos suggestions et les perspectives qu'elles ouvrent plus attrayantes.

J'aurai une nouvelle – et pour moi très émouvante – occasion d'échanger sur ces thèmes avec les chefs d'État ou de gouvernement africains à la fin de mon séjour au FMI. Nous sommes en janvier 2000. Nous les avons tous invités à une réunion de deux jours à Libreville pour leur exposer l'importance des moyens que nous avons fini par obtenir pour débarrasser l'Afrique de l'essentiel de sa dette et pour financer leurs programmes pour la croissance et la réduction de la pauvreté. Notre but est de les encourager à s'en prévaloir pour un véritable bond en avant.

Ce sera une réunion utile et résolument tournée vers l'avenir. Mes principaux collaborateurs compétents pour les affaires africaines sont venus ainsi que Stan Fischer qui va diriger le FMI par intérim, tant que mon successeur n'aura pas été désigné. Je constaterai avec joie combien la relation de partenariat entre l'Afrique et le FMI est désormais confiante et solide. Les dirigeants africains savent que cette réunion est pour moi la dernière occasion de les rencontrer tous ensemble. Ils me font des adieux chaleureux. Ils m'ont reconnu comme un ami qui aime leurs pays. Je prends congé. Quelques mots de Léopold Sédar Senghor me reviennent à l'esprit et chantent dans ma tête : « Le paradis est un matin d'Afrique ».

La dette

Pendant les années quatre-vingt, le problème de la dette des pays émergents, en particulier latino-américains, va être le thème dominant de la coopération financière internationale.

Avec Enrique V. Iglesias, la deuda

Nous l'avons déjà discerné, pour ces pays à revenu intermédiaire, la solution ne pourrait passer que par un effort exceptionnel de la communauté bancaire ; or elle est réticente à toute innovation. Il est clair pourtant qu'il n'y a pas de solution dans le cadre des procédures et des moyens existants. Il faut inventer quelque chose. Faire bouger les lignes comme l'on dit aujourd'hui.

En ces premiers mois de 1987, ce sujet est au cœur des discussions du G5. Comme le problème concerne surtout l'Amérique latine et les banques de Wall Street, le Trésor américain s'instaure en chef de file. Le FMI qui a joué un rôle majeur dès les premiers mois de la crise sait qu'il doit contribuer à la recherche d'une nouvelle stratégie. Ma bonne fortune veut que je trouve, quelques mois après mon élection, un nouveau soutien, incomparable celui-là, avec l'élection d'Enrique V. Iglesias comme président de la Banque interaméricaine de développement (BID). Il sera là comme inspirateur, comme complice, comme ami surtout, à tous les stades de mes interventions en Amérique latine. Il est juste que j'en dise un mot.

Enrique V. Iglesias

Nous venons d'horizons différents et sa prestigieuse carrière m'inspire le plus grand respect. Il a déjà exercé les plus hautes fonctions dont puisse rêver un haut fonctionnaire dans son pays ou dans des institutions internationales. Il arrive à la Banque interaméricaine de développement auréolé de son succès de négociateur dans l'Uruguay Round. J'ai de bonnes raisons de compter sur sa sagesse. Il sera pour moi un guide au moment où beaucoup d'augures affirment que l'Amérique latine sera mon premier test. De grandes affinités nous réunissent : sa superbe culture européenne, mon propre intérêt pour la civilisation hispanique, les mêmes convictions spirituelles et une forme voisine de réalisme.

Enrique est animé d'une inébranlable confiance dans l'avenir de ces pays malmenés par cette crise. Il est convaincu qu'à travers ces catastrophes, ces pays gardent une vitalité et une détermination puissantes qui leur ouvriront un jour une place enviable dans le concert des nations. Cette confiance, alors que l'Amérique latine était tenue pour le continent malade du monde, pouvait surprendre. Je me demandais quels pouvaient en être les ressorts, comme ceux de l'allant de cet homme, toujours prêt à saisir chaque occasion de faire bouger les choses, ouvert à toute interrogation, à toute suggestion créative, irradiant dans la rencontre de ses amis une allégresse communicative.

En fait, il porte un projet. Chassé dans sa petite enfance de ses Asturies natales par la terreur noire de la guerre civile d'Espagne, il avait décidé de consacrer sa vie à l'Uruguay et au continent qui avaient accueilli sa famille. Il serait à leur service, un service d'homme libre, lucide sur leurs maux et sur leurs chances. Sa mission se précisera peu à peu : le développement intégral de ces pays, leur coopération régionale et, au cœur de la mondialisation, le renforcement de leurs liens avec cette Europe d'où il venait et à laquelle l'Histoire les avait charnellement liés.

Ceci devait donner tout son sens à notre complicité. Celle de nos collaborateurs devrait suivre comme « un impératif catégorique ». Ils devraient se comprendre et agir ensemble.

Notre tâche va s'étaler sur treize années à travers deux phases différentes. Pour la première, une exigence s'impose : nous devons trouver une issue à la crise de la dette. Les vues sont moins claires en ce qui concerne la seconde, mais l'objectif est incontournable : il faut débarrasser l'Amérique latine de ses faiblesses structurelles de telle sorte qu'une nouvelle période de croissance ne se voit plus menacée par le retour aux vieux syndromes de l'endettement, des déficits extérieurs et de l'inflation. Il faudra s'assurer enfin qu'après une décennie perdue, le sous-continent entre du bon pied dans le XXIe siècle.

La crise mexicaine de l'été 1982 a précipité l'Amérique latine du bord de la banqueroute dans le marasme économique. Il faut en finir. Or, en 1987-1988, la coopération autour du problème de la dette est dans l'impasse. La stratégie ingénieusement mise au point par le FMI et le Trésor américain, qui a évité une crise systémique majeure, donne des signes d'essoufflement. Les grandes banques auxquelles elle a fourni le temps nécessaire pour provisionner leurs créances souveraines sont de moins en moins disposées à répondre aux demandes de nouveaux prêts nécessaires au développement. L'impatience grandit en Amérique latine. Les disciplines d'ajustement auxquelles les pays s'étaient soumis avec plus ou moins de conviction tardent à produire leurs fruits ; ni la croissance, ni les investissements étrangers ne sont au rendez-vous. Les démagogues donnent de nouveau de la voix ; il ne manque pas de gourous pour les encourager à renier leurs dettes et à se risquer à des stratégies alternatives.

Mieux que personne, Enrique V. Iglesias décrypte cette situation. Il m'informe des débats et des conciliabules qui se multiplient et m'en dévoile le sens. Convaincu qu'il ne pourra y avoir de remède miracle, il perçoit cependant l'urgence d'une avancée. Il m'aide à déchiffrer dans leurs moindres détails les messages qui nous parviennent. Ce sont par exemple les déclarations de Quito puis de Cartagena de Indias où des groupes à géométrie variable de présidents ou de ministres de ces pays se réunissent pour tenter de constituer un front commun latino-américain. Les regards se tournent vers le FMI. Il nous faut répondre.

J'ai constitué au FMI un groupe de travail « dette » réunissant nos meilleurs spécialistes. Dans la plus grande discrétion, ils analysent les évolutions pays par pays. Ted Beza, qui va bientôt prendre la direction du département de l'hémisphère occidental et dont le bon sens, la froide lucidité et la finesse m'inspirent grande confiance, veille au grain. Il sait lui aussi qu'il faudra trouver une voie de sortie et s'y engager sans tarder.

Briser un tabou

En fait, c'est de briser un tabou qu'il s'agit. La stratégie de la dette reposait jusqu'ici sur le rééchelonnement des créances. On se refusait à penser à les effacer au moins en partie. Nul n'envisageait non plus de reprendre l'octroi de prêts tant que les arriérés existants ne seraient pas réglés. Or, l'évidence s'impose : cette dette est au moins pour partie impayable, elle aussi. À preuve, le fait qu'elle fait désormais l'objet d'une cotation sur un marché officieux où elle ne vaut plus qu'un certain pourcentage – parfois modeste – de son principal. Cela, pourtant, ne fait rien à l'affaire ; l'expression « réduction de dette » est bannie du vocabulaire des décideurs. Le *staff* du Fonds lui-même est divisé sur cette affaire.

Certains de nos meilleurs experts doutent de l'utilité de s'engager vers cette solution dont les grands décideurs ne veulent pas entendre parler. L'idée pourtant fait son chemin. Plusieurs journalistes ne sont pas dupes. Ils sont à l'affût de la moindre allusion à un changement de cap, de l'utilisation de tel ou tel mot qui pourrait l'annoncer. Les lèvres du nouveau venu que je suis dans l'univers washingtonien sont particulièrement surveillées. En viendrais-je, un jour ou l'autre, à dire comme George Bush au sujet d'une autre question brûlante : « *Read my lips*[1]... » ? Nous avons, avec Enrique, examiné toutes les options. Elles ne sont pas nombreuses. Celle d'attendre nous est interdite. Nous avons vite compris qu'il nous faut franchir le Rubicon. L'un d'entre nous doit prononcer le mot « réduction ». Reste à choisir le bon moment et la bonne manière.

Le faire sans détour aurait le mérite de la clarté ; c'est aussi l'échec probable. Nous ne pouvons nous le permettre. Nous décidons donc de procéder par quelques suggestions sans fanfare. Dès le mois de mai 1987, je suggère, dans un discours

1. « Lisez sur mes lèvres... »

devant le tout Washington financier, qu'il faudrait envisager un plus large « menu » de solutions et dans une phrase alambiquée, je prononce le mot tabou. Le mot est lâché. Chacun comprend. Plus tard, pour mettre les points sur les « i », je suggère d'ajouter à ce que nous appelons le « menu des options », des formules qui contribueraient à réduire le stock de dettes existant, à condition que les pays endettés s'attachent à revenir à des relations normales avec leurs créanciers. On tirerait ainsi toutes les leçons de quelques expériences originales en Bolivie, au Chili et au Mexique. Elles préparaient les esprits à l'inévitable changement de modèle.

Le mot « réduction de dette » devient familier. Longtemps demeuré dans le registre pornographique, il fait son entrée au catéchisme. Les choses sont donc mûres à la fin de l'été 1988 pour que je fasse accepter par l'organe suprême de coordination entre le FMI et ses membres – le Comité intérimaire – l'élargissement du menu d'options à la réduction de la dette. La voie est ainsi ouverte pour ce que l'on va appeler le « plan Brady[1] ». Il faut pourtant procéder avec beaucoup de précautions pour ne pas perdre en cours de route l'adhésion au moins tacite des créanciers et des débiteurs.

Un leadership américain nous sera fort utile pour venir à bout des réticences de certains gouvernements créanciers, britannique et allemand en particulier. Nos partenaires américains devront convaincre leurs banques touchées désormais au point le plus sensible : leur compte de profits et pertes. Comme c'est le cas depuis les premiers épisodes, un homme va jouer un rôle majeur du côté de la communauté bancaire américaine : c'est Bill Rhodes. Chargé des opérations de restructuration de dettes chez Citigroup, il est devenu le coordinateur des banquiers privés pour ces affaires. Il en fera sa chose et y consacrera pendant une trentaine d'années une compétence hors pair et une énergie militante. Nous nous retrouverons souvent face à face. Nous partageons la même conviction.

1. C'est ainsi que l'on désignera la nouvelle stratégie internationale pour le règlement des dettes, soigneusement mise au point dans le cadre du G7, avec notre participation, et comportant une réduction significative des créances bancaires.

La solution du problème de la dette passe par l'adoption par les pays de stratégies combinant rigueur dans l'ajustement et financement de la relance ; cela implique la coopération active des créanciers publics et privés et, évidemment, quelques sacrifices de ces derniers. C'est sur l'ampleur de ceux-ci que nous divergerons. Homme de la communauté bancaire, il sait qu'il doit amener ses mandants plus loin qu'ils ne le souhaitent car leur véritable intérêt réside dans la reconstruction rapide du crédit de leurs clients en difficultés. Il y met une ardeur et une ténacité exceptionnelles. Il arrache des concessions aux uns et aux autres, une à une ; sans cesse, il revient à la charge, toujours déçu, jamais résigné.

Je le verrai parfois quitter les réunions de négociations, épuisé et la mine défaite comme un chirurgien quittant un service d'urgence après une catastrophe. Il cherche évidemment à me fléchir, mais j'ai trop bien compris ses méthodes ; en général, je ne lui lâche rien. De bonne guerre, il cherche à me retourner en multipliant les coups de téléphone jusqu'à d'obscurs bureaucrates des administrations nationales. Sans résultats. On ne s'en veut pas. Je le respecte et l'admire. Il aura rendu de très grands services.

Dès l'annonce en fanfare du plan Brady, il ne nous reste plus qu'à mener à marche forcée sa mise en œuvre et à rallier les derniers hésitants dans la communauté bancaire.

Convaincre les banquiers

Il n'y aura de ce côté-là que des combats d'arrière-garde. Comme il s'y était engagé, le secrétaire au Trésor Nick Brady, son très efficace numéro deux, David Mulford, avec l'aide de Bill Rhodes, ont fait le ménage à Wall Street au prix peut-être de quelques torsions de bras. Les Européens et quelques autres continuent néanmoins à traîner les pieds et à manifester une sourde mauvaise humeur. Je décide donc de contribuer à ce travail de persuasion en allant rencontrer les principaux banquiers européens à Londres où ils ont l'habitude de se réunir au sein du Club du même nom. Je ne sais si j'ai ébranlé mes interlocuteurs. Le voyage me vaut, en revanche, une mémorable rencontre avec Mme Thatcher.

Margaret Thatcher : « Never lecture the bankers... »

Elle me reçoit le 15 mai 1988 dans son bureau du 10 Downing Street. Il n'est pas grand ; seul un pot de chrysanthèmes rouges orne sa table. Notre rencontre commence assez mal. Très femme du monde offrant le thé, parfaite dans les banalités d'usage, elle comprend très bien que vous ne teniez pas au nuage de lait. Elle exprime son admiration aussi pour la France qui sait, elle, envoyer des gens remarquables dans les organisations internationales... « Mais au fait, qu'est-ce qui nous vaut l'honneur de vous avoir à Londres ? Ce pays n'a plus besoin que je sache de l'aide du FMI depuis que les travaillistes ne sont plus au pouvoir... »

Sans me méfier, j'explique qu'il faut avancer vers le règlement du problème de la dette et, pour cela, lever tous les obstacles, les uns après les autres. L'un des plus sérieux que nous rencontrons aujourd'hui est la réticence des banques privées à jouer le jeu. Je suis venu à Londres pour essayer de les convaincre...

« *Never lecture the bankers*[1]... », m'interrompt-elle sur le ton de quelqu'un qui n'attend pas de réplique. Je m'y risque pourtant et là, je reçois une leçon de la meilleure vulgate néolibérale. « De quel droit prétendez-vous savoir mieux que les banques ce qu'elles doivent faire ? Ce n'est pas ce que j'attends de vous !

– Je dois faire mon job, lui dis-je. Il faut que le plan Brady qui est fondé sur l'appréciation des marchés, réussisse ; c'est l'intérêt de tous, y compris des banques.

– Vous n'êtes pas juge de l'intérêt des banques !

– Admettons, mais je dois veiller à la mise en œuvre des décisions du Fonds que la Grande-Bretagne a soutenues. »

1. « Ne prétendez jamais donner des leçons aux banquiers... »

Suivent quelques échanges vifs. Chacun reste sur ses positions. Elle ne s'en accommode visiblement pas et pour marquer immédiatement un point, change de sujet.

François Mitterrand a eu un raccourci bien dans sa manière, lui prêtant le sourire de Marilyn Monroe et les yeux de Caligula. Je pense pourtant qu'il s'est trompé. La séduction n'était pas seulement dans le sourire mais aussi dans le battement de paupières qui pouvait se faire enjôleur. Quant au regard, je ne sais rien, évidemment, de celui de Caligula si ce n'est que c'était celui d'un cruel abruti. Rien de cela chez Margaret Thatcher. Tout au long de la conversation, elle ne vous lâche pas des yeux, guettant dans les vôtres le moindre doute, la tentation de tempérer la fermeté d'une affirmation. Au bout de quelques minutes, tout est clair ; ses réactions sont instantanées, non pas celles d'une féline mais d'une combattante convaincue que son interlocuteur a tout à gagner à sa franchise et rien à une complaisance qui n'est pas dans ses gènes. Elle a une conception quasi mystique de sa mission ; rien d'autre ne semble lui importer. Elle vous crédite d'entrée, sur la foi du témoignage de ses collaborateurs, d'une certaine solidité. Malheur à vous si elle perçoit la moindre faille ; il vous faudra rétablir les choses dans l'instant.

On disait qu'elle terrorisait ses ministres ; je n'imaginais pas que ce fût à ce point. Dès qu'il apprend qu'elle voulait me rencontrer, le chancelier de l'Échiquier, Nigel Lawson, m'invite à dîner. Il m'en fait un portrait admiratif mais intimidant et il en vient au fait : « Michel, vous devez nous aider à la convaincre de rejoindre le système monétaire européen, dût-elle contrarier son gourou Alan Walters. Celui-ci exerce sur elle une pression idéologique néfaste qu'il nous faut desserrer. Mais attention, elle est sur ses gardes, elle se sent entourée de collaborateurs intoxiqués par Bruxelles pour lesquels elle n'a que sarcasmes. N'apparaissez surtout pas comme notre porte-parole ; que la question arrive sur la table comme par hasard. Tâchez de prendre un grand détour pour l'amener, comme tout naturellement, aux affaires monétaires européennes et là, montrez-lui que la Grande-Bretagne a beaucoup à gagner à l'adhésion. Mon bureau est mitoyen du sien ; je suis au 11 ; je tâcherai de vous voir juste avant votre entretien. »

Il faudrait donc commencer par un grand tour d'horizon. Elle s'y prête volontiers avec ce travers fréquent chez les responsables politiques très expérimentés de personnaliser à l'extrême la vie internationale. Elle parcourt le monde à grandes enjambées, mais plus que de pays, elle parle de chefs d'État. Elle les juge, péremptoire. En Afrique :

« Daniel Arap Moi : il n'est pas si mal… Yoweri Museveni : ce n'est pas quantité négligeable… Robert Mugabe : il s'en tient au parti unique, mais il est sérieux. Attention avec lui. »

On en vient à l'Amérique latine. Je décris les efforts en cours en Argentine et au Brésil ; elle est sur ses gardes. « Miguel de la Madrid, lui, fait des efforts. » Augusto Pinochet ? « On devrait récompenser ses grands mérites, il réussit très bien ! » Je crois m'étouffer mais reste silencieux[1].

Retour à l'Afrique : « J'apprécie beaucoup ce que vous entreprenez pour les pays pauvres, mais pourquoi donc vous fourvoyez-vous à essayer de soutenir ce voyou corrompu à l'extrême qu'est Mobutu ? Il ruine son peuple ! Intéressez-vous plutôt à Babangida, le Nigérian ; c'est encore un de ces généraux dictateurs, mais je le connais ; il m'a fait une bonne impression, on peut travailler avec lui.

– Certes, mais derrière un Mobutu, il y a la stabilité de toute l'Afrique centrale ; que se passerait-il si le Zaïre venait à s'effondrer ? Et puis, derrière Mobutu et quelques autres, il y a un peuple qui souffre et je dois faire l'impossible pour trouver quelque moyen de rendre ses chances à la coopération internationale. » Clairement, je parle de l'impossible et je perds mon temps.

« Dites-moi, l'élection américaine approche. Nous allons avoir George[2]. Qu'en pensez-vous ? »

Je lui dis que je ne le connais pas suffisamment pour porter un jugement sérieux. Au moins me semble-t-il mieux préparé

1. Je me reproche encore de ne pas lui avoir dit : « Non, pas celui-là ».
2. George Bush, évidemment !

que d'autres ; son passage à la CIA lui a donné, avec le biais que l'on connaît, une bonne connaissance de l'état du monde...

« Oui, c'est vrai, il est sérieux et puis, il sera probablement bien soutenu par Barbara. Vous savez, Ronald Reagan a un sérieux problème : Nancy passe son temps à consulter des astrologues. Ça m'inquiète. Ron est mon ami, mais à la longue ou par accident, il peut être influencé. Barbara ne consultera pas les astrologues, n'est-ce pas ? » Je ne me sens pas en mesure de lui donner cette assurance.

« Une chose est certaine, ajoute-t-elle, comme vous le répétez au FMI, les Américains traînent un problème très sérieux de déficit budgétaire. Il va falloir que George le prenne à bras-le-corps dès la première année de son mandat. La démocratie est ainsi faite ; moi-même je ne puis agir comme il faut qu'en début de mandat.

– Il faudra que nous insistions beaucoup », lui dis-je, et la conversation continue à un rythme vif. J'essaie loyalement de prendre les chemins de traverse que Nigel Lawson m'a suggérés pour aborder, enfin, la question de l'entrée de la livre sterling dans le Système monétaire européen (SME). Je m'en approche à peine qu'elle m'interrompt : « C'est Nigel qui vous a suggéré d'évoquer ceci avec quelques détours, pour en venir, de fil en aiguille, à parler du SME... »

Je jure mes grands dieux – bien qu'il m'en coûte de mentir – qu'il n'en est rien. Je dois sauver la face du chancelier. Je ne la convaincs pas mais, en bon soldat, je lui dis tout l'intérêt qu'il y aurait pour l'Europe, pour le système mondial sur lequel je dois veiller et, à mon avis, pour son pays, à franchir ce pas. Elle ne se dit aucunement convaincue, mais pourtant un doute perce dans ses propos. Craignant, je pense, que je ne me méprenne, elle se hâte d'ajouter : « Je ne rejoindrai pas l'*exchange rate mechanism*[1] tant que les Allemands continueront d'y introduire un biais déflationniste. Vraiment, ils ne sont pas capables de se gouverner ; ils ne songent qu'aux élections dans les Länder

1. Le mécanisme européen de change.

au lieu de se soucier des gaspillages de la politique agricole commune et du soutien aux industries obsolètes. »

À partir de là, la conversation continue à bâtons rompus. À certains moments, elle s'abandonne un instant. C'est le cas lorsque, évoquant la difficulté du contrôle de l'endettement public, je lui rapporte que ses collaborateurs m'ont raconté la réunion qu'ils jugeaient historique au cours de laquelle en 1981, en pleine récession, elle avait décidé de réduire le PSBR[1] (le plafond d'emprunts du secteur public) : « Ah, je m'en souviens aussi, c'était très difficile, mais il fallait le faire. Vous voyez, c'était là, dans cette pièce à côté. »

Les choses en resteront là. « Surtout, revenez me voir », me dit-elle, appuyant ses mots d'un sourire, pour une fraction de seconde (ou un peu moins) celui de Marilyn. Nous nous quittons.

Nous n'aurons plus d'échanges personnels aussi étendus que ceux de ce jour-là. Deux ans et demi plus tard, elle était écartée du pouvoir. Je lui envoyais un mot de courtoisie. Elle me répondit. Sa lettre se terminait ainsi :

« Ce fut un grand privilège de servir la Grande-Bretagne pendant onze ans et de la ramener du déclin à la prospérité. Je suis particulièrement fière de voir maintenant la réputation de la Grande-Bretagne se situer très haut de nouveau sur la scène mondiale. » De son écriture toute en énergie, elle ajoutait : « Que Dieu soit béni pour le FMI ; sans lui, nous n'aurions jamais des finances mondiales en bon état. » Fallait-il y lire un compliment pour le Fonds ou son pessimisme sur l'aptitude des gouvernements à faire leur devoir ? Peut-être un peu des deux.

La rencontre avec Margaret Thatcher aura été pour moi comme un nouveau baptême du feu. Je n'ai jamais rencontré encore un dirigeant aussi structuré dans ses convictions, aussi « droit dans ses bottes » aurait dit quelqu'un d'autre. Elle était tout d'une pièce, mettant sa fierté à se garder de tout apitoiement qui pourrait porter atteinte à la mise en œuvre de ses principes.

---

1. *PSBR* : *Public Sector Borrowing Requirement.*

Mais jusqu'où allait vraiment son inflexibilité ? Malgré son scepticisme sur notre action en Afrique, elle tiendra à ce que la Grande-Bretagne soit un des premiers contributeurs à l'*ESAF* et elle nous fera confiance pour gérer avec rigueur cet instrument. D'autres hésiteront davantage. Et puis, n'est-elle pas arrivée au 10 Downing Street pour prendre ses fonctions en récitant la prière de François d'Assise : « Seigneur, fais de moi un instrument de ta paix ; là où il y a de la haine, que je mette l'amour... ». Comment s'opérait en elle la conciliation de ses idéaux ? Mystère indéchiffrable des êtres !

Je retrouve Nigel Lawson au bas de l'escalier du 10 Downing Street. Je ne puis que lui confesser ma déroute dans la stratégie qu'il m'a suggérée. Il est à peine rassuré par mes héroïques dénégations face au soupçon de notre complicité, mais il m'en donne acte.

Au lendemain de cette rencontre, je fais un bond à Paris pour rencontrer au siège de l'Association française des banques (AFB) les banquiers français. Bien qu'au courant de leurs réserves, j'espère y trouver une écoute sympathique pour les propos de l'ancien gouverneur de la Banque de France. L'assistance, en effet, y est choisie et nombreuse. Je plaide avec chaleur mais, surtout, j'en appelle à leur bon sens. La réaction pourtant est plutôt moins ouverte qu'à Londres. Le président de l'AFB, Marc Viénot, président de la Société Générale, dont j'ai partagé naguère quelque temps le bureau à la direction du Trésor, visiblement en service commandé, répond avec un humour acide à mes propos. Il voit dans la nouvelle stratégie des largesses inutiles ; l'activisme de Bill Rhodes agace ses confrères français. Bref, ici, les banquiers ne feront de nécessité vertu que contraints et forcés.

Dimanche 4 février 1990 : jour de fête à Mexico

Nous avons plus de chance du côté des pays endettés. Dès l'annonce du plan Brady en mars 1989, le Mexique bondit de ses starting-blocks. La négociation de mise en place est rondement menée. Il n'est plus question d'attendre l'accord unanime d'un groupe de banquiers sur des apports de *new money*, mais plutôt leur acceptation d'un plan de réduction de leurs créances soutenu et financé pour partie par le FMI, la Banque mondiale, la BID et diverses autres sources publiques. Parmi celles-ci, nous trouvons une importante contribution japonaise très habilement mise au point par Makoto Utsumi qui avait compris (bien avant bon nombre de ses collègues) l'urgence de remettre l'Amérique latine sur pied.

Il faudra pas mal d'efforts de persuasion pour rallier les derniers hésitants, mais la cause est entendue. La remarquable réussite du Mexique dans la mise en œuvre de ce plan fait le reste. Elle lui permet, quelques mois après, de réunir, sur la place du Zócalo à Mexico, devant le palais du gouvernement, toute l'élite de la communauté financière internationale pour célébrer le travail accompli et entendre Ángel Gurría, à l'époque directeur général du Trésor, annoncer que la dette n'est plus un problème pour le Mexique. Sa dette a en effet été réduite de 55 % par rapport à la valeur faciale des titres échangés. Tous ceux qui ont eu à faire face au cataclysme du 15 août 1982[1] se demandent s'ils ont bien compris… Quelques années plus tard, sur sa lancée, le Mexique signe un accord de libre-échange – le Nafta – avec ses grands voisins du Nord et rejoint la cour des grands en accédant à l'OCDE.

La nouvelle stratégie est ainsi bel et bien lancée. Presque simultanément, d'autres accords sont conclus. Avec le Costa Rica et les Philippines d'abord. Tous les autres candidats suivent avec des péripéties diverses. Certains – comme le Pérou – qui ont accumulé de lourds arriérés, notamment à l'égard des institutions financières internationales, bénéficient de la procédure des « programmes d'accumulation de droits » si intelligemment mise au point par Richard Erb. Nous devons quelquefois, Enrique V. Iglesias et moi, mettre la main à la pâte, voire improviser de nouveaux arrangements impliquant des modalités de

1. Ce fut le jour où le Mexique annonça qu'il n'était plus en mesure d'honorer les échéances de sa dette.

plus en plus variées d'intervention de nos deux institutions, de la Banque mondiale et des autres apporteurs de financements, mais nous pouvons désormais nous appuyer sur un consensus d'ensemble.

Le rôle joué par Enrique V. Iglesias et son institution dans cette stratégie et l'accompagnement des pays intéressés dans la mise en œuvre des programmes fut réellement essentiel. Il déployait une activité inlassable, expliquant, suggérant, usant de tous ses talents de diplomate pour rendre possibles et viables des arrangements improbables. Il y eut certes des circonstances très difficiles. Je pense aux difficultés de l'Argentine avant que les rênes ne soient confiées par le président Menem à Domingo Cavallo, au Venezuela après les événements dits du *caracazo*, au Brésil avant le succès du plan réal, et tant d'autres… Son intervention fut tout aussi essentielle lorsqu'il fallut se tourner vers les pays les plus pauvres. Pour eux, nous pûmes mettre en place des procédures de réduction de la dette et parfois d'annulation presque totale. Nous pûmes ainsi offrir des solutions constructives à des pays tels que la Bolivie d'abord, puis le Nicaragua et le Honduras. Pour notre plus grand regret, hélas, nous n'avons pas connu le même succès en Haïti en dépit de multiples tentatives ! Revenons donc sur quelques-unes de ces expériences.

« No llores por mí, Argentina[1]… » : d'Alfonsín à Menem

Avec l'Argentine, les choses n'allèrent pas de soi. Les circonstances m'ont amené à lui consacrer beaucoup d'attention, à m'y rendre un grand nombre de fois, soit qu'elle se soit risquée aux bords de quelque abîme, soit qu'il faille y encourager des réformes qui n'ont que trop tardé… Après trois décennies, les hauts et bas se poursuivent au moment où j'écris ces pages, dans ce pays regorgeant de ressources économiques et

1. « Ne pleure pas pour moi, Argentine… ». On se souvient de la comédie musicale *Evita* et du culte que cette dernière suscita dans son pays.

humaines, mais en permanence tente de s'abandonner à l'excès de confiance, au doute sur lui-même, ou aux vieux démons du populisme.

Mes fonctions de directeur français du Trésor m'y amènent une première fois. La démocratie vient d'y être rétablie. Le président Alfonsín a été triomphalement élu en octobre 1983, applaudi unanimement par le monde libre. Il trouve une économie appauvrie, un pays blessé et affaibli par la lamentable affaire des Malouines, des réserves de change asséchées par les fuites de capitaux, un budget en déficit de 18 %. Il souhaite par-dessus le marché donner quelques signes positifs aux travailleurs. Il prend trop vite l'engagement d'accroître les salaires réels de 6 à 8 % dans un contexte déjà dangereusement inflationniste. Ceci augure mal des négociations qui devraient commencer immédiatement avec le FMI pour aboutir à un accord stand-by, condition exigée par les banques pour le refinancement de la lourde dette accumulée pendant les décennies de régimes autoritaires. Les écarts sont tels entre les espoirs argentins et les conditions minimales requises pour un tel accord qu'en dépit d'innombrables va-et-vient de délégations et d'émissaires entre Washington et Buenos Aires, un sentiment d'impasse prévaut dans une amertume croissante du côté argentin.

Dans ce climat, à la mi-juin 1984, je reçois un coup de téléphone de Paul Volcker, alors président de la Réserve fédérale des États-Unis : « La France, me dit-il, est, avec les États-Unis, le pays le plus attaché à éviter un défaut à l'Argentine et à lui donner sa chance ; j'apprends que vous parlez très bien l'espagnol ; pourquoi n'iriez-vous pas en secret rencontrer Alfonsín et son équipe pour leur faire mieux comprendre nos contraintes ? Tant qu'ils croiront que tout leur est dû, le dialogue n'aboutira pas et on n'évitera pas la catastrophe. » Je ne peux que partager son diagnostic. Dans l'instant, j'ai l'accord de Jacques Delors, alors ministre des Finances. Je m'y rendrai le week-end suivant.

Des précautions extrêmes sont prises pour assurer la confidentialité du voyage. Il ne faut pas que l'arrivée à Buenos Aires du président du Club de Paris ajoute aux inquiétudes ou aux fantasmes. Je me déguise en touriste, appareil photo en bandoulière. Pour mieux donner le change, Brigitte m'accompagne. Hélas, à peine avons-nous quitté discrètement l'aéroport d'Ezeiza qu'une meute de journalistes est à nos trousses. Leurs motos nous escortent. Notre photo sera dans les journaux le soir même, avec un grand titre en première page : « Le président du Club de Paris arrive ! ». Réfugié pendant trois jours à l'ambassade de France, je joue avec eux au chat et à la souris pour tâcher d'éviter que nos conversations ne soient troublées par le vacarme médiatique. Je passe une longue après-midi de dimanche en croisière sur le delta du Tigre à discuter avec le ministre des Finances et son équipe.

Par chance, je découvre aussi, en arrivant, que j'ai beaucoup de cousins en Argentine[1]. J'expliquerai ainsi que je venais dans ce pays pour les rencontrer. Cela, évidemment, ne trompera personne.

Alfonsín

Je suis heureux et fier de rencontrer le président Alfonsín. C'est une des figures majeures du combat contre les régimes autoritaires d'Amérique latine. Comme opposant de longue date au péronisme, il a porté les espoirs d'une démocratie moderne dans son pays. Le monde espère que ce retour à la liberté d'un grand pays fasse tache d'huile. De là, son immense popularité et les vœux de grandes démocraties pour sa réussite. Ces vœux apporteront-ils plus que des encouragements verbaux ? Quelque complaisance peut-être mais, je le crains, guère plus. Ainsi se prépare un grand malentendu que je verrai se reproduire lorsque les pays de l'Est, à leur tour, accéderont à la liberté. La joie sera grande et sincère en effet. Le soutien restera verbal ou chichement calculé. Le président Alfonsín est un des premiers à en faire l'amère expérience. Je la vivrai avec lui.

Je vais lui dire, cela va de soi, mon admiration et la sincérité de l'engagement des États-Unis et de la France à ses côtés,

1. Ils sont les descendants de ces émigrants béarnais et basques venus, sinon chercher fortune, au moins des conditions de vie meilleures dans la Pampa argentine. Nous sympathiserons beaucoup.

mais il me faut aussi le mettre en garde. Je crains qu'il ne puisse compter, de la part de ses meilleurs amis, sur un soutien tel qu'il lui permette, au moins pendant une période de transition, de faire l'économie d'un effort d'ajustement majeur. Or celui-ci s'impose. L'Argentine, si lourdement marquée par des décennies de populisme et le fiasco des Malouines, ne peut guère l'éviter, si elle veut pouvoir répondre aux attentes de son peuple. Je suis, pour ma part, résolu à l'aider de mon mieux, mais je dois rester à l'intérieur de l'étroite marge de manœuvre qui m'est impartie. Le président Alfonsín, dès notre première conversation, fait mine de la croire bien plus large qu'elle ne l'est.

Notre rencontre, soigneusement préparée par l'ambassadeur Antoine Blanca qui représente la France à Buenos Aires, est évidemment très cordiale.

Le président est de taille moyenne, la silhouette à peine alourdie, l'abord chaleureux évoquant irrésistiblement les hommes politiques radicaux de notre IIIe République. Comme eux, la moustache conquérante, l'œil enjôleur mais prompt à passer de la séduction à la réserve si ce n'est au sarcasme ou à la feinte indignation. Visiblement, il compte, dans le tête-à-tête, sur sa capacité de séduction, feignant de croire que vos talents ou votre influence viendraient à bout des difficultés qui accablent son pays. Si vous prétendez en douter, il évoque alors d'un air mystérieux ces différentes personnalités qui lui ont juré leur appui et dont vous ne pourriez ignorer l'influence. Le président Mitterrand et tout le gotha de l'internationale socialiste sont appelés à la rescousse et pour faire bonne mesure, des membres du Congrès des États-Unis, Ted Kennedy et quelques autres… Si, enfin, vous y restez insensible ou simplement vous vous refusez à promettre ce que vous ne pourriez tenir, il vous fait sentir sa déception.

Je fais de mon mieux. Je lui explique ainsi qu'à ses ministres le comportement des créanciers et les limites de la générosité des pays qui se veulent les défenseurs les plus enflammés de l'Argentine ; je leur souffle les meilleures manières d'aborder le Club de Paris. Je risque aussi quelques suggestions, leur vantant par exemple les succès que nous commençons à connaître à Paris, dans le cadre du plan Delors, à travers, par exemple, l'indexation des salaires non sur l'inflation passée mais sur l'inflation programmée...

Ce fut tout. Moins qu'ils ne l'espéraient, certainement. Ai-je pour autant aidé à la relance des négociations ? Peut-être un peu. Grâce à d'inlassables efforts des uns et des autres et tout spécialement de Jacques de Larosière, un accord stand-by peut être adopté fin décembre 1984. Il fournit quelque répit à l'Argentine.

L'expérience de ce voyage me fut très précieuse lorsque, dès ma prise de fonction au FMI en janvier 1987, je retrouverai le dossier argentin. J'en savais toute la difficulté. Les Argentins, persuadés de ma bonne volonté à leur égard, avaient célébré bruyamment mon élection. Ma tâche ne s'en trouva pas facilitée. Cela avait exacerbé les soupçons de ceux qui me voyaient arriver à Washington comme l'homme du tiers-monde.

Deux occasions me sont vite données de mettre les choses au point. Alors que début 1987, les négociations sont de nouveau dans l'impasse, l'administration américaine imagine qu'avec un peu de bonne volonté, je pourrais accepter, pour soulager l'Argentine, une interprétation laxiste de nos règles d'utilisation de la « facilité de financement compensatoire ». Je refuse. Il y a un froid, mais cet épisode, sans que je l'aie cherché, rassure l'institution sur ce que sera ma conduite. Un nouvel épisode de même nature a lieu quelque dix-huit mois plus tard. Une fois de plus, l'Argentine est aux abois et le secrétaire au Trésor Jim Baker me prie de passer le voir avec mon adjoint Dick Erb à la Trésorerie, en présence d'Alan Greenspan qui vient d'être nommé à la Réserve fédérale. Il n'y va pas par quatre chemins : il me demande, cette fois-ci, de faire un effort au mépris, s'il le faut, des règles habituelles. « Nous vous payons pour cela ! ». Je lui explique qu'il y a mieux à faire et que nous ne pouvons pas user en faveur de l'Argentine de deux poids, deux mesures par rapport aux autres pays en difficulté. Il coupe court et met fin à l'entretien en m'indiquant *sotto voce* : « Michel, vous venez de perdre un ami. » Je lui en dis ma surprise et mes regrets.

Quelque temps après, au printemps 1990, à l'occasion d'une rencontre bilatérale à Key Largo, le président Bush, lors d'un tête-à-tête avec le président Mitterrand, lui tient à peu près ce langage : « Je sais que vous souhaitez nommer Jacques Attali à la tête de la nouvelle banque que nous allons créer pour financer la transition dans les pays de l'Est. Je puis être d'accord, bien qu'il y ait déjà beaucoup de Français à la tête d'organisations internationales, mais à condition que vous ne représentiez pas M. Camdessus à la fin de son premier mandat au FMI. » La réponse du président français fut, m'a-t-on dit, celle-ci : « Je ne mange pas de ce pain-là. Camdessus a très bien travaillé. » Peu de temps après, un vote est prévu pour mon renouvellement. Le secrétaire au Trésor écrit à ses collègues du G7 leur demandant de reporter cette décision ; de fait, pour avoir le temps de me dicter ses conditions. Le Conseil passe outre. Une seule voix sur vingt-deux manque à l'unanimité sur mon nom. L'administrateur américain, Tom Dawson[1], demande alors – m'a-t-on dit – un bref délai de réflexion ; à la fin de la réunion, l'unanimité est réunie. Peu après, Jacques Attali prend ses fonctions à Londres. Ces péripéties ne sont qu'anecdotes. Je ne m'y serais pas arrêté si elles ne montraient assez bien l'environnement dans lequel les grandes organisations internationales sont amenées à travailler. Il faut y être conscient de la tentation permanente des grandes puissances de les instrumentaliser pour soutenir leurs amis sans avoir à mettre leurs propres budgets à contribution ou avoir à en référer à leurs parlements. Il faut mettre un point d'honneur à n'y point céder. Le succès du multilatéralisme, cette belle invention du XXe siècle, en dépend.

Tel fut le préambule de mes travaux argentins. Il y eut diverses tentatives pour permettre à ce pays de se remettre en selle. Ce fut d'abord un plan Primavera. Il échoua. Puis il y eut le « plan austral » dont Juan Vital Sourrouille, ministre du Plan devenu ministre des Finances, fut le principal architecte : ce ne fut guère un succès, en raison en particulier du refus argentin

1. Sous instructions, Tom Dawson, remarquable administrateur, obéissait ici à ses autorités nationales. À titre exceptionnel et en raison de ses qualités personnelles et de communicant car, par principe, je ne voulais pas recruter les membres du *staff* parmi les administrateurs ou leurs adjoints, je l'ai recruté plus tard comme directeur des relations extérieures.

d'adopter un taux et un système de change réalistes et de l'incapacité du gouvernement à redresser suffisamment son budget. Le Fonds pourtant, malgré un scepticisme voire une irritation grandissante des pays créanciers, ne ménagera pas sa peine pour accompagner les efforts argentins. Je garderai le contact avec le président Alfonsín ; je le rencontrerai notamment début février 1988, en secret à Madrid, où ce grand démocrate est logé dans le palais du Pardo, ancienne résidence de Franco. Il n'y aura pas moins de quatre accords stand-by successifs sans qu'aucun ne connaisse un réel succès. Bien au contraire, de glissade en dérapage, la présidence Alfonsín finit avant son terme en catastrophe.

Les arriérés extérieurs ont atteint 5 à 5,5 milliards de dollars, l'austral – la nouvelle monnaie – tombe en juillet 1989, à la date de la nouvelle élection présidentielle, à 650 pour 1 dollar contre 20 dollars trois mois plus tôt ; l'inflation atteint 200 % par mois ! Ce pays est donc fort loin de pouvoir être un des premiers bénéficiaires du plan Brady. Au surplus, la campagne électorale porte au pouvoir le gouverneur péroniste de la Rioja, Carlos Menem, connu jusque-là pour ses extravagances, ses excès de vitesse en voitures de course et quelques propos agressifs contre les créanciers extérieurs.

C'est donc une énorme surprise lorsque, récemment élu cinquantième président du pays, Carlos Menem vient à Washington avant même sa prise de fonction officielle en décembre 1989, et nous rend visite le 27 septembre, à Enrique V. Iglesias et à moi. Petit, les yeux sombres, les cheveux un brin trop longs, le teint basané, une élégance recherchée, la démarche énergique, on le sent toujours prêt, sinon à enfourcher une monture de *gaucho*, du moins à prendre le volant d'une voiture de course. On devine aussi le séducteur, l'homme qui a besoin d'être aimé et de conquérir les cœurs et le pouvoir. Bref, un homme politique, mais qui croit en son pays et veut bien faire.

Nous sommes interloqués par son langage. Sans s'étendre sur la situation dont il hérite, il nous détaille les mesures qu'il propose de prendre en un programme d'une impressionnante orthodoxie : le taux de change dévalué puis maintenu « là où il doit être », la remise en ordre du budget, une réforme fiscale, des subventions supprimées, l'indépendance de la banque centrale garantie, excluant tout financement du Trésor. Bref, musique à nos oreilles !

Il me demande simplement de lui dépêcher d'urgence une mission d'experts pour négocier un nouvel accord. Nos fonctionnaires, Joaquim Ferran et Desmond Lachman, reprennent une nouvelle fois leur attaché-case et le 10 novembre 1989 – alors que le mur de Berlin s'effondre – le conseil d'administration approuve un accord stand-by pour les dix-sept mois suivants dont le succès permettra dès l'année 1990 l'adoption d'un programme à moyen terme pour servir de base au règlement d'ensemble du problème de la dette. Celui-ci sera acquis deux ans plus tard. Cette étape décisive peut être franchie grâce à l'audace et à la formidable énergie de Domingo Cavallo, nommé ministre des Finances fin janvier 1991. Il s'appuie sur un excellent économiste nommé gouverneur de la banque centrale, Roque Fernández.

Cavallo est homme à prendre le taureau par les cornes et il le fait. Il écrit la « loi de convertibilité » et la fait adopter par un congrès quelque peu abasourdi, à peine deux mois après sa nomination. Le projet est d'une ambition sans précédent : il s'agit de museler l'inflation en limitant la base monétaire au niveau des avoirs extérieurs liquides de la banque centrale sur la base d'un taux de change fixe de 10 000 australs pour un dollar. Il y ajoutera la poursuite active des dénationalisations et des mesures de dérégulation, déjà prévues dans le programme Menem. Il propose ainsi une discipline stupéfiante dans le paysage argentin. Cette approche semble trop radicale aux experts du Fonds qui, tout de suite, expriment leur admiration mais font valoir les difficultés d'application auxquelles il faudra s'attendre : discipline budgétaire sans précédent dans ce pays où les corporatismes sont si puissants, risque de surévaluation rapide du taux de change. Cavallo ignore superbement ces mises en garde. Il est prêt à passer en force et à brûler ses vaisseaux.

Le « choc » produit l'effet désiré ; la confiance revient et, avec elle, les capitaux, reconstituant ainsi les réserves de

DR

Avec quelques collaborateurs : Shail Anjaria, le porte-parole, Hernán Puentes, le directeur de l'Information, et Ruth Saunders, mon assistante. J'ai aimé travailler et profondément admiré les hommes et les femmes qui œuvrent au FMI. Ils ont souvent inventé des approches ou des solutions nouvelles dont on a pu m'attribuer la paternité ; rappeler leur contribution n'est que justice.

IMF

Avec mes trois directeurs généraux adjoints : Shigemitsu Sugisaki, Stanley Fisher et Alassane Ouattara. Nous mettions en commun, tôt chaque matin, tous les problèmes de la journée, nous partageant les tâches les plus diverses dans un climat de confiance et d'ardeur partagées.

En 1981 à Gdańsk. Qui aurait imaginé que le chef des syndicalistes deviendrait, huit ans après, un des hommes forts du nouveau régime polonais ? C'est avec émotion que je l'ai retrouvé un après-midi de décembre 1989. Lech Wałęsa préside la rencontre, entouré d'un trio de légende : Jacek Kuroń Bronisław Geremek et Leszek Balcerowicz. Ce sont ces hommes-là qui ont sauvé l'honneur de leur pays et de l'Europe et renversé le cours de l'histoire. Face à une économie délabrée, ils savent que c'est à eux qu'il incombe de prendre en main les destinées d'un pays qu'ils ont arraché à cinquante ans de souffrances et d'oppression.

DDRBILDARCHIV.DE / ANDIA.FR

Nous nous souvenons tous de ce que nous faisions ce soir-là : suspendus, stupéfaits, à nos appareils de radio, « scotchés » à nos téléviseurs ; des Allemands de l'Est et de l'Ouest juchés sur le mur, les pioches qui en descellent des pans, un inimaginable délire d'enthousiasme. Grand silence au Kremlin. L'événement nous secoue. Le monde est autre, on est dans l'irréversible. Ce sont ces foules qui ont su prendre le risque de la liberté qu'il faudra accompagner vers l'avenir dont elles rêvent.

BRUNO BARBEY / MAGNUM PHOTOS

JUSTIN LEIGHTON / EYEVINE / BUREAU 233

C'est avec émotion que j'ai rencontré le président du Parlement, Alexander Dubček, cet homme qui fut secrétaire général du Parti communiste dans les années soixante. Il avait tenté alors l'expérience du « socialisme à visage humain ». Moscou y avait mis fin en envoyant le 21 août 1968 ses blindés parcourir les rues de Prague. Avec Václav Havel, le 24 novembre 1989.

Avec « le dernier grand du XXe siècle », en décembre 1987. Je le rencontrerai une seconde fois en octobre 1989 : il est en train de renverser l'empire soviétique et de libérer ses satellites d'Europe de l'Est. Il le fait à mains nues, sans la moindre division, aurait dit Staline, avec ce haussement d'épaules qui est resté dans l'histoire. Je devrais être intimidé ; mais l'accueil est tel, fait d'ouverture, de chaleur, d'attention, d'attente confiante perceptible au premier contact, que l'on se sent comme hissé, de plain-pied avec lui.

FOTO FELICI

AKG-IMAGES / RIA NOVOSTI

En arpentant avec moi le long couloir qui conduit au bureau d'Eltsine, le Premier ministre, Egor Gaïdar, me prévient : « Ne soyez ni surpris, ni offensé, le Président n'a pas les bonnes manières de Gorbatchev ; vous risquez de le trouver quelque peu *bullish.* » *Bullish... Bull :* taureau... Dans l'instant, ce mot me rappelle le taureau bondissant dans l'éclatant soleil, la musique des bandas et le vacarme festif des arènes de Bayonne. Gaïdar perçoit ma surprise ; il s'empresse de rectifier : « Mais ce n'est qu'une affaire de style, vous savez ; j'aurais dû dire que son style est un peu agressif, soviétique en quelque sorte ! » Je vais bientôt m'en rendre compte.

DR

Viktor Stepanovitch Tchernomyrdine, Premier ministre de Russie. Au fil de nos rencontres, y compris au cours de week-ends hivernaux, j'apprendrai à le connaître, à apprécier son bon sens, son humour, son écoute. Il y a chez lui quelque chose que je ne trouve pas fréquemment chez mes interlocuteurs : une capacité à laisser de côté son objectif immédiat, tel ou tel avantage dans une négociation, pour entrer dans un échange, suivre son interlocuteur dans ce qu'il cherche à partager.

ABBAS / MAGNUM PHOTOS

Notre expérience avec le Zaïre de Mobutu fut loin d'être un succès. Tout fut essayé. Qu'en est-il resté ? Cet immense pays a pourtant de nombreux atouts pour réussir. Hélas, ses richesses ont toujours fait, de mémoire d'homme, l'objet de toutes sortes de pillages. Exprimant son admiration devant la façon dont les Zaïrois survivent au cœur de la totale anarchie des dernières années du règne de Mobutu, un sociologue me disait : « Observez ce pays, c'est l'un des rares qui pourrait survivre sans un État, tellement son peuple est riche de sagesse et de créativité... »

NICOLAS REYNARD

« Donner confiance aux membres... » Parmi les diverses missions du Fonds, ces mots m'ont un jour saisi. Formidablement ambitieux, ils traduisent les espoirs que la communauté des nations place dans les institutions qu'elle se donne. Ils proclament cette nécessité de la confiance pour unir les nations, déclencher et soutenir leur développement. « Tu donneras confiance, me disais-je. Au milieu de tes autres tâches, ce sera le cœur de ton métier. »

SEGIB (SECRETARIO GENERAL IBEROAMERICANO)

Enrique V. Iglesias – Il sera pour moi un guide… De grandes affinités nous réunissent : sa superbe culture européenne, mon propre intérêt pour la civilisation hispanique et les mêmes convictions spirituelles.

DR

Avec Jim Wolfensohn, président de la Banque mondiale. Nous nous serrons les coudes dans la lutte contre la pauvreté, la corruption et toutes les missions communes des deux institutions sœurs de Bretton Woods.

IAN BERRY / MAGNUM PHOTOS

Je rencontre Nelson Mandela pour la première fois à l'occasion de sa visite triomphale à Washington, en 1993. C'est un modèle d'humanité. Un seigneur. Il vous veut de plain-pied avec lui, même si vous ne pouvez pas ne pas être profondément impressionné par tout ce qu'il représente. Il est d'une totale liberté, à l'égard de tous et de lui-même, ferme sur ses objectifs mais prêt à reconnaître son ignorance. Cet homme d'une parfaite lucidité, qui n'ignore rien de la méchanceté des hommes, irradie une joie intérieure. Il connaît ses propres faiblesses mais il est si parfaitement réconcilié avec lui-même qu'il sera, pour les autres, l'homme par excellence du pardon et de la réconciliation. Il est pleinement convaincu de la possibilité de celle-ci parce que, tout naturellement, il prête à son peuple sa propre grandeur d'âme et parce qu'il a foi dans la capacité des Blancs à accepter la main qu'il leur tend.

ABBAS / MAGNUM PHOTOS

Benazir Bhutto (ici en campagne pour les élections de 1993) avait toutes les qualités d'un grand leader. Son surnom de « Kennedy pakistanaise » lui allait bien. Nous aurions aimé l'aider davantage. Elle nous semblait pouvoir exorciser quelques-uns des démons de son pays, hâter son entrée dans la modernité. Ce n'était, hélas, qu'un rêve. Son destin fut celui de ces étoiles qui disparaissent dans des trous noirs. Ceux du clanisme et de l'affairisme dans son pays.

INTERVIEW MICHEL CAMDESSUS

oming out fightin

The IMF's managing director defends his record to **Richard Lambert** and **Stephen Fidler**

ment f
bondhold
currently
power over
The IMF r
capital acco
albeit in a cau
and Mr Camdes
warning for Ma
Malaysia's prim
has imposed capi
part of his bid to
economy.
"I believe he tak
course he can hav
positive results in
exchange apprecia
some apparent stabilit
sures of this kind disc
eign investors.
"Finally, they lead to
which in a globalised w
the way to maximise t
of an economy."
So what about Latin
which has now moved
eye of the storm? Wou
global financial system
dysfunctional if count
Argentina – which had
about everything by th
were to become embroi
crisis?
Mr Camdessus agre
would be a bad day if
the world were to let
tries down. "But I bel
not the central scena
that more and more
will differentiate a
tries."
Brazil, for instanc
ward off the crisis
big cut in discret
and raised intere
nificantly.
"They stand
if the need
dessus says
any intern
offing for
of cours
was at
For i
is no

DR

Dessin de Ingram Pinn,
paru dans le *Financial Times*,
le 17 septembre 1997.

Dessin de Plantu,
paru dans *Le Monde*,
le 6 août 1997,
lorsque s'ouvre
la crise thaïlandaise.

MERCREDI 6 AOÛT 1997

autorités financières internationales quiètent de l'instabilité des monnaies

FMI engage un plan exceptionnel de sauvetage de l'économie thaïlandaise

ancassu
t raison...

puissances de frappe
rieuses en Europe et se
considérablement dans
d'actifs, où la course à la
lancée pour survivre dans
ché devenu mondial. Le
venu se présente comme le
ro trois de la gestion de cap
derrière Fidelity et AXA-UAP
numéro sept en termes de ca
lisation boursière.
Dans le sillage, d'autre
liances de bancassurance
vraient se développer. To
dans la Confédération helv
l'Union de banques suiss
mière banque du pays,
resserrer ses liens avec
et la Société de banque
le groupe Zurich.
En Italie, l'INA, nu
l'assurance, associ
zionale del Lavo
prendre le Banc
son sauvet

Le billet vert bénéficie à la fois ... de l'économie améri... de chômage est des...

ricaine pour limiter les tensions inflationnistes. En Europe aussi, les analystes craignent un resserrement de la politique monétaire de la Bundesbank pour enrayer

perspectives de remontée du loyer de l'argent des deux côtés de l'Atlantique ont fait trébucher les marchés obligataires.

DR

DR

Le FMI croit en l'efficacité économique, à la liberté, mais le néolibéralisme qui proscrit toute intervention économique de l'État n'est pas pour autant dans ses gènes. Un lourd et universel soupçon pèse pourtant sur lui. Cent fois j'aurai à répondre à des interpellations à ce propos. Son rôle de conseil sur les politiques économiques l'oblige à élargir sa vision. Les disciplines qu'il préconise trouvent leur justification ultime, non en elles-mêmes comme une partition que nous aurions à faire jouer en gardiens solitaires de la vertu financière, mais dans leur rôle central pour un développement intégral. Ceci nous fait donc obligation de placer explicitement le souci des plus pauvres au cœur de nos stratégies et de nos actions. S'en abstenir nous ferait manquer notre but. Ces efforts ne nous épargneront ni les philipiques ni d'odieux qualificatifs (ici sur le mur, pendant nos assemblées à Berlin à 1988).

Dessin de Ollis Marktplatz, paru dans le *Frankfurter Allgemeine Zeitung*.
Le FMI aux prises avec les tigres asiatiques.

DR

DR

L'aide de Makoto Utsumi fut des plus efficaces pour nous aider à réunir les ressources de notre guichet de prêts à taux 0 % pour les pays les plus pauvres. Je trouverais toujours auprès de lui une prodigieuse intelligence de situation et un sens rare du bien commun universel.

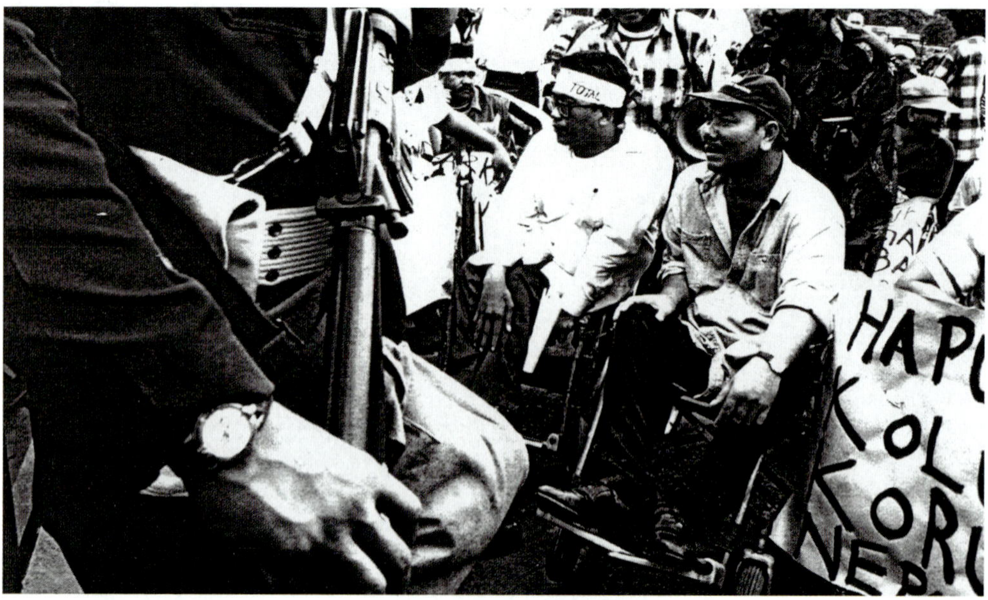

DR

« À bas la corruption, la collusion et le népotisme ! » Excédés par la hausse des prix du du fuel et de l'électricité, les étudiants indonésiens, rapidement rejoints par d'autres manifestants, descendent dans la rue pour réclamer la démission de Soeharto au printemps 1998. Après de longs mois de négociations et de plans avortés, dans un contexte économique désastreux, nous parvenons à faire adopter un programme. Les slogans de ces manifestants reprennent des thèmes centraux de notre action.

MICHELE IANNACCI

Profitant de l'invitation de Bill Clinton à monter dans sa limousine après l'une de nos assemblées annuelles, un jour d'octobre 1995, je lui demande à quelle question il aurait aimé réfléchir s'il avait fait le trajet seul. Il reste silencieux un instant puis : « Vous savez, nous ne prenons pas assez au sérieux, au plan mondial, la question écologique. Nous allons vers des phénomènes extrêmes sans nous y être préparés. Où en sera le monde dans vingt ans ? » Je ne peux qu'acquiescer. Je suis impressionné par son ton de sincérité. Il montre d'évidence que seule l'union des peuples pour des changements radicaux pourrait venir à bout des défis majeurs posés à l'humanité. Le plus grand pays, seul, n'y peut pas grand-chose.

DR

Brigitte et moi étions condisciples à l'Institut d'études politiques de Paris au début des années cinquante. Nous y faisions déjà équipe pour l'accueil des étudiants étrangers, l'organisation de camps de ski ou de retraites spirituelles... Durant toutes ces années au FMI, elle me fut d'un soutien incomparable, par son écoute, ses conseils et son engagement dans la lutte contre la pauvreté.

change. Quelques mois après, l'inflation est maîtrisée[1]. Le climat est devenu tel qu'un nouvel austral peut être introduit. Sa valeur faciale est divisée par 10 000 : il vaudra désormais un dollar et sur cette base, sa stabilité sera assurée jusqu'à la fin du siècle, même si, hélas, la faiblesse de la gestion budgétaire des dernières années de la décennie fera courir le risque d'un effondrement qui ne manqua pas de se produire fin 2001.

Un nouvel accord avec le Fonds est approuvé en juillet 1991 suivi d'un programme[2] sur trois ans pour près de 3 milliards de dollars. C'est sur cette base que l'ensemble des opérations de restructuration et de réduction de dette que l'Argentine attendait depuis si longtemps peut être mis en place. La nouvelle dette se substitue à l'ancienne réduite à 38 % de sa valeur faciale. L'activité économique reprend, l'inflation est ramenée à 4 % en 1994, le budget est à l'équilibre, la croissance atteint 7 % l'an sur la période 1991-1994. Le programme n'est menacé que par les velléités dépensières des gouvernements des provinces dont la constitution garantit l'autonomie.

Ma tâche eût été facile pendant ces années-là s'il ne m'avait fallu intervenir discrètement à plusieurs reprises pour que le couple Cavallo-Menem échappe au divorce. De plus en plus, le comportement de Cavallo en tsar de l'économie et ses initiatives personnelles, en général très justifiées mais rarement concertées, notamment dans le champ de la lutte contre la corruption omniprésente dans le pays, irritent ses collègues du gouvernement et, peut-être plus encore, le président lui-même. Cavallo, lui, ronge souvent son frein et peine à refréner ses poussées d'indignation contre ce qu'il considère comme la frivolité du président ou le populisme de la classe politique. L'un et l'autre me disent périodiquement qu'entre eux, cela ne peut plus durer. Il s'agit pourtant de laisser cette expérience porter tous ses fruits et la consolider le plus longtemps possible. J'exhorte donc l'un

1. Je me taille en toute innocence un petit succès en disant à des journalistes, en arrivant à Buenos Aires : « Vous me trouvez plus souriant que d'habitude, c'est tout simplement parce que c'est la première fois que je trouve ici une inflation à un chiffre et les jacarandas en fleur. »

2. Il s'agit de la « facilité élargie » qui, portant aussi sur des mesures de type structurel, voit sa durée de remboursement portée de 4 à 10 ans.

et l'autre à la patience et à l'abnégation au nom de leur patriotisme. Cela dure – non sans moments de vive tension – jusqu'à la crise dite «Tequila» en janvier 1995, lorsque l'élève modèle mexicain se trouve à nouveau au bord de la banqueroute. L'Amérique latine tout entière en est ébranlée. Une fois de plus, Cavallo a le bon réflexe. Il s'agit pour lui non seulement d'éviter la contagion, mais de profiter de la grande peur qui secoue le continent pour resserrer quelques écrous. Il sait parfaitement que du fait de la fragilité de sa situation budgétaire, au premier choc extérieur sérieux, les capitaux risquent de s'enfuir et son beau mécanisme de convertibilité monétaire d'être détruit. Sa réussite jusque-là a été exceptionnelle mais il travaille sans filet.

Au premier coup de téléphone de Stanley Fischer, son ancien maître à Harvard, lui décrivant nos inquiétudes devant les risques de contagion, il prend le prochain avion et vient me voir. Nous déjeunons sur le pouce et en deux heures, tout est clair. Une mission conduite par Martin Hardy s'envole pour Buenos Aires ; elle y travaillera dur. Les circonstances ne sont guère favorables. Une nouvelle campagne présidentielle commence en effet et la décision – pourtant indispensable – d'augmenter les impôts de l'ordre de deux points de PIB ne va pas de soi. Un accord est cependant trouvé et permet de prolonger d'un an le programme en vigueur. Lorsque notre Conseil se réunit pour l'approuver, je crois de mon devoir d'exprimer – comme le font aussi quelques administrateurs – mes propres doutes sur la viabilité à long terme du *currency board*, ce régime de change fondé sur la parité avec le dollar. Il implique, en effet, une rigueur exceptionnelle dans l'ajustement structurel du pays. L'Argentine va pourtant poursuivre son effort jusqu'en 1997. À cette date, la crise asiatique vient changer la donne. Il faudra négocier de nouveau.

Entre-temps, la situation s'est assez stabilisée pour que le divorce amiable du couple des deux principaux dirigeants puisse être envisagé sans trop de craintes, en juillet 1996. Cavallo est remplacé par Roque Fernández, jusque-là gouverneur de la banque centrale. Une lourde tâche lui revient : avancer sensiblement plus loin dans le champ des réformes structurelles ; une croissance durable et plus juste en dépend.

Les justicialistes voudront-ils aller de la stabilité à la justice ?

Au lendemain de la brillante réaction de l'Argentine à l'« effet Tequila », nos inquiétudes ne sont guère partagées. L'activité économique reprend après la chute de 1995 ; les capitaux continuent d'affluer et l'inflation est contenue. Nous pensons pourtant qu'il reste beaucoup à faire pour consolider cette économie face aux turbulences de la mondialisation, pour que son dynamisme ne soit pas enrayé par les risques que notre surveillance met en lumière : corruption, dépenses improductives, inégalités dans la distribution des revenus, alors qu'il est urgent d'étendre par priorité les bénéfices de la prospérité collective aux segments les plus pauvres de la population.

J'insiste sur ces thèmes dans mes échanges avec le gouvernement et dans mes interventions publiques. L'écoute est attentive mais les progrès fort lents, constamment freinés par le poids des lobbies au Congrès. Le jour vient en octobre 1997 où le président Menem y perd sa majorité. Il m'apparaît alors d'autant plus important d'insister sur ces réformes que ce système, qui repose trop exclusivement sur un régime de change rigide, laisse apparaître de plus en plus sa fragilité.

Je décide de profiter d'une invitation à un congrès de l'Association professionnelle des banques argentines pour venir tenir à Buenos Aires le 21 mai 1997 un discours très ferme sur la nécessité d'avancer vers ce que nous appelons au FMI « la seconde génération de réformes », celle qui devait suivre sans délais le retour aux grands équilibres. Comme à ce moment-là, la croissance annoncée est de 6 % par an et l'inflation proche de zéro, c'est donc le moment de passer à une nouvelle étape « vers une croissance plus forte, plus durable et plus juste ». Je répète ainsi ce que j'ai déjà dit en tant d'occasions sur l'impératif de transparence, de bonne gestion budgétaire, une priorité pour l'éducation, la lutte contre la fraude fiscale – ce sport national –, la nécessité de réduire les dépenses improductives y compris au niveau des provinces, la poursuite du renforcement du secteur financier, la nécessaire flexibilité du marché du travail pour contribuer aux créations d'emplois, etc. Relisant mon projet au dernier moment, j'y ajoute un fort paragraphe, *in fine*, au mépris des bonnes règles de rhétorique, pour préciser le fond de ma pensée : « Les perspectives flatteuses de votre pays pourraient aboutir à un désastre si pendant cette nouvelle période qui s'ouvre, vous n'intensifiez pas vos efforts pour réduire les inégalités dans la distribution des revenus et, encore plus, pour ouvrir plus d'opportunités aux plus défavorisés, surtout pour l'éducation et la formation professionnelle de leurs enfants... Faute de le faire, votre prospérité restera fondamentalement menacée par toutes les tensions que peuvent engendrer des frustrations exacerbées. Elles seront exploitées par tous les populismes que vous ne connaissez que trop bien. »

Je reprends ce discours devant les députés au Congrès dans une atmosphère palpable d'indifférence, voire de sourde hostilité. Je le fais aussi devant la Cour suprême apparemment peu concernée. Au total, ces propos n'ont pas un grand écho. En fait, très rares sont ceux qui voient quelque utilité à ce genre de réformes. La fraction de la population qui bénéficie de la prospérité retrouvée se soucie peu des *villas miserias*, ces bidonvilles qui prolifèrent autour de la capitale. Une misère noire y règne mais les bonnes âmes pensent qu'elle sera bientôt résorbée par quelques années de poursuite de l'expansion pour le bonheur de tous. On ne perçoit pas une inquiétude beaucoup plus grande dans les milieux syndicaux *oficialistas*. Le péronisme des *descamisados* s'est bureaucratisé et au sein d'un État où il garde de solides bastions, il veille surtout à la défense des privilèges de ses mandants. Hors de question de les laisser remettre en cause. Ses dirigeants prétendent pourtant parler des pauvres et en leur nom. Ils vont développer une rhétorique aux accents de plus en plus révolutionnaires contre le pouvoir financier et les multinationales qui désindustrialiseraient ou ruineraient le pays. Discours mensonger car cette ruine a des origines bien antérieures à l'arrivée du capital étranger. Elles se trouvent tout autant, sinon plus, dans ce populisme qui ronge le pays depuis des décennies et dont ils ont été les propagandistes et les agents.

Les préoccupations des meilleurs esprits se portent plutôt vers d'autres risques liés, pour eux, à l'avenir du *currency board.* Les difficultés du Brésil avec son propre système de change et, dès le mois de juillet, le début de la crise asiatique vont bientôt en faire le problème argentin numéro un. Je me suis souvent demandé depuis si nous n'aurions pas dû à ce moment-là demander à l'Argentine de prendre les marchés par surprise et d'opérer une sortie ordonnée de ce système pour ne pas avoir, plus tard, à agir en catastrophe. Il est bien vrai que le printemps 1997 eût été un moment idéal pour le faire. Hélas, deux raisons majeures nous en dissuadaient : cette décision relevait, d'une part, du choix souverain du pays ; or les autorités argentines n'en voulaient à aucun prix ; nul, d'autre part, ni au Fonds ni en Argentine, n'accepterait de prendre le risque de l'évoquer publiquement, au risque d'être responsable du déclenchement d'une crise catastrophique.

Il n'y aurait donc de solution aux yeux des experts du Fonds que dans un renforcement de la discipline budgétaire. Les Argentins eux, rêvent d'autre chose. Fin 1997, la crise internationale commence à faire sentir ses effets à travers la chute des entrées de capitaux et surtout la dévaluation prononcée du real brésilien qui provoque un déséquilibre majeur de la balance commerciale argentine. Nous multiplions alors nos missions à Buenos Aires pour tenter de hâter une prise de conscience salutaire des autorités. Nous organisons à Washington une réunion de l'ensemble des ministres des Finances et gouverneurs de banques centrales de la région pour que – comme nous le tentions en Asie au même moment – les responsables argentins entendent les diagnostics et recommandations de leurs pairs et des responsables des grandes institutions. Peine perdue. Au lieu de rechercher la solution de leurs problèmes dans les directions qui leur sont suggérées, les responsables argentins et leur président caressent une autre idée qui relève presque du tour de passe-passe : adopter le dollar comme monnaie nationale en renonçant au peso et en « dollarisant » totalement l'économie. Certes, le pays perdrait ainsi son autonomie monétaire, mais ce serait aussi la fin des fuites de capitaux et de cette propension constante des Argentins d'aller à Miami placer leur épargne.

À l'approche d'une nouvelle élection présidentielle et devant la montée de plus en plus perceptible de la spéculation, la tentation est grande de consentir à cet abandon subreptice de souveraineté qui leur ôterait une redoutable épine du pied. Une initiative tapageuse en ce sens est lancée à l'occasion d'un voyage de Carlos Menem à Washington[1]. Pour mieux la justifier, le ministre des Affaires étrangères, Guido Di Tella, lyrique pour une fois, parlera d'une « union charnelle » pour qualifier les relations de l'Argentine et des États-Unis à travers l'histoire. Bob Rubin, sur le point de quitter ses fonctions de secrétaire au Trésor, opposera cependant à la suggestion d'union monétaire une élégante mais glaciale réponse : « Dollarisez si cela vous arrange, mais ne comptez en rien sur nous pour modifier en quoi que ce soit notre politique monétaire pour prendre en compte les fluctuations de votre conjoncture ou vos propres besoins. »

Les Argentins ne se découragent pas et poursuivent leurs conversations avec les États-Unis jusqu'à la fin de l'ère Menem, après l'élection présidentielle de 1999. Si pendant ces derniers mois, l'action réformatrice demeure très décevante, les péripéties internationales n'entraînent pas de catastrophe immédiate. Le pays connaît cependant en 1999 une forte chute de sa croissance à la suite de sa perte énorme de compétitivité face au Brésil, son principal partenaire commercial, et de la chute des prix de ses deux produits d'exportation – le blé et le soja – le tout aggravé par la chute des investissements extérieurs. C'est à la fin de 2001 qu'une nouvelle crise majeure devait éclater.

Venu, cette année-là, en simple visiteur, après mon départ du FMI, j'aurai, dans les rues de Buenos Aires, le triste spectacle de ces adolescents – *los cirujanos*[2] – qui, à la nuit tombée, venaient dans les rues des beaux quartiers éventrer les sacs à ordures pour y rechercher quelque nourriture ou ce qu'ils pourraient vendre pour quelques sous. De violentes émeutes éclateront plus tard lorsque des foules d'habitants des *villas miserias* viendront, dans un vacarme de casseroles, crier leur désespoir aux portes

1. Il s'invitera à notre assemblée annuelle de 1998 et y parlera après le président Clinton. Cela me fut vivement reproché. Je n'y pouvais rien.

2. Les chirurgiens.

de la *Casa rosada*[1] d'où le président de la Rúa finira par fuir en hélicoptère. Des foules immenses défilent dans les avenues de la ville. Leurs pancartes et banderoles, moins pertinentes pour la plupart que celles que l'on pouvait lire quelques mois auparavant en Asie[2], vilipenderont ici les banques, les multinationales et une fois de plus le FMI. La mouvance populiste tiendra le haut du pavé. Elle reviendra au pouvoir. Il ne me reste plus, à la fin de ce séjour privé, qu'à aller rendre visite dans sa prison – un camp militaire de sinistre mémoire – à Domingo Cavallo. Il campe sur ses convictions. «Gardons-nous, au moins nous deux, me dit-il en substance, de désespérer de l'Argentine.» Une nouvelle élection présidentielle aura lieu peu après et un nouveau gouvernement sera formé. Ni lui ni ses successeurs ne semblent avoir, pour l'instant, guéri l'Argentine de ses maux ataviques, simplement occultés une fois de plus, pendant quelques années, par le vigoureux envol du prix de ses matières premières.

Répondant à mes interrogations sur l'avenir de leur pays, il n'était pas rare que des membres de l'*establishment* argentin me disent : « Vous savez, tout dépend ici du cours du soja : s'il est haut, tout va bien, s'il s'effondre, nous côtoyons l'abîme, c'est notre cycle ! »

L'explication était trop courte comme celle d'ailleurs de ceux qui expliquent leurs malheurs par les seuls abus des milieux financiers ou du capitalisme international.

Sans négliger ces raisons, d'autres hommes de réflexion recherchent plus en profondeur les causes du malaise de ce pays. Leur attention se porte sur sa culture et sa conscience politiques, ces fondements premiers du vivre ensemble. Ils sont attentifs au cri des *villas miserias* et savent aussi que l'Argentine ne peut se soustraire aux dures réalités de l'économie internationale si elle veut profiter pleinement de ses promesses. Ils travaillent donc à consolider la cohésion sociale de leur pays. Ils lui ouvrent ainsi les voies trop négligées jusqu'ici d'un développement durable.

---

1. Le palais présidentiel.
2. «À bas la corruption, la collusion et le népotisme», était-il écrit sur les banderoles brandies par les manifestants de Djakarta.

L'Amérique latine en mouvement

L'Amérique latine a de nombreux visages dont le Mexique ou l'Argentine sont loin de résumer tous les traits. Il y aura, dans ces dernières années du XXe siècle, autant d'expériences pour s'extraire de la lourde main des régimes militaires et de leurs doctrines de sécurité nationale et de développement autocentré que de pays. Le FMI les accompagnera le plus souvent, qu'il s'agisse de ce pays continent qu'est le Brésil, d'un Chili exemplaire, du Guatemala, du Venezuela et de tant d'autres qu'il me sera impossible d'évoquer.

Brésil : s'en tirer tout seul ?

Quelle que soit l'immense importance de ce pays, je n'aurai à son propos que de brefs commentaires. Pendant fort longtemps, tout en étant attentif aux appréciations portées par nos experts sur sa situation, il ne nous offre guère d'occasions d'y intervenir. Les problèmes auxquels il doit faire face au lendemain de la dictature militaire sont d'une extrême complexité, mais il s'est toujours efforcé de les régler par lui-même. Nous n'en suivons pas moins ses efforts de près et nos spécialistes chargés successivement de ce pays – Thomas Reichmann et José Fajgenbaum – y multiplient les voyages et viennent souvent me rendre compte de leurs observations.

J'ai d'ailleurs des entretiens fréquents avec ses principaux responsables constamment aux prises avec de redoutables pressions inflationnistes : les ministres Marcílio Marques Moreira, Fernando Henrique Cardoso et Rubens Ricupero surtout, avec lesquels j'entretiens des relations amicales. Il en est ainsi lors de la préparation d'une tentative de stabilisation pendant la première moitié des années quatre-vingt-dix, avec l'adoption en 1994 d'une nouvelle monnaie, le real, la restructuration de la dette extérieure dans le cadre du plan Brady et l'adoption de mesures monétaires et budgétaires courageuses. C'est un grand succès : l'inflation qui s'était approchée de 50 % par mois en juin retombe à 2 % à la fin de l'année et les capitaux étrangers affluent de nouveau.

L'économie progresse pendant les années suivantes et l'effet Tequila peut être contenu, jusqu'à ce qu'une crise bancaire en 1996 et des difficultés dans le domaine budgétaire ne viennent la fragiliser et la rendre vulnérable aux contrecoups de la crise asiatique de 1998. Je confie alors à Stan Fischer le soin de soutenir son ancien élève au MIT, Pedro Malan devenu ministre des Finances. La tâche est fort difficile. Trois gouverneurs se succèdent à la banque centrale. Il faut agir prudemment, en pleine campagne présidentielle, même si, fort sagement, l'équipe en place se garde de tout débordement électoraliste. La crise finit par prendre une tournure particulièrement aiguë ; j'ai alors une conversation discrète avec le président Fernando Henrique Cardoso qui vient d'être réélu à la présidence. J'ai pour cet homme de haute culture et familier des universités françaises la plus grande estime et nous partageons une véritable confiance mutuelle. Nos conclusions se résument en trois points très simples : il n'accepterait pas que son gouvernement prenne des positions que nous ne pourrions que refuser ; nous ne prendrions pas en ce qui concerne son pays de ligne qui lui soit politiquement inacceptable et nous garderions enfin, lui et moi, un contact suffisamment étroit pour régler, si nécessaire, d'ultimes difficultés. Stan Fischer et Teresa Ter-Minassian qui ont hérité de ce dossier, d'un côté, et Pedro Malan, de l'autre, travaillent si bien que nous n'avons, ni l'un ni l'autre, à intervenir, si ce n'est pour remercier nos excellents négociateurs. La solution à laquelle ils parviennent consiste en un plan de soutien de 42 milliards de dollars reposant sur un arrangement de « facilité élargie » avec le Fonds pour 18 milliards de dollars sur trois ans, complété par des contributions des pays industriels mises sur pied avec la coopération de la BRI.

Sa mise en œuvre est difficile mais le Fonds s'engage aussi vigoureusement que possible pour convaincre les marchés de sa solidité. Le succès finit par être reconnu. La croissance reprend, l'inflation est maîtrisée. Une nouvelle ère de prospérité s'ouvre pour le pays.

Le Chili, élève modèle

Même si je n'ai pas eu à intervenir dans ce pays si ce n'est pour le suivi annuel des développements de son économie, il me faut évoquer brièvement le Chili parce qu'il a constitué pour ses voisins latino-américains un remarquable et continuel exemple de bonne gestion. Je bénéficierai énormément de mes échanges avec Carlos Massad, le sage gouverneur de la banque centrale, et avec ses ministres des Finances successifs. Je me suis senti constamment encouragé et honoré aussi par le soutien que je trouve, dans mon travail dans les autres pays du sous-continent, auprès des présidents Alywin et Lagos.

Le Chili n'a pas attendu de connaître une éclatante prospérité pour se soucier de faire bénéficier les milieux les plus défavorisés des fruits de la croissance. Des réflexions constantes y sont menées pour rechercher les voies les plus efficaces du progrès social sans sacrifier les disciplines nécessaires à une croissance durable. Un des principaux architectes de ces politiques est Eduardo Aninat[1]. Pour populariser cet exemple auprès de

1. Ancien de Harvard et professeur d'économie avant d'être nommé ministre des Finances, il avait occupé diverses positions importantes dans le secteur privé comme auprès de divers gouvernements. Il était le président du Forum d'équité sociale créé sous l'égide de la BID, dont le but est de porter le souci de la justice sociale au premier plan des politiques publiques en Amérique latine.

la communauté internationale, nous décidons, Jim Wolfensohn et moi, de lui faire présider en 1995-1996 nos assemblées annuelles. Peu de temps après, lorsque Alassane Ouattara s'engage dans la vie politique de Côte d'Ivoire, j'invite Eduardo à venir le remplacer dans notre équipe de direction.

Cette continuité dans la réussite est sans égale en Amérique latine. Les autres pays, en général, eurent plus de mal à émerger. Un populisme vivace y rendait la conduite de la politique économique malaisée. Souvent, des gouvernements convaincus par les bons exemples de leurs voisins et désireux de bien faire se trouvaient quasi paralysés par la pression des lobbies civils ou militaires et obligés de louvoyer au lieu de prendre comme ils l'auraient souhaité le taureau par les cornes. Nous avons eu souvent à les soutenir, à chercher avec eux des séquences de réformes qui leur évitent d'avoir à combattre sur trop de fronts en même temps, voire à nous adresser parfois, chez eux, directement à l'opinion publique pour tenter de mettre fin à d'interminables atermoiements. Je garde à ce propos le souvenir d'un épisode révélateur.

Électrochoc au Guatemala ?

J'avais suivi de près depuis de longs mois les efforts des Nations unies pour mettre un terme à la guerre civile qui, depuis trente-six ans, ravageait le Guatemala. Un accord avait été conclu et nous avions participé avec la Banque mondiale, la BID et l'ensemble des institutions intéressées à la mise au point d'un programme de soutien de 2 milliards de dollars pour le rétablissement de la paix et la reprise de l'économie. Je décide de venir passer deux jours à Guatemala City pour discuter avec les représentants des différentes forces en présence et tenter de hâter les décisions qui restent à prendre. Deux questions apparaissent particulièrement difficiles. Comment préserver et consolider l'accord de paix alors que certains éléments cherchent encore à en découdre ? Comment aussi – et le problème est de portée universelle – faire en sorte que les retombées de la croissance atteignent les pauvres, alors qu'ils sont très faiblement intégrés dans la société, voire en position de complète exclusion ?

À ma surprise, lors de chaque nouvelle conversation, je découvre de nouveaux obstacles lilliputiens qui s'accumulent et paralysent les avancées, accentuent les méfiances mutuelles, multiplient les objections des uns et des autres, retardent la mise en place des contributions extérieures… On me parle des résistances du monde des affaires à ce que les impôts directs passent de 8 à 12 % du PIB en quatre ans et de l'opposition des syndicats à ce que l'on touche aux impôts indirects…

Au soir d'une journée ininterrompue de discussions avec les uns et les autres, je me rends compte que tout conspire sur place à la paralysie, alors que les donneurs internationaux sont impatients de débourser leurs concours pour amplifier la dynamique de réconciliation et de développement. Je pars donc, passablement découragé, visiter avec le président Álvaro Arzú et une petite équipe d'interlocuteurs, les superbes ruines mayas de Tikal. Le Président, entre deux exposés de nos guides, m'explique l'imbroglio dans lequel il se débat, les intrigues dans son propre camp, les manœuvres obscures de l'ex-dictateur Efraín Ríos Montt qui ne s'avoue pas vaincu, les forces qui le soutiennent… On rêverait presque d'un retour au temps des Mayas !

Nous arpentons le site, de monument en monument, admirons l'envol de quelques quetzals, ces merveilleux oiseaux au plumage multicolore, mais je reste sans réponse au « comment s'y prendre » pour dénouer le nœud gordien dans lequel ce pays est enserré. Je me revois redescendant du haut de la pyramide, perdu dans mes pensées, pendant que Brigitte accrochée au bras d'un garde du corps lutte contre le vertige. Je ne dors pas beaucoup la nuit suivante mais au réveil, soudain, tout est clair. Une conférence de presse est convoquée dans la matinée avant mon départ ; après en avoir prévenu le ministre des Finances, je dirai – sans mâcher mes mots – ce qui soudainement m'a semblé totalement évident : « Votre pays se meurt de sept mythes, de sept mensonges… ». Devant un important groupe de journalistes et de quelques officiels interloqués, j'égrène, sans périphrases, ces sept mensonges et rappelle simplement qu'on les retrouve souvent dans des pays qui ont traversé des épreuves analogues :

1) D'abord et en premier lieu, prétendre que la clé de la croissance est dans la fermeture des frontières : un mensonge ! Dans un monde globalisé, ce sont ceux qui s'ouvrent qui gagnent.
2) Dire que recourir un peu à la planche à billets stimulerait durablement la croissance : mensonge ! C'est le retour de l'inflation et celle-ci est l'impôt le plus pervers parce que ce sont les pauvres qui seuls le paient intégralement.
3) Dire qu'en portant les impôts directs à 12 % des revenus, l'État écraserait les producteurs et ruinerait le pays : mensonge ! À ce taux-là, vous resteriez avec Haïti le pays le moins taxé d'Amérique latine ! Ce n'est pas l'impôt mais son non-paiement qui vous paralyse.
4) Dire qu'il suffirait de mieux collecter les impôts existants : mensonge ! Même si vous y parveniez, vous seriez toujours loin de pouvoir faire face aux tâches les plus essentielles de l'État : l'éducation pour tous, la santé, les charges de souveraineté, etc.
5) Autre mensonge, peu éloigné des précédents, l'idée que les problèmes d'un pays ne peuvent se résoudre que si l'aide extérieure les prend en charge : mensonge encore ! Car si tous les moyens d'un pays ne sont pas mobilisés (contributions directes et indirectes entre autres), il est exclu qu'il s'en sorte.
6) Mensonge aussi de laisser croire que si vous n'apportez pas la contribution à laquelle vous vous êtes engagés dans les accords de paix, la communauté internationale y pourvoira à votre place ! Celle-ci s'abstiendra si vous vous abstenez aussi !
7) Mensonges enfin, d'affirmer que cette grande affaire de remettre sur pied ce pays est l'affaire de l'État, de dire que c'est à lui de régler tous vos problèmes. Ceci est pour votre

> pays un moment d'Histoire, ce n'est pas l'État, c'est vous, tous ensemble, qui construirez ce nouveau Guatemala. Rester sur la rive, en spectateurs, c'est accepter l'échec !

En résumant ce discours pour ce livre, je me rends bien compte que la liste des mythes et des mensonges en cause aurait pu être bien plus longue. Toutes les contrevérités qui ont contribué à rendre les progrès de ce pays et de tant d'autres si difficiles l'auraient trop allongée.

Quel fut l'impact réel de ce cri du cœur ? Je serais incapable de le dire. Ce ne fut probablement pas l'électrochoc que je cherchais. Il y eut peu de questions des journalistes, mais d'avoir pu le dire, je me sentis soulagé et revigoré, plus déterminé encore à soutenir de mon mieux tous ceux qui, en Amérique latine et dans le reste du monde, menaient bataille contre tant de malfaisants mensonges que seul un populisme irresponsable inspire. Une question continuerait pourtant à me tourmenter. Que faire partout pour que des discours de vérité et surtout des politiques de justice et de solidarité, fondées sur des évaluations réalistes des possibilités de chaque pays, les préservent des proclamations démagogiques qui finissent toujours par se retourner contre les plus défavorisés ?

Venezuela : **Caracazo !**

Un autre pays où les mutations des années quatre-vingt et quatre-vingt-dix donnèrent lieu à des épisodes de terrible tension fut le Venezuela. Riche pays pétrolier, il était resté longtemps créditeur de ses voisins et, jusqu'en 1989, le Fonds n'eut à y intervenir qu'en y appliquant un dispositif de « surveillance renforcée » qui ne put empêcher un haut niveau d'endettement et des pressions démagogiques rendant malaisée la conduite de la politique. Les choses devaient se dégrader de plus en plus pendant la campagne présidentielle de fin 1988 au cours de laquelle le candidat qui serait élu, Carlos Andrés Pérez, s'ingénierait à tenir au sujet de ses éventuelles relations avec le FMI des propos peu amènes, sans pour autant s'interdire d'y avoir recours une fois élu.

Pendant ce temps, la situation devient critique et dès son élection, ses collaborateurs se rapprochent de nous avec, semble-t-il, les meilleures intentions du monde. Pour y voir plus clair, je cherche à rencontrer le nouvel élu. Je passe une heure avec lui à Davos et, ô surprise !, il ne me parle que de libéralisation de l'économie et d'une vigoureuse remise en ordre. Presque rassurés, nos collaborateurs avancent dans leurs travaux. Le Président confirme ces orientations dans une intervention télévisée mi-février 1989 : un programme global de réforme allait être mis en place ; il serait mis fin à un système de quadruple taux de change, les prix du pétrole lourdement subventionnés seraient doublés, le régime fiscal verrait le nombre de ses exemptions réduites, etc. Le public s'attendait à tout sauf à cela. Les protestations surgissent de toute part ; l'annonce d'une augmentation des tarifs d'autobus fait déborder le vase. Le 27 février 1989, les manifestations tournent à l'émeute et aux saccages. Je revis aujourd'hui la soirée de ce dimanche. Les nouvelles les plus inquiétantes nous parviennent. Leonor Filardo qui représente vaillamment le Venezuela à notre Conseil nous a rejoints à notre domicile. Nous échangeons, consternés, nos informations. Trois cents morts ! Le vieux scénario se reproduira-t-il donc toujours ?

Évidemment, de partout, on vitupère le FMI et ses exigences. Le gouvernement laisse dire. Les mesures que nous aurions dictées seraient à l'origine de ces violences. Mensonge manifeste. Décidé à ne plus laisser traiter le Fonds en bouc émissaire, je démens. Du coup, Carlos Andrés Pérez m'écrit une lettre le 4 mars dont il envoie copie aux présidents des pays créditeurs et aux médias, affirmant que nos recommandations injustes ignorent les réalités locales. Il conclut par un appel aux pays créditeurs à changer leur politique en matière de dette s'ils veulent que les pays endettés puissent réformer leur économie. C'était, précisément, ce que ces derniers s'apprêtaient à annoncer, quelques jours après, avec le lancement du plan Brady.

Je ne peux pas laisser sans réponse les insinuations calomnieuses du Président. Je décide donc de lui répondre dans les quarante-huit heures, en donnant à ma réplique une publicité analogue à celle de sa lettre. Je lui dis dans les termes les plus fermes que le Fonds ne dicte pas de mesures, qu'il prépare des programmes avec les pays mais que ceux-ci en arrêtent les termes, en toute souveraineté. Au surplus, les mesures qui sont à l'origine des violences de Caracas n'ont même pas été évoquées dans nos conversations. « C'est l'honneur des gouvernements, ajoutais-je, de prendre la responsabilité de leurs politiques devant leur peuple, même dans les circonstances les plus difficiles. » Je termine en disant que nous sommes prêts à poursuivre avec son gouvernement la recherche des termes d'un accord et à examiner avec les créanciers du Venezuela les bases d'un arrangement.

Les choses rentrent dans l'ordre et quelque temps après, en dépit de difficultés avec la communauté bancaire peu disposée à réduire la dette d'un pays aussi riche que le Venezuela, un accord sur plus de 5 milliards de dollars pour les trois années suivantes peut être conclu. Son succès est immédiat. Le déficit public est ramené de près de 10 % du PIB à à peine plus de 1 % et la balance des paiements retrouve un surplus de 5,5 % du PIB contre un déficit de 10 % l'année précédente. Le pays est, de nouveau, sur un chemin de croissance sans avoir, tant s'en faut hélas, exorcisé tous ses démons…

Cet épisode tragique – dénommé désormais en Amérique latine le *caracazo* – devait, en ce qui concerne le Fonds, nous amener à confirmer la stratégie improvisée dans la tourmente. Nous nous attacherons à l'avenir à mieux faire comprendre aux gouvernements que nous ne pourrons plus conclure d'accords sans qu'ils s'engagent à les défendre explicitement comme la politique qu'ils ont choisie et non comme celle qu'ils jugent mauvaise mais qu'une organisation lointaine les aurait forcés d'accepter. Nous avons obtenu souvent de tels engagements. Je suis loin de pouvoir dire qu'ils ont toujours été tenus.

Nous devrons aussi user de notre surveillance d'une façon plus pointue et insister – à temps et à contretemps – pour que les pays se gardent de laisser s'accumuler des déséquilibres tels que le jour où la crise éclate, on ne puisse les corriger que par des mesures d'une extrême sévérité, sans beaucoup de possibilités d'anesthésie ; une chirurgie de guerre en somme qu'il nous a fallu si souvent pratiquer jusqu'ici.

Vers l'Orient compliqué…

Chacun connaît les premiers mots de ce chapitre des *Mémoires de guerre* du général de Gaulle[1] ; chaque diplomate, chaque responsable d'une institution internationale pourrait les reprendre à son compte. J'y songe au moment de revenir sur tous les problèmes qu'avec notre département du Moyen-Orient[2] nous avons essayé de démêler. Notre organisation administrative en prend, certes, à son aise avec la géographie puisqu'elle embrasse dans le même département toute une ceinture de pays s'étirant de Casablanca à Karachi. Pour bon nombre d'entre eux disposant de fortes ressources pétrolières ou gazières, les financements ne sont pas le problème central. En revanche, celui d'une gouvernance reconnue pour légitime et efficace se pose presque partout.

Maghreb

Le contraste sera ici permanent entre la Tunisie et le Maroc d'un côté, et l'Algérie, de l'autre. Les uns sont en progrès lents

1. « Vers l'Orient compliqué je volais avec des idées simples. »

2. Je suis de près dans la rédaction de ce chapitre un mémento très fidèle que m'a fourni Paul Chabrier, devenu directeur du département Moyen-Orient lorsque Shakour Sharlan abandonna ses fonctions pour devenir administrateur représentant l'Égypte au conseil d'administration.

mais à peu près continus, l'autre ne progresse qu'irrégulièrement et peine à trouver le meilleur usage de ses immenses ressources. Les uns ont à l'égard de nos institutions des relations confiantes et décomplexées, l'autre reste longtemps embourbée dans une idéologie tiers-mondiste de plus en plus surannée. Je m'étendrai peu sur les deux premiers. La Tunisie – en termes de gestion macroéconomique – est, à cette région pendant ces années-là, toutes proportions gardées, ce que le Chili est à l'Amérique latine : le pays phare. Elle mène prudemment sa barque, ouvre progressivement son commerce et ses finances extérieures et bénéficie des apports du tourisme et des investissements étrangers.

Le Maroc connaît des progrès moins réguliers mais adopte une attitude d'ouverture comparable. Le roi Hassan II et ses gouvernements cherchent, par leurs politiques d'investissement, à affranchir le pays de sa trop grande dépendance aux variations climatiques. Le Roi poursuit aussi des arrangements avantageux avec ses créanciers et mène une politique résolue de rapprochement avec l'Europe. À plusieurs reprises, il m'invite à le rencontrer et nous avons de très longs entretiens en tête à tête. Toujours d'une élégance recherchée, il s'exprime dans un français châtié et, le fume-cigarette à la main, il se livre parfois à des méditations à haute voix, invitant mes réactions.

Il aime me faire part de ses préoccupations géopolitiques et de ses jugements subtils sur le cours des choses et le comportement des grandes puissances. Il m'entretient aussi de son désir secret de jouer, un jour, un rôle utile pour le règlement du conflit israélo-palestinien. Il s'y tient prêt car il se sent doublement légitime pour cela : descendant du Prophète et commandeur des croyants, il est aussi l'actuel représentant d'une monarchie toujours accueillante à la communauté juive dont des membres éminents siègent parmi ses proches conseillers. Le sort d'Al-Qods – Jérusalem dans la langue du Coran – le préoccupe particulièrement. Il suit de près les travaux du comité de ce nom créé en 1975 par la Conférence islamique. Il est attentif aussi à la vie politique française et m'interroge à son propos. Je dois lui faire remarquer qu'il est à Rabat beaucoup mieux renseigné que je ne le suis à Washington… Lorsque l'on en vient aux affaires économiques du Maroc, il écoute avec grande attention nos analyses et le plus souvent veille à ce que l'on suive nos recommandations. Il s'entoure, pour les questions économiques et financières, de collaborateurs très bien préparés avec lesquels notre dialogue est toujours constructif. Comme souvent dans les pays où le souverain gouverne d'une main ferme, ses collaborateurs tâchent de me voir avant nos rencontres. Un constant leitmotiv : « Surtout, dites à sa Majesté… ».

Le travail en Algérie est beaucoup plus complexe. J'y porte pour ma part une extrême attention. Comme beaucoup de Français de ma génération, je ressens pour ce pays un attachement profond. Pendant deux ans, j'y ai servi dans l'armée française au cours d'une guerre dont je souhaitais profondément – comme citoyen – qu'elle aboutisse à l'indépendance de ce pays, à une réconciliation véritable et à des relations étroites de coopération.

Comme jeune officier du Génie, je dirigeais des travaux d'ouverture de routes dans les monts de Tlemcen. Ceci me plaçait au contact des travailleurs des douars environnants que nous embauchions sur nos chantiers. Ils étaient, comme nous, sous la menace des embuscades des maquis du FLN. J'y ai connu la guerre mais aussi des rencontres inoubliables de vérité humaine et de fraternité. Je dois le dire d'un mot, j'ai profondément aimé ce pays, ses paysages, la fierté et la dignité de ses hommes, leur sens biblique de l'hospitalité en dépit de leur grande pauvreté et des risques de chaque jour dans les villages de montagne où nous étions cantonnés. Retrouvant les problèmes de l'Algérie trente ans plus tard dans mes fonctions au FMI, je les aborde avec passion et un désir très vif de contribuer au mieux à leur solution.

Dans l'euphorie de l'indépendance, le gouvernement algérien choisit, dès les années soixante, une stratégie économique fondée sur le socialisme, l'alliance avec les pays du tiers-monde et le rejet de l'économie de marché. Il s'inspire du modèle de la planification soviétique : priorité à l'industrie lourde, création d'entreprises d'État. Elles seront mal gérées et assez vite déficitaires. Deux mesures particulièrement néfastes pour la croissance et l'emploi sont adoptées : la collectivisation des terres agricoles et la confiscation des appartements urbains. Il faut y ajouter le gel des loyers, le contrôle des prix généralisé et un taux officiel du dinar surévalué.

Le système bancaire est vétuste. Les recettes budgétaires et d'exportations dépendent trop largement des hydrocarbures et lorsque le cours du pétrole tombe à moins de 10 dollars le baril, les ressources budgétaires fondent tout comme les réserves de change. Le gouvernement met alors en place un régime d'importations de plus en plus restrictif et compliqué. L'investissement privé s'effondre, les emprunts à l'étranger s'accumulent, une nouvelle activité se développe : le *trabendo*, mélange de trafic et de contrebande sur laquelle le gouvernement ferme plus ou moins les yeux.

Ce pays, en fait, ouvre l'histoire économique de son indépendance handicapé d'une double tare : les mirages soviétiques d'une planification centrale conduisant à de formidables gaspillages de la rente pétrolière et un interventionnisme colbertiste de la pire espèce, hérité de son colonisateur, dont il ne fera qu'accentuer les travers. Les en libérer sera d'autant plus difficile que l'éventualité de négociations avec le FMI est taboue, de même que celle du recours au Club de Paris dont le nom même appelle le rejet.

Je ne me résigne pas à cette impasse et recherche toute occasion de tendre quelques perches au gouvernement. La première m'est fournie par une rencontre fortuite de l'ambassadeur algérien à Washington dans la salle des pas perdus du Kennedy Center. Très habilement, Ali Hammoudi – qui représente l'Algérie au sein d'une circonscription de notre conseil d'administration dirigée par l'Iran – bondit sur l'occasion. Il provoque une nouvelle rencontre, entretient la cordialité de ce premier contact et fait tant et si bien qu'Alger se risque à des conversations qui finalement aboutiront à un premier programme de libéralisation de l'économie et à un accord stand-by en mars 1991[1]. Le gouvernement s'y résout, faute d'autres recours. Le programme est encore très timide. Il doit son adoption au savoir-faire et à la ténacité de l'administrateur français, Jean-Pierre Landau, et à sa coopération étroite avec son collègue iranien, Abbas Mirakhor.

Les Algériens appliquent ce programme sans conviction ; les résultats sont médiocres. La contrainte externe sur le pays ne fait que se resserrer. Des mesures beaucoup plus énergiques associées à une renégociation de la dette extérieure par le Club de Paris s'avèrent indispensables. Le Premier ministre, Belaïd Abdessalam, persiste pourtant à refuser de négocier la dette à travers le Club de Paris. Mes efforts pour le convaincre lors d'un voyage à Alger sont vains. Nos négociations pour un nouveau programme de réformes restent dans l'impasse.

Simultanément hélas, l'Algérie, en ce début des années quatre-vingt-dix, entre dans sa « décennie noire » : une guerre civile violente entre des groupes islamistes et l'armée appuyée par des unités d'autodéfense. Le conflit est déclenché à la suite de l'annulation des élections gagnées en décembre 1991 par le Front islamique du salut. Le pays va traverser six années d'insécurité, d'attentats et d'opérations militaires. Le conflit fera plus de cent mille morts, d'innombrables déplacés et des pertes économiques inchiffrables.

Nous pensons que nous ne pouvons pas, pour autant, interrompre nos efforts pour tenter d'améliorer les structures de cette économie. Nous décidons d'y poursuivre notre travail. Pour prouver notre bonne foi, je décide de prendre part, moi-même, aux conversations. Les Algériens souhaitent qu'elles se passent en Algérie, mais qu'elles restent secrètes. Surtout, qu'on ne nous voit pas à Alger ! Nous arrivons donc à l'aéroport de cette ville d'où un avion officiel nous amène immédiatement dans les oasis : une fois à Timimoun, l'autre à Ghardaïa – ville magique s'il en est – et enfin, le 31 décembre 1992, à Tamanrasset pour rejoindre l'Assekrem, ce magnifique massif de montagnes

1. M. Ali Hammoudi continuera à jouer inlassablement pendant toutes ces années-là ce rôle d'intermédiaire. Il aura énormément contribué à mieux faire comprendre à Alger les avantages d'une coopération confiante avec le Fonds.

aux paysages lunaires où le père de Foucauld avait établi son ermitage et où deux de ses fils spirituels tiennent à ce moment-là une station météorologique. Comme un détachement de l'armée algérienne est positionné un peu plus bas, nous réveillonnerons joyeusement avec ces militaires en une étrange fraternisation de financiers et de soldats. Entre vœux et plaisanteries de circonstances, quelques derniers malentendus s'estompent[1].

Mais voici qu'en 1992, le paysage change. Redha Malek, un des signataires des accords d'Évian, devient chef du gouvernement. Une nouvelle équipe chargée de l'économie est constituée, dirigée par Ahmed Benbitour, ministre des Finances, et Hafid Keramane, gouverneur de la Banque d'Algérie, assistés de collaborateurs d'une finesse et d'une compétence remarquables. On les surnomme au Fonds « les trois mousquetaires ». C'est le bon moment pour reprendre les discussions et j'envoie à Alger Paul Chabrier, le nouveau directeur du département avec lequel, dès le premier instant, je m'entends à demi-mot, et le chef de mission Karim Nashashibi (un Palestinien, bon économiste qui parle parfaitement le français et l'arabe). Après une série de réunions avec le chef du gouvernement et son équipe, Paul Chabrier revient à Washington avec deux bonnes nouvelles. Oui, les Algériens sont prêts à introduire d'importantes mesures de libéralisation (changes, importations, prix) et à adopter des politiques budgétaire et monétaire responsables. Compte tenu de l'état critique de la balance des paiements, ils sont prêts aussi à demander l'assistance du Club de Paris (le service de la dette représente alors 90 % des exportations). Restent deux obstacles : le montant de la dévaluation initiale du dinar et le lieu où se réunirait le Club de Paris. Il n'est politiquement pas possible, paraît-il, d'aller chercher de l'aide dans la capitale de l'ancienne puissance coloniale.

Nous étions près du but mais il ne fallait pas que cet accord capote sur ces deux points d'achoppement. Le samedi matin suivant, j'appelle Paul Chabrier, de retour de mission. Nous

1. Les valeureux soldats cantonnés dans l'austère solitude de ces montagnes nous seront reconnaissants d'avoir égayé leur jour de l'an du sourire des deux charmantes jeunes filles à qui nous avions voulu faire partager ce voyage, nos filles Christine et Claire.

évoquons le programme éventuel et je conclus : « Préparez votre petite valise, on part demain pour Alger. Tout est arrangé par M. Hammoudi. C'est *top secret*, n'en parlez à personne. »

À l'aéroport, je suis accueilli, à ma grande surprise, par le ministre des Finances et le gouverneur de la Banque d'Algérie ; une vingtaine de journalistes les suivent et me harcèlent de questions. Quel est le but de votre voyage ? Le dinar sera-t-il dévalué ? L'Algérie ira-t-elle au Club de Paris ? Je reste évasif. Course folle en voiture vers Alger poursuivis par cette horde. Nous logeons dans une résidence gouvernementale sur les hauteurs de la ville. Dès le lendemain, nous avons une série de réunions et un dîner avec Redha Malek, le chef du gouvernement. Pas de progrès sur la dévaluation du dinar ! Avant le dîner, Paul et moi nous partageons les rôles pour tenter de débloquer l'affaire du taux de dévaluation. C'est une question redoutable. Il faudrait passer de 23 à 42 dinars pour un dollar pour atteindre une parité crédible.

Les entretiens vont bon train et entre la poire et le fromage, on en vient aux sujets épineux. Sur le montant de la dévaluation initiale, mon attitude veut prouver au Premier ministre que Paul Chabrier doit obéir à un chef qui, au cours d'une existence antérieure dans son propre pays, a dû livrer beaucoup de batailles sur les taux de change. Il comprend que, sur la vérité de la parité, il n'y aura pas de cote mal taillée. Sur le lieu des réunions du Club de Paris, je promets de régler cela avec le président du Club. On peut imaginer une réunion à Alger ou bien dans une oasis du Sahara, mais ce serait une première ! Pourquoi compliquer les choses ? L'essentiel est que nous parvenions rapidement aux grandes lignes d'un accord. La fin de la soirée se passe à écouter Redha Malek nous raconter les péripéties des accords d'Évian dont il fut un des principaux négociateurs.

Retour à Washington. Immédiatement, une mission conduite par Karim Nashashibi s'envole pour Alger. Les derniers détails du programme sont bouclés avec le ministre des Finances, le gouverneur et leurs équipes. En bout de course, on transige sur un taux initial de 38 dinars pour un dollar mais en contrepartie, un régime de taux flottant sera introduit dans les six mois. Après l'approbation du programme et du stand-by par le conseil d'administration, le Club de Paris se réunit... à Paris !

À l'expiration de cet accord en 1994, nous parvenons à mettre sur pied un nouveau programme de trois ans. Certains s'en émeuvent. Ne sommes-nous pas en train de prendre des risques inconsidérés ? Alan Friedman, dans l'*International Herald Tribune*, révèle que des deux côtés de l'Atlantique, on se demande ce qu'il adviendra de ces crédits si les fondamentalistes islamiques prennent le pouvoir. Nous ne nous laissons pas intimider et allons de l'avant. Ce programme est suivi à la lettre par les Algériens en dépit d'une situation de guerre civile qui limite les possibilités d'investissements étrangers et bloque le développement du tourisme. L'exécution de ce programme entraîne la reprise des financements tandis que l'augmentation du prix des hydrocarbures permet de passer globalement d'un déficit budgétaire de 2 % du PIB en 1994 à un excédent de 10 % en 2000-2001 et de porter les réserves de change à 12 milliards de dollars en 2000.

La première bataille est gagnée mais de très lourds problèmes restent à régler. La guerre civile semble s'apaiser mais ce peuple fier peine à cacher ses souffrances. Le chômage des jeunes demeure une plaie supplémentaire et la diversification de l'économie reste balbutiante. La levée de la contrainte extérieure devrait permettre une accélération des réformes structurelles nécessaires à une croissance durable et à l'amélioration du niveau de vie. Il s'agit surtout de la restructuration des entreprises publiques, de celle des banques et de l'ouverture de l'économie par la poursuite de la réforme tarifaire et de la libéralisation des prix. C'est le message que je viens présenter au président Bouteflika lors de ma dernière visite à Alger en janvier 2000. Il a les moyens de gagner cette bataille, mais il lui faudra venir à bout de l'inertie de la machine administrative et des sourdes résistances des intérêts établis. Lourde tâche !

L'Égypte dans la guerre du Golfe

Alors que toute l'attention du monde se porte sur les lendemains de la chute du mur de Berlin, Saddam Hussein envahit le Koweït en août 1990. L'opération est brutale. Il en sera délogé au début de 1991. Mais les dégâts sont là et il faut y faire face.

Dès les premiers jours, cette agression de l'Irak se traduit par une flambée des cours du pétrole et par le renvoi de centaines de milliers de travailleurs étrangers dans leurs pays d'origine, pays voisins tels l'Égypte ou la Jordanie mais également pays de l'Asie du Sud aussi éloignés que la Thaïlande et les Philippines. Le coût pour ces économies qui dépendent largement des transferts de salaires de ces travailleurs émigrés est considérable.

Le FMI est immédiatement appelé à la rescousse. Il faut estimer l'impact de ces événements sur la balance des paiements des pays de la région et le coût du rapatriement de ces travailleurs dans leur propre pays. C'est un travail complexe. Nos équipes et celles de la Banque mondiale arrivent à des estimations raisonnables de ces coûts. Elles sont acceptées par les différents pays donateurs et serviront de base pour les compensations exigées de l'Irak. Il y a plus. Les pays voisins les plus sévèrement touchés comme l'Égypte, la Jordanie, le Yémen sont au bord de la faillite.

L'Égypte est le pays arabe le plus peuplé. Il est gouverné par un président chaudement soutenu par les États-Unis et la France. Elle est considérée comme garante de la stabilité de la région et fait l'objet de toutes les sollicitudes. De nombreux dirigeants des principaux pays actionnaires du FMI m'approchent pour me demander que le FMI « fasse quelque chose », offre à l'Égypte, par exemple, l'accès au mécanisme de financement compensatoire pour l'aider alors que l'on sait partout que sa balance des paiements est en capilotade. Plusieurs grands pays nous pardonneraient volontiers de faire, en sa faveur, quelques exceptions aux principes qu'ils tiennent à nous voir respecter. Nous ne l'imaginons pas un seul instant. Nous pensons, au contraire, que l'occasion nous est enfin donnée de convaincre ce pays de s'engager dans un programme sérieux de réformes que ses grands amis devraient aider à financer. Il pourrait avoir un effet exemplaire sur ses voisins du Golfe dont la guerre vient de mettre en évidence la vulnérabilité. Ce sera cependant d'autant moins facile que depuis des années, le président Moubarak persiste à rechercher nos financements tout en se refusant à l'effort de réduire les déséquilibres de son économie. Il compte sur les pressions de ses grands amis pour venir à bout de nos entêtements à lui prêcher la sagesse.

Mes premiers contacts avec lui sont difficiles. Ses collaborateurs l'avaient convaincu de chercher à me rencontrer. Les obsèques de l'empereur Hirohito en janvier 1989 nous en offrent l'occasion. Je lui rends visite dans la suite d'un grand hôtel de Tokyo. J'ai été mis en garde. « Attendez-vous à une entrée en matière musclée », m'avait-on dit. Je ne suis ni surpris, ni déçu. Boutros Boutros-Ghali[1], à l'époque son ministre des Affaires étrangères, me présente. J'ai droit aussitôt au rappel des événements de janvier 1977[2] et aux interrogations sur la véritable nature du Fonds que j'ai évoquées plus haut[3]. Il ne subirait pas, lui, ce que Sadate avait eu à déplorer en 1977. Feignant l'indignation devant les intolérables exigences du FMI, il bombe le torse, assis en face de moi, et évoque ses puissants amis ; il me tient d'une voix forte des propos de matamore. Je lui réponds, précisant les faits, un ton plus bas. Il élève le sien ; moi, le mien, un peu moins, mais je reste calme. Visiblement, ma placidité l'exaspère. Je me garde de m'en déprendre. N'y tenant plus, il élève encore la voix. Je m'en abstiens.

Le ministre des Affaires étrangères qui nous avait laissés en tête à tête mais qui, en diplomate avisé, a laissé la porte légèrement entrouverte, ne perd pas un mot de l'entretien. Il préfère intervenir car ces éclats de voix risquent de s'entendre dans les pièces voisines. Il entre sur la pointe des pieds, murmure un mot à l'oreille du Raïs et reste, dans une attitude discrète, quelques instants avec nous, le temps pour moi de dire au Président, le plus tranquillement du monde, que cette conversation d'une

1. Il sera quelques années plus tard secrétaire général des Nations unies.

2. Voir note 1 de la page 139.

3. Voir pages 139-141.

franchise amicale nous permettra de mettre au point les termes de référence des négociations de nos collaborateurs. Ils pourront reprendre leurs travaux dès qu'il le jugerait souhaitable. Il acquiesce. Je prends congé sans effusions. M. Boutros-Ghali me raccompagne à l'ascenseur. Sur son visage qui voudrait être celui d'un sphinx, il laisse percer un certain sourire. J'aurais de nombreuses autres occasions de rencontrer le président Moubarak pour des entretiens un peu plus utiles. Il nous arrivera même d'évoquer, en riant, avec lui, ce premier moment de franchise exemplaire.

La reprise des conversations ne se fait pas trop attendre; elles traînent cependant jusqu'à ce que les caprices de Saddam Hussein au Koweït les précipitent à nouveau.

J'envoie alors au Caire Paul Chabrier et Chris Yandle comme chef de mission – un Néo-zélandais au franc-parler et à la carrure d'un *All Black* – pour commencer à échanger sur le contenu d'un programme. Les négociations sont difficiles car il faudrait obtenir un ajustement budgétaire substantiel, la libéralisation de certains prix, des restructurations importantes d'entreprises publiques, un changement des régimes d'importation et de changes et des émissions de bons du Trésor aux taux du marché. En un mot, un véritable bouleversement de la politique économique précédente.

Après plusieurs mois de négociations, nous parvenons à un accord et le présentons au conseil d'administration du FMI qui le reçoit avec enthousiasme à la mi-mai 1991. Nos efforts pour la mobilisation du financement extérieur sont couronnés de succès. Par chance, les membres du Club de Paris sont prêts à accorder, au même moment, à la Pologne une réduction de sa dette officielle de 50 %; nous nous engouffrons dans la brèche et l'Égypte obtient le même traitement fin mai 1991.

Les résultats initiaux du programme égyptien sont encourageants et nous continuons avec des programmes en Jordanie, au Yémen, en Mauritanie, au Pakistan et avec d'autres pays d'Asie ou d'Afrique directement touchés par la crise.

Le succès initial du programme et le rôle exercé par l'Égypte dans le processus de paix du Proche-Orient réduit l'enthousiasme de son gouvernement pour la mise place de réformes et, de fil en aiguille, les performances de l'économie s'amenuisent. En fait, le gouvernement ne parvient pas à utiliser la marge de manœuvre limitée que lui laisse une armée – État dans l'État – pour dynamiser une bureaucratie lourde, corrompue et toute imprégnée encore des vues confuses du socialisme nassérien.

Nous tenterons, à chaque occasion, de remettre en selle ce processus de modernisation car l'urgence en est criante face à la poussée démographique. De brillants hauts fonctionnaires tels que Youssef Boutros-Ghali accèdent à des responsabilités politiques et s'y efforcent ; ce sera sans grand succès malgré les efforts patients de persuasion de Shakour Shaalan, successivement directeur de notre département Moyen-Orient et plus tard administrateur du FMI pour l'Égypte. Tout se passe comme si l'establishment politico-militaire du pays se refusait obstinément à prendre l'exacte mesure de ces enjeux.

Quelques pas en Palestine

En 1993, les accords d'Oslo sont signés en vue d'un règlement de la question palestinienne. Immédiatement, toutes les institutions internationales, pays donateurs, ONG se précipitent avec enthousiasme en Palestine, mais de façon brouillonne et sans coordination efficace. Devant la médiocrité des résultats, les principaux intervenants font appel à nos experts. Nous effectuons des visites fréquentes sur le terrain, établissons des esquisses de programmes, procédons à des cadrages et recadrages du budget pour permettre le déboursement trimestriel de l'aide étrangère.

Tous les trois mois, je reçois une lettre du ministre des Finances palestinien m'indiquant les progrès accomplis dans la gestion budgétaire et les mesures qu'il envisage de prendre. Devant l'ampleur de la tâche, nous ouvrons un bureau de représentation sur place. Israël ne s'y oppose pas. Nous trouvons parmi nos collaborateurs un volontaire pour représenter sur place le FMI. C'est Salam Fayyad. Très vite, ses compétences sont reconnues de tous. D'origine palestinienne, il sait parler au président Arafat mais gagne la confiance des Israéliens et des pays donateurs. À travers lui, nos équipes travaillent en confiance avec le gouvernement palestinien. Il mène un combat inlassable contre la corruption et nous l'aidons à créer des institutions solides et responsables, à mettre en place des comptes budgétaires transparents et à améliorer la gouvernance de l'Autorité palestinienne. Lourde tâche. Quelques années plus tard, il en deviendra le Premier ministre.

Avec les pays pétroliers du Golfe

En dehors de nos tâches habituelles de surveillance, nos relations avec les pays du Golfe ont été principalement consacrées à tenter de les associer, par leurs contributions, aux grandes causes que nous poursuivons. Nous trouvons auprès du principal d'entre eux, l'Arabie Saoudite, un soutien important qui lui vaut au début des années quatre-vingt un siège à notre Conseil. Sa participation au financement de l'*ESAF* est également de grande importance[1]. Son soutien va bien au-delà et je trouverais toujours auprès des gouverneurs successifs de la SAMA[2], des ministres des Finances saoudiens et de leurs administrateurs au Fonds une écoute attentive et un soutien fidèle pour nos initiatives.

Notre dialogue avec ces pays pétroliers ne nous a pas permis, pour autant, de les convaincre de consacrer une part plus importante de leurs ressources au développement de leur région. Ils sont sollicités, hélas, plus souvent par leurs voisins pour des opérations de soutien à l'équipement des armées ou des forces de sécurité que pour des financements d'infrastructures productives. La fragilité de leurs propres États les amène parfois à financer indistinctement les deux parties aux mêmes

1. Une subvention pour nous permettre de réduire le taux des prêts à 0,5 % de 142 millions de dollars et un prêt de 260 millions de dollars.

2. *Saudi Arabia Monetary Agency.*

conflits, pour éviter de s'y laisser entraîner. La chute des cours des produits pétroliers pendant une partie des années quatre-vingt-dix les conduit à nous demander de les aider à imaginer des stratégies alternatives de développement pour réduire leur excessive dépendance par rapport aux fluctuations du prix du brut. Je me souviens d'un de ces exercices préparés avec un soin particulier. Pour lui donner le maximum de poids, tellement cette réorientation me semblait souhaitable, je me rends à Riyad avec nos principaux collaborateurs et nous présentons l'étude qui nous avait été demandée à une réunion des ministres des Finances des pays du Conseil de coopération du Golfe[1]. Elle est accueillie avec beaucoup d'intérêt et les pays membres ont une première délibération sur la suite qu'ils pourraient lui donner ensemble. La conjoncture l'exige car, les jours précédents, les cotations du pétrole ont atteint ou se sont approchées d'un creux historique.

Au même moment, une réunion du Conseil de l'OPEP (Organisation des pays exportateurs de pétrole) est convoquée en urgence à Vienne pour envisager d'éventuelles mesures de soutien des cours. Nos travaux avec le Conseil du Golfe se déroulent pourtant dans une surprenante indifférence aux travaux de Vienne. Nous proposons de premières initiatives pour engager une stratégie de diversification. La réunion s'achève. Je vais saluer le prince Abdallah, numéro deux du régime saoudien qui gouverne le pays pendant la maladie du roi. Je lui résume nos travaux et les différents scénarios que nous avons envisagés, y compris les plus pessimistes, dans l'hypothèse où, malgré ses efforts, l'OPEP ne parviendrait pas à inverser la tendance. Il ne mâche pas ses mots : « Il peut, certes, y avoir des événements imprévus, mais pour l'OPEP, les choses sont claires : les ministres vont annoncer un accord laborieusement négocié de réduction de la production de chacun d'entre nous pour rééquilibrer le marché. Mais nous en avons l'habitude : dès le lendemain, certains tricheront, iront même jusqu'à augmenter secrètement leur production et ce sera un nouvel échec ! »

1. Bahreïn, Koweït, Oman, Qatar, Émirats et Arabie Saoudite.

Je me risque à l'interroger : « La tricherie est-elle inévitable ? » La réponse fuse : « Elle est habituelle… » Nos suggestions de diversification des économies tombent donc à point. Erreur ! Pour des raisons que nul ne m'a expliquées, l'OPEP, cette fois, serre les rangs comme à ses premiers jours ; nul ne triche. Les courbes des prix s'inversent. Les gouvernements du Golfe respirent. Nous craignons que nos propositions ne restent sur les étagères.

Pakistan, les voies hasardeuses du changement

Né de la dramatique partition de l'Inde lors de son indépendance, le Pakistan émerge au milieu de drames humains épouvantables. Il souffrira une nouvelle rupture avec l'indépendance du Bangladesh en décembre 1971. Vivant dans un inquiétant voisinage – Iran, Inde, Chine, Afghanistan –, il arrive souvent à en tirer avantage pour bénéficier d'une aide internationale substantielle. Il parvient même, pendant les vingt années qui suivent son indépendance, à connaître un taux de croissance élevé et à commencer à réduire significativement son taux de pauvreté. La situation se dégrade à la fin des années quatre-vingt. Le pays souffre d'une instabilité politique chronique, les coups d'État y sont fréquents, les recettes budgétaires très faibles ne permettent guère de faire face à des charges militaires importantes, au déficit des entreprises publiques et au poids de la dette publique. Le tout s'opère aux dépens des dépenses sociales et d'équipement. Le FMI tente de mettre en place quelques programmes d'ajustement ; ils tournent court.

La situation est des plus préoccupantes lorsque les obsèques de l'empereur Hirohito en janvier 1989 me fournissent aussi l'occasion de rencontrer Benazir Bhutto récemment désignée comme nouveau Premier ministre[1]. Elle est la fille d'Alî Bhutto, leader populiste aux décisions économiques désastreuses. Elle

1. Sur le clan Bhutto, on pourra se reporter, sous le titre « Pakistan Zindabad », au documentaire d'Alegria-Productions (www.alegria-productions.com).

sort d'Oxford et de Harvard. Belle, courageuse, cultivée et ouverte au monde et au changement, elle veut faire bouger les choses, surtout au plan social, dans son pays. Il est clair que nous allons pouvoir travailler ensemble. Nous décidons de nous revoir lors de son prochain voyage à Washington.

Elle vient en juin 1989. Elle m'invite à la rencontrer à Blair House, selon le rituel des visites aux hôtes du président des États-Unis. L'antichambre du grand salon bruisse, comme à l'habitude, de l'agitation des aides de camp et des collaborateurs. Dans un coin à peine discret, son époux – riche homme d'affaires – discute à mi-voix avec quelques collègues américains. Les affaires de l'État ne semblent guère être leur souci premier. Mme Bhutto me reçoit en tête à tête. Entre nous deux, sur la table basse, un énorme bouquet de ces pivoines qui en cette saison éclatent de couleurs dans les jardins de Washington.

Nous avons, l'un et l'autre, bien préparé notre entretien. Elle est vive, précise ; nous avançons vite. Soudain, j'ai l'impression que le rythme de la conversation change. Je vois son visage pâlir, son regard devenir fixe. Père de famille expérimenté, je me précipite pour ouvrir grand la fenêtre derrière moi ; j'éloigne le bouquet de pivoines, approche un verre d'eau. J'ai droit alors à un sourire et à une confidence : « J'attends un bébé et vous savez, le parfum de ces pivoines est lourd et entêtant ! » Je lui propose d'aller chercher son époux. « Non, non, ça va passer… » Elle retrouve un peu ses couleurs et, nous, le cours de notre conversation. Elle me parle des brillantes perspectives dont elle rêve pour son pays. Nous esquissons ce qui pourrait être un programme prometteur. Visiblement, elle met un point d'honneur à conclure, comme si de rien n'était, cet entretien qui doit être, pour elle, une corvée. En m'efforçant de ne pas en avoir l'air, je hâte d'autant plus sa conclusion que mon esprit s'évade des équilibres macroéconomiques du Pakistan au sublime mystère de ces jeunes femmes capables de porter en même temps, avec tant de force et d'élégance, leur enfant et les affaires de leur pays.

La gestion de Benazir malheureusement va se heurter de toutes parts aux intérêts bien établis et à tous les clivages de son pays. Des coalitions se forment pour enrayer ses réformes. Elle est accusée d'avoir laissé l'affairisme et même la corruption gagner son entourage. Le président Ihsan Khan la limoge. Elle revient au pouvoir en 1993, après que Moeen Qureshi, notre ancien collègue vice-président de la Banque mondiale ait dirigé pendant trois mois de la façon la plus brillante un gouvernement qui, en principe, devait expédier les affaires courantes mais laissera une trace exemplaire dans la vie politique du pays[1]. Le nouveau gouvernement de Benazir n'a pas beaucoup plus de succès que le premier. Elle est de nouveau limogée en 1997. Comme naguère celui de Gorbatchev, son départ m'afflige. Elle avait toutes les qualités d'un grand leader. Son surnom de « Kennedy pakistanaise » lui allait bien. Nous aurions aimé l'aider davantage. Elle nous semblait pouvoir exorciser quelques-uns des démons de son pays, hâter son entrée dans la modernité. Ce n'était hélas qu'un rêve. Son destin fut celui de ces étoiles qui disparaîtraient dans des trous noirs. Ceux du clanisme et de l'affairisme dans son pays.

Le grand rival de Benazir, Nawaz Sharif, et son parti, la Pakistan Muslim League, prennent le pouvoir et confient à un remarquable universitaire, Sartaj Aziz, les commandes de l'économie. Un nouveau programme avec le Fonds pour trois ans est négocié et approuvé en octobre 1997. Les engagements pris par les nouvelles autorités sont respectés et nous espérons éviter les difficultés des programmes précédents. On peut alors mettre en place diverses réformes structurelles : celles des impôts, du budget, des grandes entreprises publiques, de l'indépendance de la banque centrale et la création d'un vrai système de protection sociale. Avec l'augmentation des recettes publiques et une baisse des dépenses militaires, on pourrait augmenter les dépenses d'éducation primaire, de santé et d'infrastructures. Pour y aider, nos experts et ceux de la Banque mondiale ne ménagent aucun effort.

1. Moeen Qureshi m'avait, on s'en souvient, significativement aidé en 1987 dans le lancement de l'*ESAF*.

La décision du gouvernement de procéder à divers essais nucléaires au printemps de 1998 vient bouleverser le cours des choses. La réaction des pays donateurs du G7 est immédiate : leur assistance est gelée.

J'avais maintes fois indiqué par le passé aux dirigeants pakistanais que leur conflit avec l'Inde au sujet du Cashmire entraînait des deux côtés des dépenses militaires hors de proportion avec les ressources des deux pays et retardait leur développement. J'étais donc profondément déçu et ne m'en cachais ni auprès de mes plus proches collaborateurs ni auprès du conseil d'administration. La réprobation après cette annonce est unanime.

Après deux ou trois jours, je réunis quelques directeurs de département. Nous examinons diverses options et décidons de reprendre contact avec les autorités, d'essayer de recoller la porcelaine et de sauver le programme en prenant en compte la situation nouvelle. Plusieurs raisons militent pour cette décision. Nous sommes encore en pleine crise dans l'ancienne Union soviétique et la crise asiatique bat son plein. Nous devons éviter que l'effondrement de ce grand pays ne s'y ajoute. Le pays est à quia. Les réserves de change ont plongé et le gouvernement envisage de limiter les importations et l'arrêt du service de la dette extérieure.

J'envoie Paul Chabrier prendre contact discrètement avec les autorités pakistanaises. « Écoutez-les, lui dis-je, ne promettez rien mais amenez-les à rechercher une sortie de crise que nous pourrions faciliter bien qu'elle doive impliquer des efforts exceptionnels de leur part et beaucoup de diplomatie pour intéresser à nouveau le reste du monde aux enjeux économiques du pays. Les Pakistanais sont acculés ; ils vous écouteront sans doute. Allez-y au plus vite... »

Je pressens que Sartaj Aziz est ouvert à notre démarche. C'est avec lui et Manmohan Singh, son collègue indien, que j'avais commencé à esquisser un suivi parallèle des dépenses militaires des deux pays par le FMI pour en faciliter la désescalade.

Paul Chabrier et un chef de mission débarquent donc à Islamabad et sont transférés par avion militaire à Lahore où une réunion avec le Premier ministre a été organisée dans le palais du gouverneur du Penjab. Ils y rencontrent aussi Sartaj Aziz, le gouverneur de la banque centrale, et le gouverneur du Penjab, M. Sharif, frère du Premier ministre. Le Premier ministre explique qu'en raison de tensions avec l'Inde et des pressions de l'armée, des politiques et de la population pakistanaise, il n'a d'autre option que de montrer à l'Inde que le Pakistan saura se défendre si l'Inde attaque. Mais le Pakistan, dit-il, n'a aucune intention d'utiliser l'arme atomique le premier.

Le Premier ministre indique aussi que son pays est acculé financièrement et qu'il ne voit pas d'autre issue que l'arrêt du service de la dette et une contraction brutale des importations menant à une chute de la production. La mission mentionne une possible voie de sortie de la crise financière qui menace le pays. Elle souligne une série de mesures difficiles, certes, mais incontournables. Après un long conciliabule en ourdou avec son équipe, le Premier ministre dit à la délégation du Fonds : « Dites merci à M. Camdessus pour son initiative. Dites-lui qu'il a mon accord et celui de mon équipe sur les mesures discutées. Il n'y aura aucun document, pour l'instant, aucun communiqué. Tout doit rester secret entre nous. »

Dès le retour de l'équipe à Washington, nous discutons de plusieurs scénarios. Il faudrait que le rééchelonnement de la dette pakistanaise échappe aux sanctions. J'envoie donc la même équipe à Paris pour mettre au courant le président du Club de Paris et rencontrer une équipe pakistanaise venue pour discuter plus en détail des mesures envisagées. Paradoxalement, la délégation pakistanaise n'a pas d'objection majeure aux réformes suggérées, mais hésite à approcher le Club de Paris par crainte de se voir fermer l'accès aux marchés de capitaux internationaux. Mais les chiffres sont là, et après une journée de discussions, les Pakistanais s'y résignent. J'en informe les administrateurs du G7. Ils ne sont pas enthousiastes. Faute d'autres solutions, ils s'y résignent à leur tour.

Une nouvelle mission part à Islamabad pour d'ultimes mises au point. Nous présentons le programme modifié au conseil d'administration en janvier 1999 et le Club de Paris alloue au

Pakistan un rééchelonnement généreux. Le nouveau programme porte ses fruits et très vite les investissements étrangers reprennent et les réserves de change augmentent. Nos équipes d'assistance technique et nos missions de suivi travaillent d'arrache-pied, comme souvent, dans des conditions dangereuses. Une équipe sera dans le même hôtel que les malheureux ingénieurs français lors de l'attentat du 8 mai 2002 à Karachi. Certains de ses membres seront blessés mais aucun ne souhaitera abandonner sa mission.

Tout semble donc sur les rails. Hélas, à l'automne 1999, après un attentat manqué contre l'avion du chef des armées, le général Musharraf prend le pouvoir et dépose Nawaz Sharif qui part en exil. Il faudra négocier un nouveau programme. Ce sera la tâche de mon successeur. Surviendront ensuite les événements du 11 Septembre, la guerre en Afghanistan, l'assassinat de Benazir et, plus tard, la mise à l'écart de Pervez Musharraf, l'élection d'Asif Ali Zardari – l'époux de Benazir – comme président et le retour au pouvoir de Nawaz Sharif. On retrouve les mêmes têtes et les mêmes problèmes. C'est le Pakistan. Mais « après tout », comme le dit Fatima Bhutto, la nièce de Benazir, en délicatesse avec sa famille, « ce pays n'a même pas soixante-dix ans. Donnons-lui une chance[1]... ». Oui, *Pakistan Zindabad*, longue vie au Pakistan !

1. *Le Monde*, 28 février 2014

III

RÉFLEXIONS À MI-PARCOURS

Au fil des programmes, élargir notre regard

En ces années 1993-1994, je suis à mi-parcours de ce que seront mes treize années à la direction générale du FMI. Il se trouve qu'en cette période, la pression du problème de la dette s'atténue et que, par ailleurs, toutes les expériences accumulées nous invitent à de nouvelles réflexions. Le moment nous semble favorable pour évaluer notre action dans les pays où nous sommes si profondément engagés et pour reprendre la discussion des problèmes du système monétaire international laissée en suspens au début des années quatre-vingt.

Programmes d'ajustement et pauvreté

Au fil des programmes qui se succèdent et se chevauchent, une évidence s'impose à nos esprits. Le rétablissement des comptes extérieurs, le retour à une situation d'endettement supportable et la stabilité reconquise, s'ils recréent les conditions du retour d'une croissance, n'améliorent pas suffisamment la condition des plus pauvres pour que cette croissance puisse être jugée satisfaisante et soutenable. Nous nous trouvons donc dans l'obligation de traiter pour lui-même ce problème de la pauvreté en prenant à bras-le-corps les obstacles à une action plus efficace des gouvernements en ce domaine.

L'effet de nos politiques sur la pauvreté et l'efficacité des politiques sociales est le premier sujet à s'imposer à notre attention, alors que nous pensons avoir trouvé avec l'*ESAF* un instrument approprié de soutien des pays les plus pauvres. Il le faut d'autant plus que les détracteurs de nos programmes vont jusqu'à prétendre que ces derniers se traduisent par des réductions importantes des crédits d'éducation et de santé ! Nous avons beau publier toutes les statistiques démontrant le contraire, elles sont ignorées. Je demande donc à Vito Tanzi[1] qui dirige le département des affaires fiscales, d'orchestrer une réflexion de l'ensemble de l'institution, en liaison avec la Banque mondiale et les grandes universités, sur les problèmes spécifiques de la pauvreté. Vito prend les choses en main avec détermination. Ce sera, à ses yeux comme aux miens, un travail à poursuivre en permanence, en ne laissant aucune des structures du Fonds hors de cette remise en cause.

Nous faisons étudier en détail et débattre par le Conseil un rapport approfondi sur neuf programmes reconnus comme particulièrement typiques du début de la décennie quatre-vingt[2]. La discussion est des plus utiles et le Conseil, non sans multiplier les avis prudents, reconnaît que la question « des implications de nos programmes sur la situation des plus pauvres est d'une importance critique, non seulement en raison de notre souci des plus vulnérables, mais aussi parce que l'efficacité du Fonds comme institution en dépend ».

---

1. Vito Tanzi est un grand spécialiste italien des sciences financières. Esprit original, brillant, indépendant et volontiers paradoxal ou bougon, il anime avec le département chargé de la recherche et les départements surveillant les différentes zones géographiques, un débat permanent et très stimulant.

2. Ils concernent notamment le Ghana, le Kenya, le Chili, la République dominicaine, les Philippines, le Sri Lanka et la Thaïlande. Les principales leçons du rapport se résumaient ainsi :

a) rien n'est pire pour les pauvres que le refus des nécessaires ajustements, même si jusqu'ici les groupes dominants en ont profité plus qu'eux, et même si des groupes de pauvres en ont souffert au moins temporairement ;

b) les effets de l'ajustement dépendent du niveau de pauvreté existant et du *policy mix* ;

c) la réduction de la pauvreté exige aussi des mesures dans le secteur de l'offre pour accroître la capacité productive des pauvres.

Cela l'amène à admettre l'importance d'améliorer l'architecture des programmes d'ajustement pour que les pauvres soient protégés d'effets négatifs possibles, fussent-ils temporaires. Il reconnaît aussi l'utilité de mesures compensatoires en faveur de populations particulièrement affectées par l'indispensable ajustement et celle, enfin, pour le Fonds de disposer d'informations beaucoup plus précises sur la situation sociale en établissant une coopération étroite avec les institutions des Nations unies et la Banque mondiale.

Bref, ce n'est qu'un début mais un consensus s'établit sur une de mes convictions essentielles : plus les efforts d'ajustement tiendront compte des réalités sociales et surtout de leurs implications pour les plus pauvres, plus ils auront de chance de réussir. Il nous faudra progressivement aller plus loin car nous ne pouvons pas compter sur des effets automatiques d'une croissance plus soutenue pour entraîner une amélioration suffisamment rapide pour vaincre l'exclusion. J'y travaillerai en chaque occasion[1].

Reste à trouver les moyens d'une croissance inclusive. Il faut pour cela commencer par identifier et combattre les principaux obstacles à l'efficacité de l'action des gouvernements en ce domaine. Nous en retenons trois : la prolifération des dépenses improductives, les inégalités dans la distribution des revenus et une corruption rampante. Le Fonds pourra, en les pourchassant, apporter une meilleure contribution à la réalisation des objectifs du millénaire (ODM).

Dénoncer les dépenses improductives

Un soutien aux plus pauvres exige qu'une place suffisante soit faite dans les budgets aux actions sociales les plus essentielles. Pour cela, la tâche première doit consister à en éliminer les dépenses improductives et tous les gaspillages. Dire

1. Je gardais, vivaces dans ma mémoire, ces derniers mots d'un de mes meilleurs amis d'enfance, Édouard Drulot, à qui j'allais rendre visite quelques semaines avant sa mort : « Surtout, fais tout ce que tu peux, dans ton métier, pour les pauvres. »

cela implique qu'au lieu de se contenter de surveiller un solde budgétaire, en général trop déficitaire, le Fonds s'attache à protéger de coupes drastiques les dépenses sociales bien justifiées et aide au contraire les gouvernements à dégager plus de ressources pour la protection des plus pauvres. Cela passe par un effort particulier de réduction des dépenses somptuaires, et tout particulièrement des crédits militaires et de sécurité que des régimes autoritaires portent à des niveaux déraisonnables, encouragés en cela par les marchands d'armes si influents à l'Est comme à l'Ouest. Ces dépenses sont évaluées en 1988 entre 850 et 1 000 milliards de dollars, soit entre 4,5 % et 5 % du PIB mondial. Elles sont particulièrement démesurées dans les pays de l'Est où elles atteignent environ 10 % du PIB.

L'accueil du Conseil à ces suggestions est réservé. Chacun, certes, est prêt à reconnaître l'importance d'un effort de réduction de ces dépenses, mais devons-nous nous en mêler ? De fait, il n'y a pas de vrai consensus sur ce point. Il nous faut donc avancer à pas de loup. Cela ne nous empêche pas d'entreprendre notre croisade contre ce scandale, de continuer à insister sur les gaspillages qui s'accumulent, à un moment où le déficit global de ressources d'épargne inquiète de plus en plus. Ce n'est pas sans effet, en tout cas, dans les pays souscrivant des programmes d'ajustement structurel. Ces derniers réduisent leurs dépenses militaires pendant la période 1991-1995 de 5,1 % de leur PIB en 1990 à 2 % en 1995[1].

Réduire les inégalités

Même si elle a des effets moins évidents que les dépenses improductives comme obstacle à la croissance, la montée des inégalités comporte des effets pervers sur la réduction de la pauvreté. Des effets multiplicateurs les accompagnent qui rendent les écarts de revenus de plus en plus grands, privent les plus pauvres des chances d'améliorer leur condition de vie,

1. *IMF Survey*, 3 juin 1996.

réduisent à l'extrême leur consommation et affaiblissent le taux de croissance des économies, alors que l'épargne accumulée entre les mains d'infimes minorités ne s'investit guère dans les pays où elle est créée.

Nous sommes ici face à un problème social mais aussi macroéconomique et c'est à ce titre qu'il nous faut le soulever. Les gouvernements, cependant, ne l'entendent pas de cette oreille. Lorsqu'ils nous ont autorisés à nous engager sur le terrain de la réduction de la pauvreté, tous les administrateurs ont tenu à bien spécifier dans nos procès-verbaux que « les questions de distribution de revenus ne devraient pas faire partie de la conditionnalité du Fonds[1] ». Nous prétendons pourtant ne pas pouvoir nous en désintéresser puisque nous devons mettre en œuvre une stratégie « orientée vers la croissance ».

Nous allons donc étendre notre surveillance en ce domaine et veiller par exemple à ce que nos rapports fournissent les informations existantes à ce propos et en particulier le précieux coefficient de Gini, utile indicateur des inégalités de revenus d'une population et de leur dispersion entre les classes les plus aisées et les plus pauvres[2]. Nous serons alors amenés, pour renforcer les chances d'une croissance forte et durable, à recommander des mesures budgétaires de soutien des plus défavorisés et évidemment de taxation efficace des plus riches.

Ce sont évidemment les pays les plus inégalitaires qui s'insurgent le plus contre de telles ingérences. C'est le cas en particulier du Brésil, reconnu dans les années quatre-vingt-dix comme l'un des pays les plus inégalitaires du monde, à peu près au même niveau que l'Afrique du Sud (son coefficient Gini est de 0,57 selon le rapport du Programme des Nations unies pour le développement). Ceci me met en désaccord avec le ministre des Finances, Pedro Malan, qui saura, de main de maître, tirer son pays de la crise de 1998-1999. Nous continuerons à en débattre

1. Conclusion de la discussion sur les implications des programmes du Fonds pour la pauvreté (8 février 1988).

2. Il varie entre 0 et 1 : égal à 0 dans une situation d'égalité parfaite, égal à 1 dans une situation totalement inégalitaire. Entre ces deux termes, l'inégalité est d'autant plus forte que l'indice est élevé.

tous les deux, après mon départ du FMI, dans la presse brésilienne[1]. Le problème est également très grave en Afrique. Nous continuerons à le dénoncer avec Kofi Annan dans notre rapport annuel de l'*Africa Progress Panel* pour 2012.

Combattre la corruption

De plus en plus, à la fin des années quatre-vingt, nous nous rendons compte que la corruption gagne partout du terrain au point de confronter beaucoup d'honnêtes chefs d'entreprise, au Nord comme au Sud, au dilemme d'avoir à s'y soumettre ou de risquer de voir leurs affaires dépérir ou disparaître. Nous la décelons presque partout dans le monde ; elle ajoute ses effets délétères à ceux d'un *crony capitalism*, ce « capitalisme de copinage » qui a parfois pignon sur rue et se montre d'autant plus dangereux qu'il fait bon ménage avec les régimes autoritaires. Il y a là des risques mortels pour une économie de marché et sa croissance. Fort heureusement, les campagnes des ONG se multiplient ; les Églises élèvent la voix ; Jean-Paul II publie son encyclique *Centesimus Annus* ; ici ou là, des leaders politiques s'engagent. Nous ne pouvons plus ignorer ce problème. Mais comment s'y prendre ?

Je m'en ouvre à Lew Preston, nouveau président de la Banque mondiale, ancien président de la banque J.P. Morgan, aussi rompu aux secrets du monde des affaires qu'attaché à une éthique rigoureuse. Nous sommes prêts à mobiliser ensemble nos institutions. Nous cherchons des alliés. Nous avons, l'un et l'autre, déjà sondé nos mandants sans déclencher grand enthousiasme. Certains nous mettent en garde : « Ne jouez pas les Don Quichotte ! » D'autres cachent mal leur gêne ou leur résignation ; d'autres enfin, heureusement, nous encouragent. Il ne nous en faut pas plus.

---

1. Le président Lula, au début des années 2000, devait s'attaquer aux inégalités et montrer qu'une action résolue parvient à les faire reculer et à réduire la pauvreté, en appliquant une politique macroéconomique qui concilie simultanément forte croissance et stabilité financière.

Il nous revient bientôt que le Premier ministre de Thaïlande, qui va accueillir en 1991 la grande réunion de nos assemblées annuelles, vient d'exprimer de son côté sa détermination à combattre cette gangrène qui ronge son pays. Nous décidons donc d'agir tous les trois ensemble. Nous en ferons le thème dominant de nos déclarations à cette occasion et nous prendrons toutes les dispositions internes nécessaires pour lancer nos institutions dans ce combat. À la Banque mondiale, Peter Eigen jouera en cela un rôle important. Il deviendra bientôt président de Transparency International.

À Bangkok, en octobre 1991, les médias accourus à nos assemblées s'emparent du sujet; ils y resteront très attentifs. À partir de là, les plus réfractaires dans nos institutions comprennent qu'ils sont désormais attendus sur ce terrain-là aussi. Nous n'hésiterons plus à signaler aux autorités les cas qui nous reviendront, à leur suggérer les dispositions – notamment en matière de transparence et de promotion de l'État de droit – qui permettront d'en prévenir la survenance à l'avenir, à surveiller les suites données à nos recommandations, etc.

Certes, les limites des moyens dont nous disposons ne nous laissent guère l'illusion de pouvoir jouer un rôle décisif. Néanmoins, nous allons contribuer à rendre ces pratiques plus malaisées et tous ceux qui les combattent sauront qu'ils peuvent compter sur notre soutien. Cela nous vaudra quelques belles amitiés mais aussi pas mal d'incompréhensions et des ressentiments tenaces[1]. Cela conduira parfois à l'interruption temporaire de nos relations avec des gouvernements furieux de ce qu'ils tiennent pour ingérences indues.

Les cas furent nombreux : je me souviens de nos démêlés avec le Kenya où des personnalités très proches de la présidence sont fréquemment mises en cause. Je m'en ouvre au président Moi; certains membres de son entourage sont finalement écartés et

1. Ce ne sont pas les plus hauts dirigeants qui nous apparaissent comme les plus corrompus. Leurs ambitions ne les portent pas nécessairement à la recherche de l'enrichissement; elles sont, heureusement, le plus souvent plus hautes. L'inverse prévaut hélas pour leur entourage où, sauf exception, la corruption se répand vite après l'accession au pouvoir. C'est là que la plus grande vigilance doit s'exercer; c'est là qu'elle est la plus difficile. Elle devrait être un combat sans fin.

jugés. Avec le Cambodge aussi, où nous fîmes interrompre des trafics de bois précieux et de fait une déforestation sauvage du pays, etc.

Mais le mal résiste. Je ne suis pas près d'oublier la tristesse du regard et la colère contenue du roi Bhumibol de Thaïlande dont je viens prendre congé en février 2000. Il me dit, au cours d'une longue conversation : « Je voudrais vous remercier pour l'aide que vous avez apportée à mon pays. Vous avez su déclencher un mouvement de soutien international très appréciable. Hélas, je dois vous dire qu'ici, la corruption est telle que j'ai eu l'impression que ce que nous vivions avec l'aide internationale ressemblait aux premières pluies de la mousson : elles arrivent sur un sol si chaud qu'elles s'évaporent avant de pouvoir le pénétrer… »

Au Honduras : reconstruire après le cyclone et combattre la corruption

En bien des cas, nous avons été associés à d'admirables initiatives de la société civile. Je me souviens d'une journée de lutte contre la corruption organisée au Honduras en novembre 1998. Trois jours avant que je m'y rende dans le cadre d'une tournée en Amérique latine, survient l'ouragan Mitch. Les reportages des chaînes de télévision décrivent le désastre ; une bonne partie de la ville de Tegucigalpa, où je dois intervenir devant un grand rassemblement d'ONG sur le thème « Transparence et lutte contre la corruption », est détruite. Comme il est le principal organisateur de la réunion, j'appelle l'évêque du lieu, Mgr Óscar Rodríguez Maradiaga ; je lui dis ma consternation et n'imaginant pas que la réunion puisse être maintenue, je lui offre de revenir dès qu'elle pourra se tenir à nouveau. Sa réponse est immédiate : « Pas du tout ! Venez, mobilisez les premiers financements pour la reconstruction et voyons ensemble avec les survivants comment nous pourrons faire de ce malheur une occasion de gestion exemplaire des concours internationaux. » J'y vais donc, traverse un ravin où des gens fouillent la boue à la recherche des restes de tel de leur proche ou de quelques pauvres objets. Commet dire cette horreur, cette désolation ? Mais la réunion se tient. Une foule nombreuse est là : silencieuse, les visages marqués par la fatigue et le chagrin, par une détermination totale aussi. Je parle avec autant de retenue que possible. En fin de réunion, une résolution est adoptée : cette reconstruction se fera dans une honnêteté absolue et on s'organisera pour s'en assurer. Des années plus tard, Mgr Rodríguez Maradiaga devenu récemment l'un des huit cardinaux du haut conseil du pape François, me le confirmera : « Pas un sou n'a été détourné et le combat contre la corruption s'est organisé. Il continue. Ce ne sont pas, évidemment, des tâches sans risques. » Le cardinal fera l'objet de deux tentatives – connues – d'assassinat.

Facteurs permissifs de la corruption, le *crony capitalism* sous ses divers visages (collusion, népotisme, etc.) est aussi pour beaucoup – sans en être la seule cause – dans la défiance envers les institutions publiques et la dissolution du lien social, tout comme dans la montée continue des inégalités. Pour toutes ces raisons, nous ne cesserons pas de le dénoncer. Ceci ne sera pas du goût de tout le monde. Alors que nous combattons la crise asiatique de la fin du siècle, Henry Kissinger publie dans *Le Monde* du 15 octobre 1998 un article intitulé : « Le FMI fait plus de mal que de bien ». Reproduit dans la grande presse mondiale, il critique vivement cet aspect de nos programmes. « La situation de l'Asie du Sud-Est[1], écrivait-il, en est une illustration. Le capitalisme de copinage, la corruption et un contrôle insuffisant des banques constituaient de graves défauts. Ceux-ci, toutefois, n'ont pas causé directement la crise ; il fallait en passer par eux pour faire des affaires mais ils n'empêchaient pas ces dernières. » Primat des affaires sur la morale !

Curieusement, ces propos n'ont guère suscité d'indignation.

Tout ceci aboutit à un élargissement significatif des tâches de surveillance du Fonds. Ignorer ces problèmes serait, en effet, contraire, semble-t-il, à l'esprit de nos statuts ; nous ne pouvons donc nous laisser intimider par tous ceux qui nous taxent d'empiétements. Les oppositions vont nous obliger à progresser à pas comptés pour préserver le consensus nécessaire, mais des avancées vont s'opérer. Elles restent un chantier ouvert.

Pour avancer sur ces différents sujets, la qualité de nos relations avec la Banque mondiale est essentielle. C'est, comme sa filiale la Société financière internationale (SFI), par l'excellence de son personnel, la richesse de son expérience, la qualité

1. Voir chapitre IV.

de ses analyses, de ses projets et de ses programmes, une magnifique institution.

Notre collaboration avec elle et les pays pauvres pour la mise au point de documents-cadres de politique économique, désormais associés à l'*ESAF*, contribue à familiariser notre personnel à ces questions d'économie sociale. Celui-ci garde encore quelques complexes dans ses relations avec la Banque. Elle est parfois soupçonnée de quelques vues « impériales ». Tous les quinze jours, avec son président, Jim Wolfensohn, mon dernier compère dans ce métier, nous consacrons un petit déjeuner à essayer de prévenir les risques d'incompréhension ou de frottement ici ou là entre les deux maisons. Je mesure à ces occasions la vigueur de son engagement personnel dans la lutte contre la pauvreté. Peu à peu, les chefs de missions du Fonds comprennent beaucoup mieux l'importance qui s'attache désormais au chapitre social des programmes. Ils deviennent plus attentifs aussi au travail pionnier développé par la Banque interaméricaine de développement sur cet au-delà sociétal de l'ajustement. Je suis particulièrement reconnaissant à Enrique Iglesias de nous associer à ces travaux. Il me convie aux séminaires qu'il organise fréquemment à ce propos avec les meilleurs spécialistes universitaires du sous-continent, des syndicalistes, des chefs d'entreprise ou des responsables religieux qui sont provoqués dans leurs engagements par les tenants de la théologie de la libération.

Poursuivre les objectifs du millénaire

Avec des progrès plus lents, tellement la préoccupation des équilibres financiers en est, en ces années-là, absente, la coopération devient également plus étroite avec les institutions de la famille des Nations unies[1]. Je tiens pourtant, comme à la prunelle de mes yeux, à des relations étroites et confiantes avec

1. Il faut reconnaître que, n'écoutant que leur bon cœur, certains de mes collègues, chefs de ces institutions, n'y allaient pas de main morte dans la véhémence de leurs critiques du Fonds. Je m'en plaignais de temps en temps auprès des secrétaires généraux

l'ONU. Elle est pour moi l'institution phare puisqu'elle est le dernier rempart de la paix. J'ai été saisi, au début de ma vie étudiante, par une présentation de sa charte faite par un de nos professeurs à Sciences Po, François Le Roy[1].

J'ai été fasciné aussi par la personnalité, le destin tragique du Suédois Dag Hammarskjöld, secrétaire général des Nations unies, mort en Rhodésie en 1961, et la lecture de ses *Jalons*. Les accords de Bretton Woods établissent, certes, le FMI et la Banque mondiale dans une certaine distance par rapport à la famille des Nations unies. Sans que nos relations soient de subordination, je n'en souhaite pas moins faire en sorte que notre action soit aussi profondément inspirée que possible par les orientations généreuses que l'organisation et ses multiples agences élaborent au nom du célèbre « *We the people…* » qui ouvre la charte. Dans ce travail, je noue des liens d'amitié avec Javier Pérez de Cuéllar, puis Boutros Boutros-Ghali et enfin avec Kofi Annan. Je ne cesserai jusqu'à ce jour de travailler

---

Javier Pérez de Cuéllar et Boutros Boutros-Ghali. À d'autres occasions, lors de nos réunions semestrielles notamment, je les exhortais à plus de retenue. Peine perdue.

Un beau jour, n'y tenant plus, je les invite tous à dîner à l'occasion d'une session des Nations unies à Genève dans un bon restaurant des bords du lac. Dès l'entrée avalée, en essayant de rester aussi courtois que possible, je m'emploie à « casser le morceau », à leur montrer que nous servons la même cause. Il n'est pas moins humain de tenter de doter les pays en développement d'une monnaie solide que d'y distribuer des préservatifs ou de lancer des campagnes de vaccination en Afrique. Nous avons mieux à faire que de nous regarder en chiens de faïence ou de nous décrier à l'envi. Bref, je veux leur dire, une fois pour toutes, ce que j'ai sur le cœur. L'atmosphère s'alourdit, s'épaissit de minute en minute. N'y tenant plus face à un tel déballage si étranger à sa culture, le Dr Hiroshi Nakajima, directeur général japonais de l'Organisation mondiale de la santé, se tournant vers le secrétaire général de l'ONU, à ma droite, lève timidement le doigt pour demander la parole :

« Monsieur le secrétaire général, nous venons d'entendre une remarquable intervention de notre collègue, le directeur général du FMI ; je crois que je peux me faire l'interprète de tous nos collègues pour l'en remercier, mais peut-être serez-vous d'accord pour que maintenant je vous fasse une très modeste communication sur un sujet de préoccupation personnelle quotidienne pour chacun d'entre nous ici, ce soir : les problèmes sexuels de l'homme au-delà de la soixantaine… » Passé un instant de stupeur, il y eut un déchaînement d'enthousiasme. C'en était fini de mon prêche. Ce ne fut pas peine perdue cependant. À quelques escarmouches près, les relations entre institutions devinrent plus normales et confiantes.

1. Il n'y voyait rien de moins que l'audacieuse tentative de donner ses chances aux visions révolutionnaires de la Vierge Marie dans son Magnificat :

« Il renverse les puissants de leur trône, il élève les humbles,
Il comble de biens les affamés, renvoie les riches les mains vides. »

avec ce dernier sur le chantier du développement de l'Afrique, qui nous passionne tous les deux.

Je suis ainsi amené à participer activement aux réunions bisannuelles de la famille des organisations onusiennes ainsi qu'à la succession de conférences internationales de Copenhague, Le Caire, Rome, Rio de Janeiro qui, au fil des ans, ont fait prendre à la communauté internationale des engagements concernant l'élimination ou la réduction des différents aspects de la pauvreté dans le monde et la promotion du développement durable. Je leur attache pour ma part une grande importance, d'abord parce qu'ils lient vers des objectifs communs le Nord et le Sud. Ils peuvent aussi conduire progressivement les pays en développement mais aussi toutes les institutions intervenant dans ce domaine – le FMI y compris – à mieux centrer leurs stratégies sur ces objectifs incontestables du développement humain. Choqué de voir que ces engagements sont assez vite oubliés peu après leur adoption, je décide d'en faire le récapitulatif sur un petit bristol gris pour le distribuer à tous mes interlocuteurs. Je finirai par le brandir lors de la dernière assemblée générale à laquelle je participerai fin 1999, devant tous les ministres des Finances et gouverneurs de banques centrales du monde pour essayer de les convaincre d'en tenir mieux compte. Loin d'avoir été tous atteints, ces objectifs se sont traduits par des avancées non négligeables[1].

Les objectifs du millénaire pour 2015

– Lutte contre la pauvreté extrême : réduire au moins de moitié le nombre des habitants des pays en développement vivant dans la misère, d'ici 2015 (*Copenhague*).

– Pour l'instruction primaire universelle : assurer l'instruction primaire universelle, dans tous les pays, d'ici 2015 (*Jomtien, Copenhague, Pékin*).

– Pour l'égalité des sexes : faire progresser l'égalité des sexes et la promotion de la femme en supprimant, d'ici 2005 les disparités entre garçons et filles dans l'enseignement primaire et secondaire (*Le Caire, Copenhague, Pékin*).

1. Ces avancées sont retracées en annexe V, page 440.

– Contre la mortalité infantile : réduire de deux tiers par rapport au niveau de 1990 la mortalité à la naissance et celle des enfants de moins de cinq ans dans chaque pays en développement, d'ici 2015 (*Le Caire*).
– Contre la mortalité maternelle : réduire de trois quarts la mortalité maternelle entre 1990 et 2015 (*Le Caire, Pékin*).
– Pour la lutte contre la faim : réduire de moitié le nombre des personnes souffrant de malnutrition par rapport au niveau actuel, d'ici 2015 (*Rome*).
– Pour l'hygiène reproductive : assurer l'accès aux services d'hygiène reproductive, par l'intermédiaire du système de santé primaire, à tous les individus en âge de se reproduire, à l'horizon 2015 (*Le Caire*).
– Pour la protection de l'environnement : mettre en place d'ici 2005 une stratégie nationale de développement durable dans tous les pays, de manière à inverser d'ici 2015 la tendance à la destruction des ressources écologiques, au plan national et au plan mondial (*Rio de Janeiro*).

Reste finalement un dernier obstacle - et non le moindre évidemment – à cet élargissement des stratégies du Fonds face à la pauvreté. Ce sont les convictions d'une partie des membres du conseil d'administration menée souvent par l'Allemagne, la Hollande et parfois certains pays nordiques. C'est l'école de la vertu et... de ses illusions. Leurs convictions sont tranchées et s'expriment quelquefois avec raideur :

– l'ajustement avant tout, du financement ensuite, « en tant que de besoin » et strictement mesuré ;

– le principe que Mme Thatcher m'énoncera sur un ton sans appel : « Plutôt pas de programme de soutien qu'un programme faible » ;

– la lutte enfin contre tout phénomène d'addiction à nos financements[1] : les programmes, s'ils sont bons, doivent se suffire ; leur donner un prolongement ou un successeur est un aveu d'échec et de faiblesse. Combattons donc le «*prolonged use of Fund's ressources*[2]. »

Chacun de ces principes trouve dans nos statuts des fondements incontestables. Il n'y a rien à attendre à s'en éloigner sans raison, encore moins à les attaquer de front. Je choisirai donc

1. Des études récentes ont démontré combien cette marotte se fondait sur des postulats contestables et combien le succès a accompagné souvent les exceptions à cette règle.
2. Recours prolongé aux prêts du FMI.

de mettre sur la table de nos discussions formelles ou informelles avec les administrateurs les cas concrets qu'il nous faut résoudre, en suggérant d'interpréter simplement nos règles avec réalisme et bon sens. C'est ainsi qu'à la longue, une pratique plus souple finira par prévaloir, sans pourtant éliminer totalement les réserves des uns ou des autres.

Progressivement, la culture du FMI se trouve ainsi élargie. C'est avec une profonde conviction que je peux expliquer à la réunion de haut niveau du Conseil économique et social des Nations unies à Genève, le 29 juin 1993, l'évolution significative en matière sociale des programmes que nous soutenons. Six ans plus tard, en septembre 1999, prononçant mon dernier discours devant l'assemblée générale des gouverneurs du Fonds et de la Banque, je pourrais affirmer que, désormais, au FMI, « la réduction de la pauvreté est au centre de nos stratégies ».

Reprendre la réforme du système

1994 : célébrer un cinquantenaire

Le 1er juillet 1944, à peine les Alliés ont-ils débarqué en Normandie qu'une conférence monétaire et financière des Nations unies se réunit dans un hôtel d'un village du New Hampshire, à Bretton Woods. La conférence est rondement menée ; le 22 juillet, les représentants des quarante-quatre pays alliés qui ont répondu à l'invitation du président Roosevelt concluent leurs travaux. Ils viennent de construire le système sur lequel se fondent depuis lors les relations monétaires et financières internationales, le système de Bretton Woods. En 1994, cinquante ans après, on s'accordera à célébrer cela, d'autant que, depuis lors, la quasi-totalité des pays du monde ont décidé d'y adhérer.

Même si les grands pays hésitent à ouvrir une boîte de Pandore, deux grandes questions se proposent à notre réflexion : N'y a-t-il pas lieu d'évoquer des questions laissées en sommeil depuis longtemps, telles que celle du Droit de tirage spécial (DTS) dont les pays membres se sont engagés à faire l'actif principal de réserve du système monétaire international ? Pouvons-nous continuer à voir se restreindre son rôle parmi les actifs de réserves mondiaux ? N'est-il pas temps de reprendre aussi les discussions interrompues dans l'aigreur avec l'échec, au début de 1980, du projet d'un compte de substitution? Son but était de permettre aux pays qui jugeraient détenir trop de dollars dans leurs réserves de diversifier celles-ci en les échangeant au FMI contre des DTS. Ceci hors marché, pour éviter tout désordre.

Les sujets s'annoncent difficiles. «Prenez garde», me disent les augures; «on va déclencher de nouvelles disputes et vous n'aurez pas de majorité pour un renforcement du système.» Certes, mais n'est-il pas de notre devoir d'ouvrir des débats dont les conclusions pourraient être essentielles pour ce bien commun universel qu'est la stabilité durable du système monétaire international? L'état-major du Fonds en convient; même si quelques doutes restent à dissiper, nous décidons de rouvrir le débat sur le DTS.

Celui-ci est né d'interminables négociations à la fin des années soixante sur les dysfonctionnements du système[1]. Cette audacieuse innovation fut un événement majeur. Elle recueillit l'accord des Américains qui finirent par reconnaître l'existence pour le monde d'un problème dollar. Le DTS a le mérite de constituer un instrument de coopération monétaire en cas de crise des liquidités mondiales. Il fera l'objet d'un engagement solennel de chacun des États membres du FMI, «de collaborer avec le Fonds et avec les autres membres afin de s'assurer que la politique qu'il suit en ce qui concerne les actifs de réserve est compatible avec les objectifs consistant à favoriser une meilleure surveillance des liquidités internationales et à faire du droit de tirage spécial le principal instrument de réserve du système monétaire international». Cet engagement est inscrit au nouvel article VIII, section 7 et à l'article XXII des statuts. Le DTS devient ainsi l'embryon de la monnaie dont le monde en cours de globalisation aura peut-être à se doter un jour.

Il est de la responsabilité du Fonds de le promouvoir. Il est envisagé qu'il le fasse, à l'occasion d'allocations périodiques,

1. Celui-ci avait été bien mis en lumière par l'économiste belge Robert Triffin qui avait montré qu'un système dont un seul pays assurait la liquidité globale, en fonction du déficit de ses comptes extérieurs et non des besoins de l'économie mondiale, était voué à osciller entre des périodes d'excédents ou de pénuries de liquidités.

l'accroissement progressif de sa part dans le volume des liquidités en circulation et en facilitant l'usage par ses détenteurs. Il faudra, le jour venu, en doter équitablement, aussi, les nouveaux membres du Fonds. Cela ne va-t-il pas de soi, au vu de l'engagement souscrit par tous ? C'est sans compter sur les arrière-pensées des uns et des autres : celles d'abord des pays qui s'y sont résignés à contrecœur. Ils s'abritent derrière une interprétation étroite des conditions d'allocations pour, sinon les éviter, du moins en limiter au maximum le montant[1].

Il y avait aussi – en sens inverse, mais tout aussi pernicieuse – la tentation de « lier » des allocations aux ressources budgétaires mondiales consacrées à l'aide au développement. Formulée en langage simpliste, cette tentation consiste à voir dans l'allocation de droits de tirage spéciaux une sorte de planche à billets permettant de financer le développement mondial par un supplément d'émission monétaire. Cette idée était un chiffon rouge pour les tenants de l'orthodoxie la plus stricte et même pour tous ceux qui souhaitaient préserver l'intégrité du DTS. Ce « lien » prôné à temps et à contretemps par les pays en développement ne faisait qu'accroître les réticences à l'encontre des allocations de DTS.

Progressivement, l'engagement de faire du DTS le principal actif mondial de réserve a ainsi fini par être perdu de vue dans d'aigres débats sur l'existence ou non d'un « besoin mondial ». De fait, tout au long d'une période au cours de laquelle les déficits de balance des paiements américains contribuent à la mise en circulation d'une abondante liquidité en dollars, les allocations de DTS ne peuvent qu'être symboliques, voire s'interrompre. C'est ainsi qu'après quelques allocations initiales, les DTS en circulation s'élèvent en 1994 à 21,4 milliards, soit guère plus de 3 % des liquidités mondiales, contre 8,4 % en 1972. Il est donc essentiel de rouvrir ce débat. L'accession au FMI des pays en transition en fournit une nouvelle justification. Il nous reste à

1. Ils s'appuient pour cela sur la clause de l'article XVIII qui les subordonne à la constatation, à une majorité de 85 % des voix, d'un « besoin global à long terme » d'actifs de réserve. On pourra évidemment ergoter à l'infini sur ce besoin. Ils ne s'en priveront pas.

présenter à nos États membres un ensemble de raisons convaincantes pour reprendre le cours des allocations.

L'engagement inscrit à nos statuts aurait pu suffire. Il me faut constater qu'il ne préoccupe plus grand monde. Mon ami, Hans Tietmeyer, mon collègue allemand lorsque je dirigeais le Trésor français devenu président de la Bundesbank, me dit un jour à ce propos : « Je vois que cet engagement te préoccupe beaucoup, mais pour nous, il n'a plus de sens aujourd'hui. Si tu veux, nous pourrions proposer de le supprimer des statuts. » Je déclinais sur le champ cette offre : « Tout sauf ça ! » lui dis-je. Nous devons préserver l'avenir. De toute manière, en ce début des années quatre-vingt-dix, d'autres raisons importantes peuvent être mises en avant pour rendre vie à cet instrument. Je n'ai guère de mal à mobiliser les meilleurs esprits du Fonds pour établir un argumentaire vigoureux. Il est très simple : le besoin global de liquidités est manifeste puisque plus d'un tiers des membres du Fonds ont des réserves de change inférieures à huit semaines d'importations de biens et de services, ce qui est très au-dessous du niveau raisonnable. Ces pays, pourrait-on rétorquer, n'ont qu'à accroître leurs réserves en empruntant des monnaies fortes auprès des banques, même si cela leur coûte plus cher. Les contraindre à un nouvel endettement bancaire, au lendemain de la crise des années quatre-vingt, ne nous semble pas raisonnable. Les laisser seuls face à leurs besoins ne peut se traduire que par des compressions d'importations supplémentaires alors qu'ils les ont déjà réduites considérablement. Le risque récessionniste est évident. Au surplus, parmi ces pays se trouvent ceux qui ont rejoint le Fonds au cours des années récentes et l'on peut s'attendre à ce qu'Américains et Allemands soient sensibles à ce dernier argument.

Au total, dans notre recherche d'un compromis, nous proposons une allocation générale d'un montant soigneusement calculé de 36 milliards de DTS répartie sur une période de cinq ans, de telle manière que tout effet inflationniste puisse être évité[1].

1. Nous proposons aussi la mise à l'étude d'un fonds dans lequel, à titre volontaire, les pays excédentaires pour lesquels l'allocation de DTS ne s'avérerait pas indispensable,

Nos propositions sont mises sur la table du Conseil pendant l'été 1994 pour être soumises à l'approbation des gouverneurs du Fonds à l'occasion de leur assemblée annuelle, début octobre à Madrid. L'allocation pourrait en être une éclatante retombée. Les débats du conseil d'administration sont vifs et la tension ne fait que monter à l'approche de la réunion. J'essaie de convaincre les uns et les autres, sans grand succès. Des raidissements se font sentir comme si la vigueur de nos arguments indisposait les uns ou les autres ; la Bundesbank est la plus doctrinairement hostile. Je fais donc le voyage de Francfort pour tenter d'infléchir Hans Tietmeyer et ses collaborateurs. Inutile. Britanniques et Américains pourraient se rallier mais exigent une réduction sensible du montant proposé. Les pays en développement, en revanche, refusent tout abattement, affirmant que le montant de 36 milliards de DTS proposé est déjà trop faible compte tenu des besoins en cause. Ils les évaluent plutôt à 50 milliards.

À l'approche de la réunion de Madrid, quelques bons apôtres m'approchent avec des propositions de compromis aboutissant à rendre dérisoire une allocation jugée déjà trop chiche. Je refuse donc de modifier notre offre. Faisant monter les enchères, Américains, Allemands et Britanniques tiennent tous des conférences de presse dénonçant les propositions inacceptables de la direction générale. Il n'est pas question, affirment-ils, d'aller au-delà de leur position commune, d'autant qu'ils laissent entendre que leur position est sur le point de devenir celle du G7 tout entier. Ils s'en tiendront donc à une « allocation spéciale » et ne faisant pas précédent, de 16 milliards de DTS aux nouveaux pays membres qui ont adhéré depuis 1981.

Je comprends que ces déclarations, destinées à clore le débat le médiatisent dangereusement et changent sa nature. Il va désormais porter publiquement sur une question autrement fondamentale que le montant des DTS à allouer : à qui appartient vraiment le pouvoir ultime de décision au sein du FMI ? Est-ce à l'ensemble de ses membres ou au seul G7 ? Céder

pourraient la reverser en tout ou en partie au bénéfice de pays en situation difficile. Cette idée inspirée de suggestions belges n'eut pas beaucoup d'écho.

à ces oukases équivaudrait alors à accepter aux yeux de tous que le caractère même de l'institution soit gravement altéré. Je ne saurais m'y prêter. Trêve de manœuvres diplomatiques, nous allons à l'affrontement. Il va falloir tenir, plaider sans convaincre et, certainement, laisser quelques plumes dans ce combat de coqs. Je consulte mes trois nouveaux adjoints à peine nommés, Stan Fischer, Alassane Ouattara, Prabhakar Narvekar, et les chefs de départements intéressés : ils optent pour maintenir notre position, sans me cacher leur inquiétude.

Madrid, 2 octobre 1994 : le G7 fera-t-il la loi ?

Le Comité intérimaire – qui doit trancher cette affaire – se réunit le dimanche 2 octobre après-midi à Madrid. La finance mondiale y afflue en foule pour assister aux assemblées annuelles du FMI et de la Banque mondiale.

Dès son arrivée, la veille, le G7 se réunit. J'y présente, comme d'habitude, mon rapport de surveillance macroéconomique. À peine ai-je tourné les talons que la discussion reprend entre ses membres sur l'allocation de DTS. Devant la fermeté des positions américaine, britannique et allemande rejointes par le Canada, les pays qui plaident pour un compromis – le Japon, la France et l'Italie – finissent par se rallier aux plus intransigeants. Une fois de plus prévaudra le principe qui veut que le G7 recherche toujours le consensus en son sein, fût-ce sur la base du plus petit commun dénominateur. Dès la fin de cette réunion, Larry Summers, numéro deux du Trésor américain, m'envoie Karin Lissakers, administratrice du Fonds pour les États-Unis, pour me prier de passer le voir. Il a reçu mandat de me notifier la position des Sept. L'échange est bref. Je prends note des termes du message et lui indique que je n'y vois aucun élément m'autorisant à changer de position.

La réunion du Comité intérimaire s'ouvre dans une atmosphère glaciale. Il y a de l'électricité dans l'air. Le contraste saute aux yeux, avec la bruyante euphorie des rencontres habituelles. Philippe Maystadt, ministre belge des Finances qui préside le

Comité, sans faire mine de minorer les enjeux, adopte un ton aussi «*business as usual*» que possible. Son charme, hélas, n'opère pas longtemps. Dès que l'on parle DTS, les enjeux médiatiques s'imposent. Nul ne semble envisager de céder au point de vue des autres. Après les rapports habituels, Manmohan Singh, ministre des Finances indien, expose sur un ton de grande fermeté les arguments justifiant l'allocation trop modique à laquelle l'Inde, son pays, et beaucoup d'autres se sont ralliés. Il plaide pour que chacun en reconnaisse le bien-fondé.

Hans Tietmeyer, le secrétaire au Trésor américain Lloyd Bentsen et le chancelier de l'Échiquier Kenneth Clarke répliquent que l'offre du G7 est à prendre ou à laisser. Ceux qui ont des offres de compromis dans leurs poches comprennent qu'elles ne sont plus d'actualité. Des suspensions de séance se succèdent. Des messages qui se veulent amicaux me parviennent : «Vous vous battez pour une cause juste, mais vous allez dans le mur. Si vous ne cédez pas, la grande fête du cinquantenaire du FMI que l'on doit célébrer à Madrid sera gâchée.» Je réplique aux émissaires qu'elle le serait encore plus si elle était marquée par l'assujettissement de l'institution à une minorité de ses membres pour puissants qu'ils soient. Au cours d'une des suspensions, les onze ministres et gouverneurs des pays en développement me prient de les rejoindre. Ils ne cachent pas leur colère. Alors que l'on perçoit assez vite en général, dès que les affaires se compliquent, des hésitations dans leurs rangs, ils se refusent, cette fois, à toute concession. Ils veulent s'assurer de ma propre résolution. Je leur confirme ce que j'ai dit à maintes reprises et j'ajoute que je n'ai pas l'intention de me plier à quelque torsion de bras que ce soit. Les enjeux de cette affaire pour l'intégrité du Fonds sont trop importants. Ce ne sera pas moi qui leur recommanderais d'accepter, sous un diktat, une solution manifestement insuffisante. Ils m'en remercient et me promettent de tenir bon.

Le ministre français des Finances, Edmond Alphandéry, qui déplore de son côté la position minimaliste à laquelle il a dû se ranger au nom de la solidarité du G7, préside une nouvelle réunion de celui-ci à la recherche d'un improbable assouplissement des positions les plus radicales. En vain. On me fait savoir que le Premier ministre français, Édouard Balladur, se tiendrait informé en permanence du déroulement de cette affaire et, tout en reconnaissant le bien-fondé de ma position, me suggérerait de me rallier à la position américaine pour éviter de me laisser enfermer dans un antagonisme stérile… Je suis un peu surpris par cette démarche. J'indique qu'en mon âme et conscience, je ne saurais me ranger à une position aussi contraire aux devoirs de ma charge. Les choses pourraient, certes, mal tourner et m'obliger à abandonner mes fonctions ; je demanderais en ce cas au gouvernement de mon pays de me permettre de retrouver un poste d'administrateur civil dans les rangs de ma maison mère, l'administration centrale des finances.

La séance plénière reprend. Il est tard. Nul ne cède, on tourne en rond. Manmohan Singh demande la parole au nom du groupe des pays en développement et, s'en prenant tout particulièrement au chancelier de l'Échiquier sur un ton cette fois d'une cinglante détermination, souligne l'inadéquation des propositions du G7 aux enjeux de l'heure. Son groupe ne se ralliera pas à une position inacceptable. Le G7 reste de marbre. L'heure tourne ; il est minuit passé ; la réunion a duré déjà une dizaine d'heures ; chacun ne songe plus qu'à aller parler à la presse qui attend nos conclusions depuis la fin de l'après-midi. En désespoir de cause, Philippe Maystadt, visiblement par acquit de conscience, me donne une dernière fois la parole. Je n'ai, en fait, plus rien à ajouter. Épuisé, je répète deux ou trois arguments mais je sens que chacun est déjà résigné à l'échec et, à vrai dire, moi aussi. On reprendra la discussion plus tard, dans un climat apaisé. C'est aussi la conclusion de notre président qui lève la séance en invitant chacun à de nouvelles réflexions.

Nous nous rendons tous les deux dans la salle de presse où la plupart des journalistes ne dissimulent guère leur exaspération. Des échos de nos débats leur sont parvenus. Certains hauts fonctionnaires du G7 sont venus faire comprendre que l'échec de la réunion est dû surtout à mon entêtement dans mon alignement coupable sur les vues du tiers-monde. J'en prends pour mon grade. Le premier journaliste à parler me demande sur le ton du procureur : « Peut-on savoir qui vous représentez en votre qualité de directeur général ? » Puis, son voisin : « On nous dit que vous avez renoncé à une position de neutralité... Vous avez pris parti, vous avez perdu. Allez-vous démissionner ? Le chancelier de l'Échiquier aurait demandé votre démission, vous confirmez ? »

Je réponds très simplement : « Je ne suis pas ici pour me rallier à telle ou telle majorité, mais pour servir le Fonds. J'ai bien l'intention de continuer et notamment à rechercher les voies d'une allocation générale de DTS, plus nécessaire que jamais. » Je suis trop fatigué à ce moment pour être capable de citer les mots de Keynes, lors de la première réunion des gouverneurs du Fonds : « Nous devrons perpétuellement nous rappeler que les institutions de Bretton Woods appartiennent au monde entier ; elles n'ont d'allégeance qu'au bien commun, sans crainte ni faveur pour quelque intérêt particulier que ce soit. » M. Maystadt, plein de sagesse, calme le jeu. Il indique qu'il envisage de procéder à des consultations supplémentaires. Il convoquera une nouvelle réunion du Comité lorsqu'il estimera que les conditions d'un accord seront réunies. Il enchaîne sur les quelques autres sujets qui, déjà approuvés au niveau du conseil d'administration, n'ont pas donné lieu à débat. Il y aura en particulier une « déclaration de Madrid » traçant, à l'occasion de ce cinquantième anniversaire, quelques principes majeurs de coopération pour l'économie globale hautement intégrée des prochaines années[1]. Des progrès sont également enregistrés vers une augmentation substantielle des limites d'accès des pays emprunteurs aux ressources du Fonds. À cette heure avancée

1. Cette déclaration de Madrid est importante car elle reflète le consensus des États membres sur le type de politique économique et sociale pour la croissance que le FMI cherche à promouvoir. La réflexion à ce sujet continuera de s'affiner au cours des deux années suivantes et elle se traduira en septembre 1996 par une nouvelle déclaration sur le partenariat pour une croissance globale durable. Ce dernier texte me semble être la formulation la plus correcte de ce que l'on a appelé couramment : le « consensus de Washington ». On constatera qu'il n'est en aucune manière une doctrine élaborée par quelques technocrates en chambre comme on l'a trop souvent suggéré, mais il reflète le point de vue unanimement adopté de l'ensemble des pays membres de ce que doit être une politique économique dans un contexte de globalisation (voir annexe IV, page 437).

de la nuit, cela suffit à satisfaire la curiosité de la presse. Beau joueur, le chancelier de l'Échiquier me fait vite savoir qu'il n'avait nullement demandé mon départ. Il dément les bruits qui ont couru.

Lendemains... Deux batailles perdues, une gagnée

Dans l'euphorie de ces rencontres annuelles et des multiples réunions, colloques et séminaires du cinquantième anniversaire, un consensus résigné se forme pour laisser cette affaire en repos pour quelque temps. Les assemblées générales présidées par le roi Juan Carlos et la reine Sofia se terminent dans le climat habituel des grandes célébrations internationales, à peine troublées par un exploit de quelques militants de Greenpeace. Ils sont parvenus pendant la séance inaugurale, trompant toutes les vigilances, à se hisser sur les poutres métalliques du grand hall du Palais des Congrès pour y déployer une banderole dénonçant le prétendu oubli par la Banque mondiale de ses devoirs écologiques et répandre sur la tribune officielle une pluie de faux dollars. La reine Sofia en cueille un au vol qu'elle me remet en souriant. L'incident irrite quelque peu les autorités du pays hôte mais il prend le pas, dans toutes les conversations, sur les querelles autour du DTS.

Les débats de ce dimanche ont laissé, pourtant, des traces profondes. « Le G7 furieux contre les propositions du patron du FMI », titre d'abord l'*International Herald Tribune*, puis il corrige le lendemain : « Nouvelle réalité pour le G7, le monde n'appartient plus à lui seul ». Sous le titre : « À Madrid, une naissance et des funérailles », Reginald Dale tire les choses au clair. La naissance est celle des pays en développement, maintenant en mesure de peser de tout leur poids dans les décisions de la communauté mondiale. Les funérailles, celles d'un pouvoir impérial exercé jusqu'ici par le G7, et l'éditorialiste d'ajouter : « Les plus gros actionnaires du FMI[1] devraient cesser de

1. Ce sont essentiellement les pays du G7.

se comporter comme si le Fonds leur appartenait. Ils devraient cesser de s'attendre à ce que Michel Camdessus obéisse à leurs claquements de doigts comme s'il était à leur service. C'est bien qu'il s'y soit refusé à Madrid. » Et de presser le G7 de préférer désormais le dialogue à l'affrontement. « Péché d'orgueil du G7 », écrit de son côté l'éditorialiste du *Monde*. « Match nul », diront d'autres. Je lis ces commentaires avec soulagement.

En fait, il y a eu à Madrid deux batailles perdues. L'une perdue provisoirement par la direction du FMI : celle des modalités et du volume de l'allocation de DTS. L'autre durablement par le G7, sa tentative d'imposer sa loi à l'institution. Certains de ses membres, les États-Unis et, lorsqu'ils parlent d'une même voix, les Européens gardent, certes, leur pouvoir de veto. Ils découvrent cependant, avec une certaine amertume et pour la première fois aussi clairement, que les pays en développement et, *a fortiori*, le reste des États membres, ont le pouvoir de les empêcher d'imposer leurs vues. Salubre rappel au règlement ! Le climat de l'institution en est quelque peu changé. Ceux qui n'osaient trop faire entendre leur voix du côté du tiers-monde s'enhardissent et se concertent davantage. Ceux qui prétendent au leadership mettent désormais un plus grand soin à expliquer leurs vues et à rechercher des soutiens. Sans qu'il y ait lieu d'établir un lien direct entre les deux événements, on pourra mieux comprendre à cette lumière l'initiative américaine, sitôt la crise asiatique de 1997-1998 à peu près sous contrôle, de créer un G20 associant au G7 les principaux pays émergents.

L'issue du débat sur le DTS est longue à trouver. Les consultations de Philippe Maystadt l'amènent à la conclusion que le problème ne peut être résolu que dans le cadre d'une réflexion plus ample sur le rôle du DTS dans le système monétaire international. Une importante conférence sur ce sujet se tient en 1996 mais le désaccord sur le problème des allocations reste entier. Par souci de justice à l'égard des nouveaux pays membres, le conseil d'administration finit par se résigner à proposer une allocation spéciale « ne faisant pas précédent » mais leur assurant une dotation en DTS d'un montant égal à celui des autres pays en proportion des détentions de DTS par ces derniers en relation à leurs quotas. Cette solution est finalement adoptée au Comité intérimaire de septembre 1997 à Hong Kong ; elle aboutit à doubler le volume des DTS en circulation à hauteur de 42,8 milliards de dollars. Il faudra, hélas, attendre juin 2009 pour que le Congrès des États-Unis ratifie enfin cette solution peu glorieuse. Pourtant, s'il y eut à Madrid, aux côtés des deux batailles perdues, une bataille gagnée – cette fois par le FMI lui-même –, ce fut celle-ci : éviter que le DTS ne disparaisse par désuétude ou ne soit misérablement enterré par un aménagement des statuts adopté à la sauvette. On ne pourrait désormais s'en débarrasser aisément ; trop de pays avaient montré qu'ils se battraient pour le garder. La crise profonde déclenchée par la faillite de Lehman Brothers devait leur donner raison. Une allocation de 250 milliards serait adoptée en 2008 pour rétablir la liquidité mondiale brutalement asséchée.

Longtemps après ces événements, une question reste entière : pourquoi cette affaire de l'allocation, dans des circonstances aussi exceptionnelles que celles qu'offrait la transition des pays de l'Est, suscitait-elle une telle intransigeance, une telle raideur dans la bonne conscience de deux ou trois grands pays ? Pourquoi tant d'âpreté, tant d'aigreur dans ces débats ? Ancien gouverneur de banque centrale moi-même, je partageais le souci d'éviter que le DTS ne devienne un facteur d'inflation ou de permissivité. Mais ce danger n'existait guère. Certaines banques centrales auraient-elles eu pour stratégie de laisser dépérir un embryon de monnaie mondiale qui pourrait un jour concurrencer les leurs ? On ne peut l'exclure. Pouvait-on y discerner aussi la trace d'une pensée néolibérale professant qu'à partir du flottement des monnaies, les marchés pourraient conduire aux meilleurs équilibres si l'on évitait de les encombrer d'interventions publiques ? C'est probable. Y avait-il un enjeu de pouvoir sur le FMI ? La médiatisation de l'affaire pouvait le laisser soupçonner. Y aurait-il enfin un « facteur résiduel » d'explication ? Certains ont affirmé qu'il se trouvait dans ma propre intransigeance. Je n'étais plus, en effet, en ce premier dimanche d'octobre 1994, en position de transiger… Je crois que l'explication était ailleurs, dans le fait que les principaux acteurs discernaient derrière ces discussions une immense question qu'ils préféraient laisser en sommeil. Leurs prédécesseurs, pourtant, l'avaient identifiée dès 1969 : le niveau désirable des liquidités internationales toujours trop exclusivement dépendantes du solde de la balance des paiements américaine et de la politique monétaire de la Réserve fédérale. Il faudra une nouvelle crise aussi violente que celle de 1929 pour qu'à nouveau – encore qu'avec retenue – quelques anciens responsables osent y revenir dans le cadre de la discussion de l'« initiative du Palais-Royal[1] » et proposent de reprendre la discussion d'un plus grand rôle du DTS dans le système monétaire international.

Pour l'instant, en revenant de Madrid, je tire de tout ceci deux ultimes leçons : la nécessité d'abord de sensibiliser l'opinion mondiale aux problèmes du système pour éviter qu'on ne les découvre qu'à l'occasion de débats finalement secondaires ; l'importance qu'il y aurait aussi, pour les pays en position de leadership mondial, à se montrer attentifs à saisir les occasions qui leur sont offertes de l'exercer dans un esprit de véritable solidarité et, pourquoi pas, de l'assortir d'un brin de générosité. À cet égard, hélas, Madrid fut une occasion perdue. Il n'en reste pas moins que tout au long des années suivantes, le G8 continuera de jouer un rôle précieux de coordination entre ses membres. Les premières crises du XXIe siècle que nous verrons éclater à peine de retour de Madrid lui en fourniront maintes occasions.

1. Voir annexe III, page 434 : ce groupe de personnalités indépendantes proposera des réformes radicales de la surveillance et de la gouvernance du FMI, et de porter une plus grande attention au niveau et à la régulation de la liquidité mondiale.

IV

PREMIÈRES CRISES DU XXIe SIÈCLE

Le 20 décembre 1994, le XXIe siècle s'annonce. Les trois coups retentissent à nouveau sur la vaste « scène de ce drame ». Les échos du premier nous viennent du Mexique où – comme le tonnerre dans un ciel d'été – une crise d'un type inconnu va bouleverser une économie dont nous ne cessions de célébrer la réussite. Puis une trentaine de mois plus tard, l'Asie – elle-même encensée pour son modèle de développement – est à son tour ébranlée. Enfin, en 1998, aux ides d'août – Charybde et Scylla du monde de la finance – le système financier russe s'effondre. Dans ces trois cas, les symptômes sont identiques. Ils étaient inconnus jusque-là. Le monde s'est silencieusement resserré à ce point que, désormais, la moindre crise – fût-ce dans un pays que l'on aurait dit sans grand rôle économique – va retentir partout et risquer de provoquer des enchaînements catastrophiques. Soudain, nos approches et nos instruments familiers deviennent obsolètes. Il y aurait de quoi trembler. Oui, nous avons changé de siècle. Il nous faut risquer de nouvelles thérapies, réunir des financements beaucoup plus importants et poser quelques premières pierres d'une nouvelle architecture mondiale.

Dans ce grand chambardement, j'ai la chance de me souvenir de deux paroles du père Teilhard de Chardin que j'ai eu la bonne fortune de lire alors qu'il était encore interdit de publication : « C'est Dieu lui-même qui nous appelle à travers le processus unificateur de l'Univers» et, ailleurs, «On n'espère jamais assez de l'unité humaine croissante». Il faudra essayer de partager sinon cette foi, du moins cette espérance.

Mexico, 20 décembre 1994 : premier jour d'un nouveau siècle

Tout va bien pour le Mexique en cette année 1994. Enfin, presque tout ! Sa dette qui avait déclenché en 1982 la grande crise de l'Amérique latine a été réduite et apurée. L'événement a été superbement célébré à Mexico, place du Zócalo. La gestion financière du pays est jugée exemplaire par la plupart des augures. Le Mexique accède à l'OCDE ; le traité de libre-échange avec le Canada et les États-Unis vient d'être conclu. Le peso est stable sur les marchés. Pedro Aspe, brillant ministre des Finances, a été sacré « ministre des Finances de l'année ». Nul ne s'étonne que pour optimiser sa gestion et profiter du statut que lui vaut cette image, il cherche à financer à court terme sur le marché international sa dette publique en y émettant des *Tesobonos* libellés en dollars. Certes, l'assassinat du candidat à l'élection présidentielle, Luis Donaldo Colosio, a secoué un instant le marché, mais l'action de la banque centrale et quelques déclarations d'appui de la communauté internationale ont suffi à ramener l'ordre.

Le pays garde pourtant une sérieuse vulnérabilité macroéconomique et souffre d'un problème constitutionnel récurrent.

Le problème macroéconomique masqué par l'euphorie ambiante est celui du taux de change tiré vers le haut par l'accumulation des bonnes nouvelles. Depuis plusieurs mois, nos équipes de surveillance font remarquer aux Mexicains que leur monnaie, le peso, est surévaluée et que leurs financements externes à très court terme sont peu satisfaisants. Non seulement nous le leur disons en privé, mais nous l'avons publié en juillet dans le cadre de notre rapport annuel. Ils n'en disconviennent pas mais sont dissuadés d'agir par l'imminence d'une élection présidentielle. La Constitution crée au Mexique – comme dans quelques autres pays d'Amérique latine – une longue période de vide politique, entre l'élection du nouveau président début juillet et son installation courant décembre. Or, les deux équipes présidentielles, appartenant au vieux Parti révolutionnaire institutionnel (PRI), également conscientes de la surévaluation du taux de change, se renvoient la balle.

« À vous de décider de la dévaluation », disent les nouveaux aux sortants ; « soldez donc à froid votre gestion !

– Une dévaluation requiert une pleine légitimité politique, vous êtes seuls à la détenir ; il vous reviendra d'en décider », répliquent les autres.

Entre-temps, la banque centrale veille et rien ne transpire de ce débat.

Prenant ses fonctions, le nouveau président Ernesto Zedillo se rend à l'évidence. Il faut dévaluer d'entrée pour repartir d'un bon pied. Mais les choses se passent mal. Il doit opérer de façon précipitée car une prétendue « armée de libération » passe à l'offensive dans le Chiapas et prend le contrôle de plusieurs villes, semant l'inquiétude parmi les investisseurs. La bourse plonge et le peso est attaqué. Le gouvernement n'a plus le choix qu'entre laisser flotter le peso ou le dévaluer une bonne fois pour toutes. Il est cependant lié par un vieil accord avec les syndicats et le patronat – le Pacto – qui l'engage à ne pas toucher à la parité sans consulter les partenaires sociaux. La consultation a lieu le 19 décembre au soir. L'accord se fait pour une dévaluation de 15 %. Malgré une hausse majeure des taux d'intérêt et des interventions qui coûtent plus de 6 milliards de dollars, la spéculation ne désarme pas. Une nouvelle réunion du Pacto se tient trois jours après et l'on décide de laisser flotter le peso qui au total, dès le lendemain, aura perdu 30 % de sa valeur. Bien plus, le pays découvre que la dette contractée en devises à travers les *Tesobonos* devient, du fait de la dévaluation, astronomique. Il ne peut y faire face. C'est l'effondrement. Le voici une nouvelle fois insolvable.

Le problème provient du déséquilibre de la balance des capitaux du Mexique qui n'était viable – et encore ! – qu'au taux de change précédent. Nous voici projetés dans un nouvel univers. C'est la première crise d'un monde des libres mouvements de capitaux circulant à la vitesse de la lumière. De nouveaux acteurs – les marchés – deviennent prépondérants. Oui, nous changeons d'univers ; plus que jamais, le rôle du Fonds va être essentiel, alors que les transferts de capitaux échappent pour l'instant à sa juridiction. Le Fonds devra faire face comme il pourra à cette crise et obtenir qu'on lui donne compétences et moyens pour prévenir la suivante. Dans l'immédiat, il va falloir contenir la crise et s'attacher au plus vite à la comprendre et à en tirer les leçons.

Première surprise (décidément, nous sommes dans un autre monde) : les Mexicains et les Américains nous font savoir que cette affaire ne regarde pas le Fonds. Ils affirment qu'un membre de l'OCDE ne doit pas avoir recours à des financements du FMI. Pour nous, première nouvelle. Aurait-on oublié les prêts à la France après la dévaluation de 1969, puis ceux à la Grande-Bretagne et à l'Italie dans les années soixante-dix ? Mexicains et Américains s'accordent pour décider qu'ils régleront cette affaire entre eux. Aubaine pour les Européens qui, eux, proclament qu'il y a là un problème régional à régler entre Nord-Américains.

Au FMI, nous avons plus que des doutes sur cette approche et nous nous penchons sérieusement – mais discrètement – sur le problème pendant ce temps de Noël car nous sentons bien que les malheurs du Mexique peuvent se répandre en quelques heures à travers le continent et se propager ailleurs. Or, les marchés continuent de marquer leur inquiétude. Le risque d'une généralisation de la crise est là ; nous devons nous tenir prêts à y faire face, quels que soient les états d'âme de nos principaux actionnaires. Nous décidons donc d'engager dès Noël le dialogue avec les Mexicains.

Ceux-ci, pendant plusieurs jours, restent évasifs. Ils prétendent qu'ils pourront surmonter leurs difficultés avec l'aide des États-Unis et de quelques autres grands pays. « L'heure n'est plus, pour nous, d'aller au FMI », répètent-ils. Ils restent dans cet état d'esprit pendant une bonne dizaine de jours. Dès les premiers jours de janvier 1995, je fais pourtant, en secret, une visite éclair à Mexico. Je n'ai pas trop de peine à convaincre le nouveau président, Ernesto Zedillo, qu'il doit envisager un programme plus sérieux que celui dont les Américains pourraient peut-être se contenter. J'obtiens aussi du ministre des Finances qu'il accepte de nous demander officiellement de venir préparer un éventuel programme d'assistance financière avec eux. Sur-le-champ, nos équipes arrivent sur place. Les négociations continuent simultanément avec le Trésor américain dont ils escomptent encore un soutien qui rendrait inutile un financement du FMI, incompatible dans leur esprit avec leur nouveau standing. Les Américains y travaillent en effet. Un accord est même intervenu entre les Démocrates et les Républicains au Congrès pour un soutien massif au Mexique sous la forme d'une garantie de 40 milliards de dollars. Quelques jours après, les parlementaires américains retournent pour un bref congé dans leurs circonscriptions. Ils entendent leurs électeurs récriminer : « C'est très bien d'aider le Mexique mais ici, nous avons un pont à reconstruire, là une voie à élargir, ailleurs une autoroute en panne de financement. Nous avons, nous aussi, besoin de garanties du Trésor. Le Mexique devrait passer après. Sériez les priorités ! »

Le soutien du Congrès s'effiloche. Et voici qu'au Forum de Davos, formidable caisse de résonance mondiale, des nouvelles alarmantes se répandent comme traînée de poudre : les Mexicains n'ont plus de réserves de change ; ils vont devoir annoncer un contrôle des changes ou le moratoire de leurs dettes. De quoi faire frémir tous leurs créanciers, États, banques et entreprises !

Les événements se précipitent. Les réticences du Congrès se durcissent de jour en jour. Le soutien du programme de 40 milliards de dollars de garantie s'évanouit. En désespoir de cause, l'administration américaine se tourne vers les Européens dont elle connaît pourtant la position. Les réponses sont au mieux dilatoires.

Mardi 31 janvier 1995 : deux heures pour sauver le Mexique

Cette nuit, à minuit et demie, Stan Fischer reçoit un coup de téléphone de son ancien élève du Massachusetts Institute of Technology (MIT), Larry Summers, à présent numéro deux du Trésor américain. Le message ne le surprend qu'à moitié. Il n'y a plus de soutien au Congrès pour le projet de garantie. Le président Clinton se voit obligé de le retirer. Il va lui substituer un financement de 20 milliards de dollars provenant du fonds américain de stabilisation des changes sur lequel il peut tirer, sans accord préalable de la Chambre et du Sénat. Il l'annoncera entre neuf heures trente et neuf heures quarante-cinq ce matin, avant l'ouverture de Wall Street, mais il sait que cela ne pourra suffire.

Le Trésor pressent que les marchés vont vite comprendre qu'il manque une vingtaine de milliards pour boucler le financement des six prochains mois. On risque une crise majeure mais à quel saint se vouer ? Stan promet à son ami de réfléchir. Il m'avertira avant que le Président ne s'exprime. Il va vivre une des nuits les plus longues de sa vie. Il connaît les instructions que j'ai données au *staff*. Où que je sois, je ne veux pas être réveillé avant l'aube. Constamment en décalage horaire du fait de mes voyages incessants, je ne vois guère d'autre moyen de préserver un minimum de temps de repos. Stan passe donc la nuit à retourner, seul, dans sa tête toutes les hypothèses. Il n'aperçoit pas d'issue. Il envisage le pire et me confiera qu'il s'était même demandé si, en l'occurrence, la civilisation occidentale telle que nous la connaissons n'était pas remise en cause ! À six heures, il m'appelle. Nous convoquons nos principaux collaborateurs pour sept heures trente dans mon bureau.

À l'heure dite, tout le monde est là, y compris Ruth Saunders, mon assistante qui, silencieusement, va prendre les notes dont je m'inspire. Stan rapporte les événements de la nuit d'une voix blanche. Il se garde de dramatiser mais il est clair qu'il a cherché à évaluer au plus près les répercussions systémiques de ce qu'une réponse insuffisante implique. « Je savais, me dira-t-il plus tard, que dans une situation de crise, il y a deux dangers : celui de surréagir et celui de sous-réagir. Ce dernier est évidemment et de loin le plus grand. » Claudio Loser, directeur du département Amérique latine, ajoute quelques précisions mais ne voit pas de solution car nous avons déjà annoncé aux Mexicains une contribution qui atteint le maximum autorisé par nos règles actuelles de financement.

Je parcours du regard les visages de chacun ; je perçois un je-ne-sais-quoi sur celui de Prabhakar Narvekar qui semble se retenir de parler. Je l'encourage : « Dans les circonstances exceptionnelles, me répond-il, vous devez vous rappeler que le Fonds est tenu par l'alinéa V de l'article premier de ses statuts : "Donner confiance aux membres en mettant les ressources générales du Fonds temporairement à leur disposition moyennant des garanties adéquates leur fournissant ainsi la possibilité de corriger les déséquilibres de leurs balances des paiements sans recourir à des mesures préjudiciables à la prospérité nationale ou internationale". » Narvekar conclut : « Il n'y a, à mon avis, ni règles de procédure, ni limites d'accès, ni précédent qui puissent prévaloir contre ce devoir... » J'interroge François Gianviti, notre jurisconsulte, silencieux jusque-là. « M. Narvekar a raison, répond-il ; certes, nous avons une conception si stricte des circonstances exceptionnelles que nous n'avons jamais usé de cette latitude, mais elle existe. »

Quelques visages s'éclairent, d'autres sont encore dubitatifs. Je pense qu'il faut explorer à fond cette ouverture. « En somme, dis-je, il s'agit de savoir si les circonstances de ce matin sont suffisamment exceptionnelles... »

Sur ce point, les doutes sont immédiatement balayés. Jamais nous n'avons été aussi près d'une crise systémique !

J'interroge alors de nouveau François Gianviti :

« Vous nous dites qu'en ce moment, nous pourrions ignorer les limites d'accès qui gouvernent nos interventions, réunir sur le champ le conseil d'administration, lui soumettre, pour adoption, un projet de décision prévoyant un paiement immédiat suffisamment important pour ramener l'ordre, même si tout ceci est sans précédent ?

– La réponse est oui ; elle va provoquer quelques surprises, quelques réactions, quelque tangage mais vous êtes dans votre droit ; je dirais plutôt face à votre devoir d'agir. »

Silence. Nous nous regardons tous. Je laisse un instant chacun dans ses réflexions, mais il s'agit de ne pas traîner.

« Bien, dis-je. Dites-moi alors ce que nous devons mettre sur la table et ce que, dans ces "circonstances exceptionnelles", nous pouvons attendre des autres parties : G7, banques centrales, etc. »

Les calculs sont vite faits. Il s'agit de compenser les 20 milliards de dollars que le Trésor américain vient de retirer de la table. Il n'y a plus le moindre doute, il faut y aller. Il y aura certainement des problèmes car nous nous engageons sur des chemins non tracés, mais la non-intervention du Fonds devant des risques bien identifiés ne me semble pas imaginable. Nous sommes en train de définir la marche à suivre lorsque le téléphone sonne. C'est Bob Rubin, le nouveau secrétaire au Trésor américain. Je perçois dans les balbutiements de sa voix son état d'extrême inquiétude. Il vient de prendre ses fonctions et se voit désarmé devant ce qui risque de devenir une catastrophe de dimension mondiale.

« Michel, le Fonds peut-il faire quelque chose pour nous sortir de là ? Je sais que vous êtes en train d'y réfléchir avec vos gars…

– Sous toutes réserves, Bob, je crois qu'il y a peut-être une issue, très risquée pour le Fonds mais viable peut-être…

– Vous croyez ? »

Je lui explique. Je le sens partagé entre soulagement et incrédulité.

« Michel, je ne suis pas assez dans le secret de vos procédures ; puis-je demander à Larry de prendre le téléphone ? »

Larry Summers comprend vite. Il me demande ce que ceci requiert de la part des autres partenaires du Mexique, à commencer par le Trésor américain. Il pressent des problèmes sérieux avec l'Europe que nous n'avons plus le temps de consulter avant l'annonce que doit faire le président Clinton avant l'ouverture des marchés. Je lui réponds que les Européens finiront bien par comprendre l'alternative dans laquelle nous sommes. Ils devront bien suivre, sinon ils auront deux problèmes à régler au lieu d'un... Larry hésite à comprendre. « Oui, lui dis-je, le financement du Mexique et, si on nous empêche d'agir, le remplacement du directeur général du Fonds... » Silence.

Puis nous parlons chiffres. Je lui annonce que le Fonds ajoutera si nécessaire 10 milliards de dollars à sa mise déjà annoncée de 7,8 milliards, à moins qu'il ne parvienne – comme il l'essaiera – à convaincre d'autres pays de partager cette charge. Il faudra cependant que tout accord entre les États-Unis et le Mexique soit pleinement en phase avec la conditionnalité du Fonds et son statut de « prêteur privilégié ». Larry accepte sans barguigner.

Il n'y a plus une minute à perdre. Nous nous distribuons les tâches. Je convoque les membres du conseil d'administration – contre tous les usages[1] – à neuf heures en session restreinte. Je leur résume la situation et les raisons pour lesquelles nous sommes prêts à agir hors de tout précédent. Je leur indique que, dès le lendemain, à l'occasion du Conseil déjà prévu pour discuter du cas mexicain, je proposerai un paquet portant sur une ouverture totale de financement impliquant de la part du Fonds un déboursement pouvant atteindre 17,8 milliards de dollars pour un programme d'ensemble portant sur 50 milliards.

Je ne leur demande pas de me donner leur accord sur-le-champ mais simplement de me donner acte du fait qu'agissant

1. Le Conseil, en principe, ne se réunit jamais le mardi et jamais avant dix heures.

ainsi, je ne fais que remplir mon devoir de directeur général. Ils en conviennent mais deux administrateurs, l'allemand et le britannique, récriminent. N'aurais-je pas pu les consulter comme je semble l'avoir fait pour les Américains ? Ne risquons-nous pas à un énorme « aléa moral » ? Pouvons-nous mettre ainsi leurs propres pays devant le fait accompli ? Je les rassure en disant que le communiqué que je publierai à l'issue de cette réunion annoncera simplement mon intention de soumettre ce soutien exceptionnel à leur approbation le lendemain. Ils seront évidemment libres de refuser… Ceci suffit mais nous nous séparons dans une atmosphère de veillée d'armes. Mes amis européens ne me cachent pas qu'ils s'attendent, pour le moins, à quelques algarades téléphoniques. La frustration européenne sera d'autant plus vive qu'avec une légèreté que l'Amérique, hélas, se permet de temps en temps, la Maison Blanche laisse entendre dans un communiqué que c'est à la demande des États-Unis que le FMI a décidé d'augmenter sa contribution au programme qu'ils viennent de négocier avec les autres pays…

Cette annonce nous arrive alors que nous préparons notre propre communiqué. Mes collaborateurs s'esclaffent. Je souris avec eux. Cela me rappelle quelque chose mais je préfère ne pas le leur dire[1]. Je devine les efforts qu'il faudra déployer pour rétablir la vérité et apaiser les susceptibilités européennes. J'entends déjà les commentaires de mes anciens collègues, les gouverneurs des banques centrales réunis dans leur club très privé de Bâle… Nous passerons la journée au téléphone expliquant aux uns, calmant les autres, ouvrant les yeux sur les risques courus par le système.

Le lendemain, tard dans l'après-midi, le Conseil se réunit. Le camp européen du refus s'est étoffé. Les commentaires sont acides ; à peu près seuls mes compatriotes français m'épargnent mais semblent hésiter à donner leur accord. Au même moment, Larry Summers s'explique au cours d'une longue conférence téléphonique avec ses collègues du G7 ; le ton monte au point

1. Aujourd'hui, je peux l'avouer. Il s'agit de ce passage du merveilleux livre de Saint-Exupéry où le roi sans sujets d'un des astéroïdes 325 à 330 ordonne au Petit Prince de bâiller, ce que celui-ci vient de faire, pour avoir le plaisir d'être obéi.

que l'on peut craindre que les marchés informés de la division du G7 refusent de prendre l'accord en considération. Il s'en faut de peu, mais constatant que nous avons malgré tout une majorité au Conseil, nous pouvons annoncer l'adoption du « paquet ». Ce n'est pas glorieux. Je me heurte à sept abstentions européennes (32 % des voix). Or, au Conseil du Fonds, l'abstention est rare. Elle a, politiquement, presque valeur de vote négatif. C'est donc un « avertissement sans frais » qui m'est adressé même si le projet peut être adopté à la majorité simple. Au moment de les enregistrer au procès-verbal, seules cinq abstentions subsistent : celle des administrateurs représentant la Grande-Bretagne, l'Allemagne, les Pays-Bas, la Norvège et la Suisse.

Le bruit se répand que ce groupe envisage de proposer à l'avenir un ensemble de règles réduisant ma liberté d'action si de telles crises venaient à se renouveler. Je préfère prendre les devants et les convoque donc dans mon bureau. Certains diront plus tard que, « pour une fois, je laisse libre cours à mon adrénaline ». Je leur dis ma surprise de voir les représentants européens aussi peu sensibles aux risques systémiques et se réfugier derrière un partage de responsabilités avec les États-Unis pour laisser à ces derniers la charge de régler les problèmes du Mexique, faisant mine d'ignorer les répercussions en Europe de l'effondrement de ce pays[1].

Je leur demande de m'expliquer le sens de leur abstention : le Fonds peut-il rester bras croisés face à de tels périls ? En tout cas, je les prie de rester persuadés que si par malheur à l'avenir nous ne pouvions prévenir autrement une crise analogue, j'agirais de même. Ils semblent en être convaincus. Nous nous quittons en formulant le vœu que le recul du temps nous permette de tirer en toute sérénité les leçons de ces événements.

Je sais que les turbulences au sein du Conseil ne font que refléter une incompréhension vivace dans la communauté des banques centrales européennes et quelque ressentiment aussi à l'égard de ce qui est vu, de ma part, comme de la

1. J'avais appris que les banquiers new-yorkais pour « se refaire » des pertes sur le Mexique commençaient à vendre du « papier » tchèque…

désinvolture à leur égard. Surinterprétant peut-être les événements, Wim Duisenberg, qui préside la Banque des règlements internationaux (BRI), me fait savoir que je dois me considérer comme *persona non grata* à ses dîners des dimanches soirs, une fois par mois. En fait, je comprends que s'il y a ressentiment, il est surtout à l'égard des États-Unis suspectés d'avoir instrumentalisé le FMI. Je pense qu'il faut clarifier tout cela, ne serait-ce que pour la bonne humeur de mon Conseil. Après tout, je me sens le droit d'être entendu par mes anciens collègues, gouverneurs des banques centrales du groupe des Dix, qui voulaient me porter à leur présidence lorsque j'ai dû rejoindre Washington en 1987.

Je m'invite donc à Bâle. Ambiance assez distante, en effet, lorsque j'arrive. À peine avons-nous avalé nos verres de whisky ou de jus de tomate, le dîner commence. Je demande la parole pour un instant. Il sera assez long. Je leur propose, en effet, « comme j'ai perçu une certaine incompréhension entre nous », de leur donner mon point de vue sur la tempête de fin janvier. Je me contente d'une chronologie aussi précise que possible des événements et d'une analyse froidement clinique du cas mexicain : première crise de cette nature, puisque déclenchée au niveau de la balance des capitaux.

Je leur raconte les événements de la nuit du 30 au 31 janvier, nos conversations à Washington à l'aube du 31 et je conclus : « Chers amis, je connais très bien chacun de vous et son sens des responsabilités. Je crois qu'il n'en est pas un seul ici qui, s'il avait été à ma place ce matin-là, n'aurait fait ce que j'ai fait. Rien d'autre que le devoir du directeur général du FMI quand le système est en cause... » Silence. Certains se remuent sur leurs sièges. Nul n'objecte. Aucune précision n'est demandée. Bill McDonough, président de la Réserve fédérale de New York, prend la parole alors et me remercie chaleureusement pour ce que j'ai fait, balayant au passage la suspicion de toute inféodation du FMI à l'Amérique. Quelqu'un se risque à une allusion au communiqué de la Maison Blanche ; Bill répondra avec un clin d'œil : « Ah, la vie politique a ses raisons... ». Le dîner s'achève. Est-ce l'effet d'un excellent armagnac ? Nous parlons d'autre chose.

Tout rentre donc peu à peu dans l'ordre. Il y aura pourtant de nouveau un bref incident révélateur de la nervosité du Trésor américain à la suite de cette affaire. Comme nous ne parvenions pas à obtenir des compléments de financements auprès des autres grands pays, le secrétaire au Trésor monte sur ses grands chevaux, craignant qu'à notre tour nous ne tenions pas nos promesses de débourser les 10 milliards supplémentaires annoncés. Je n'ai pas trop de peine à le rassurer. La situation du Mexique s'améliorant rapidement, nous n'aurons d'ailleurs pas à atteindre notre plafond.

À partir de l'été 1995, les finances du Mexique ne cessent de se redresser et sa croissance retrouvée atteint 6 % en 1997. Tous nos efforts se concentrent dans les mois qui suivent sur le soutien aux autres pays d'Amérique latine pour contenir la contagion.

Washington, 10 octobre 1995 :
Bill Clinton et quelques problèmes du monde

En ce début d'été indien à Washington, le Mexique n'est plus un souci. Au FMI, nous nous sentons soulagés. Une crise majeure a été contenue. Nous avons décrypté à temps ce qui se passait et fait ce qu'il fallait. Les Américains considèrent que nous leur avons retiré une épine du pied ; pour quelque temps, nos relations restent au beau fixe. Le ressentiment européen semble avoir disparu. Bill Clinton nous félicite dans son allocution à notre assemblée annuelle.

La réunion s'achève. Brouhaha, bousculades. J'entends cette invitation : « Michel, je vous amène ? » C'est le Président qui, devant un groupe d'officiels médusés, m'invite à l'accompagner dans son énorme limousine à une autre réunion à laquelle nous devons tous deux participer, à plusieurs miles du lieu où nous étions réunis ce matin. Il n'est probablement pas conscient de la charge symbolique de son geste pour un enfant de la République qui a bien appris son histoire de France. Dans le pays de La Fayette, être invité à « monter dans le carrosse du roi » était le signe de votre appartenance désormais à la noblesse ; vous aviez, évidemment, fait reconnaître au préalable vos quatre quartiers. Tout le monde comprend ici que Bill Clinton souhaite me marquer la considération que le FMI semble avoir méritée.

La voiture démarre en trombe. Le président ouvre le mini-réfrigérateur, décapsule deux bouteilles de coca et nous bavardons. Alors qu'il me raconte combien son administration a « eu chaud pendant ces journées mexicaines de fin janvier », je me dis : « Tu es là pour un moment, en tête à tête avec l'homme le plus puissant du monde ; trouve vite les deux bonnes questions à lui poser. » La première sera une remarque très banale :

« Monsieur le président, c'est la sixième fois que j'ai l'honneur d'accueillir un président des États-Unis à notre tribune ; vous êtes le troisième, après Ronald Reagan et George Bush. J'ai remarqué deux choses : l'une qui m'a beaucoup réjoui et l'autre qui m'a un peu surpris…

– Quoi donc ?

– D'abord, vous avez parlé des problèmes de l'éradication de la pauvreté dans le monde et de l'insuffisance jusqu'ici des efforts de votre pays, sur un ton de conviction personnelle qui m'a touché…

– Et qu'est-ce qui vous a surpris ?

– Eh bien, lorsque vous parliez, vous n'utilisiez pas de téléprompteur et surtout, vous lisiez des feuillets presque indéchiffrables, raturés en tous sens, soulignés, surlignés par endroits, comme si vous veniez de les écrire vous-même…

– Vous avez raison, c'est ce que j'ai fait jusqu'à trois heures du matin. Lorsqu'on m'a expliqué hier soir ce que vous alliez discuter : la stratégie de financement de la croissance dans le monde, la nécessité d'atteindre effectivement les pays pauvres, j'ai trouvé cela tellement passionnant que j'ai voulu écrire ce que je pensais moi-même au risque de massacrer ce qu'on m'avait préparé. Je suis heureux de l'avoir fait mais, en même temps, je sais que je risque de me heurter à de rudes oppositions. Toujours les mêmes. Ce sera difficile, ce sera dur, mais je veux essayer de convaincre tous nos conservateurs. En tout cas, vous, continuez ! »

Je n'en demandais pas plus. J'en viens à ma seconde question : « Monsieur le président, vous êtes l'homme, j'imagine, le plus occupé qui soit ; vous ne devez pas avoir beaucoup de temps à vous pour réfléchir. Si vous ne m'aviez pas consacré ces moments, à quelle question auriez-vous aimé réfléchir si vous aviez fait ce trajet tout seul ? »

Il reste silencieux un instant puis : « Vous savez, nous ne prenons pas assez au sérieux, au plan mondial, la question écologique. Vous connaissez Pékin, n'est-ce pas ? Vous savez que, certains jours, l'air y est irrespirable. Or, les Chinois se développent et s'enrichissent à toute allure. Que deviendront-ils – et nous avec eux, évidemment – lorsqu'ils auront, comme nous ici, deux ou trois voitures par famille ? Nous allons vers des phénomènes extrêmes sans nous y être préparés. Où en sera le monde dans vingt ans[1] ? »

Je ne peux qu'acquiescer. Je suis impressionné par son ton de sincérité. Il montre d'évidence que seule l'union des peuples pour des changements radicaux pourrait venir à bout des défis majeurs de l'humanité. Le plus grand pays, seul, n'y peut pas grand-chose. Il en va ainsi de tout ce que nous appelons les « biens publics globaux », ces biens essentiels, nécessaires au monde entier, mais qu'aucun pays ne peut garantir tout seul, même pour lui-même. C'est le cas de la protection de l'environnement, mais aussi de la prévention mondiale des confits, du contrôle des pandémies, de la sécurité alimentaire, de l'éradication de la pauvreté, de la stabilité du système monétaire international, etc. Je ne me souviens plus en quels termes je lui explique cela. Visiblement, l'idée lui en est familière.

Nous arrivons au lieu de notre déjeuner. Grand banquet, discours, *opening jokes*[2] et torrents d'éloquence. Mon esprit s'évade vers ces chefs d'État et celui-ci, le plus puissant de tous. Lui aussi, si lucide et si désireux de rendre le monde plus

1. Il me disait cela il y a dix-neuf ans.
2. Aimables plaisanteries en introduction des discours.

habitable, quel est son pouvoir ? Par quelle coalition de bonnes volontés, par quel changement dans la gouvernance mondiale pourrons-nous faire face à tous les défis qui s'accumulent ? Il faudra le dire partout, à travers le monde : plus nous avançons dans la mondialisation, plus les solutions des problèmes doivent être multilatérales.

Nous sommes loin de la crise mexicaine. Il nous reste pourtant à tirer les leçons de ce que nous venons de vivre.

Leçons mexicaines : le rapport Whittome

L'heureux dénouement de la crise ne lève pas mes doutes sur l'efficacité de notre réaction aux risques pris par le Mexique à l'origine de cette catastrophe. Nous avions certes signalé à diverses reprises l'ampleur des déséquilibres de la balance des paiements et la nécessité de les corriger, mais nous n'avions pas assez insisté sur les risques qu'il y avait à les financer par des titres à court terme en dollar. Il fallait tirer cela au clair.

À peine notre « paquet » mis en place début février 1995, je demandais donc à Alan Whittome, longtemps mon conseiller qui vient de prendre sa retraite après une très brillante carrière au FMI, de nous fournir un rapport sur les éventuelles carences de notre surveillance que cette affaire peut révéler. J'ai une grande confiance en lui. C'est un esprit parfaitement indépendant. Il mènera l'affaire rondement et sans complaisance. Il aura accès à toutes les informations et à tous les dossiers. Je lui demande de faire rapport au Conseil sans la moindre supervision de quiconque, y compris de moi-même.

Ses conclusions donnent lieu à une discussion approfondie des administrateurs et à des recommandations pour le renforcement de nos capacités à identifier les premiers symptômes d'une crise financière. Il s'agit de rendre notre surveillance continuelle tout au long de l'année, d'exiger des informations plus complètes et rapides et de resserrer nos contacts avec les structures de suivi des marchés financiers et les analystes privés, et surtout – à chaque grande crise son nouvel instrument – définir une nouvelle procédure pour guider notre action dans les situations imprévues et éviter d'être pris de court. C'est ce qui est fait dans le courant de l'été 1995 par l'adoption d'un mécanisme de financement d'urgence (EFM[1]). Nous pourrons l'utiliser à l'avenir et agir dans son cadre « en cas de circonstances exceptionnelles », selon les modalités qui furent improvisées pour le Mexique. Cet instrument s'avérera précieux quelques années plus tard en Asie et de nouveau en 2008 et 2009 lorsque la crise frappera cette fois-ci quelques pays d'Europe.

1. EFM : *Emergency Financing Mechanism.*

L'Asie, de l'éveil à la tourmente

Sur l'Asie, qui que nous soyons, gouvernements, grandes puissances, institutions ou simples observateurs, nous nous sommes tous trompés. Obsédés, des années durant, par l'Amérique latine et l'Afrique, nous nous sentons confortés dans la sagesse de nos stratégies par ce qu'il est convenu d'appeler « le miracle asiatique ». Une grande étude de la Banque mondiale l'avait admirablement décrit. Le grand Lee Kwan Yew, président fondateur de Singapour, nous en avait donné les clés : les valeurs asiatiques de travail, d'épargne, d'organisation et de discipline. Nous allions, pourtant, déchanter. L'étude de la Banque a été bien conduite, les valeurs asiatiques ne sont pas de la poudre aux yeux. Seulement, nul n'a suffisamment mesuré la toxicité de quelques maux endémiques : la corruption, la collusion entre la classe politique et le monde des affaires, le népotisme au sein de l'État et dans les entreprises.

En 1987, lorsque je prends mes fonctions au FMI, nous n'en sommes point là et, en dehors de ses tâches de surveillance et de ses contributions d'assistance technique, le FMI n'est qu'épisodiquement sollicité dans cet immense continent. Les difficultés naissantes de l'économie japonaise l'inquiètent mais ce pays – dont la croissance doit être fréquemment relancée par des programmes d'investissements publics inégalement appliqués – demeure une incontestable puissance mondiale et soutient de ses financements les économies de la région. Le Fonds observe avec grande attention les développements de l'économie chinoise. Depuis le grand virage de Deng Xiaoping, nous suivons les progrès de cette économie, et ses dirigeants nous sont reconnaissants de le faire sans complaisance mais sans ce scepticisme systématique qu'ils rencontrent chez la plupart de leurs interlocuteurs. Nous nous attachons à soutenir chez eux, par nos différents instruments d'assistance technique, la modernisation et progressivement l'adaptation à l'économie de marché des administrations financières et de la banque centrale.

Les interventions financières du Fonds sont sollicitées pour des opérations qui lui sont familières dans des pays de moindre taille. Ce seront des programmes de stand-by ou de financements compensatoires. Ils se déroulent sans encombre. Les trois pays de la péninsule indochinoise qui s'arrachent aux épouvantables conséquences de quarante ans de guerre se reconstruisent peu à peu et nous nous employons activement à les soutenir. Seuls l'Inde et le Pakistan font exception dans l'harmonie du concert asiatique.

En 1991, une crise majeure va frapper l'Inde violemment et conduire au bord de la banqueroute la plus grande démocratie du monde, pays phare de la décolonisation et leader incontesté du groupe des 77. Le Fonds va l'assister dans cette crise. Ce sera une expérience redoutable dans sa soudaineté et la nature des décisions à prendre ; pour moi, une des plus humainement satisfaisantes aussi.

Alors que l'Inde émerge de ses difficultés, un nouvel avatar des crises du XXIe siècle s'abat en juillet 1997 sur l'Asie. Les trois crises que nous aurons à vivre, minute par minute, en Thaïlande, en Corée et en Indonésie, seront évidemment différentes les unes des autres. Toutes nous rappelleront cependant les syndromes déjà rencontrés au Mexique et dénoncés depuis deux ans, au-delà des faiblesses d'ordre macroéconomique : les déficiences des systèmes financiers, l'opacité des comptes, la médiocrité des gouvernances publiques et privées et – dans un climat d'euphorie collective – le déni de maux qui subrepticement provoqueront des désastres. Il serait parfaitement injuste de n'attribuer ces défaillances qu'aux pays en cause. Elles s'expliquent aussi par l'extrême légèreté des investisseurs et leur grégarisme dans l'évaluation des risques, la complicité dans la corruption et l'affairisme et, bien sûr, la politique de l'autruche de la communauté internationale choisissant de laisser hors du champ de sa surveillance les mouvements internationaux de capitaux. Beaucoup de leçons auront à en être tirées pour l'avenir.

4 juillet 1991 : laisser l'or du Fonds à Bombay ?

Par les circonstances de son indépendance, l'immensité de ses problèmes de développement révélés au monde par Tibor Mende[1], son leadership des pays non-alignés depuis Nehru, l'Inde du début des années quatre-vingt joue un rôle primordial dans la constellation du FMI. Invitée à la conférence de Bretton Woods avant même la proclamation de son indépendance et disposant, de fait, d'un siège permanent au conseil d'administration du Fonds, elle veille à y être représentée par des administrateurs de haut niveau. Les performances médiocres de son économie, handicapée par la pesante bureaucratie dont elle a hérité et l'idéologie dirigiste en vogue, hypothèquent son rôle de leader du tiers-monde.

Indira Gandhi, réélue Premier ministre en 1980, puis son fils Rajiv qui la remplace après son assassinat en 1984, lancent des programmes de réformes. Les tenants du système en place opposent une résistance farouche aux efforts de libéralisation ; les divisions du Parlement ajoutent à l'immobilisme.

Un premier accord avec le FMI portant sur un montant – exceptionnel à l'époque – de près de 6 milliards de dollars, est décidé en soutien de ces efforts. Il permet une certaine reprise de l'économie. Vers la fin des années quatre-vingt, le pays de plus en plus paralysé par l'instabilité politique continue à souffrir des mêmes facteurs d'inefficacité. Ils s'accompagnent de déficits

1. Journaliste et essayiste d'origine hongroise, auteur de nombreux essais sur le développement et sur l'Inde en particulier, dans les années soixante et soixante-dix.

budgétaires et de balance courante, de plus en plus financés par des ressources à court terme. Le pays s'installe ainsi dans la précarité.

Une rencontre avec Rajiv Gandhi et l'équipe qui l'entoure m'a convaincu qu'un tel pays dont la population devrait dépasser bientôt le milliard d'habitants, ne pourra s'accommoder longtemps de ce mélange d'immobilisme et d'instabilité sous-jacente. Les dirigeants de la banque centrale – en particulier ses deux gouverneurs successifs, MM. Malhotra et Venkataramanan – partagent cette crainte. Une action décisive de libéralisation et de stimulation de la croissance m'apparaît de plus en plus indispensable. Je suis confirmé dans cette intuition par Arjun Sengupta, administrateur indien au FMI, avec lequel j'ai noué dès les premiers instants des relations de grande confiance[1].

Comme les indicateurs macroéconomiques se dégradent, mettant en danger le niveau des réserves de change du pays, nous décidons de commencer à préparer ensemble dans le plus grand secret un programme de stabilisation pour la croissance pour le cas où la situation se dégraderait davantage. La confidentialité s'impose, tellement la moindre rumeur de négociations avec le FMI peut mettre le Parlement en ébullition. Nous sommes convaincus l'un et l'autre qu'un tel travail de fond sera précieux, le jour venu, pour quelque gouvernement que ce soit. Celui-ci disposera, dans l'instant, des éléments clés d'un programme qu'il pourra légitimement s'approprier. Il sera présenté alors comme *home grown*[2], ce qui coupera court aux suspicions et réticences avec lesquelles sont accueillis les programmes négociés dans l'urgence avec le Fonds, vite taxés de diktat par les oppositions les plus diverses. Notre travail est facilité par les relations de confiance entre les équipes du Fonds dirigées pour l'Asie par Hubert Neiss[3], et les principaux responsables indiens

1. Nous avions scellé cette complicité d'une manière très peu conventionnelle par un échange d'un genre nouveau : je lui prêterai pour décorer son bureau un buste de Keynes qui trônait dans le mien et il me prêterait pour le remplacer une belle photo de Gandhi.

2. Un programme maison en quelque sorte.

3. Hubert Neiss, directeur du département Asie, va jouer un rôle essentiel pendant toute la crise asiatique. Autrichien, excellent économiste, lucide dans ses analyses, solide

à New Delhi, à commencer par le professeur Deepak Nayyar avec lequel Arjun Sengupta garde un étroit contact.

C'est une réussite. En quelques mois, nous sommes d'accord sur les dispositions essentielles, y compris le taux de dévaluation nécessaire de l'ordre de 20 %. Il était temps. L'économie va de mal en pis, les événements se précipitent et les chocs extérieurs se multiplient. En 1990, deux gouvernements de coalition hostiles au parti du Congrès échouent. Saddam Hussein envahit le Koweït en août et oblige l'Inde à rapatrier en catastrophe ses travailleurs expatriés dans le Golfe. Une hausse brutale de la facture énergétique intervient. Au même moment, l'Union soviétique, partenaire commercial privilégié de l'Inde, implose.

Ce que l'on craignait se réalise donc. L'Inde voit s'épuiser ses réserves de change. Des mesures d'urgence sont prises, dont un tirage sur la tranche non conditionnelle des concours du FMI. Ce n'est qu'un début et les négociations pour un vrai programme de stand-by commencent lorsque la première guerre du Golfe pour la libération de Koweït est déclenchée en janvier 1991. Peu après, le gouvernement en place à Delhi est renversé. Une nouvelle campagne électorale débute ; Rajiv Gandhi, en passe de gagner ces élections, est assassiné à son tour le 21 mai. Ce qui restait de confiance s'effondre alors. Le gouvernement qui expédie les affaires courantes doit, en catastrophe, vendre 20 tonnes d'or[1] pour obtenir un prêt de 200 millions de dollars d'un consortium de banques. Les créanciers exigent que cet or, entreposé à Bombay – comme d'ailleurs une partie de l'or du FMI – soit « déménagé » à Zurich pour plus de sûreté.

Pour un pays où l'or est depuis la nuit des temps, y compris pour les familles les plus pauvres, le symbole mythique de la richesse et du statut social, le choc psychologique est d'une violence extrême. C'est une annonce de banqueroute ; le bruit d'ailleurs commence à s'en répandre comme si l'on ignorait que la banque centrale dispose encore d'un stock d'or beaucoup

comme un roc, ferme mais capable de souplesse quand elle est nécessaire, râblé, les cheveux taillés en brosse, il mènera, inlassable, la plupart des négociations qui conduiront chacun de ces pays à la sortie de crise.

1. Avec option de rachat à six mois.

plus important (380 tonnes). La crise d'illiquidité est là. « L'Inde vit, m'écrira le gouverneur Vankataramanan, les heures les plus sombres de son histoire. »

Le parti du Congrès gagne les élections fin juin ; Narasimha Rao devient Premier ministre et nomme ministre des Finances Manmohan Singh, un économiste, ancien gouverneur de la banque centrale que j'ai déjà rencontré en diverses occasions et dont la modestie cache mal la sagesse et la compétence.

Il n'y a pas de temps à perdre : les dettes à court terme atteignent à peu près le double des devises disponibles. La roupie est dévaluée de 19 % dès les premiers jours de juillet ; 400 millions de dollars sont empruntés auprès de la Banque d'Angleterre et de celle du Japon et, de nouveau, le montant équivalent en or est embarqué par une sorte de « pont aérien » en principe secret, cette fois pour Londres. Simultanément, M. Singh entre en contact avec nous, nous fait part de ses intentions de politique économique et nous demande un financement dans « les tranches conditionnelles » du FMI, c'est-à-dire un accord stand-by susceptible d'être transformé par la suite en un « accord élargi ». Il en connaît l'esquisse telle qu'elle résulte de nos travaux avec M. Sengupta.

Pour calmer les marchés, il me demande aussi de dire publiquement le plus vite possible ce que je pense de positif sur son pays. Je n'hésite pas à le faire, tellement nous avons confiance dans les éléments clés de sa stratégie. Le lendemain même de la dévaluation (nous sommes le 4 juillet 1991), je publie un communiqué. Nous faisons état de nos contacts étroits avec le nouveau gouvernement et de notre disponibilité à soutenir le programme d'ajustement de l'Inde. Au même moment, j'écarte les suggestions des bons apôtres qui me recommandent de rapatrier en des lieux plus sûrs – Fort Knox, Londres ou Paris – l'or du Fonds entreposé à Bombay. Mon refus, aussi, transpire. Il crée une impression très forte à Bombay et à New Delhi où il apparaît, dans le désarroi du moment, comme le geste de confiance par excellence.

Je reconnais qu'en le faisant, j'ai seulement songé à éviter une mesquinerie et une offense inutile à ce grand pays. Ce que je croyais être un modeste geste – qui pour moi allait de soi – suscite une profonde gratitude de la part de l'Inde et sera à l'origine de l'amitié de Manmohan Singh et ses collaborateurs à notre égard.

Au cours des semaines suivantes, un accord de stand-by pour 2,3 milliards de dollars est négocié par Hubert Neiss. Il s'agit, selon les mots de Manmohan Singh, au-delà de la stabilisation proprement dite, d'introduire par la libéralisation plus d'efficacité et de compétitivité dans l'économie. Les cinq années qu'il passe au ministère des Finances sont un long combat pour l'ouverture et la réforme du secteur public et financier, le démantèlement de systèmes bureaucratiques de licences de toutes sortes, face à des intérêts établis qui ne désarment pas. Il lui faudra parfois passer par des détours hétérodoxes ; nous les accepterons, pleinement confiants dans les objectifs poursuivis.

Dans le même esprit, lors de la négociation de l'accord de stand-by, nous avons tenu à réduire au minimum l'attirail trop souvent lourd et complexe de nos conditionnalités. Ainsi, en matière structurelle, plutôt que de fixer des « critères de performance » obligatoires, nous avons défini avec nos partenaires des « *structural benchmark* » pour lesquels nous demandons seulement les meilleurs efforts du gouvernement pour leur réalisation. Ces caractéristiques, l'alerte précoce bien que confidentielle à laquelle il a donné lieu et son caractère *home grown*, font de ce programme une sorte de modèle pour d'autres pays, à l'avenir. Nous ne pourrons pas, hélas, le reproduire aussi souvent que nous le souhaiterions, faute parfois de rencontrer des interlocuteurs aussi lucides et déterminés.

Le retournement de la situation est rapide et le stand-by pleinement respecté jusqu'à son terme. Lorsqu'il vient à expiration courant 1993, la croissance a bien repris (entre 5 et 6 % l'an), les réserves de change sont confortablement reconstituées et les financements extérieurs privés ont atteint des montants tels qu'ils rendent inutiles de nouveaux concours de notre part. Cela n'interrompt en rien notre dialogue et notre coopération.

Pendant ces années-là, je rencontre Manmohan Singh à diverses reprises. Notre plein accord sur l'approche des problèmes de son pays nous permet de consacrer une bonne part de notre temps aux problèmes de l'économie mondiale et aux efforts que nous menons pour rendre plus étroites et équilibrées les relations Nord-Sud. Il reste extrêmement attentif à ces problèmes dont il a eu à connaître au sein de la Commission Sud, importante structure de réflexion des pays en développement. En toutes circonstances, Manmohan Singh nous apporte un soutien exemplaire. Ce fut le cas, en particulier, lorsqu'il s'agit, lors de notre assemblée annuelle de 1994 à Madrid, de mener bataille pour préserver le droit de tirage spécial et l'influence des pays du tiers-monde dans nos institutions.

Au cours de nos conversations, il évoque souvent la pression d'un lourd budget militaire sur les finances publiques de son pays du fait essentiellement de la rivalité indo-pakistanaise autour du Cachemire. Comme le ministre des Finances pakistanais, M. Sartaj Aziz, me fait part, de son côté, d'une préoccupation analogue, j'évoque avec chacun d'eux la possibilité pour le FMI de suivre minutieusement ces dépenses dans leurs budgets respectifs. Ceci permettrait de leur donner, en un premier temps, l'assurance qu'il n'y a plus de course aux armements entre eux et, à un stade ultérieur, de créer les conditions d'un début de désescalade.

L'un et l'autre accueillent avec intérêt et prudence cette suggestion puis s'y montrent ouverts tout en soulignant la nécessité d'entreprendre un travail de conviction auprès des plus hautes autorités de leurs pays. Nous imaginons même de contribuer à réduire les tensions entre les deux pays à travers la création d'une zone de libre-échange regroupant l'Inde, le Pakistan, le Bangladesh, le Sri Lanka et le Népal, soit un marché de deux milliards d'habitants. Hélas, la vie des gouvernements est courte. Ces conversations s'interrompent lorsque l'un puis l'autre abandonnent leurs fonctions ministérielles. Il n'est guère possible de reprendre ces initiatives avec leurs successeurs. Je persiste à penser cependant qu'il y a là le type même de contribution qu'en raison de sa compétence technique et en liaison avec les Nations unies, le FMI peut apporter à l'atténuation des tensions en bien des points chauds du monde.

Manmohan Singh quitte le gouvernement en 1996. La suite de cette aventure est bien connue : l'Inde s'est suffisamment renforcée pour traverser impavide la crise asiatique. Manmohan Singh prend en 2004 les fonctions de Premier ministre qu'il exercera jusqu'en mai 2014.

La Thaïlande, première victime

S'il y a au FMI, dans ces premières années de la dernière décennie du siècle, un pays qui jouit d'un brin de cote d'amour, c'est la Thaïlande ! Elle a magnifiquement organisé en 1991 nos assemblées annuelles et accepté de bonne grâce tous les embarras causés par l'invasion de quelque dix mille financiers exigeants, venus de la terre entière. Nous nous souvenons aussi de l'élan que leur Premier ministre a voulu donner à la campagne contre la corruption que Lew Preston et moi-même avons décidé de lancer à partir de Bangkok. Très naturellement, quelques années après, les dirigeants thaïlandais voient leur pays – qui croît à un rythme proche de 10 % depuis 1986 – comme un de ces « tigres d'Asie » qui doivent continuer à étonner le monde.

Dès fin 1994 pourtant, des signes de surchauffe mettent en alerte nos équipes de surveillance. Pendant les deux années qui suivent, nos messages se font de plus en plus pressants. Nous observons un déséquilibre croissant de la balance courante et un accroissement rapide de l'endettement extérieur. En 1995, mon adjoint pour l'Asie, Prabhakar Narvekar, vient lui-même souligner auprès des dirigeants les risques d'un système de change qui accroche rigidement leur monnaie, le baht, à un dollar qui, lui, fluctue. Ce mécanisme provoque l'appréciation automatique du baht alors que dans la situation du moment, plus de souplesse serait nécessaire. Peine perdue. Les difficultés se généralisent, les créances douteuses se multiplient, les bilans bancaires se dégradent et en mai 1996, le gouvernement doit prendre le contrôle d'une des plus grandes banques du pays au bord du défaut. Les marchés, alors, commencent à réagir, les financements étrangers ralentissent puis se retournent, la fuite des capitaux s'amorce.

À la première occasion, en décembre 1996, alors que nous observons des symptômes de crise immobilière et la poursuite de la dégradation des comptes extérieurs avec la baisse des exportations liée à la crise des marchés des composants électroniques, je me rends à Bangkok. J'ai l'intention de mettre les points sur les « i » de la lettre de mise en garde que j'ai envoyée au mois de juillet précédent au ministre des Finances sans qu'il en tienne grand compte.

Je souligne l'urgence de modérer l'emballement de l'économie et de renforcer le système bancaire. Je ne suis pas davantage compris. Le ministre Amnuay Viravan m'indique qu'il est d'un avis différent. Il invoque Keynes pour justifier au contraire une politique de soutien de l'activité. Je lui réplique que le fondateur du FMI ne recommandait pas la relance dans une situation comme la sienne. Il ne l'entend pas de cette oreille. Je lui réitère mon message par lettre fin janvier, mais déjà, la bulle immobilière éclate.

Un important promoteur fait défaut. D'autres suivront. En fait, l'état de gangrène du système financier devient manifeste. Plusieurs dizaines de compagnies financières ont proliféré, empruntant à court terme et souvent en dollars sur les marchés et reprêtant à long terme aux constructeurs ; quand la spéculation contre le baht s'intensifie, la nervosité s'installe. Il faut agir d'urgence.

Je profite d'une réunion des ministres des Finances d'Asie du Sud-Est en mars à Phuket pour revenir à la charge, tout en me livrant à un exercice périlleux de gymnastique verbale vis-à-vis de la presse pour ne pas risquer de déclencher la panique. Le gouvernement ne bouge guère. La banque centrale dépense ses réserves de change, emprunte à terme pour les reconstituer et occulte le montant de ses engagements. Le Premier ministre Chavalit proclame publiquement qu'il ne dévaluera pas. Cela ne peut que mal finir. Une semaine après, seize des principales officines financières sont fermées. Jeudi 2 juillet 1997, le flottement du baht est décidé : il perd immédiatement 17 % contre le dollar. Ceci s'accompagnera dans les jours suivants d'une accentuation de la crise de confiance et de difficultés croissantes dans le refinancement de la dette à court terme. Plus grave, la chute de cette modeste monnaie, inconnue de la plupart des grands traders, secoue les marchés d'Asie. Elle finira par bouleverser une économie mondiale qui se financiarise à vive allure et vit encore dans une euphorie spéculative, hors de toute régulation digne de ce nom. Décidément, après ce que nous avons vécu à Mexico, nous sommes bien à l'aube orageuse du XXIe siècle.

Ce 2 juillet 1997 marque le début de la crise asiatique. Ses prémisses que je viens de résumer montrent combien il est difficile d'arracher un pays – voire toute une région – à l'euphorie collective ; combien aussi le déni et le refus de la transparence peuvent être suicidaires, combien enfin, dès cette aurore du XXIe siècle, les institutions financières peuvent être le talon d'Achille des économies. Ceci se traduira ici – et demain en Corée et en Indonésie – par un formidable traumatisme collectif. C'est dans ce contexte que les équipes du Fonds devront exercer leur métier de pompiers des crises.

Bangkok, juillet 1997 : crise ouverte

Le flottement du baht offre un bref répit. Il est de très courte durée. La spéculation reprend vite mais le gouvernement ne se résout pas à nous appeler à l'aide, ni la banque centrale à nous révéler l'état de ses réserves. Des émissaires thaïlandais envoyés à Tokyo et Pékin pour solliciter de discrets concours bilatéraux reviennent bredouille. Le 28 juillet, le gouvernement se résigne, enfin, à solliciter un accord stand-by ; le ministre des Finances et le gouverneur de la banque centrale démissionnent.

Devant la gravité de la situation, nous décidons d'utiliser l'instrument de soutien d'urgence inventé au lendemain de la crise mexicaine, l'*Emergency Financing Mechanism* (EFM).

Il nous permet d'agir selon des procédures accélérées. Dès le lendemain, une équipe du Fonds est sur place au travail. En quinze jours, un programme est bouclé, des mesures d'ajustement macroéconomique sévères définies pour tâcher de rétablir la balance des paiements, un programme d'assainissement du secteur financier adopté ; il comporte la fermeture de cinquante-huit officines qui n'avaient de compagnies financières que le nom. La vérité, enfin, nous est révélée sur l'état catastrophique et, à vrai dire, négatif des réserves de change lourdement obérées par des transactions à terme.

Pour contribuer à rétablir la confiance, nous essayons de constituer un groupe d'« amis » de la Thaïlande dont les contributions viendront abonder les concours du FMI. J'ai heureusement pour adjoint, très attentif aux affaires d'Asie, Shigemitsu Sugisaki, qui a remplacé Prabhakar Narvekar comme directeur général adjoint. Ancien haut fonctionnaire du ministère des Finances japonais, puis secrétaire général de la Commission de surveillance de la bourse et des valeurs mobilières à Tokyo, il a rejoint le FMI en août 1994. Je le charge de réunir ce groupe d'« amis » à Tokyo le 11 août. C'est un succès. Nous pourrons appuyer notre accord stand-by d'un paquet d'au moins 16 milliards de dollars de financement dont 4 milliards de contribution du Fonds. Le lendemain, un groupe de banques (surtout japonaises) accepte de maintenir ses lignes de crédit. Les États-Unis ne contribuent pas à ce paquet. Ils en sont empêchés par les restrictions que le Congrès, sur les injonctions du sénateur D'Amato, initié par les opérations de sauvetage du Mexique, a imposées à l'emploi du Fonds de stabilisation des changes. Le 20 août, le conseil d'administration du FMI adopte le programme de stand-by.

Les mois qui suivent sont difficiles. Les marchés, enfin informés de l'état des engagements à terme, continuent à jouer contre le baht. Sa dépréciation depuis la décision de flottement atteint, vers la fin de l'année, 36 %. Le pays est profondément déstabilisé. Le gouvernement hésite dans sa conduite. Seul le roi Bhumibol Adulyadej m'encourage, y compris dans notre insistance à combattre la corruption. Il s'indigne contre ce mal qui ronge son pays et va jusqu'à me citer en des termes précis des tentatives touchant son proche entourage.

La crise politique continue. Elle finit par emporter le gouvernement. M. Chuan remplace à la mi-novembre M. Chavalit et un remarquable financier, M. Tarrin Nimmanahaeminda, prend avec succès les rênes des Finances. Sa tâche pourtant va être rendue beaucoup plus difficile par la spirale de crise que l'effondrement du baht a provoquée en Asie. Successivement, Hong Kong, Taipei, Séoul et Djakarta sont ébranlées et, chaque fois, un choc en retour vient remettre en cause le fragile équilibre sur lequel le programme thaïlandais était bâti. Il va donc falloir nous rendre à cette évidence et assouplir notre programme.

Dès la mi-janvier 1998, j'annonce notre intention de renoncer à l'objectif de 1 % de surplus budgétaire retenu par l'accord stand-by pour tenir compte de la dégradation de la situation en Asie. Nous accepterons au contraire un déficit de 2 % en 1998 pour permettre d'accroître les crédits de soutien aux plus pauvres. Ces amendements sont votés. Le gouvernement montre qu'il s'est pleinement approprié ce nouveau programme. Son engagement recrée la confiance. Peu après, les premiers signes de reprise se manifestent et dès la fin du premier semestre de 1999, la Thaïlande n'a plus besoin du secours de l'accord stand-by. La croissance économique a repris (4,5 % en 1999), après la sévère récession de l'année précédente. Les réserves de change sont reconstituées. La restructuration du secteur financier est bien avancée. Le pays est tiré d'affaires, mais non ses voisins qui – dans ce monde globalisé – ont subi avec violence les contrecoups de ses malheurs.

La Corée à quelques jours d'une banqueroute

Même si quelques signes de contagion de la crise thaïlandaise se manifestent ici ou là – nervosité des marchés, abandon par Taïwan de son régime de change aligné sur le dollar, chute de plus de 20 % de la Bourse de Hong Kong en quelques jours –, l'effondrement de la Corée, fin octobre, va nous prendre par surprise, alors que nous sommes aux prises avec les événements thaïlandais et indonésiens.

Après les horreurs d'une guerre qui a fait quatre millions de morts dans la péninsule, le redressement de la Corée du Sud restée constamment sous les armes, a été stupéfiant. En cette année 1997, elle vient d'être accueillie à l'OCDE, peu après son accession à l'OMC. Depuis dix-huit ans, elle croît à un rythme de 7 % par an et par tête d'habitant. Elle devient un pays avancé, la onzième économie mondiale. Tous les indicateurs macroéconomiques sont au vert. Nous sommes ici au cœur du miracle asiatique. Un déficit de la balance courante en 1996 n'inquiète personne outre mesure.

Je lis pourtant avec perplexité un rapport de l'OCDE courant 1996. Il insiste sur la nécessité, au stade de développement atteint par le pays, de faire porter désormais les efforts de réforme sur la modernisation et la libéralisation des règles d'organisation du marché du travail et du droit syndical. Il faudrait en même temps réduire les interventions publiques et les obstacles à la concurrence créés par l'excessive concentration du pouvoir économique entre les mains des entreprises regroupées dans les *chaebols*[1]. Je le fais lire ; les problèmes sont connus mais nul n'en souligne l'urgence. S'il y a débat entre économistes, il porte sur les vertus ou les inconvénients du très haut niveau d'interventions publiques dans l'économie. Les discussions restent académiques. L'une de nos missions habituelles de surveillance, en octobre 1997, ne relève rien d'alarmant.

L'agitation des marchés financiers d'Asie préoccupe, pourtant, les prêteurs. Le refinancement de la dette à court terme qui s'opérait jusqu'ici sans histoire commence à soulever des questions. Ils deviennent d'autant plus sourcilleux que les autorités coréennes accueillent leurs interrogations avec hauteur et fournissent des informations sur leurs réserves de change et sur leur endettement au compte-gouttes. Les banques insistent. La Corée finit par avouer qu'elle dispose de 20 milliards

1. Énormes conglomérats d'entreprises qui exercent une influence démesurée sur leur environnement en tous les aspects, y compris politiques, de la vie du pays.

de dollars de réserves alors que les banquiers évaluent les échéances de la dette à court terme pour la fin de l'année grosso modo au double. Une spirale de défiance se développe. Elle nous inquiète. Nous voici replongés dans le déjà-vu.

Stan Fischer propose par téléphone au ministre des Finances de dépêcher discrètement une mission à Séoul, ne serait-ce que pour aider ses services à porter un bon diagnostic. L'offre est rejetée. Nous entendons à nouveau l'antienne qui nous fut chantée quelques années plus tôt par le Mexique et ses amis américains : « Nous sommes maintenant un pays de l'OCDE, le FMI n'est plus pour nous… ». Stan s'indigne. Il m'alerte. Nous sommes bien d'accord ; nous ne nous laisserons pas arrêter par des considérations de prestance. Au même moment, les Coréens font dans le plus grand secret le tour de leurs amis dans l'espoir d'un soutien bilatéral. Pour l'instant, ils ne recueillent que de bonnes paroles à Washington et Tokyo notamment. Maintenant très inquiet, apprenant que je suis en tournée en Asie, le ministre m'envoie un émissaire. Celui-ci finit par me dénicher alors que je dîne à la banque centrale de Thaïlande, le soir du vendredi 14 novembre. Il m'attend dans un corridor et me supplie de faire un détour de quelques heures par Séoul sur mon chemin de retour, en gardant un secret absolu sur ce voyage. Je suis en partance pour Manille, mais j'accepte de m'arrêter le surlendemain à Séoul. Il n'en croit pas ses yeux et se confond en remerciements. Je me réjouis quant à moi de cette occasion d'obtenir peut-être, enfin, les chiffres exacts sur l'état des réserves du pays et de ses échéances.

À peine suis-je arrivé, dans l'après-midi du 16 novembre, que, avec Hubert Neiss qui m'a rejoint, une voiture nous embarque pour un hôtel où des chambres nous ont été retenues sous des noms d'emprunt. Le ministre des Finances Kang et le gouverneur nous y rejoignent. Une longue réunion commence. Les rideaux sont tirés, le *room service* nous apporte quelques sandwiches et des sodas. Instruits par notre expérience thaïlandaise, nous les bombardons de questions. Nous avons toutes les peines du monde à obtenir des réponses claires. Petit à petit, l'évidence s'impose et j'en viens à leur dire : « À moins d'une contribution apparemment peu probable de pays amis, votre pays sera en défaut avant Noël, n'est-ce pas ?» Ils l'admettent et finissent par nous dire qu'ils sont autorisés par le président Kim Young-sam à solliciter enfin notre concours rejeté jusqu'ici.

Il reste à mettre sur pied un programme et un financement suffisamment crédibles pour rétablir la situation et calmer les marchés. Il y a urgence. Pour préparer la négociation, Stan Fischer fait à son tour le voyage de Séoul. Il a rendez-vous avec le ministre; mais entre-temps, celui-ci est révoqué. Son successeur, M. Lim Chang-yeul, est un ancien administrateur adjoint au FMI, mais il débarque et ne se sent pas assez préparé pour aborder le directeur général adjoint du FMI. Stan fait savoir qu'il attendra sur place le temps nécessaire. Il finit par être reçu et, de guerre lasse, le gouverneur de la banque centrale lui avoue un fait sans précédent qui nous a été caché jusque-là : une partie des réserves de la banque centrale est indisponible car elle est mise en dépôt dans des filiales de banques coréennes à l'étranger et couvre les dettes de ces dernières. Elle est donc immobilisée car son retrait entraînerait la banqueroute d'une bonne partie du réseau bancaire coréen.

La situation devient critique. Nous n'avons probablement pas plus d'une quinzaine de jours pour éviter la catastrophe. Stan rentre et sonne le branle-bas des grandes occasions. Préoccupation supplémentaire, je constate, depuis quelques jours, l'insouciance ou l'ignorance des grands pays créanciers face au problème dont nous connaissons enfin l'ampleur. Ils soupçonnent l'existence d'un problème mais ne semblent guère se préparer à lui faire face. Il me faut, discrètement, les en rendre conscients.

J'invite donc les directeurs du Trésor du G7 à New York pour une brève réunion. Ma démarche est inusuelle; ces hauts fonctionnaires sont plutôt habitués à mon souci de maintenir à leur égard une distance cordiale pour préserver le Fonds de leurs tentations d'interférence. J'insiste, cette fois, sur l'urgence de la rencontre. Pour plus de commodité et minimiser les pertes de temps, je propose que nous nous réunissions le mercredi

26 novembre dans le petit salon qu'Air France met à la disposition des passagers du Concorde à l'aéroport Kennedy. Pour préparer le terrain avec mes interlocuteurs américains, je demande à voir le secrétaire au Trésor américain, Bob Rubin. Nous nous connaissons bien et travaillons en bonne entente depuis que le drame mexicain a noué entre nous des relations de réelle confiance.

Cette fois-ci, je tombe mal. Bob Rubin et Larry Summers me reçoivent en compagnie d'Alan Greenspan. Je leur explique la situation dont nous venons de découvrir la gravité. Ils semblent tomber des nues ; les émissaires coréens qu'ils ont poliment éconduits n'ont évidemment pas fait état d'un risque de banqueroute prochaine. Alan Greenspan, qui doit avoir eu vent des problèmes des filiales des banques coréennes aux États-Unis, ne pipe mot. J'étale les chiffres, j'évoque l'ampleur du paquet qui pourrait être nécessaire et la nécessité d'organiser le jour venu d'importantes négociations avec les banques internationales pour renégocier des échéances de dette et/ou assurer la reprise du refinancement des échéances à court terme.

Rien de tel n'est envisagé à Washington et si quelque chose est aujourd'hui jugé nécessaire, c'est de marquer un temps d'arrêt dans ces incessantes opérations de soutien à des pays qui gèrent mal leurs affaires ou qui masquent la vérité sur l'état de leurs comptes. On dit trop que le FMI propose des sorties faciles à de mauvais gestionnaires, bref que nous introduirions des « aléas moraux » dans nos opérations. Il est grand temps de faire un exemple. Nous venons de rater une occasion de le faire avec la Bulgarie. Pourquoi aujourd'hui s'acharner à sauver la Corée ?

Je plaide ; il nous faut songer aux conséquences systémiques en Asie – et peut-être au-delà dans le monde – d'un défaut coréen imminent. La Thaïlande, pays minuscule sur la scène mondiale, a suffi à enflammer l'Asie ; qu'en sera-t-il de la Corée ? Cette fois-ci, le monde entier est menacé. Cela ne convainc pas ; mes interlocuteurs réservent leur position. Je me risque alors sur le terrain politique dont ils pourraient me rappeler qu'il n'est pas de ma compétence. « Tout le monde sait, leur dis-je, que la Corée du Nord peut s'effondrer à tout moment ; il nous faut une Corée du Sud solide pour ramasser les morceaux le jour venu et débarrasser le monde d'un foyer de tensions dangereux au cœur de l'Asie. » Haussement d'épaules. Je leur rappelle alors qu'il y a une zone prétendument démilitarisée le long du 38e parallèle et quelques dizaines de milliers de *GIs* sur place… Cet argument porte un peu plus. « Nous allons consulter le Conseil national de sécurité », m'est-il dit en conclusion de cette longue discussion. « Pour l'instant, faites ce que vous jugez utile sous votre propre responsabilité. Nous viendrons à votre réunion demain à New York, mais sachez qu'à ce stade, la position des États-Unis sera réservée. »

Je quitte cette réunion déçu, stupéfait. Je n'imaginais pas que l'Amérique, dans ce qu'elle a de plus compétent, puisse s'installer dans une telle indifférence. En fait, la réalité est autre. Conscients eux aussi de la gravité de la crise, mes interlocuteurs habituels suspendent simplement toute prise de position aux concertations qui s'engagent au même moment entre Sandy Berger du Conseil national de sécurité et Madeleine Albright et ses équipes du secrétariat d'État américain.

Les journées suivantes vont m'éclairer. Les Américains poursuivent des concertations incessantes. Stan Fischer m'en transmet les échos qu'il tient de Larry Summers. Nous pouvons observer que leurs conclusions seront le plus souvent très proches des nôtres.

La réunion du lendemain à New York est utile, bien que chacun reste sur ses gardes. Les Européens comme les Américains n'ont pas encore été au bout de leurs réflexions. Certains tergiversent à l'idée d'un nouveau sauvetage de grande ampleur. Pourront-ils l'éviter ? Je les laisse sans illusion et sonne le tocsin. La pause du long week-end de *Thanksgiving* clarifie les choses à Washington. Le Trésor abandonne l'idée de « faire un exemple ». Il envoie un de ses collaborateurs à Séoul pour y suivre au plus près le déroulé des négociations.

Les événements se précipitent. À peu près au moment où je rencontre mes anciens collègues des Trésors à New York, notre mission de négociation conduite par Hubert Neiss et

Wanda Tseng arrive à Séoul. Nous avons envoyé une forte équipe dans laquelle une dizaine de nationalités sont représentées ; elle travaillera dans une parfaite cohésion. Chacun de ses membres sait qu'il devra faire face à ce qui sera peut-être le plus difficile défi de sa carrière.

L'équipe s'installe ; elle reconnaît discrètement les sorties dérobées de l'hôtel – à travers les cuisines – pour pouvoir échapper aux reporters. Elle se met au travail. Il faudra conclure en quelque huit jours des négociations qui, en général, requièrent plusieurs semaines dans des circonstances moins dramatiques. Je déteste être contraint à pratiquer une telle chirurgie. Il faut pourtant s'y résoudre et administrer des remèdes de cheval si nous voulons rétablir la confiance avant que la crise ne gagne d'autres rivages.

Les deux équipes vont devoir travailler nuit et jour. La tension est à son comble dans le pays. La bourse s'effondre, les réserves fondent comme neige au soleil. La presse assiège l'hôtel Hilton où elle a découvert notre présence. La nouvelle s'est répandue d'une négociation en cours avec le FMI, après que le gouvernement se fut acharné à l'exclure. Dans de telles conditions, même si nous parvenons à sauver l'économie du pays, comment cette opération ne se confondrait-elle pas pour ce peuple si fier avec l'humiliation suprême ?

Pour aider à lever les derniers obstacles de la négociation, je décide de faire un saut une nouvelle fois à Séoul, au lendemain d'une halte à Bangkok le 2 décembre où je dois prendre la parole devant le congrès de la Confédération mondiale du travail. Mon discours y est bien reçu. J'y trouve un bref instant de détente. Je m'attarde dans les couloirs du Palais des Congrès, retrouvant tel ou tel de ces syndicalistes rencontrés à travers le monde. Nous échangeons des nouvelles ; je perçois leur impatience, parfois leur colère, mais le courant passe entre nous et leur écoute me touche. Je dîne avec mes interlocuteurs thaïlandais à la banque centrale pour faire à nouveau le point sur la mise en œuvre de leur programme et je file à l'aéroport. Je compte sur les sept heures de vol cette nuit-là pour me plonger dans le dernier état du dossier coréen. Il faudra dormir un peu aussi, car une longue journée de négociations nous attend le lendemain. Elle promet d'être tendue : nous sommes peut-être à la veille ou l'avant-veille du jour où la Corée pourrait être déclarée en défaut.

Séoul, 3 décembre 1997

À peine avons-nous débarqué à l'aéroport de Séoul à sept heures trente-cinq du matin que nous sommes plongés dans l'ambiance. Non seulement il gèle à pierre fendre, mais une nuée de journalistes, de reporters de télévision et de radio nous assaille. Brigitte qui grelotte alors qu'il faisait plus de trente degrés il y a quelques heures à Bangkok, risque d'être étouffée dans la cohue ; pour la seule fois de ma vie, je lis un éclair de panique dans son regard. On l'exfiltre ; j'arrive à m'extraire aussi en arguant de mes prochaines rencontres dans les instants qui suivent avec les ministres et le président de la République. Peu après, je reçois un coup de téléphone de Bob Rubin dont le ton d'impérieuse sévérité à l'égard des Coréens me surprend. Je n'aurai l'explication de cet étrange appel que quelques années plus tard lorsque Bob Rubin publiera le récit de son expérience de secrétaire au Trésor : « Je me souviens d'avoir appelé Michel Camdessus du Chili où je me trouvais ; il était sous une lourde pression à Séoul pour parvenir à un accord. Les Coréens ne cessaient d'annoncer qu'ils étaient sur le point de le signer, peut-être pour lui forcer la main. Nous espérions que les services secrets coréens étaient en train de nous écouter et donc, au cours de ma conversation avec Michel, j'insistais sur l'extrême importance d'un très fort programme pour que les Coréens reçoivent ce message ! » Je me demande maintenant si Bob avait compris que, me sachant moi-même souvent écouté à Washington, il m'arrivait parfois d'user du même stratagème pour faire connaître mon état d'esprit à qui de droit…

Le négociateur coréen venu à ma rencontre m'embarque dans sa voiture pour m'informer de l'état de la négociation et du programme envisagé pour la journée : entretien avec le

Président, signature de l'accord, conférence de presse, déjeuner avec les ambassadeurs du G7... Mon sang ne fait qu'un tour. Non seulement les positions ne semblent pas s'être rapprochées dans la soirée d'hier, non seulement les Coréens ne se sentent pas en mesure – alors que la campagne électorale bat son plein – d'adopter un programme que le FMI puisse soutenir, mais ils espèrent bien qu'après quelques ronds de jambe, une heure d'entretien avec le Président et quelques promesses pour l'avenir, j'accepterai de mettre en place un financement massif sur la base de leur position actuelle si peu convaincante. Stratagème inacceptable !

Dans l'instant, j'indique à mon interlocuteur mon total désaccord. À moins que le Président ne me donne son accord sur un programme digne de ce nom et ratifié par les trois candidats en lice pour les élections présidentielles, dans une quinzaine de jours, je ne signerai pas. Le plan dans lequel mon interlocuteur a placé tous ses espoirs s'effondre. Il fait mine de ne pas comprendre, de trouver inimaginable mon refus. Je le laisse sans illusion et j'essaie de l'arracher à sa consternation en lui faisant remarquer que nous avons encore de longues heures devant nous avant l'échéance pour mettre sur pied un accord crédible. Je n'ai d'autre priorité moi-même que d'y parvenir. Je suis sûr que nos négociateurs – qui ont travaillé d'arrache-pied depuis huit jours – sont prêts à consentir cet ultime effort... Un long silence suit.

Nous arrivons à la Maison Bleue, palais présidentiel. Le Président me reçoit au bout de quelques instants. Certainement informé déjà de mon état d'esprit, il me rappelle d'entrée, comme allant de soi, le scénario que je viens de refuser.

« Le temps presse, dit-il, nous n'avons pas le loisir d'opérer autrement ; il s'agit d'éviter à la Corée et au monde une catastrophe de plus.

– Dois-je comprendre, Monsieur le président, que si vous avez adopté un tel programme pour cette journée, c'est que vous avez décidé de vous ranger aux suggestions que mes collaborateurs ont porté à la connaissance de votre gouvernement et qui, pour l'instant, n'ont pas été acceptées ? »

Je lis sur son visage une froide colère.

« Nous ne pouvons pas les accepter. Nous sommes en pleine campagne électorale ; il nous faut, dès aujourd'hui, pour calmer les marchés un *memorandum of understanding*, une sorte d'accord-cadre, comme nous vous le proposons et vous aurez tout loisir d'en préciser les termes avec mon successeur.

– Je ne puis signer un tel accord, Monsieur le président ; je suis prêt, en revanche, à consacrer toutes les prochaines heures à chercher un terrain d'entente. Nous devons faire vite car je ne pourrais signer qu'un texte sur lequel l'accord des trois candidats en lice aura été recueilli.

– Mais c'est impossible ! Chacun d'eux bat la campagne on ne sait où ; au surplus – je me permets de vous le dire – votre exigence est insultante pour ma personne : ne suis-je pas toujours le président légitime de ce pays ? »

Suit une brève passe d'armes. Il évoque un grave manquement aux usages diplomatiques de ma part.

« Je vous demande de me comprendre. Monsieur le président, j'ai le plus grand respect pour votre personne et pour vos hautes fonctions, mais je manquerais aux devoirs de ma charge si j'engageais le Fonds sur un concours financier extrêmement important, sans avoir l'accord explicite du prochain élu qui aura à mettre en œuvre cet accord… »

Le Président réserve sa position sur ce point ; il accepte du bout des lèvres que nos conversations se poursuivent, mais rejette ma demande d'une ratification par les trois candidats.

« Je ne sais même pas où ils sont en ce moment…

– Monsieur le président, il ne doit pas être impossible de s'en enquérir et je suis persuadé que trois hélicoptères – si nécessaire – pourraient être trouvés pour qu'un de vos collaborateurs rejoigne chacun d'eux, leur expose la teneur de l'accord et recueille leur signature en leur expliquant toute l'urgence qui s'y attache. »

Silence. Brefs instants de perplexité. Le Président se tourne vers ses collaborateurs, les consulte le visage fermé, puis glacial, laisse tomber quelque chose comme : « Nous allons essayer, je ne puis rien garantir ; vous prenez vos responsabilités et de très grands risques. »

J'en conviens. Je m'engage à continuer à négocier dans le plus grand esprit d'ouverture, en faisant l'hypothèse que l'accord des trois candidats nous parviendra à temps. Je prends congé. Nous nous saluons, probablement aussi tendu l'un que l'autre.

Je rejoins illico le bureau du vice-pemier ministre Lim Chang-yeul où la négociation a repris entre lui, accompagné d'un ou deux collaborateurs, et Hubert Neiss et Wanda Tseng. Le bureau est encombré de dossiers, d'appareils de téléphone qui voisinent avec des thermos, le plateau d'un petit déjeuner rapidement avalé… Une paire de pantoufles sous un fauteuil suggère que le ministre y passe ses nuits. Depuis combien de jours ? Wanda a négocié pied à pied depuis huit jours ; elle est impassible, comme si ni la fatigue ni l'impatience ne l'atteignaient. Elle garde en main tous les fils de l'écheveau du dossier, toujours prête à vous en expliquer, avec une totale clarté, les détails les plus complexes.

Hubert Neiss me résume l'état de la négociation. Le ministre acquiesce. Je rends compte de mon entretien avec le Président. Le ministre ne fait pas mine d'être surpris et nous reprenons les débats. De part et d'autre, nous savons qu'il faut aboutir. Peu à peu, les Coréens cèdent du terrain, nous les y aidons en arrondissant les angles, en leur proposant de formuler dans leurs propres termes les mesures auxquelles ils regimbaient jusqu'ici mais qu'ils savent inévitables. Le temps est court ; il faut faire l'impossible pour boucler l'accord avant le soir. Nous décidons de ne pas nous interrompre pour le repas. Brigitte me représentera à un déjeuner des ambassadeurs du G7. Elle a passé la matinée avec l'épouse du ministre. Celle-ci, tremblante d'angoisse, imagine mal de quoi demain serait fait. Brigitte qui a vécu souvent de telles situations, met toute sa douceur et sa sagesse à la réconforter.

Avec notre équipe, j'avale quelques sandwiches, le temps de mettre au point ce que pourrait être le « paquet » final. Le ministre revient. Le travail reprend ; nous avançons ; les points de vue se rapprochent dans une étrange sérénité, alors que nous savons bien qu'autour de nous, hors de ce bureau, la tension est extrême. Ce doit être quelque chose comme cela l'œil du cyclone. Le moment vient où tout semble se précipiter. Je consulte brièvement mes deux amis et pour en finir, j'énumère lentement les termes d'un possible consensus. Lorsque j'annonce le montant du financement que je serais prêt à recommander au conseil d'administration (au total, 55 milliards de dollars dont 21 milliards apportés par le FMI, avec une première tranche de 5 milliards déboursée dès l'accord du conseil d'administration), les regards de nos interlocuteurs s'éclairent. Leur émotion est palpable. Le vice-pemier ministre me donne immédiatement son accord et nous remercie. Je lis sur le visage d'Hubert et celui de Wanda le soulagement et, discrète, la satisfaction du devoir accompli.

Nous venons de boucler en huit jours l'accord le plus important de l'histoire du Fonds. Ainsi négocié, il ne peut être parfait et il est entendu avec nos interlocuteurs qu'il nous faudra peut-être procéder à des mises au point substantielles dans les semaines qui viennent. Mais l'accord existe[1]. Il est rapidement mis en forme. Nous le signerons le soir même en présence de la presse ; j'en expliquerai les termes au conseil d'administration du Fonds, pour la première fois dans son histoire, par vidéoconférence. Le Conseil, présidé par Stan Fischer, l'adoptera le lendemain sans réserve ; conscient de l'urgence, il décidera de ne pas se prévaloir des délais sacro-saints de consultations des capitales sur lesquels il se refuse, en général, à transiger.

---

1. En dehors des mesures de cadrage macroéconomiques « classiques » qui seront modifiées en janvier lorsque nous disposerons d'informations plus précises sur la détérioration profonde de l'activité économique, le programme comporte de nombreuses dispositions d'ordre structurel. Elles s'attaquent à un grand nombre d'éléments de rigidité du système chaebols et de dispositions justifiées pendant la période de reconstruction, mais désormais paralysantes. Elles ont été en large part définies par la Banque mondiale, en liaison notamment avec l'OCDE, et ne seront pas ultérieurement remises en cause. Leur adoption sera pour beaucoup dans la croissance exemplaire de l'économie coréenne au cours de la décennie suivante. Outre les dispositions encadrant le renforcement du système bancaire et financier, elles portent sur des mesures de libéralisation du commerce extérieur et des mouvements de capitaux, sur l'abandon des pratiques de « crédits dirigés » qui permettent au gouvernement de financer ses amis, sur la modernisation des règles de concurrence, la gouvernance des entreprises et le marché du travail.

Cette conclusion rapide de la négociation a été rendue possible par la réussite de notre consultation expéditive des trois candidats. Leur réponse nous est parvenue dans l'après-midi. Deux des candidats se sont contentés d'indiquer qu'ils mettraient en œuvre l'accord qui serait adopté. La réponse de Kim Dae-jung (qui allait être élu) est plus circonstanciée : « Si je suis élu président, écrivait-il, j'appliquerai, en principe, l'accord conclu avec le FMI. Toutefois, dans sa mise en pratique, nous devrions, au moyen de discussions et de négociations continuelles des détails restant à résoudre, réduire au minimum les souffrances infligées à la population par l'interruption massive des paiements et le chômage généralisé résultant de cette soudaine récession. »

Ce langage m'apparaît d'autant plus acceptable qu'il reflète mes propres préoccupations devant un programme négocié si vite. Pour éviter tout malentendu, dès son élection, le 18 décembre suivant, Kim Dae-jung m'envoie un émissaire porteur d'un très simple message : « N'ayez pas la moindre inquiétude quant à ma détermination à réaliser ce programme. Comment n'y mettrais-je pas toute mon énergie, puisque c'est exactement la stratégie que je défends contre vents et marées depuis trente ans… »

Il allait me confirmer cette position quelques semaines plus tard. À l'occasion d'un nouveau séjour en Corée courant janvier, il m'invite à venir lui rendre visite à son domicile privé. Je le rencontre pour la première fois, impressionnant de lucidité et de détermination tranquille ; il a pleine conscience des difficultés de la tâche et des risques qu'il court. Sans qu'il y fasse allusion, il est clair que les épreuves traversées pendant sa vie de leader de l'opposition l'ont préparé aux défis qui l'attendent. On sent chez son épouse, si attentive auprès de lui, la même résolution, teintée chez elle d'une inquiétude qu'elle est visiblement habituée à maîtriser.

Leur accueil est d'emblée d'une touchante simplicité. Une maison sans la moindre prétention. Seuls y abondent des souvenirs de rencontres ou des photographies de Coréens de tous milieux mêlées à celles de quelques grandes personnalités mondiales. Sur le buffet de la salle à manger, au milieu de quelques bibelots, une statue de Notre-Dame-de-Lourdes et au mur un crucifix. Je tiens pour un grand privilège cette rencontre avec un homme dont chacun connaît l'héroïsme comme opposant à la dictature, échappant aux tentatives d'assassinat mais non aux années de prison et d'exil.

Nous nous trouvons immédiatement sur la même longueur d'onde. Son langage n'a rien de cette retenue laborieuse que l'on trouve souvent chez les nouveaux élus obligés à redoubler de prudence après les envolées rhétoriques de leur campagne. Tout semble, chez lui, jaillir d'une longue méditation et « les mots pour le dire » coulent de source sur les sujets les plus graves : l'économie à rétablir, la démocratie à faire vivre et cette entreprise qu'il lui faudra mener en s'appuyant sur le désir profond de tout un peuple : la réunification de la Corée. Sur ce dernier point, il ne s'exprime qu'à demi-mots lourds de conviction ; il le sait mieux que personne : un puissant désir d'unité lie le peuple coréen, au Nord comme au Sud, sans que les péripéties politiques ne soient parvenues à l'étouffer. Comme président, il devra trouver les gestes et les mots pour réveiller cette soif en évitant de heurter les uns ou les autres, créer un climat où la réconciliation puisse s'enraciner profondément. Il faudra que le temps fasse son œuvre mais il ne cessera de s'y employer[1].

Il m'interroge aussi sur différents aspects du programme. Il s'arrête sur la situation qu'il juge peu satisfaisante du marché du travail. Je lui indique qu'il ressort de mes échanges avec les uns et les autres que dans sa stratégie de reconstruction de la cohésion nationale, l'approche tripartite des questions sociales réunissant autour de la même table le gouvernement, les syndicats et les entreprises comme le préconise l'Organisation internationale du travail (OIT) pourrait faciliter les solutions. L'acceptation du pluralisme syndical et la libération de syndicalistes actuellement détenus marqueraient aussi sa détermination à changer les choses. Je crois « prêcher un convaincu ». Ces

1. Ses efforts en ce domaine seront couronnés d'un prix Nobel de la paix en 2000.

mesures seront rapidement adoptées dès sa prise de fonctions et le FMI sera invité comme observateur (sans l'avoir demandé) aux réunions tripartites.

Nous nous quittons. Je ne cacherai à personne la confiance que cet homme m'inspire. À nous, maintenant, d'ajuster au mieux notre programme. Je ne doute pas qu'il sera mené à bien, d'autant que le nouveau président va pouvoir faire fond sur le formidable patriotisme, la fierté et l'abnégation de son peuple. Je ne connais aucun pays dont la population, au milieu de semblables épreuves, ait réagi avec une telle unanimité pour soutenir, toutes classes sociales confondues, l'effort du gouvernement, s'engager dans la reconstruction de l'économie et éviter la banqueroute. J'avais discerné cette ardeur patriotique chez mes interlocuteurs. On pouvait l'observer aussi dans la vie quotidienne de la population.

Alors que je rendais visite au cardinal Kim, archevêque de Séoul, qui avait invité un vénérable responsable de la communauté bouddhiste à se joindre à nous pour partager avec moi leur analyse de l'état de l'opinion publique, l'un et l'autre me citèrent divers exemples de cette impressionnante unanimité nationale. Ils venaient d'organiser ensemble une grande manifestation close par une marche vers une institution publique pour que chaque citoyen puisse apporter une contribution volontaire au plan de redressement. « Nous avons pris tous les deux la tête du cortège, me dit le vénérable, et j'ai donné l'alliance d'or d'un de mes parents.

– Moi, ajouta le cardinal, j'ai apporté la petite croix d'or que ma mère portait à son cou et m'avait donnée sur son lit de mort. »

Le total de ces dons d'or et de bijoux qui seront vendus contre devises devait abonder les réserves publiques de 2 milliards de dollars. Comment douter du ressort d'un tel peuple ?

Il nous faudra, pourtant, travailler dur quelques semaines encore avant que tous les éléments du « paquet » envisagé ne soient effectivement en place. Car, aussi impressionnant que soit le volume des concours promis, le programme ne convainc pas d'emblée. Trop d'incertitudes demeurent : sur ce que sera l'attitude, aussitôt élu, du prochain président, sur les intentions réelles des treize pays qui ont promis de financer la « seconde ligne de défense » qui sera activée – si nécessaire – à hauteur de 21 milliards de dollars, sur les intentions surtout de la communauté bancaire de continuer de refinancer les échéances de la dette à court terme…

C'est ici surtout que le bât blesse. La défiance fait boule de neige au point de faire à nouveau apparaître le spectre d'un défaut pour la Saint-Sylvestre. Une fois de plus, nous sonnons l'alerte et, cette fois-ci, sommes entendus. Bob Rubin va entrer en campagne auprès de ses collègues pour que chacun – sans pour autant tordre trop les bras – fasse comprendre aux principaux établissements bancaires de leurs places respectives qu'il est du plus haut intérêt, pour eux-mêmes et le système, de reprendre les refinancements – dont le taux est en train de tomber au plus bas – et de se prêter à un rééchelonnement à long terme des créances courtes. Bill McDonough, le si remarquable président de la Réserve fédérale de New York, lui prête main-forte auprès des présidents des banques américaines. Chacun finit par se rallier, parfois non sans aigreur et mauvaise grâce. On pouvait le comprendre : bon nombre de réunions de mise au point se tiennent en pleine trêve des confiseurs. « La pire expérience de ma vie politique », dira Peter Costello, ministre des Finances australien.

Après ce nouvel effort, tout se met rapidement en place. Bill Rhodes obtient des banquiers le rééchelonnement à long terme nécessaire ; le FMI revoit son programme pour en renforcer quelques points et en réduire les exigences budgétaires compte tenu de la récession qui se creuse beaucoup plus que prévu. Un plan de restructuration détaillé du système bancaire et financier est mis en place avec l'aide de la Banque mondiale et de la Banque asiatique de développement. J'ai recruté pour l'orchestrer Stefan Ingves qui avait mené à bien la restructuration du système bancaire suédois quand celui-ci s'était effondré dans les années quatre-vingt-dix. Il fait ici aussi un travail excellent. Pendant quelques mois, pourtant, la Corée doit serrer les dents. Beaucoup enragent contre le FMI et son programme que l'on accable des reproches les plus contradictoires. On croit entendre Keynes parlant du Traité de Versailles : « Trop dur pour ce qu'il a de faible, trop faible pour ce qu'il a de dur. » Une fois de plus, son sigle est détourné : « *IMF : I'm fired*[1] ! » On me dit même que Camdessus est le nouveau nom, dans les familles, pour l'ogre ou pour le marchand de sable qui va punir, le soir, les enfants qui tardent à s'endormir.

Nous patientons et travaillons sur place, en pleine confiance avec les équipes du nouveau gouvernement. Les résultats, heureusement, ne se font pas trop attendre. La récession est plus sévère que prévue en 1998 (- 6,7 %) mais le redressement est spectaculaire dès les derniers mois de l'année suivante. La croissance atteindra près de 11 % en 1999. Avant même la fin 1998, la monnaie est stabilisée, les taux d'intérêt sont revenus à la normale et les réserves se sont reconstituées pour atteindre 50 milliards de dollars et 70 milliards l'année suivante. La confiance et l'autorité personnelle de Kim Dae-jung, l'abnégation et l'engagement collectif du peuple coréen auront réalisé ce miracle. Nous sommes fiers d'y avoir contribué.

Pouvions-nous pour autant échapper, une fois encore, à l'opprobre qui nous atteint dans une opinion publique mal informée et proie trop facile des journaux à grand tirage qui ont besoin de têtes de Turcs comme de sang à la une ? Nous aurons beau tenter de convaincre les responsables politiques de ne pas chercher à faire du FMI un bouc émissaire commode, il sera toujours très difficile d'éviter que, dans les situations de confusion qui accompagnent nos interventions, les démagogues ne relancent le disque rayé de ces vieilles antiennes.

Fin de règne à Djakarta

Pendant que nous vivons en Corée ces heures de tensions, nous voyons la situation en Indonésie échapper des mains du gouvernement. Ici aussi, pourtant, tout a semblé longtemps sous

1. FMI : je suis viré !

contrôle. Bien plus, l'Indonésie offre au monde depuis 1970 le remarquable exemple d'un développement continu au taux de 7 % l'an dans la stabilité macroéconomique. Mieux encore, la croissance de ce pays de 225 millions d'habitants (qui bénéficie d'importantes ressources pétrolières) s'accompagne d'une notable réduction de la pauvreté et de l'émergence rapide d'une classe moyenne. Certes, quelques facteurs d'inquiétude sont signalés depuis 1994 par nos missions de surveillance, mais ni le gouvernement ni ses partenaires internationaux n'en font grand cas. Le souci dominant des chancelleries demeurait l'âge du président Soeharto qui, sous des airs débonnaires mais d'une main de fer, a maintenu jusque-là, pendant trente ans, le pays sur une trajectoire d'ordre apparent et de développement.

Pendant longtemps, un équilibre a été maintenu sans tensions trop apparentes entre les quatre groupes qui dominent la vie du pays. Les deux composantes ethniques d'abord : d'une part, les commerçants d'origine chinoise très minoritaires mais qui contrôlent l'économie industrielle et financière et, d'autre part, la majorité javanaise essentiellement rurale et plus pauvre. Les deux principaux groupes d'influence aussi qui rivalisent pour gagner les faveurs du Président : la bande de Berkeley[1] d'un côté et, d'autre part, le clan familial et ses obligés, les *cronies*, qui, au fil des années, s'empareront des leviers du pouvoir et des richesses du pays dans un climat de corruption généralisée. La famille Soeharto a accumulé, dira-t-on plus tard, une fortune de plusieurs dizaines de milliards de dollars.

Longtemps, jouant des uns contre les autres, voire les associant au sein des mêmes gouvernements, Soeharto a pu

1. Il s'agit d'un groupe de remarquables économistes formés dans les universités américaines et, notamment, sur la côte Ouest, à Berkeley. Ses membres les plus éminents vont garder l'oreille du Président et alterner dans les fonctions de ministres des Finances, de gouverneurs de la banque centrale, de coordinateurs des politiques économiques, etc. Leur leader le plus en vue était Radius Prawiro qui occupa ces différentes fonctions et garda jusqu'au bout une grande influence partagée avec des hommes tels que Widjojo Nitisastro et Ali Wardhana, puis Arifin Siregar, Soedradjad Djiwandono. Tous entretenaient des relations ouvertes et très confiantes avec nos équipes. C'était évidemment le cas aussi de Julius Ismael qui occupa pendant de nombreuses années le siège d'administrateur du FMI pour l'Indonésie. Dès mon arrivée, ce dernier entreprit de m'initier aux problèmes de son pays et de me faire entrer en contact avec ces diverses personnalités. Je lui dois beaucoup.

maintenir entre ces groupes un subtil équilibre et une émulation que l'on disait constructive. L'âge venant, ses enfants devenus adultes, font preuve de plus en plus de convoitise et d'ambition et font pencher la balance, au cours des années quatre-vingt-dix, de plus en plus de leur côté. L'équipe de Berkeley garde cependant une certaine influence. Elle a convaincu Soeharto des mérites d'une gestion macroéconomique sage et elle continue à prôner à travers tous les canaux possibles, y compris les institutions financières internationales, une politique active de réformes.

À partir de 1994, la situation se dégrade. La surchauffe gagne, les entreprises s'endettent de plus en plus en dollar et à court terme à l'étranger, faisant le pari de la stabilité des changes et réduisant ainsi significativement leurs charges d'intérêts. Le système bancaire semble d'autant plus vulnérable que ses clients portent ce double risque de change et de transformation de ces ressources à court terme en emplois beaucoup plus longs. À partir de ce moment, nous multiplions les missions d'assistance technique auprès de la banque centrale pour travailler à la consolidation des banques. Dans l'euphorie ambiante, peu de mesures, hélas, sont prises.

Au bout de deux ans, Stan Fischer se rend à Djakarta pour attirer l'attention du Président sur une situation que nous jugeons de plus en plus sérieuse. Il en revient très soucieux. Je m'y rends à mon tour en novembre. J'insiste sur la fragilité des banques, le poids stérilisant des monopoles du secteur agricole et (malgré l'avis de certains de mes amis indonésiens qui craignent de me voir indisposer le Président) sur le niveau excessif des dépenses militaires. Je reçois un accueil plein de prévenance[1] mais seulement de vagues assurances qui ne seront guère suivies d'effets.

---

1. En matière militaire, je me souviens de lui avoir même suggéré d'user de son prestige et de son autorité dans la région pour prendre l'initiative, maintenant que la guerre froide avait cessé, d'une stabilisation puis d'une réduction concertée des dépenses militaires pour pouvoir consacrer davantage de ressources au développement. Sa réponse fut parfaitement diplomatique : « J'aime une telle suggestion, me dit-il, mais pour l'instant, je ne puis m'y engager »... Évidemment, il n'en fera rien.

J'établis une cordiale complicité avec le ministre des Finances, Mar'ie Muhammad, qui partage nos préoccupations mais suscite déjà les suspicions du clan familial. Nous regrettons ensemble l'insuffisante prise en compte des rapports de surveillance du FMI, non seulement en Indonésie mais aussi dans la région, et nous décidons de mettre en place avec le soutien enthousiaste d'Anwar Ibrahim, ministre des Finances de Malaisie, un groupe régional de ministres des Finances qui se réunirait périodiquement pour susciter une étroite concertation de leurs politiques économiques, chacun se soumettant à la « revue par ses pairs » de ses propres initiatives et résultats. J'avais abondamment expliqué aux uns et aux autres les mérites de tels échanges dont j'avais eu l'expérience dans le cadre du Comité monétaire de la Communauté européenne. « Sans de telles pratiques, leur disais-je, le franc n'aurait pas été en mesure de faire jeu égal avec le deutsche mark et demain d'aller vers une monnaie unique. » Je ne leur cachais pas qu'il leur faudrait s'attendre à des échanges rudes et qu'il m'avait fallu, lorsque je dirigeais le Trésor français, subir de sévères admonestations de mes collègues allemands, évidemment plus vertueux que nous. Le groupe se mit en place. Sa première réunion se tint à Phuket, puis quelques mois après, ce fut à Djakarta : j'y trouvais autant d'occasions d'un dialogue assez ferme avec le ministre thaïlandais avant que son pays ne s'effondre[1], faute d'avoir agi à temps. En ce qui concerne l'Indonésie, Mar'ie Muhammad en transmettait les messages à son président.

Au même moment, les indices se multiplient qui confirment combien le népotisme et la collusion pèsent sur la conduite du pays et la corruption sur la marche des affaires. Nous les dénonçons dans nos contacts avec les autorités. On se souvient des mots d'Henry Kissinger dans les colonnes du *Monde* du 15 octobre 1998 : « Certes, il y a de la corruption en Indonésie, mais on peut y faire des affaires... »

---

1. Ce groupe de ministres, je le crains, n'a pas survécu. Un de ses membres m'en fournit vite l'explication : « Vous savez, ces exercices de *pression des pairs* sont très difficiles à mener en Asie. Vous autres Européens, vous êtes habitués à des échanges vigoureux entre vous. Nous autres, nous sommes trop polis pour cela. »

Aucune réaction bien sérieuse, malgré tout, ne se met en place jusqu'à l'été 1997 et la dévaluation du baht. Dans les jours qui suivent, par précaution, la banque centrale élargit la bande de fluctuation de sa monnaie, la roupie. Cela ne suffit pas et sur ordre de Soeharto, le 14 août, elle décide de la laisser flotter et de resserrer la politique monétaire pour tenir le taux de change que le marché déterminera. Ces mesures, hélas, sont trop fortes pour des banques aussi fragilisées. Une vingtaine d'entre elles sont mises à genoux et bien vite, l'ensemble du système bancaire apparaît au bord de la banqueroute. Faute d'avoir mis plus tôt en pratique nos recommandations, le gouvernement voit se profiler le spectre d'une crise.

Le groupe réformiste reprend du poil de la bête ; il demande l'adoption d'un plan d'ensemble pour y faire face. Stan Fischer vient soutenir cette cause auprès de Soeharto. Il lui propose la négociation d'un « programme de précaution » qui ne serait activé qu'en cas de besoin. Soeharto accepte de fermer ou de fusionner quelques banques. Au cours des jours suivants, la spéculation ne désarme pas. Dès le 21 août, le *Wall Street Journal* révèle quelques aspects cruels de la réalité. « Dès maintenant, écrit-il, les dirigeants d'entreprises et les investisseurs se demandent ce qui leur arrive mais ils espèrent aussi que cette tempête financière va les débarrasser des conséquences de décennies d'inefficience, de protectionnisme et de corruption [...] Le marché est maintenant face au plus grand problème politique de la région : l'incapacité de Soeharto à désigner clairement un successeur face à une récession qui risque d'être déstabilisatrice [...] À cela s'ajoute le fait que les entreprises indonésiennes ont des dettes à moins d'un an de 34 milliards de dollars. Avec la chute de la roupie, leurs tentatives pour couvrir ces positions précipitent encore plus la chute de leur monnaie. »

Le décor est ainsi planté. Soeharto annonce le 8 octobre qu'il demande l'aide du FMI et de la Banque mondiale. Nos équipes arrivent sans tarder. Il s'agit d'essayer de rétablir la confiance avant qu'une nouvelle vague de spéculation ne se déchaîne. Nous sommes enclins à proposer un ambitieux programme de réformes tel qu'il nous est soufflé depuis longtemps par le groupe de Berkeley. La discussion se concentre sur le nombre de banques à fermer et sur la compensation à accorder à leurs propriétaires. Comme les seize banques qui doivent être fermées ne représentent que 3 % des dépôts, provenant pour l'essentiel des groupes les plus privilégiés, dont des enfants de Soeharto, on renonce à accorder une compensation aux actionnaires.

En fait, quelques-unes de ces banques se révèlent être les instruments d'un système pervers. Elles consentiraient des crédits à des « cronies » à des conditions très privilégiées, au-dessous des conditions du marché, dans l'assurance que des subventions budgétaires viendront combler le déficit qui en résulte pour leurs comptes d'exploitation. Mettre fin à ces pratiques s'impose, sans qu'on puisse à ce stade aller plus loin.

À la fin du mois d'octobre, notre équipe parvient à un accord pour les trois prochaines années. Le Fonds y consacrerait 10 milliards de dollars et la Banque mondiale et la Banque asiatique de développement au total 8 milliards de dollars auxquels s'ajouterait pour 5 milliards la réalisation d'avoirs de la banque centrale. Ces 23 milliards de financement accompagneraient – outre la liquidation des seize banques, un renforcement de la politique budgétaire et monétaire et une libération progressive du commerce et des paiements extérieurs. Divers pays, au surplus, manifestent leur intention de contribuer à une « seconde ligne de défense en cas de développements extérieurs adverses ». La Banque du Japon et l'Autorité monétaire de Singapour se déclarent disposées à des interventions coordonnées avec la banque centrale pour soutenir la roupie lors du lancement du programme.

Ce programme ne parvient pourtant pas à rétablir la confiance, ruinée par la révélation des faiblesses des établissements bancaires. La chute de seize banques fait douter de la solvabilité de bien d'autres. Les retraits se multiplient, d'autant plus que le gouvernement n'est pas encore prêt à annoncer une stratégie vigoureuse de redressement du système bancaire ; pire ; il se montre indécis dans la mise en œuvre du programme.

Pour essayer d'aider à le remettre sur pied, je m'arrête à nouveau à Djakarta le 12 novembre. Soeharto me jure ses grands dieux qu'il veut faire de la réforme une priorité et adopter un ensemble de mesures structurelles dont il sait bien qu'elles heurteront les intérêts de sa famille... Dans les jours qui suivent pourtant, il semble oublier ses promesses et ordonne au gouverneur de baisser les taux d'intérêt ; l'impact de cette mesure est détestable. Quelques jours après, la banque centrale est autorisée à faire machine arrière.

Comble de malheur, on annonce sans plus de précisions que le président, au retour d'une réunion de chefs d'État à Vancouver, est gravement malade. Il disparaît de la scène politique pour quinze jours. La panique se répand. On craint des troubles ethniques, la fuite des capitaux s'accélère. Une frénésie d'achat se répand dans la population qui veut se défaire de ses roupies ; des magasins sont pillés. Il nous faut bien l'admettre : nous ne sommes plus dans le contexte dans lequel l'accord stand-by a été négocié ; tous les indicateurs sont au rouge, l'inflation grimpe à vue d'œil, la roupie poursuit sa glissade incontrôlable. Il va falloir reprendre intégralement la négociation, cette fois-ci dans des conditions de plus grande confusion encore.

Le gouvernement ne tarde pas à nous appeler à nouveau au secours. Il sait que, désormais, seul un programme très vigoureux pour une réforme d'ensemble peut arrêter ce qui ressemble à une course à l'abîme. La négociation va reprendre sur place avec Hubert Neiss et Bijan Aghevli. Ils vont travailler en très étroite coopération avec les équipes de la Banque mondiale et de la Banque asiatique qui sont aux premiers rangs pour toutes les réformes structurelles indispensables. Dans le pays, les réformateurs semblent d'ailleurs, pour l'instant, reprendre la main. Les travaux redémarrent. Stan Fischer vient leur donner son appui. Je promets de venir les conclure.

Djakarta, 15 janvier 1998 : « Croise les bras, mon fils ! »

Le monde est maintenant conscient de l'importance des enjeux de cette négociation. À la demande de l'administratrice américaine, le conseil d'administration du Fonds se réunit pour donner encore plus de poids à mon mandat et demander au président Soeharto de prendre la responsabilité personnelle de la mise en œuvre de ce programme de la dernière chance. Les pressions se multiplient auprès du président pour qu'il fasse désormais le choix décisif de la réforme. De nombreux envoyés font le voyage de Djakarta, y compris Paul Volcker et Larry Summers pour les États-Unis et Horst Köhler au nom du chancelier Kohl.

Soeharto prend la négociation en main. Il demande un projet de « lettre d'intention » qu'il signera lui-même lors de ma visite. Les équipes mettent les bouchées doubles. Stan Fischer le rencontre et lui explique chacun des termes de l'accord. De dernières mises au point s'opèrent. Dans l'après-midi du 14 janvier, j'arrive à Djakarta venant de Séoul où, s'il était nécessaire, mes conversations avec le président élu m'auraient convaincu de l'importance de la lutte contre la corruption et la collusion, pour le développement durable et la démocratie. Ce même jour, William Cohen, secrétaire américain à la Défense, est venu réitérer auprès de Soeharto les messages de Clinton. Je rencontre à l'hôtel l'ancien Premier ministre australien, Paul Keating, qui est venu au nom de son pays prêcher la réforme au Président et lui promettre son appui.

En fin de journée, je passe à mon tour deux heures en tête à tête avec Soeharto. Je crains que ce carrousel diplomatique ne lui ait donné le tournis. Je le trouve pourtant calme et serein, comme à l'accoutumée. Je lui propose de relire avec lui les cinquante points du « mémorandum sur les politiques économiques et financières » que nous devons signer publiquement dans la matinée du lendemain. Il s'y prête de bonne grâce. Pour que tout soit clair, toute honte bue, chaque fois que cela se justifie, je lui rappelle, en choisissant mes mots, que dans telle ou telle affaire, les intérêts de sa propre famille seront affectés : ceux de sa fille aînée, surnommée Tutut, avec l'abandon d'un grand investissement dans le secteur électrique, ceux de son fils Tommy avec celui du projet national de construction automobile[1] et l'abandon, d'une haute

1. Dont le premier modèle serait dénommé en vertu d'un goût douteux le « Timor », du nom du territoire de l'est indonésien qui lutte pour son indépendance, après sa brutale invasion par l'Indonésie.

valeur symbolique, du monopole des clous de girofle[1], ceux de tel autre de ses enfants avec la fin du monopole du Bulog, entreprise d'État qui gère les importations de produits alimentaires…

Bientôt, il m'arrête. « Soyez rassuré, me dit-il, j'ai tenu ces derniers jours un conseil de famille avec tous mes enfants. Ils m'ont donné leur accord sur toutes les mesures dont nous parlons. » Je lui exprime ma reconnaissance pour cette marque de civisme de leur part et nous reprenons notre lecture. Je me sens plus rassuré. Je l'observe se livrant à cet exercice une énième fois sans le moindre signe d'impatience. Je suis sensible à son affabilité souriante tout autant qu'à sa courtoise retenue. C'est notre quatrième rencontre, au cours des quatre dernières années. Chaque fois, il m'est arrivé, par instants, de m'interroger sur sa manière d'exercer une autorité qui passe pour être absolue sous des airs de constante mansuétude. Est-ce bien le même homme qui avait rétabli l'ordre de façon sanglante, il y a trente ans, lors de sa prise du pouvoir ? Qui a déclenché l'occupation du Timor en 1975, provoquant ainsi près de 200 000 morts dans une population de 800 000 habitants ? Je ne percerai jamais ces mystères.

Au fil de notre conversation ce soir-là, rien ne me permet de douter de sa détermination à tenir parole. Comme pour me rassurer tout à fait, il ajoute qu'il a prévu lui-même dans la lettre qui accompagnera le mémorandum que, « pour s'assurer que les objectifs économiques seront réalisés, il établira sous sa présidence un haut conseil de suivi de la mise en œuvre du programme. Son secrétaire général, placé sous son autorité directe, aura pleine responsabilité et autorité pour en garantir la mise en œuvre à bonne date. » Il me demande de désigner parmi mes collaborateurs un expert de haut niveau qui assistera ce conseil. Nous nous quittons sur ces assurances, non sans qu'il m'invite à venir le lendemain prendre mon petit déjeuner avec lui pour poursuivre nos échanges avant les cérémonies qui suivront.

1. Ceux qui interviennent dans la fabrication de la marque de cigarettes préférée des Indonésiens…

Cette nouvelle rencontre se passera dans une atmosphère parfaitement détendue. Je lui demande tout de même s'il souhaite me faire part de telle ou telle réserve sur les dispositions que nous avons revues en détail hier soir. « Bien au contraire, me dit-il, la nuit qui porte conseil n'a fait que me confirmer dans mes décisions. Nous avons trouvé la voie à suivre. » Je lui dis que je suis très conscient de l'énorme difficulté de la tâche et des souffrances que les prochains mois vont comporter – malgré les clauses sociales du programme – pour bien des gens. « Nous serons prêts, lui dis-je, à discuter dans un esprit très ouvert, les modifications qui pourraient être nécessaires pour soulager ces souffrances, mais il faudra probablement pour cela réduire d'un commun accord les dépenses qui seraient jugées moins indispensables. » Cette assurance lui convient tout à fait. Notre conversation se poursuit à bâtons rompus.

À dix heures, nous nous rendons en bavardant dans une grande salle bondée de notabilités et de journalistes, de photographes et de cameramen. Le Président s'installe derrière une petite table pour signer les deux documents qu'il va me remettre. Je suis debout à ses côtés. J'essaie de bien me tenir comme ma mère me l'a appris[1]. Les appareils photos crépitent. Une image fera le tour du monde et illustrera mille fois l'arrogance occidentale et celle du FMI. Je regarde, en effet, bras croisés, Soeharto signer avec application la lettre dont hier il me commentait les termes. Étais-je en état d'arrogance ? Je ne le pense guère. J'étais, au contraire, en train de réfléchir aux quelques mots qu'il me faudrait prononcer dans un instant pour dire ma confiance dans le succès de ce programme s'il était porté par toutes les forces de ce grand pays et mon admiration pour le Président qui en a pris la responsabilité. Tels seront plus ou moins les termes de ma brève allocution.

Tout le monde les a oubliés mais la photo, elle, continue d'être publiée. Décidément, je ne m'étais pas laissé suffisamment

1. « Mon petit, m'aura-t-elle dit plus d'une fois, quand tu es debout quelque part, en public, ne reste pas les bras ballants, ne les mets pas dans ton dos – on croirait que tu te prends pour le duc d'Édimbourg. Croise-les, un point c'est tout. »

imprégner du message de McLuhan : «La politique va finalement être remplacée par des images... ». D'autres que moi se le tiendront pour dit; un peu trop peut-être.

Sur le champ, cependant, on a surtout remarqué la présence du fils Soeharto, Bambang, venu, me dit-on, au volant d'une flamboyante Lamborghini[1]. Une rumeur se répand comme traînée de poudre : «Soeharto n'a pu signer un tel programme qu'en désespoir de cause, sous des pressions sans précédent; c'est un diktat inacceptable. À la première occasion, Soeharto l'abandonnera.» Là où nous comptions sur un choc de confiance, le trouble s'installe; au lieu de se redresser sur le marché des changes, la roupie continue de se déprécier. Le bruit court que le Président aurait dit à ses proches qu'il y a dans ce programme «à prendre et à laisser», puis qu'il envisage de désigner comme vice-président et donc, un jour, comme son successeur Jusuf Habibie, un opposant déterminé à cette stratégie. Puis vient une autre nouvelle : sur les conseils de sa famille, il appellerait en consultation un professeur de Baltimore, Steve Hanke, pour qui le remède dans de telles situations est le *currency board*, la «caisse d'émission». Un remède de cheval à vrai dire que nous avons rencontré en Argentine. Il suppose que, par la loi, la monnaie soit émise au niveau des réserves de change acquises à un taux fixe. Ce serait une solution totalement inadaptée à la situation de l'Indonésie. J'écris donc une lettre très ferme au Président pour lui dire notre totale opposition à un tel mécanisme[2]. Ce projet fait long feu.

Prabhakar Narvekar, un de mes trois directeurs généraux adjoints qui vient de prendre sa retraite et en qui j'ai une confiance absolue, accepte de se rendre à Djakarta pour maintenir le contact avec Soeharto et tâcher de mettre fin à l'impasse dans laquelle on s'enfonce à nouveau. Contre vents et marées, une de nos équipes conduite avec finesse et fermeté

1. Une de ses sociétés assure la représentation de cette firme italienne en Indonésie.
2. Plusieurs observateurs n'y voient qu'un stratagème du clan familial pour mettre ses avoirs à l'abri à l'étranger en utilisant à un taux avantageux et, tant qu'il en reste, les réserves de change du pays.

par Charles Enoch continue de travailler sur place à la restructuration du système bancaire. Hélas, le processus de désintégration de l'économie se développe. Il nous oblige à renvoyer *sine die* la ratification par notre Conseil du programme du 15 janvier.

Début mars, l'Assemblée consultative réélit Soeharto pour un septième mandat. Aussitôt, il nomme un nouveau gouvernement, dans lequel l'ancien ministre du Plan, Ginandjar Kartasasmita, prend les commandes ; les réformistes sont écartés et remplacés par des membres du clan familial. Pourtant, l'engagement de travailler avec le Fonds subsiste et – à ma surprise – est pris au sérieux.

Nous travaillons à une nouvelle mise au point du programme pour tenir compte de la dégradation du contexte. Un nouvel accord est donc négocié et finit par être ratifié par notre Conseil début mai. À peu près au même moment, Soeharto décide de lui-même de l'adoption d'une hausse immédiate des prix du fuel et de l'électricité pourtant prévue pour plus tard. Cette décision met le feu aux poudres. Les étudiants descendent dans les rues, d'autres manifestants les rejoignent. Ils réclament, cette fois, la démission de Soeharto en brandissant des banderoles fustigeant « la collusion, la corruption et le népotisme » que nos amis dans le pays dénoncent depuis des années. La police ouvre le feu sur la foule, tuant des manifestants. Les démonstrations de force s'intensifient mais ne les découragent pas.

Le 21 mai, finalement, Soeharto démissionne et Habibie le remplace. Nous continuons à travailler avec Ginandjar Kartasasmita et le gouvernement qui est maintenu en place. Celui-ci s'accroche au dernier programme dont nous surveillons mensuellement l'exécution. La situation finit par se normaliser. La roupie touche en juin son point le plus bas puis, comme l'économie, commence à se redresser. La crise est désormais sous contrôle. Nous maintenons notre soutien, aidons au rééchelonnement des dettes du pays et à la restructuration des banques ; les réformes structurelles prévues sont mises en place. Lorsque le programme arrive à son terme en 2000, le redressement est bien avancé et le pays pourra rembourser le FMI avant même l'échéance de ses concours.

Aurait-on pu éviter cette fin pitoyable des années Soeharto ? La situation aurait-elle pu être redressée en janvier s'il avait respecté le programme qu'il venait de signer ? C'était possible, il fallait le tenter. Le Président pouvait-il encore porter une telle responsabilité ? C'est la vraie question. Je ne lui ai pas encore trouvé de réponse. Beaucoup, citant ses proches, parlent de machiavélisme, doutent de sa bonne foi lors de la signature des engagements du 15 janvier. Il aurait signé pour se prévaloir de notre soutien, en se réservant de retarder ou d'abandonner plus tard les mesures qui déplairaient à son clan. C'est une explication tentante. Je ne la partage pas. Je crois plutôt que, malgré les apparences, il n'était plus l'homme d'une situation exigeant une détermination d'acier. Douloureusement frappé par la mort récente de son épouse, gravement affaibli par la maladie, il n'était probablement plus en mesure de résister aux sollicitations constantes et au cynisme de son entourage. Il a donc essayé de naviguer à vue, dans l'attente d'une formule miracle pour finir par être emporté par des choix malheureux, sur des questions qui n'étaient ni de son ressort ni prévues au programme pour ce moment[1].

Aurions-nous dû, quant à nous, nous contenter d'un programme moins ambitieux qui aurait pu convaincre les marchés tout en ralliant à la fois les réformistes, le clan familial et le soutien de la communauté internationale ? Je me suis posé aussi cette question. Cette solution, en ces premières semaines de janvier, relevait de la quadrature du cercle. Elle n'aurait pour le coup satisfait personne. Il fallait donc agir comme nous avons tenté de le faire, même si tant de facteurs échappant à notre contrôle poussaient à différer plus que de raison la stabilisation et les réformes. Celles-ci ont fini par intervenir et être mises en place. Le pays, au début de la décennie suivante, en a récolté les premiers fruits ; sa reprise sera brillante, la

1. Il continuera de vivre en Indonésie ; son état de santé le fera échapper à des poursuites judiciaires. Il mourra en janvier 2008 à l'âge de 86 ans.

démocratie surtout y prendra des racines plus profondes et les élections s'y succéderont désormais normalement. Le Timor oriental retrouvera son indépendance. L'Indonésie, désormais, joue tout le rôle qui doit être le sien au sein du G20.

L'Asie en marge de la tempête

Je n'ai pas à m'étendre longtemps sur quelques pays qui traversent la crise, sinon sans encombres, du moins sans que la marche de leur économie en soit trop altérée.

Chine

Le principal d'entre eux est la Chine. Elle entretient avec le Fonds – dont elle est devenue membre en 1980 – des relations de bonne coopération. Bien qu'encore très pauvre[1], suivant l'exemple de l'Inde, elle ne se prévaut pas du bénéfice des financements les plus concessionnels de la Banque mondiale et du Fonds pour éviter une ponction trop importante sur des ressources laissées intégralement ainsi à la disposition de pays de moindre taille.

Deng Xiaoping a parfaitement compris, en revanche, l'utilité de notre assistance technique et, en quelque sorte, s'abonne à tous ses guichets, qu'il s'agisse de la politique monétaire et de la réforme de la banque centrale et des banques publiques, de la politique budgétaire et du ministère des Finances, de la réforme des entreprises publiques lourdement déficitaires et de

1. Soixante pour cent de sa population, soit 680 millions de personnes, connaissent alors des conditions d'extrême pauvreté.

leur adaptation progressive aux marchés internationaux, etc. Nous nous efforçons d'y répondre de notre mieux et nous lui affectons des moyens importants. Alors qu'en bien des pays, nos suggestions sont suivies avec plus ou moins d'empressement, ici, nous sommes impressionnés par le sérieux du dialogue qui s'engage avec nos missions, la rapidité des changements qui s'ensuivent et l'insatiable demande de nos interlocuteurs. Une relation de grande confiance mutuelle se développe[1]. Au sein du conseil d'administration, la Chine soutient fidèlement les propositions que nous formulons en matière de stratégie globale et nos suggestions de renforcement de notre surveillance macroéconomique et du système monétaire international. Lorsque vient l'heure des grands choix, elle tient le plus grand compte de nos avis.

C'est le cas lorsque le déclenchement de la crise asiatique provoque une cascade de dévaluations dans son voisinage. Je viens à deux reprises échanger sur la situation ainsi créée, notamment avec le très brillant Premier ministre Zhu Rongji qui immédiatement en saisit les enjeux. Écoutant notre avis plutôt que celui d'autres conseillers étrangers qui lui suggèrent de dévaluer lui aussi, il décide de maintenir la parité du renminbi, évitant ainsi en Asie et peut-être ailleurs de dangereuses surenchères. Cette attitude responsable a contribué à la rapidité sans précédent avec laquelle l'Asie a pu se redresser. Il aura encore recours à nos conseils lorsque Hong Kong, devenue «région administrative spéciale» de Chine en 1997, aura à faire face à divers assauts de la spéculation.

Malaisie

Avec la Malaisie, nos relations furent moins harmonieuses. Nous avions une grande admiration pour le succès du «nouveau

1. Elle fut cependant quelque peu affectée pendant deux ans par les efforts que je menais avec acharnement pour obtenir la libération d'un membre chinois d'une de nos missions emprisonné en violation des conventions internationales. Nous pûmes finalement obtenir la réduction de sa peine puis sa libération.

plan de développement» conduit par le Premier ministre Mahathir Mohamad et son vice-Premier ministre, ministre des Finances, Anwar Ibrahim. En peu d'années, la Malaisie devient, grâce à la rapidité de son développement industriel, un des «tigres» de l'Asie; les investissements étrangers se multiplient; la croissance approche, avant la crise asiatique, les 10 % par an. La dévaluation du baht thaïlandais a cependant un fort impact sur le ringgit malais qui connaît en quelques semaines une dévaluation d'un tiers de sa valeur. Ceci provoque une réaction d'une grande violence verbale de la part de Mahathir. Il accuse les «milliardaires juifs de Wall Street» et d'ailleurs, à l'occasion d'un discours fin septembre 1997 à Hong Kong, de spéculer contre le ringgit. Le FMI se montrerait complaisant à leur égard.

À la première occasion, le 13 novembre, je m'arrête à Kuala Lumpur après avoir demandé à le rencontrer. Il me reçoit en tête à tête. Je lui fais part de ma surprise devant ses jugements sur l'attitude du Fonds. Ses propos me choquent d'autant plus, lui dis-je, qu'il ne m'avait pas fait état de pareils soupçons lors d'une conversation récente. J'ajoute que ses déclarations concernant les spéculateurs de New York ne me semblent pas fondées et qu'elles peuvent nuire gravement au crédit de son pays et au flux d'investissements étrangers dont il bénéficie.

«Qu'en savez-vous? riposte-t-il.

– Ni vous, ni moi, Monsieur le Premier ministre, ne pouvons nous contenter dans une affaire aussi grave de simples impressions. Je vous propose donc, si vous le souhaitez, d'user des moyens d'enquête du FMI pour en avoir le cœur net et, compte tenu de la haute confidentialité de ceci, de venir vous en porter moi-même les résultats.

– Soit, me dit-il, revenez dès que vous le pourrez.»

Le 1er décembre, je suis de retour à Kuala Lumpur. Avec les éléments dont je dispose, tableaux de cours de bourse en main, je lui explique l'historique des mouvements spéculatifs qu'il dénonce. Il y a de très fortes présomptions pour que les premières ventes importantes de ringgits soient venues de nationaux malais très haut placés dans son entourage. Ce sont leurs ventes qui ont déclenché les premiers mouvements de baisse. Découvrant l'origine de ceux-ci, des fonds étrangers ont, évidemment, suivi. Le mal était fait.

« Mais qui a fait cela chez nous ? »

Je lui donne l'origine de nos présomptions et je souligne le transit par un centre offshore asiatique de ces opérations.

« Que puis-je faire contre cela ?

– Je ne connais pas assez le droit malais des changes mais dans d'autres pays (dont le mien à certains moments), ces actes étaient passibles de peines de prison…

– Et que faire avec le centre offshore ?

– Faute de pouvoir le fermer, vous pourriez interdire ou étroitement contrôler les transactions avec lui.

– Ah, ça non ! J'en ai trop besoin. »

Cette réplique me rappelle une remarque semblable entendue longtemps avant, mais la réunion se termine.

La réaction de Mahathir à l'égard de ce centre offshore m'a souvent donné à penser. Elle m'a permis de mieux comprendre la faible efficacité des combats contre ces plateformes mondiales de tous les financements douteux et souvent criminels. La campagne que j'avais tenté de déclencher contre elles lorsque le président Mitterrand m'avait demandé au printemps 1989 de lui suggérer un thème nouveau pour le sommet de l'Arche a de beaux jours devant elle[1], tant que des gouvernements importants prétendront ne pouvoir s'en passer.

Avec Mahathir les relations continuent d'être difficiles. Il répand, ou laisse répandre, des commentaires critiques sur notre action. Il prétend s'en tirer seul, contre nos avis. Il oublie que

1. Le président Mitterrand, trouvant un peu trop indigent l'ordre du jour proposé par les services pour ce sommet, me téléphone pour me demander de lui suggérer un thème neuf pour le sommet qu'il va présider et dont il souhaite qu'il fasse date. « Rappelez-moi sans tarder… ». Je consulte les meilleures imaginations autour de moi et nous sommes unanimes : « Profitons de cette occasion pour mettre sous une loi internationale les centres offshore et autres paradis fiscaux… » Le Président aime l'idée. À la réunion des sherpas, les Américains s'y opposent : « Nous avons trop besoin des îles Vierges, des îles Caïman, etc. ». Ils ne font pas obstacle pourtant à quelques premières initiatives qui seront précieuses. L'une d'entre elles sera la création du Groupe d'action financière (GAFI), aujourd'hui fort de 36 pays membres, chargé de suivre et d'animer, en suggérant des mesures appropriées, la lutte contre le blanchiment de capitaux. Il a obtenu des résultats notables mais il lui reste énormément à faire.

nos équipes d'assistance technique sont à l'œuvre chez lui pour aider à la modernisation du secteur bancaire et de sa surveillance. Ses remarques accréditent, à tort, l'idée que le FMI s'oppose systématiquement aux contrôles des changes, alors que la Malaisie, elle, en fait un usage efficace. Ceci est inexact. Les formes de contrôle mises en place à Kuala Lumpur ne sont nullement interdites par nos règles et nous en avons déjà autorisées d'analogues en Colombie et au Chili. Simplement, nous soulignons à juste titre que, comme beaucoup de mesures administratives, elles risquent de produire à la longue des effets indésirables.

Peu après, son animosité à l'égard de son vice-pemier ministre qui tente l'impossible pour éviter que les outrances de son chef ne détruisent l'acquis de leurs efforts d'ouverture internationale, s'aggrave. Il s'en débarrasse en le faisant interner pendant six ans sous des prétextes aussi fallacieux qu'ignobles. La police le brutalise. Nous laissons afficher dans nos couloirs la photo du visage torturé d'Anwar Ibrahim, président en exercice de notre comité du développement alors que se tiennent dans nos murs nos réunions ministérielles. Une vague d'indignation mondiale se soulève. Anwar, son épouse Azizah et leurs enfants traverseront cette terrible épreuve avec une admirable force d'âme. Libéré et revenu à la vie politique, Anwar continuera son combat pour la concorde des communautés dans son pays et pour son adaptation aux défis du nouveau siècle. Il est aujourd'hui le leader de l'opposition.

Philippines

La réaction des Philippines à la crise fut très différente. Elles devaient subir les conséquences de la chute d'activité dans toute la région mais la sage réaction des autorités leur permit d'éviter une grave interruption du processus de réforme dans lequel elles avaient engagé le pays en 1994.

Le premier choc provient de la dévaluation du baht début juillet 1997. Après quelques hésitations et avant de laisser entamer ses réserves de change, le gouverneur Singson accepte en principe sur nos conseils de laisser flotter le peso. Il lui faut convaincre le président Ramos qui demande à réfléchir. Il le fait au cours d'un parcours de golf qui est dans leurs habitudes. Devant la poussée de la spéculation, j'ai une conversation téléphonique avec le Président. Il approuve le flottement. Nous esquissons un plan de soutien de l'économie et la stratégie à mettre en œuvre devant d'éventuelles nouvelles poussées spéculatives. Celles-ci ne manquent pas de se produire lorsque l'Indonésie et la Corée sont atteintes à leur tour. Le dispositif sur lequel nous nous sommes mis d'accord est solide. Certes, dans son flottement, le peso perd jusqu'à 40 % de sa valeur ; le FMI doit mettre en place un concours total de l'ordre de 2 milliards de dollars, mais grâce à cela, l'économie reste sur ses rails, le peso retrouve une parité acceptable et le pays peut reprendre le cours de son développement dans un dialogue confiant et constant avec nos équipes.

Les pays de la péninsule indochinoise

Ces trois pays ont entrepris avant la crise des programmes de réforme soutenus par le Fonds à travers l'*ESAF*. La crise régionale a évidemment des répercussions sérieuses et ce n'est que vers la fin de la décennie que nous pourrons reprendre ces programmes avec chacun d'eux ; il s'agissait essentiellement d'éliminer les principaux obstacles structurels à une croissance à long terme et de parvenir ainsi à une amélioration durable des niveaux de vie. Ils sauront dans l'ensemble se maintenir sur cette trajectoire.

*

Ainsi s'achève l'essentiel de notre tâche en Asie. Elle a été difficile mais singulièrement facilitée par la cohésion et les vertus d'endurance de ses peuples. Pour chacun, le choc de la crise a été sans précédent. Ils ont su y faire face. Alors qu'ils se remettent sur pied, ils cherchent à se constituer des réserves de change leur permettant de s'en tirer par eux-mêmes si de telles tempêtes venaient à se reproduire, sans avoir à se soumettre à ce qu'ils voient encore comme des diktats extérieurs. Ceci va en amener certains à une accumulation de réserves disproportionnées au détriment de meilleurs emplois. Ils recherchent aussi les voies d'une étroite coopération monétaire régionale. Avant longtemps, ils comprendront que celle-ci ne peut répondre à tous les défis et qu'un engagement plus actif dans des structures mondiales ne peut être éludé. La place qu'ils occupent désormais au sein du G20 devrait confirmer cette prise de conscience.

Une réflexion sur les valeurs propres de leurs sociétés semble aussi s'amorcer. Quelques-uns de leurs leaders, à la suite du grand Premier ministre de Singapour, Lee Kuan Yew, avaient apporté au cours des années récentes une première réponse en exaltant quelques prêts fondateurs du paradigme et du « miracle » asiatiques : discipline, éducation de haut niveau, respect de la hiérarchie, sens du travail, de la compétition, de l'économie et de la sobriété… La crise, en révélant la face d'ombre de ces économies – collusion, corruption et népotisme –, suscite de nouvelles réflexions au moment même où l'Occident est amené, lui aussi, à réévaluer ses certitudes. On comprend mieux, alors, les mots de Václav Havel en octobre 2000, lors des assemblées mondiales du Fonds et de la Banque à Prague : « J'estime qu'il nous revient de penser une autre restructuration, celle du système de valeurs sur lequel repose notre civilisation actuelle. » La méthode qu'il suggère pour la conduire mérite d'être méditée à l'Est comme à l'Ouest : « Nous aurons du mal à y parvenir si nous ne trouvons pas en notre sein le courage de remettre en cause, de refonder un ordre de valeurs que nous serions à même de partager et d'honorer malgré notre diversité, et de rattacher ces valeurs nouvelles à quelque chose qui se situe au-delà de l'horizon d'un intérêt immédiat, d'une personne ou d'un groupe. Comment y parvenir sans un nouvel élan puissant de la spiritualité humaine. » Il me faudra tenter de répondre à cette question à l'heure de conclure ce livre.

1996-2000 : le XXIe siècle s'annonce à Moscou

Retour à Moscou. 1996 s'ouvre positivement pour le FMI et la Russie : le programme de stand-by sur lequel nous avions risqué 6,5 milliards de dollars est un succès en toutes ses clauses. La stabilité s'établie, la confiance des investisseurs s'affirme. Nous savons, au FMI, qu'il va nous falloir désormais, sans relâcher la vigilance macroéconomique, nous tourner vers ce que nous appelons la « seconde génération de réformes ». Elle consiste – nous l'avons vu – tout en veillant aux grands équilibres macroéconomiques, à mettre en place ou à consolider les bases institutionnelles ou structurelles d'une économie moderne et ainsi à rendre durable la trajectoire de progrès. Dans ce but, nous négocions depuis quelques mois une « facilité élargie » (EFF[1]) qui permettrait d'étaler sur trois ans ces efforts et de les soutenir fortement par des crédits remboursables à moyen terme.

Deux événements majeurs vont hélas nous ramener à un réel beaucoup moins prometteur : les élections à la Douma au début de l'année 1996 sont un désastre pour les partisans de la réforme : les communistes et leurs amis du parti agraire obtiennent 40 % des voix alors que le parti du Premier ministre « Notre Maison la Russie » n'en obtient que 10 %. Comme les

1. EFF : *Extended Fund Facility*.

partis ultranationalistes sont, eux aussi, dans l'opposition, il faudra réformer avec un parlement hostile. Ce n'est pas tout. Quelques jours avant le deuxième tour dont il sortira vainqueur, Eltsine est victime d'une sérieuse crise cardiaque qui sera suivie d'un quintuple pontage à l'automne suivant. À partir de ce moment, le pays connaîtra sinon un vide en son sommet, du moins un exercice à peine épisodique du pouvoir suprême. Quels que soient les mérites et l'énergie du Premier ministre et de son équipe, il leur sera difficile d'avancer dans la mise en œuvre du programme de réformes que nous soutenons et auquel ils adhèrent sincèrement.

Pour nous, les trente mois qui nous séparent de la grande crise d'août 1998 vont donc être éprouvants : un labeur intense de nos équipes, des résultats plus que modestes – du moins en apparence – face aux deux périls que nous avons bien identifiés : l'insoluble problème budgétaire et la volatilité du marché des changes. Comme nos partenaires du gouvernement, nous ne baisserons pas les bras mais nous en serons réduits à ce que les Anglo-Saxons appellent le «*muddling through*». Bien qu'intraduisible en français, cette expression dit bien ce qu'elle veut dire : s'en tirer comme on peut. Elle évoque pour moi cette épreuve, endurée à l'école des officiers du Génie à Angers pendant mon service militaire : le «parcours du combattant» dont une étape consiste à avancer en rampant dans la boue sous les barbelés.

Ici, à ce stade du parcours, nous sommes résignés à essayer de progresser de la sorte ; malheureusement, faute d'avoir pu résoudre à temps les deux défis du moment, nos amis vont connaître une crise financière majeure en août 1998. Elle sera surmontée, mais douloureusement.

Les mois précédant l'élection présidentielle de juillet 1996 vont être marqués par l'adoption de l'EFF. Simultanément, à l'appui de notre programme et subordonnant à son respect la mise en œuvre de sa propre décision, le Club de Paris, habilement conduit par Christian Noyer, rééchelonne un total de 40 milliards de dollars de dettes. La Russie est accueillie comme membre à part entière du G7 qui devient G8. Son entrée à l'OMC est envisagée favorablement. Elle siégera bientôt comme pays créditeur au Club de Paris. Assez vite pourtant, une grande agitation s'empare de ceux qui se prétendent amis de la Russie. Ils sont rendus fort inquiets par les sondages qui annoncent une victoire de Guennadi Ziouganov, candidat du Parti communiste à l'élection prochaine.

Notre travail n'en est pas facilité. Du côté du G7, c'est à qui mieux mieux cherchera à peser sur nos décisions ou du moins à persuader les autorités russes qu'ils ont auprès de nous leurs meilleurs avocats. Je le répète ici : bien qu'on ait tellement murmuré le contraire, ces pressions n'ont aucunement altéré le sens de notre action. Nous avons agi en fonction de la stratégie que nous poursuivions et, certes, au risque dont nous étions bien conscients de passer pour être manipulés. Entre ce risque et celui de laisser s'instaurer une période d'incertitude pour l'opinion publique sur notre soutien aux réformes, il nous fallait choisir. Le choix était clair.

L'élection présidentielle remportée par Eltsine écarte le risque de retour aux belles années du brejnevisme que nous annonçait le candidat Ziouganov. Dans un tel contexte, la confiance des investisseurs est de retour ; au fur et à mesure que le contrôle des changes se desserre, ils souscrivent avidement les GKO – ces bons du Trésor à court terme en dollars –, sans grand souci du risque qu'ils prennent et qu'ils font prendre à la Russie, en contribuant à effacer, pour l'instant, la contrainte qui pèserait autrement sur le financement de son déficit. Le calme tout relatif que traverse le pays est trompeur ; des menaces s'accumulent : accaparement progressif du pouvoir économique par ceux que l'on appellera les oligarques, apparition de mafias criminelles, le fait surtout que du côté des problèmes structurels majeurs, les avancées sont difficiles.

Au surplus, le score de Ziouganov démontre le solide enracinement du Parti communiste dans la Russie profonde. L'opposition s'en trouve requinquée. La réforme patauge. Dès 1997, derrière des résultats macroéconomiques à peine satisfaisants, une véritable crise de l'État devient évidente. Nous poursuivons néanmoins notre travail. Le problème des finances publiques nous mobilise particulièrement. Cent fois sur le métier nous remettons l'ouvrage. Il s'agit toujours de trouver les voies d'un équilibre budgétaire durable, en établissant les bases d'un système fiscal juste, d'assiette large et sans dérogation. Nous mobilisons les meilleurs fiscalistes en soutien de nos efforts.

Nos interlocuteurs russes partagent nos objectifs, mais doutent des chances d'une solution prochaine hors des méthodes brutales de « séquestration » de dépenses[1] ou de décrets présidentiels qui, chaque fois, enragent davantage une Douma fondamentalement hostile. L'exaspération monte aussi parmi tous ceux qui suivent nos efforts : notre conseil et le G7 aux premiers rangs. On le comprend ; s'il est normal qu'un parlement rechigne à voter l'impôt, il manque à son devoir lorsqu'il se refuse à assurer le financement des tâches les plus essentielles à la vie de la nation. Il y a plus grave encore : c'est l'incivisme fiscal des grands groupes privés issus des privatisations dirigés par les « oligarques », qui, ayant mesuré l'étendue de leur pouvoir à l'occasion des dernières élections, se refusent cyniquement à payer leurs impôts ou n'ont de cesse d'obtenir du pouvoir – qui trop souvent finit par céder – dérogations ou exonérations de toutes sortes.

Peut-on continuer à travailler ainsi ? Ne vaut-il pas mieux rompre une fois pour toutes ? Le débat est vif à ce sujet au sein du FMI. À plusieurs reprises, nous suspendons le versement de nos tranches trimestrielles de crédits. Début 1997, je vais une fois de plus plaider la cause de la réforme auprès d'Eltsine et Tchernomyrdine. J'obtiens les assurances les plus vigoureuses mais rien ne change. Je décide donc de suivre l'opinion de ceux qui, comme le très sage Jack Boorman, directeur de nos stratégies, recommandent une pause dans la poursuite de nos financements. Nous les interrompons un moment puis un compromis sans gloire est finalement trouvé, réduisant quelque peu nos versements à venir et nos exigences en matière de rentrées fiscales minimales (au très modeste niveau de 8,3 % du PIB). Une fois de plus, le conseil acceptera l'arrangement mais sans

1. Il s'agit d'interdire l'utilisation des crédits pourtant déjà votés par la Douma.

que l'on avance vraiment vers une solution. Nous sommes dans une sorte de traversée du désert, tant il est vrai que l'on ne réforme pas en profondeur sans le consentement d'un parlement et d'un leader en état de gouverner face à une formidable coalition d'intérêts établis.

Aurions-nous dû interrompre durablement nos concours, en espérant qu'à la longue, les adversaires de la réforme viendraient à résipiscence ? C'eût été prendre le risque de voir les progrès acquis remis en cause. Au surplus, nos interlocuteurs gardaient confiance dans leur capacité à lever les obstacles un par un et à aboutir non seulement à une stabilisation durable mais à la modernisation de l'ensemble des structures de l'économie. Ils croyaient percevoir des progrès en profondeur même si les indicateurs statistiques en rendaient mal compte. Cela nourrissait leur optimisme au point de leur laisser entrevoir la possibilité du « divorce amiable » dont Tchoubaïs viendra m'entretenir à Hong Kong en septembre 1997. J'ai déjà évoqué la réponse que je lui fis alors. Beaucoup moins optimistes, nous avions pourtant le sentiment de contribuer, à travers ce dialogue, à l'initiation de toute une génération de cadres de haut niveau au management économique moderne. Silencieusement et en parallèle, l'important déploiement d'assistance technique que nous avons mis en place prépare sur le terrain les progrès de demain. Le ministère des Finances met en place des structures nouvelles ; beaucoup de fonctionnaires réapprennent leur métier ; la banque centrale progresse aussi.

Certaines détestables habitudes y persistent, pourtant, encore. C'est avec consternation que nous devions apprendre en 1999 que les réserves de change libres en 1996, étaient surévaluées et des crédits au gouvernement dissimulés. Nous ne pûmes que trop tard dénoncer cette grave violation des obligations de transparence et de leurs engagements à notre égard.

Nous avons donc poursuivi ce travail et malgré les doutes et les réticences de quelques-uns de ses membres, le conseil d'administration a toujours unanimement donné les autorisations nécessaires à sa poursuite. Le 28 octobre 1997, un nouveau coup de semonce vient dissiper les illusions. La bourse perd 20 % de sa valeur ; les GKO souscrits par l'étranger voient leur taux d'intérêt passer de 19 à 25 %. On détecte tout de suite l'origine du choc : la crise asiatique ; elle se généralise et frappe tous les marchés émergents. Cette explication rassure un court instant. Les pertes de réserves sont compensées au cours des journées suivantes mais le problème demeure.

Pour le FMI, il est clair que la Russie est désormais dans l'œil du cyclone. Pour tenter de renforcer en urgence ses défenses, nous redoublons d'efforts dans les deux domaines critiques du budget et du marché des changes. La banque centrale met en place un mécanisme de dévaluation mensuelle pré-annoncée à l'intérieur d'une bande de fluctuation. Cette réaction demeure trop faible et les réserves de change s'épuisent…

Au cours de mes incessantes navettes entre Washington, Djakarta et Séoul, la similitude entre les facteurs de la crise en Corée et les symptômes qui nous préoccupent à Moscou, m'apparaît saisissante. Je décide de m'y arrêter, sur mon chemin de retour à Washington.

17 février 1998 : retour au Kremlin

Eltsine me reçoit aussitôt et m'accueille de façon chaleureuse. Il est, lui aussi, inquiet. Il a convoqué le Premier ministre, Tchoubaïs, le gouverneur Doubinine, son sherpa Livshits et Aleksei Mozhin, remarquable administrateur russe au Fonds, et quelques autres collaborateurs. Avant que la réunion ne commence, il m'offre une belle médaille d'or à son effigie[1] en déclarant : « Je n'ai fait frapper que deux exemplaires de cette médaille ; elles sont pour les deux meilleurs amis de la Russie : le chancelier Kohl et vous, les deux hommes dont l'amitié pour la Russie et pour moi ne s'est jamais démentie. » Je le remercie en quelques mots et lui dis que cette même amitié m'a conduit à ce crochet par Moscou, au cours de mon voyage de retour d'Asie. Je voudrais partager avec lui et son gouvernement

1. Elle fait partie aujourd'hui de la collection du FMI à Washington.

quelques réflexions sur notre expérience là-bas. C'est à son tour de me remercier avec chaleur et de me demander ce qui me préoccupe.

« Je vais être très franc, lui dis-je. Au vu de votre stratégie de réforme et des résultats du travail de votre gouvernement, vous avez de bonnes raisons d'être optimiste. Pourtant, je me sens obligé de venir vous alerter. Tous les facteurs, en effet, que nous découvrons à l'origine de la crise asiatique se trouvent réunis aussi en Russie ; ils sont même, ici, d'une rare virulence. Qu'y a-t-il derrière l'effondrement de la Corée ou de l'Indonésie, après celui de la Thaïlande, dans chacun de ces pays dont on vante des décennies de résultats remarquables ? D'abord, l'apparition de déséquilibres macroéconomiques d'où des sorties de capitaux à court terme ; puis des problèmes critiques dans le secteur financier, reflétant le manque de solidité des institutions et des pratiques bancaires ; enfin, la culture économique qui s'y est développée et qui permet l'existence de liens anormalement étroits – je pourrais dire incestueux – entre l'État, les banques et le secteur des entreprises. « Oui, Monsieur le président, tout ceci existe dans votre pays, mais en bien pire ! Nous sommes préoccupés par l'état des réserves de change de la banque centrale et la volatilité du marché des changes. La Douma résiste farouchement lorsqu'il s'agit de doter la Russie d'un système fiscal moderne. Enfin, des banquiers devenus oligarques accaparent non seulement les richesses du pays et ses médias mais aussi, sans la moindre légitimité, tentent par tous les moyens d'accaparer l'État, dans un climat de corruption et de non-droit dont ils ne sont pas seuls responsables mais qui est une des principales plaies du pays… Oui, Monsieur le président, j'ai rencontrés ces oligarques hier… »

À peine ai-je prononcé pour la seconde fois le mot « oligarque », Eltsine se redresse, dévisage chacun de ses voisins et part dans une diatribe : « Oligarques ! Oligarques ! Oligarques ! » Il martèle ses mots, tapant du poing sur la table… L'interprète me murmure une traduction à l'oreille, mais je l'écoute à peine, je scrute plutôt les visages des ministres impassibles : Tchernomyrdine est blême, Tchoubaïs s'empourpre…

puis chacun renchérit. « Oui, il faut rétablir une distance entre le pouvoir politique et les intérêts financiers ; il nous faut passer d'un capitalisme financier à un capitalisme de PME et adapter à cela nos règles fiscales, il faut redire à la Douma le risque qu'elle fait courir au pays… » Cette séquence s'achève. À part le président plus remonté que jamais, ses collaborateurs sont comme sur un ring : KO debout. Un semblant de calme revient. Le président me promet de prendre dans la ligne de son « programme des douze points », qu'il considère comme entièrement conforme à nos suggestions, des mesures d'une radicale nouveauté : il doit être clair que c'est le gouvernement qui détermine la politique du pays et il faut poursuivre et punir ceux qui cherchent à se soustraire à la loi.

Je ne puis qu'être d'accord. Je lui rappelle simplement les enseignements que je tire de mes périples asiatiques :

– la nécessité d'un robuste équilibre macroéconomique et d'un système bancaire assaini ;

– l'indispensable effort pour qu'enfin les textes clés de la réforme fiscale soient adoptés et appliqués à tous ;

– l'urgence d'une amélioration radicale de l'environnement du monde des affaires ; transparence et état de droit en sont la clé ;

– l'importance primordiale de la lutte contre toute forme de népotisme, de collusion et de corruption…

« Je crois en votre détermination, Monsieur le président, mais il faut que le Fonds puisse constater que tous les efforts des pouvoirs publics sont tendus vers ces résultats pour qu'il puisse proposer à son Conseil de proroger jusqu'à la fin de 1999, comme nous le souhaiterions, le programme de facilité élargie. »

Eltsine est d'accord ; il me remercie pour cette visite et ces réflexions à chaud sur l'expérience asiatique. Elles le confirment, dit-il, dans son absolue détermination et dans l'appréciation qu'il porte sur notre travail et nos suggestions. Il a noté avec plaisir que les hypothèses de croissance sous-jacentes à son discours sur l'état de la Fédération prononcé deux jours plus tôt et pour lequel je l'avais félicité, sont bien en ligne avec celles du FMI. « Ceci montre une fois de plus que les grands esprits se rencontrent ! » Sur de tels propos et quelques observations volontaristes et un brin menaçantes qu'il formule en direction de ses ministres, nous nous quittons.

Une fois encore, je ne puis douter de sa sincérité et de la pertinence de ses objectifs. Mais comment ne pas garder quelques doutes sur ses chances de pouvoir tenir cette ligne ? Conscients plus que jamais de tous les obstacles, nous devons continuer à soutenir leurs efforts. Nous publierons donc un communiqué annonçant notre intention de proroger d'un an l'EFF avec une priorité accrue à la discipline budgétaire et aux réformes structurelles en matière bancaire, de monopoles et de gouvernance d'entreprise.

Dans ce dernier secteur, hélas, les difficultés vont être immenses. Ma réunion, la veille, avec les principaux « représentants des intérêts financiers russes » – formulation administrative élégante pour parler des oligarques – m'a laissé un goût de cendres. J'ai demandé à les rencontrer, eux aussi, pour les mettre en présence de leurs responsabilités. À l'invitation de la banque centrale, la fine fleur de cette singulière corporation est là[1].

Je leur dis brièvement les espoirs mais aussi les craintes que m'inspire la situation présente de la Russie, à la lumière de l'expérience que je viens de vivre en Asie. Comme ils le savent certainement, ils seront les premiers à bénéficier demain de l'aide qu'ils pourraient apporter aujourd'hui au gouvernement pour instaurer le plus vite possible en Russie une économie financière transparente et exemplaire. Ils éviteront ainsi les excès qui ont conduit l'Asie à la catastrophe.

Mes remarques tombent à plat. Ils m'ont écouté, en effet, sans piper mot mais sans cacher non plus une froide indifférence. Je comprends qu'ils ne sont pas prêts à retenir grand-chose d'un tel discours. Pour mettre la balle dans leur camp, je les invite à me donner leur propre diagnostic. J'ai droit à un véritable

1. Il s'agit de MM. Vinogradov, Gusinsky, Kazmin, Kostin, Lebedev, Potanine, Smolensky, Fridman, Khodorkovsky. Seul est absent M. Berezovsky, blessé dans un accident.

déballage de ce que la vulgate néolibérale a de plus cynique. «Nous ne sommes pas là pour voler au secours de l'État; c'est lui qui ruine la nation... Notre métier est de faire des profits, de renforcer et d'étendre nos entreprises qui sont de plus en plus exposées à la compétition internationale. Notre pays a besoin de notre prospérité : c'est la seule question importante et non le montant des impôts que nous payons ou ne payons pas. D'ailleurs, ces impôts ont des barèmes totalement excessifs. S'il y a une réforme à faire, c'est de les baisser ainsi que les tarifs de l'électricité... Faut-il que l'État intensifie, en ce moment, son effort de réforme? C'est loin d'être sûr. Il devrait se méfier car les élections approchent et dans ce pays, réformer, c'est s'exposer à les perdre...»

Le reste sera à l'avenant, seulement tempéré par le souci de ne pas trop choquer le FMI. Clairement, le bien commun et les progrès du pays ne sont en rien leur sujet. Ils n'accueilleront qu'avec la plus mauvaise volonté et, le plus souvent, en attisant l'hostilité de la presse qu'ils contrôlent, les efforts du gouvernement pour doter le pays d'une gouvernance d'entreprise moderne voire, tout simplement, pour soumettre leurs groupes à la loi fiscale.

Nous nous quittons. Je suis partagé entre indignation et découragement. Ces hommes se sont ralliés sans états d'âme au capitalisme sous ses aspects les plus sordides. Ils ont vite appris comment tirer parti de tout, y compris des difficultés de leur pays. Comment construire une économie moderne sur des chefs d'entreprise aux vues aussi courtes? Pour l'instant, leur rôle est, d'évidence, néfaste dans l'enchevêtrement des influences sur le pouvoir. Ils tirent des ficelles, dictent des exigences et, sans perdre un instant, accentuent leur contrôle sur les richesses du pays. Face à leur entêtement borné et à leur cynisme, les forces de la réforme pourront-elles faire le poids? Se croyant à la pointe d'un capitalisme moderne, ils mènent le pays à l'abîme[1].

1. Comme certains d'entre eux se sont référés à l'orthodoxie, j'évoquerai ces préoccupations avec le patriarche Alexis II (*cf.* plus bas).

Dans les jours qui suivent (sans qu'un lien n'ait à être fait, je pense, avec ma visite), Eltsine une fois de plus surprend son monde. Il met à exécution une idée qu'il poursuit, dit-il, depuis quelque temps et use d'une méthode qui lui est familière : devant la difficulté, ne pas hésiter à roquer et à sacrifier des pièces sur l'échiquier. Le 23 mars, il remercie donc Tchernomyrdine auquel il reproche son manque d'imagination et son sens excessif du compromis. Il s'en expliquera dans ses Mémoires : « Il fallait faire voter quelques lois libérales, de difficiles et douloureuses réformes de l'impôt, de la terre et des systèmes sociaux [...] Je ne pouvais plus souffrir de retards. J'avais besoin de Kirienko [...] Tout le monde aspirait à l'émergence d'une nouvelle figure politique, pas un homme qui favoriserait les intérêts des uns au détriment des autres, qui serait issu d'un camp ou qui se serait déjà fait connaître dans les cercles du pouvoir moscovite. Nous avions besoin de quelqu'un de propre. Kirienko était celui-là[1]. »

Sergueï Kirienko a 35 ans. Il vient d'être nommé ministre. Le bouillant Boris Nemtsov l'a introduit quelques mois auparavant à Moscou. La Douma met un mois à ratifier ce choix. En ce qui concerne l'économie, il endosse sans états d'âme le programme sur lequel nous nous sommes mis d'accord. Il n'aura pas le temps de faire ses preuves, ni moi-même de travailler avec lui. Lorsque la crise éclate quelques mois plus tard, Eltsine sacrifie cette nouvelle pièce de son échiquier et reprend Tchernomyrdine. La Douma s'y oppose. Il faut alors trouver un troisième homme : Evgueni Primakov fera l'affaire pour quelques mois avant que Sergueï Stepachine ne le remplace. Celui-ci cédera enfin la place à Vladimir Poutine, appelé à un autre destin.

Lundi 17 août 1998 : catastrophe à Moscou

En ce printemps 1998, les événements vont se précipiter. Comme convenu, nous jouons le jeu et préparons avec grand soin le contenu et le financement de la « facilité élargie » Mais

1. Boris Eltsine, *Mémoires*, Flammarion, 2000.

les nouvelles sont mauvaises et la baisse des cours du pétrole et des matières premières conjugue ses effets avec la crise budgétaire ; la balance courante excédentaire depuis trois ans devient sérieusement négative. Les évolutions économiques brutales que le pays vient de traverser n'ont fait que rendre plus étroite sa dépendance par rapport aux fluctuations des marchés pétroliers.

Nouvelle alerte sur le marché des GKO et des changes en mai. Tchoubaïs se précipite à Washington, nous appelle au secours. Avant que nous puissions agir et malgré de bonnes paroles du président Clinton, les marchés continuent de vendre de plus en plus cher leurs concours : les GKO approchent d'un taux de 100 % le 1er juin. Contre vents et marées, Kirienko et son équipe – dont Tchoubaïs fait de nouveau partie – travaillent d'arrache-pied pour convaincre la Douma de bouger. Stanley Fischer va à Moscou. Il en revient avec un accord qui, une fois voté par le Conseil avec de grandes réticences fin juillet, portera nos engagements en Russie à 16,2 milliards de dollars.

Toutes sortes d'initiatives sont prises pour enrayer la crise de confiance ; rien n'y fait, d'autant que la Douma part en vacances sans ratifier les mesures d'urgence prises par décrets par le Président. La banque centrale dépense en quelques jours la première tranche de 4,8 milliards de dollars du dernier prêt pour éviter une dévaluation. Celle-ci serait catastrophique puisque le pays s'est endetté en dollars pour un tiers de ses GKO. Cela ne donne que quelques jours de répit. Les soutiens espérés par les Russes de l'Amérique ou de l'Allemagne ne sont pas déboursés.

Le vendredi 14 août au soir, la banque centrale est exsangue. Elle ne peut plus que freiner la chute du rouble. Le dimanche, Eltsine approuve l'annonce du défaut de la Russie sur le marché du GKO. Une fois de plus dans l'histoire monétaire du monde, le week-end du 15 août est celui d'une catastrophe financière. John Odling-Smee s'envole pour Moscou, cherche à rameuter ses chefs. Interrompant mon congé, je prends le premier avion de Bayonne. Stanley Fischer revient d'une île grecque… mais Eltsine, Tchoubaïs et Doubinine sont encore hors de Moscou.

Le week-end se passera en communications téléphoniques difficiles et nous ne nous comprendrons pas toujours. J'insiste pour ma part pour que, s'il doit y avoir cessation temporaire des paiements russes, elle soit immédiatement négociée avec les représentants des créditeurs ; je ne pourrai « bénir » une mesure unilatérale, ruinant un crédit extérieur laborieusement construit.

De nos avions, nous discutons avec Bob Rubin – retournant d'Alaska où il taquinait les truites – et Larry Summers. Ils me demandent de prendre une position favorable à ce défaut. Je refuse. Il me semble qu'il faudrait au moins sauvegarder les formes et, quitte à fermer les marchés, entrer immédiatement en contact avec les créanciers. Pendant la nuit que je passe à Paris, Tchoubaïs m'appelle une ultime fois pour me convaincre de prendre une ligne plus accommodante. Tristement, je refuse encore. Dès le lundi matin, de retour à Washington, je publie un communiqué qui n'exonère personne de ses responsabilités et invite les Russes à « n'épargner aucun effort pour trouver – dans la coopération – une solution à leur problème d'endettement dans un dialogue étroit avec leurs créditeurs ». Les négociations s'ouvriront. Elles seront longues et n'aboutiront qu'en mars 1999 avec une perte pour les créanciers de 50 à 70 % des valeurs antérieures à la crise. Le taux de change s'est immédiatement déprécié de 50 à 60 % dès la décision de laisser flotter le rouble, et une forte poussée d'inflation se manifeste accompagnée de continuelles fuites de capitaux. Par-dessus tout, l'État lui-même est décrédibilisé.

Comment réagir ? Eltsine sacrifie Kirienko, Tchoubaïs et Nemtsov. Il rappelle Gerachtchenko à la banque centrale. Il tente de restaurer Tchernomyrdine dans ses fonctions de Premier ministre… Pour ne pas perdre une minute dans la remise en ordre de l'économie, je vais rencontrer fin août Tchernomyrdine à Foros[1] alors que je m'y trouve aussi pour négocier avec les Ukrainiens, eux-mêmes aux abois. Nous discutons une bonne partie de la nuit. En vain : tout est suspendu aux états d'âme de

1. La résidence d'été en Crimée où Gorbatchev avait été détenu en août 1991.

la Douma qui lui est hostile. Par trois fois, elle refuse de ratifier sa nomination.

Evgueni Primakov, précédemment ministre des Affaires étrangères, prend finalement ses fonctions de Premier ministre. Il se dit immédiatement prêt à travailler avec le Fonds. Nous lui dépêchons une mission, essayons de remettre un programme sur pied, mais la Douma – où Primakov a pourtant plus d'amis que ses prédécesseurs – reste évasive. Pendant que ces négociations se développent, d'autres problèmes apparaissent. Des soupçons sont formulés par l'auditeur en chef de la Russie, M. Sokolov : une partie de nos versements à la Russie auraient été détournés. Immédiatement, nous exigeons un audit indépendant qui sera confié à Pricewaterhouse Coopers qui certifiera quelques mois plus tard l'utilisation correcte de nos prêts. Nous en tirons néanmoins une conclusion immédiate : s'il y a un nouveau prêt à la Russie, il sera géré dans nos livres à Washington.

Mais les négociations n'avancent guère. Primakov s'impatiente, il laisse entendre que le Fonds s'en tient à la méthode du diktat. Il exprime pourtant le souhait de me voir. En décembre, se sentant dans l'impasse, il m'appelle à Madrid où je m'apprête à prononcer un discours ; son ton est beaucoup plus conciliant. Pour essayer de l'aider, je fais un saut à Moscou. Nous faisons le tour des questions en suspens. Nous dînons ensemble[1]. Il semble avoir pris une meilleure conscience des enjeux, mais je ne puis lui donner qu'une satisfaction limitée qui, pour lui, a une grande importance et qui, pour moi, va de soi : nous allons tâcher de mettre sur pied, aussi vite que possible, un programme qui puisse être présenté comme un « programme maison » fait par les Russes, pour les Russes.

1. À la fin du repas, faveur tout à fait insigne, il me fait visiter dans des sous-sols le centre d'entraînement où les agents du KGB pratiquent le « tir instinctif ». Des armes de poing nous sont confiées ; nous sommes dans les conditions d'un combat de rue contre une bande de terroristes ; un film se déroule sur les trois murs qui nous entourent et nous devons abattre ces « ennemis de la civilisation » avant qu'ils ne nous tuent. Il suffit pour cela que nous projetions avec nos armes un petit point rouge sur nos agresseurs qui courent en tous sens. Nous vaincrons et nous célébrerons à grands éclats de voix notre victoire sur ces terroristes. Cette expérience me laisse perplexe.

Il y voit la formule miracle. J'en suis ravi. Rien ne serait plus agréable pour nous que de les aider à la mettre au point. Nous mettons nos équipes au travail mais l'accord tarde à se faire. Primakov décide donc de venir lui-même à Washington pour tenter de conclure la négociation avec moi. Je l'attends le 23 mars au soir pour dîner, et commencer les travaux. Dans l'après-midi, vers 14 heures, on me le passe au téléphone. Suit une étrange conversation :

« Monsieur le Premier ministre, nous dînons ce soir ensemble, n'est-ce pas ?

– Non, me répond-il d'une voix blanche. Je suis dans mon avion au-dessus de l'Irlande et j'apprends que l'OTAN a décidé de bombarder Belgrade – prétendument pour arrêter les massacres serbes au Kosovo – pendant ce qui devait être mon séjour à Washington. C'est inacceptable pour moi car les Serbes sont nos amis. Je viens donc de donner l'ordre au pilote de faire demi-tour. Je vous prie de m'en excuser. Je suis navré de le faire car je suis certain que nous aurions pu conclure ensemble, et cet accord serait essentiel pour nous. Pensez-vous que nous pourrions nous rencontrer bientôt ? Pour moi, c'est très important pour des raisons personnelles et politiques. Ce pourrait être où vous voudrez, en terrain neutre.

– Comme je regrette de telles circonstances, lui dis-je, mais je suis heureux que vous pensiez que nous sommes près d'un accord...

– Enfin, oui, mais il faudrait qu'on se voie bientôt, en terrain neutre », répète-t-il. Et il se réfère à nouveau à ses raisons personnelles et politiques.

Cette insistance à la fois sur l'urgence de l'accord et sur un « terrain neutre » me laisse deviner qu'il lui faut absolument conclure maintenant, mais aussi qu'il m'en croit empêché par ce qu'il pense être ma collusion avec l'OTAN qui bombarde ses amis. Je décide donc d'abattre mes cartes :

« Je ne sais pas ce qu'on va penser à Washington ou à Bruxelles, de ce que je vais faire mais, moi, personne ne peut m'interdire de venir à Moscou. Mon week-end est libre puisque nous devions le passer ensemble ; je n'ai nul besoin de chercher un terrain neutre ; si ceci peut vous être agréable, je vous rejoins à Moscou et nous tâchons d'avancer dans nos conversations. »

Mon offre le laisse sans voix, puis il se reprend et se confond en remerciements. Le week-end suivant, nous reprenons donc nos conversations à Moscou. Il a retrouvé ses esprits et sa souriante roublardise ; il ne m'épargnera pas – en diplomate de la vieille école soviétique qu'il est – quelques astuces de négociations que nous avons décryptées depuis longtemps mais qui les font traîner inutilement. Sans rien en laisser paraître, j'en suis assez contrarié car un zona qui s'est déclaré pendant mon vol pour Moscou me fait méchamment souffrir et m'empêche de m'appuyer au dossier de mon siège pendant d'interminables heures de discussions.

Nous progressons à peine. Je lui fais remarquer que les marges de négociations qu'il prétendait avoir en venant à Washington semblent avoir disparu pendant son voyage. Sourire énigmatique. Pour me fléchir, il mobilise Tchernomyrdine qui se dit mon ami ; celui-ci vient prendre une tasse de thé à mon hôtel. J'en profite pour faire savoir à Primakov que je m'apprête à mon grand regret, devant son immobilisme, à rentrer bredouille à Washington.

Vient l'heure d'une conversation téléphonique avec Eltsine. Il était prévu que je le rencontre mais il est une fois de plus à l'hôpital. Il me dit combien il apprécie notre soutien dans ces circonstances critiques. Il sait qu'il peut compter au moins sur nous. « Certes, lui dis-je, mais la situation est très préoccupante. Nous échangeons des bons vœux. Cette communication insignifiante sera notre dernière conversation. C'était, très clairement, un homme en bout de course. Quel souvenir en garder ?

À sa mort en 2007, les commentaires ont en général été sans indulgence. Quelques traits de son caractère, sa fougue, l'appétit de pouvoir et l'autoritarisme qu'on lui prête, l'abus d'alcool, sa complaisance pour des courtisans avides ou un entourage sans scrupules ont suffi pour que l'on ne retienne à son actif que son courage et le geste audacieux qui le fit se jucher sur un char pour haranguer la foule et défaire un misérable coup d'État en août 1991. C'est un peu court. Il valait mieux que cela. Par son humanité, sa proximité avec son peuple, sa détermination sincère à garder le cap sur la démocratie et une économie de marché, il a permis à son pays de réintégrer la communauté mondiale et de retrouver les chances d'y jouer un rôle à sa mesure. Était-il concevable qu'il puisse faire beaucoup plus dans la Russie en décomposition de cette dernière décennie du XXe siècle, après soixante-dix ans sous l'emprise du Parti ? Après tout, lorsqu'il remettra ses pouvoirs au président Poutine, à l'aube du XXIe siècle, la Russie sera généralement reconnue comme une économie de marché, tenant son rang dans le concert des grandes puissances et désormais pratiquement libre de la tutelle de ses créanciers internationaux.

Au cours des dernières journées de ce bref séjour, la nouvelle de ma présence à Moscou s'est ébruitée dans les chancelleries de l'Ouest, toutes mises en alerte par les événements de Serbie. Aussitôt, certaine croient tenir la combinaison gagnante : on me demanderait de faire comprendre à mes interlocuteurs russes que je pourrais me montrer extrêmement généreux dans leur financement s'ils envoyaient un émissaire prestigieux à Milosevic pour l'amener à céder sur le Kosovo. Hélas, il n'est pas dans le mandat du FMI d'acheter la clémence des tyrans. Je ne puis donc me prêter à cette manœuvre, quelles que soient mes vues personnelles sur cette guerre cruelle et absurde. Les coups de téléphone se multiplient, l'un d'entre eux me surprend alors que je dîne le dimanche soir chez le patriarche Alexis II en compagnie d'Evgueni Primakov et de John Odling-Smee.

Dîner chez le patriarche

Ce devait être une rencontre amicale comme j'en ai eues plusieurs avec Alexis II. Au milieu d'aussi intenses négociations, aux premières heures d'une crise dangereuse dans les relations internationales, ce dîner à quatre chez le patriarche a de quoi surprendre. Il est pourtant dans mes habitudes.

Ce que savent les hommes de Dieu

Depuis fort longtemps, j'ai compris que pour remplir convenablement ma mission, je ne puis me fier exclusivement aux informations fournies par les canaux officiels. Sans même remettre en cause leur objectivité, je sais qu'elles ne peuvent guère révéler ce qu'est au jour le jour la vie du commun des gens dans les conditions souvent extrêmes des pays où nous travaillons. J'essaie de convaincre nos missions, hélas surchargées de travail, d'y être attentives et de nous faire partager ce qu'elles peuvent en percevoir. J'ai observé aussi que parmi les témoins très proches des plus pauvres et susceptibles de partager en toute indépendance leur expérience, il y a les prêtres, popes, imams, religieux et religieuses si présents là où la misère laisse les hommes sans voix. J'ai donc pris l'habitude de chercher à en rencontrer au moins quelques-uns au cours de mes voyages, au même titre que les responsables d'ONG ou les hommes de culture. Évidemment, je n'y arrive pas toujours mais chaque fois, je trouverai auprès d'eux des éclairages nouveaux et matière à penser. En Russie, j'ai eu la chance de pouvoir très vite établir un contact très confiant avec le « patriarche de toutes les Russies », Alexis II. Je le rencontrerai en de fréquentes occasions, pour de longues conversations. C'est un homme de Dieu très différent de l'image de lui qui s'est répandue à l'Ouest.

Nous sommes dans la résidence du patriarche à la campagne ; il nous accueille avec chaleur et, en ce dimanche soir, nous essayons d'oublier, pour un moment, les soucis qui nous tenaillent. Nous taquinons Primakov sur ses origines. Il est géorgien lui aussi, comme Beria et Staline, l'ancien enfant de chœur de la cathédrale de Tbilissi. Nous bavardons un moment et je me risque à leur faire confirmer le secret que m'a confié un moine du monastère de Serguiev Possad[1] sur l'extraordinaire négociation entre Staline et trois patriarches orthodoxes pour « écarter de la Russie la colère de Dieu », alors que la Wehrmacht campe à dix kilomètres de Leningrad. Nous en sommes là lorsqu'on porte un message au patriarche.

C'est le président Chirac qui est au téléphone : « Il souhaite vous parler d'urgence », me dit Alexis II. Je m'éclipse.

1. Grand monastère à une soixantaine de kilomètres de Moscou et haut lieu de la Sainte Russie.

Jacques Chirac m'explique la manœuvre que lui et Bill Clinton ont imaginée. Elle implique un financement complaisant du FMI. Il me demande de m'y prêter et de suggérer aux Russes de confier la médiation envisagée au sujet du Kosovo à Tchernomyrdine auquel ils portent une grande estime. Je lui dis aussi diplomatiquement que possible que le FMI ne peut pas entrer dans ce marchandage. Je peux, en revanche, transmettre aux Russes, sur le champ, la suggestion de confier une médiation à Tchernomyrdine. « Je suis prêt, lui dis-je, à en parler tout de suite à Primakov puisque nous dînons ensemble. »

Jacques Chirac n'est pas surpris outre mesure de ma réponse mais il apprécie que je puisse transmettre directement son message au Premier ministre. Celui-ci, dont je pensais qu'il serait honoré de cette marque de confiance à son pays, l'accueille bougon. Je comprendrai plus tard les raisons de sa réserve. En réalité, la médiation que l'Ouest souhaite est déjà débattue à Moscou. Primakov a perçu l'avantage politique qu'il pourrait en tirer – en vue de son dessein secret, la succession d'Eltsine l'année prochaine – si cette médiation lui était confiée. De toute évidence, il ne souhaite pas qu'elle revienne à Tchernomyrdine.

Sur ce chapitre, au cours de notre dîner, les choses en restent là. La mission échoira à Tchernomyrdine qui verra plusieurs fois Milosevic sans que ses interventions puissent être décisives.

Ces intermèdes de haute diplomatie, entre la poire et le fromage, sont l'occasion pour le patriarche de mettre les points sur les « i » en ce qui concerne la position de l'Église orthodoxe russe. Se tournant vers Primakov, il lui dit de sa voix douce mais d'un ton d'une parfaite fermeté : « Je vous demande, Monsieur le Premier ministre, si vous jugez indispensable d'engager notre pays dans ce conflit, de ne pas tromper l'opinion publique sur vos motivations. Nous ne souhaitons en aucune manière que cette guerre tourne à un conflit entre le christianisme orthodoxe et l'islam. Dans le monde d'aujourd'hui, l'orthodoxie doit être une force de paix et non l'instrument d'un panslavisme d'un autre âge… »

Primakov écoute le front plissé et plonge, sans commentaires, le nez dans son assiette. Pour ma part, témoin accidentel de cette conversation, je m'en réjouis. Elle contredit très heureusement les on-dit si fréquents sur la subordination de cette Église à l'État. Le monde a changé ; l'Église orthodoxe russe aussi. Elle n'est plus prête, ce soir-là, ni à prêcher ni à bénir une croisade.

Dès le lendemain, les conversations reprennent leur cours. J'ai un échange vif avec le vice-pemier ministre Yuri Malyukov qui, apparatchik du parti et ancien président du Gosplan, représente maintenant le Parti communiste au sein de ce gouvernement de large union. Il fait mine de s'étonner de mon insistance sur la taxation des grandes entreprises, notamment du secteur énergétique. Mieux vaudrait, dit-il, réduire les dépenses pour éviter un nouveau conflit avec la Douma et avec les industries stratégiques qui doivent d'urgence investir.

« Réduire les dépenses, maintenant, lui dis-je, après tout ce qui a déjà été fait, c'est réduire les salaires des enseignants, des infirmières, des "hommes en uniforme" comme vous appelez ici les policiers et les militaires... et évidemment le filet si ténu de protection sociale. Il vaut donc mieux faire payer, par exemple à Gazprom, la première entreprise gazière mondiale, les impôts qu'elle doit...

– Mais enfin, réplique-t-il, je ne savais pas que le FMI se souciait tellement des dépenses sociales. Dois-je comprendre que vous êtes plus communiste que moi ?

– Non, je n'ai pas cette prétention, mais je sais qu'il y a des responsabilités sociales qu'un État moderne ne peut ignorer et qu'il n'y a aucune bonne raison pour que vos principales entreprises soient exonérées de leur devoir fiscal ! »

La discussion se poursuit sans grand résultat ; il en sera fait rapport à M. Primakov qui, demain, devrait nous dire son dernier mot.

Cette résignation des autorités à l'incivisme fiscal des plus puissants m'obsède. La question me revient à l'esprit lors du déjeuner que m'offre le maire de Moscou, Yuri Lushkov, dans un restaurant à la mode d'une nouvelle banlieue élégante de

Moscou. C'est une des voix les plus écoutées de la Douma et un de ses meilleurs tribuns. Il est connu aussi pour ses objections à la ligne prêtée au FMI. En nous y rendant, nous traversons une zone boisée parsemée de très belles résidences de construction récente étalant un luxe tapageur. La conversation[1] tourne très vite sur le problème fiscal. Son point de vue est clair : il ne faut pas relever les impôts mais les réduire. Après l'avoir écouté attentivement, je lui fais observer :

« Dans mon pays, on dit que "trop d'impôt tue l'impôt". Au FMI aussi, nous savons très bien cela, mais il n'empêche que tout gouvernement doit payer ses factures ou réduire ses dépenses.

– Oui, mais pour payer ses factures, l'État doit avoir une économie vivante et en bonne santé. Aujourd'hui, l'économie est très, très malade. On peut la comparer à un malade en réanimation. Si quelqu'un est en réanimation, il ne peut donner à la société ce qu'elle attend de lui.

– Mais Monsieur le maire, comment pourrais-je signer un chèque à la Russie si le reste du monde voit que le gouvernement russe est incapable de percevoir les impôts pour régler ses factures les plus incontournables ? Le problème est que pour le moment, le gouvernement refuse de prendre l'argent là où il se trouve. J'ai été impressionné, en arrivant ici, de voir ces superbes datchas, tous ces petits palais qu'on trouve dans ce quartier et je me demandais : ces gens-là payent-ils des impôts ? »

Il hésite :

« Ces gens-là ? Je ne crois pas.

– Voilà le problème ; si vous n'êtes pas capables de faire payer des impôts à ces gens-là, oubliez vos grandes responsabilités mondiales ! »

Un silence ; puis il reprend ses esprits et change radicalement de registre :

« Aujourd'hui, pour la Russie, le FMI est une institution indispensable. C'est lui qui permet d'envisager une stabilisation. »

1. Filmée discrètement en vue du film *Le pouvoir FMI* réalisé par Pascal Vasselin et diffusé pour la première fois par Arte le 10 octobre 2000.

J'écoute d'un air, je pense, faussement modeste. Nous n'irons pas beaucoup plus loin. Un des oligarques me dira lorsque j'évoquerai ce sujet : « Ne soyez pas surpris ; en Russie, depuis le XVIIIe siècle, on ne paie pas d'impôts. » Voilà peut-être l'une des clés de l'état pitoyable, en ce moment, de ce pays.

Le lendemain, je ferai une ultime tentative, en acceptant l'invitation à déjeuner de Rem Viakhirev, président de Gazprom. L'entreprise possède 22 % des réserves mondiales de gaz ; elle détient une part de 25 % du marché européen.

Nous entrons assez vite, ici aussi, dans le vif du sujet. « C'est normal, me dit-il, de nous demander de payer des impôts, mais encore faudrait-il que nous soyons payés par les acheteurs publics, alors qu'ils accumulent des arriérés à notre égard, comme d'ailleurs les autres pays de la CEI ! » Suit une liste sans fin de ces situations de blocage contre lesquelles Gazprom ne pourrait rien. « Notre trésorerie est asséchée, nous sommes sans liquidités pour payer l'État. Seule une réforme d'ensemble peut sortir le pays de ce cercle vicieux. »

Sur ce dernier point, nous ne pouvons qu'être d'accord et nous y travaillons. Seulement, un dialogue – en confiance et pleine responsabilité – entre l'État et de tels mastodontes gérant les richesses du pays serait bien nécessaire pour parvenir à cette réforme d'ensemble. Or, nous en sommes fort loin.

Pour l'instant, il faut conclure. Il ne me reste plus qu'une dernière rencontre avec le Premier ministre avant d'aller prendre mon avion. Primakov bouge, enfin, suffisamment pour que je puisse me déclarer prêt à poursuivre pour quelques semaines encore nos conversations et essayer de parvenir à un accord avant l'été. Nous y réussirons après quelques nouvelles péripéties dont le remplacement d'Evgueni Primakov par le ministre de l'Intérieur, Sergueï Stepachine, à la suite d'une nouvelle tentative de destitution du Président par la Douma. Le 28 juillet, nous pouvons enfin faire adopter par notre Conseil un programme qui restera en vigueur jusqu'à fin 2000. Ce sera le dernier.

Ce sera celui aussi d'un rapide redressement. Il ne fait que reprendre et accentuer les objectifs pour lesquels les

« réformistes » et le Fonds n'ont cessé de se battre depuis le lancement de la deuxième génération de réformes en 1996. Soudain, comme souvent après les tempêtes, les attitudes changent, beaucoup de mesures peuvent commencer à être mises au point et sont adoptées. On commence à travailler avec plus de conviction pour faire adopter un système fiscal digne de ce nom, poursuivre la restructuration du système bancaire et industriel, celle de l'agriculture et du droit foncier ; renforcer le système de protection sociale, éliminer tous les systèmes d'arrangements et de paiements parallèles, promouvoir la transparence, moderniser les structures et méthodes de gouvernance de l'économie, toute initiative qui devrait contribuer à un développement durable et faire de la Russie une terre d'accueil plus attrayante pour les investissements étrangers. Vaste programme !

Les choses avancent. Dès l'automne, le retournement est sensible. Les indicateurs macroéconomiques passent au vert. Les capitaux reviennent à bonne allure. Les financements du FMI ne sont plus indispensables. Comme quelques conditions de notre prêt ne sont pas satisfaites, j'interromps nos déboursements.

Entre-temps, la seconde guerre de Tchétchénie a été déclenchée. Les Russes voient donc des « motivations politiques » à ma décision. Ils m'envoient leur sherpa, Livshits, à Washington pour m'interroger sur les raisons de ma décision. Je me contente de lui énumérer la liste des conditions de déboursement non satisfaites et de lui suggérer de ne pas politiser une décision de nature technique. Les choses en restent là. Pourquoi cacherais-je aujourd'hui que, en mon for intérieur, je n'étais pas mécontent d'avoir d'aussi bonnes raisons d'interrompre un financement qui avait perdu ses justifications premières et risquait de donner lieu aux pires malentendus.

Fin décembre 2000, le programme lui-même vient à son terme. Ses résultats sont impressionnants. La croissance atteint 6 à 7 %, l'inflation est en déclin rapide, la balance des paiements est en surplus, le taux de change stable, les réserves substantiellement rétablies, le budget fédéral est en suréquilibre. Notre travail y a été pour quelque chose, la dévaluation aussi et évidemment la hausse du prix du pétrole. En janvier 2005, avant même leur échéance finale, l'intégralité de nos prêts est remboursée.

La Russie sera durablement ensuite en position de prêteur au sein du FMI.

*

L'essentiel de notre mission dans ce grand pays s'achevait. L'économie continuerait sur sa lancée mais comment pourrions-nous oser dire que ce pays voyait s'achever ce que Soljenitsyne appelait le « temps du Grand Malheur russe[1] » ? Tout au plus, en ces derniers mois de travail et d'échanges, avions-nous le sentiment de commencer à voir revivre ce pays et l'entendions-nous exprimer à nouveau un certain nombre de ses rêves.

D'abord celui d'une dignité et d'une fierté retrouvées. Beaucoup y travaillent avec ardeur, intelligence, courage et toutes ces rares vertus que le peuple russe porte dans ses gènes. Il y a aussi le rêve auquel Soljenitsyne prête sa voix dans *La Russie sous l'avalanche*[2] qu'il vient alors de publier : un pays retrouvant son sens de la patrie russe, développant ses richesses culturelles et spirituelles dans une foi orthodoxe restaurée « avec la haute perception du monde qu'elle distille ».

Nous discernons aussi, parmi beaucoup de ces petites gens qui ont tant souffert, le rêve du retour à la tranquille stabilité du brejnevisme, quelle qu'en soit la médiocrité. On croit entendre là les échos de la « Légende du Grand Inquisiteur[3] » : ce peuple exsangue n'aurait que faire des promesses de liberté et de prospérité des nouveaux prophètes. L'Occident aurait-il manqué une grande occasion de leur proposer, par plus de générosité, une autre espérance ? Je le crains.

---

1. Les majuscules sont de lui.
2. Fayard, 1998. Il y porte aussi un jugement sévère et mal informé sur le FMI. Celui-ci serait, en quelque sorte, l'un des fourriers des vices de l'Occident et de ses spoliateurs. Mais comment lui en vouloir !
3. Immortel chapitre des *Frères Karamazov* de Dostoïevski.

À l'opposé, il y a enfin les rêves de ceux qui ne rêvent jamais parce que ce sont tout simplement des prédateurs : les oligarques et leurs cliques d'obligés ambitieux que nous venons de voir à l'œuvre, s'alliant à la finance internationale en cet été 1998 pour faire fortune sur les ruines de leur pays.

Tous prétendent, à leur manière et selon un mot qu'ils emploient souvent, faire accéder la Russie à une vie « civilisée ». Mais laquelle ? Comment l'Histoire pétrira-t-elle tous ces rêves pour produire un avenir ? Nul ne se risquerait à le dire. Souhaitons que la Russie vive un long temps de paix pour que la démocratie y trouve ses racines profondes et que ce grand pays, riche d'hommes et de femmes d'un si grand courage et d'immenses talents, puisse se consacrer à la réalisation de ce rêve de Soljenitsyne : la conciliation de ses valeurs millénaires et des meilleurs apports de la modernité.

V

VERS UNE NOUVELLE ARCHITECTURE POUR LE SYSTÈME

Tirer les leçons de la crise

En ce printemps 1998, au moment où nous aurions été tentés de nous abandonner au « lâche soulagement » des lendemains de crises, un autre devoir bien dans la tradition du FMI nous attend : faire retraite pour tirer les leçons des turbulences que nous venons de traverser et profiter de ces quelques mois où une communauté internationale échaudée serait prête à avancer pour proposer des réformes. Nous pourrions ainsi éviter de mauvaises surprises à l'avenir, et nous donner une réflexion d'avance pour les changements nécessaires, pendant ces brefs moments de répit où s'entrouvrent les portes d'un monde verrouillé sur ses habitudes et ses privilèges. Des thèmes pour ces réflexions d'après-crise ne manquent pas. Il y a d'abord tous ceux qui nous sont proposés par les commentateurs et les critiques de notre travail ; il y a les dysfonctionnements que la crise a révélés et que notre surveillance centrée sur la monnaie et les balances des paiements n'a pas appréhendés assez vite ; il y a enfin la pressante obligation d'essayer de profiter de ces lendemains de crise pour porter nos regards plus loin vers la réforme du système.

Les critiques du Fonds et leurs messages

Comme chaque fois que le Fonds a été appelé à piloter des opérations de grande ampleur, dès le premier instant, le chœur des commentateurs, de ceux qui se prétendent les porte-parole des victimes des crises et de ceux qui revêtent la robe des procureurs de nos institutions, a donné de la voix.

La critique nous est nécessaire. Elle est une condition de progrès pour toute institution; elle l'aide à identifier ses insuffisances ou des problèmes qu'elle discerne mal. Loin de moi d'ailleurs de suggérer que nous ne nous sommes jamais trompés. Un débat était parfaitement légitime et utile sur nos choix en matière monétaire ou budgétaire, sur leur séquence, sur l'ampleur et les modalités des changements structurels suggérés. Ces débats ont eu lieu et ont, incontestablement, contribué à accroître l'efficacité sociale et humaine de notre action. Parfois, certes, ces remarques nous sont apparues peu justifiées voire injustes. J'ai aussi déploré qu'en ayant parfois des effets néfastes sur l'image du Fonds et sur l'acceptabilité de ses politiques, elles rendent notre tâche plus difficile, voire en certains cas nous empêchent d'agir. Je le reconnais pourtant : leur rôle a été indispensable. Elles nous ont gardés de l'autosatisfaction, préservés des flatteurs, ouvert les yeux sur des réalités que notre surveillance aurait pu ignorer; elles ont souligné les effets trop faibles de nos initiatives, incité nos actionnaires à nous demander d'être plus audacieux, à l'encontre même des orientations qu'ils nous donnaient peu avant. Elles m'ont, enfin, rabattu le caquet. Bref, elles nous ont préservés – peut-être pas assez ! – de toute complaisance. Si notre action a pu être positive, ces critiques y ont contribué.

Dans quelques cas, cependant, elles ont tout simplement tourné à la philippique stérile. Elles ont alors ignoré tous les efforts entrepris pour tirer les leçons de nos erreurs et pour convaincre les gouvernements de faire face à leurs déséquilibres avant qu'ils ne relèvent de la chirurgie. Faisant foin de ces efforts et de leurs résultats, certains de nos procureurs, dans leur souci compréhensible de dénoncer les excès des politiques néolibérales, les ont attribués en bloc à l'influence du FMI. Dans de surprenantes outrances verbales, ils ont été jusqu'à qualifier nos agents en mission de « bolcheviques ». Ces propos manquaient évidemment leur cible. Ils vilipendaient le médecin au lieu de s'attaquer aux causes de la maladie. Fort heureusement, ces diatribes n'ont guère affecté ni le jugement des responsables ni notre détermination à corriger nos erreurs. Sans prétendre que nous ayons réalisé des miracles, j'observe que toute la communauté mondiale a trouvé le travail du FMI suffisamment utile pour l'encourager à le poursuivre puis, à chaque nouvelle occasion, avoir de nouveau recours à ses interventions[1].

Mettre en chantier la nouvelle architecture

Retenant ce que ces commentaires et ces critiques ont de constructif, dès cet hiver 1997-1998, nous entreprenons en grande hâte de préparer un de ces programmes de réformes dont l'histoire des institutions de Bretton Woods est rythmée. Nous rassemblons les suggestions les plus pertinentes ; le Conseil les fait siennes et c'est ainsi que le Comité intérimaire, dès avril 1998, adopte les fondements d'une nouvelle architecture à mettre en place. Les thèmes en sont familiers. Ils se résument en quelques orientations centrées sur le renforcement de la surveillance par une stratégie de « réponse graduée ». On adresserait désormais aux pays en grave dérapage des avertissements de

1. Je ne suis pas loin de penser que Rudi Dornbusch, le regretté professeur de macroéconomie au Massachusetts Institute of Technology (MIT) n'était pas loin de la vérité lorsqu'il écrivait, en décembre 1998, scandalisé par une des philippiques de son collègue, Joseph Stiglitz : « Quand les pays arrivent au FMI sur un brancard, le moment n'est pas de faire les malins. Des politiques drastiques sont nécessaires pour éviter les hémorragies, l'effondrement de la monnaie et des dommages irréparables. La stabilisation ne se réduit pas à un concours de popularité, ni à un séminaire de recherche. Aujourd'hui, aucun ministre des Finances ne choisit les stratégies médicales alternatives de la clinique Stiglitz ; l'ambulance les conduit en vitesse au FMI. S'ils le font, les marchés retrouvent la confiance très vite et, de là, il n'y a plus qu'une courte étape vers la normalisation. [...] L'Asie aujourd'hui s'en tire. La leçon principale pour le FMI est que, la prochaine fois, il devrait appliquer exactement les mêmes remèdes et bénéficier du même succès. »

plus en plus sévères. Le Comité suggère aussi que nous intensifions notre travail de surveillance des systèmes financiers et des risques de renversements brusques des mouvements de capitaux, particulièrement à court terme.

En fait, il s'agit de confirmer le rôle central du Fonds dans la prévention des crises. Au-delà du renforcement de ses activités de surveillance traditionnelle, le FMI sera invité à aider les États membres à consolider leurs systèmes financiers nationaux et à mettre en place des cadres de réglementation inspirés des meilleures règles et pratiques internationales. On songe, par exemple, aux principes fondamentaux pour le contrôle bancaire établis par le Comité de Bâle. Le Fonds devra continuer de travailler aussi à la mise au point de normes similaires dans d'autres domaines comme la comptabilité, la vérification et la publicité des comptes, l'évaluation des actifs, le régime des faillites et le gouvernement d'entreprise, etc.

À l'appui de ce renforcement de la surveillance et de la diffusion de normes nouvelles, la « règle d'or de la transparence » est instaurée comme clé de voûte d'une gestion moderne des marchés. De l'avis de tous, l'économie du XXIe siècle sera celle de la transparence ou celle de l'instabilité et des crises répétées. Ce devrait être aussi celle de la *good governance*, la bonne gestion publique. Le Comité intérimaire confirme aussi de nombreuses pistes de réformes que nous sommes en train d'ouvrir :

– la réduction des dépenses publiques improductives telles que la course aux armements, les projets de prestige et les subventions et garanties octroyées à des entreprises et secteurs privilégiés ;

– la priorité à l'investissement humain (dépenses de santé et d'éducation de base, protection sociale des pauvres, des chômeurs et des autres groupes défavorisés), et la protection de l'environnement ;

– la création d'un environnement plus favorable à l'entreprise par le démantèlement des monopoles et l'établissement de régimes réglementaires plus simples et plus transparents ;

– un dialogue plus systématique avec le monde du travail et le reste de la société civile pour mieux faire percevoir la nécessité de l'ajustement et des réformes et faire en sorte que tous les secteurs de la société bénéficient des fruits de la croissance, dans le respect des droits des travailleurs.

Le Comité confirme son intention d'ajouter un nouveau chapitre aux accords de Bretton Woods, en faisant de la libéralisation des mouvements de capitaux l'une des missions du FMI. C'est la confirmation du consensus unanime des réunions de Hong Kong début octobre 1997. Cette liberté qui n'exclut pas la surveillance est nécessaire pour que la mondialisation puisse tenir toutes ses promesses. À ceux qui murmurent qu'elle serait à l'origine de la crise et suggèrent de revenir à des contrôles des changes à l'ancienne, il est répondu qu'il s'agit de distinguer libéralisation et anarchie. Les économies en crise, comme la Corée par exemple, ont souffert d'une libéralisation désordonnée privilégiant les mouvements de capitaux à court terme – les plus dangereux – alors qu'elles soumettaient à des contrôles tatillons les investissements directs qui sont, eux, bénéfiques. Nous sommes donc invités à rechercher une libéralisation ordonnée à partir d'équilibres macroéconomiques solides, de structures bancaires renforcées, et accompagnée, si nécessaire, pendant une période transitoire, de contrôles des mouvements de capitaux à court terme.

Telle est notre feuille de route. La crise, hélas, a laissé des traces ; assez vite, le beau consensus de Hong Kong s'effiloche ; l'idée de donner égale juridiction au FMI sur les mouvements de capitaux et sur les transactions courantes perd progressivement son soutien unanime de 1997. Une bataille assez largement idéologique s'engage ; le problème en 2014 n'est pas encore résolu !

Enfin, pour le cas où malgré tous les efforts de prévention, des crises viendraient à nouveau à se produire, le Comité intérimaire réaffirme le rôle central du FMI dans la gestion des crises et la nécessité de développer des procédures plus efficaces pour associer le secteur privé à leur prévention ou à leur résolution.

Tels sont les éléments dans lesquels le G7-G8, suivi en cela par l'ensemble des États membres, voit les fondations d'une nouvelle architecture financière beaucoup plus en phase avec des marchés radicalement modernisés et mondialisés.

Fin 1999, alors que je m'apprête à annoncer mon départ du Fonds, je peux faire état, devant la grande assemblée de nos ministres et gouverneurs, des premiers progrès dans ces diverses directions. Un problème important se pose cependant à ce moment-là dont nous n'apprécions pas suffisamment toute la gravité. C'est la contradiction entre les mesures raisonnables ainsi préconisées et les dispositions dangereuses que certains pays adoptent. L'exemple le plus évident en est l'abrogation par les États-Unis du *Glass-Steagall Act* en novembre 1999. C'est le point culminant d'un train de mesures de dérégulation suivi à travers le monde. Ces réformes interviennent dans un climat d'intense compétition interbancaire, sans que les nécessaires garde-fous soient suffisamment renforcés ou tout simplement mis en place. Des innovations permettant d'extravagants effets de levier et des constructions financières aberrantes deviennent ainsi parfaitement légales. C'est, pour une bonne part, dans cette contradiction que la crise des *subprimes* trouvera son origine en 2007.

Aller plus loin…

En fait, dans nombre de domaines au cours de ces derniers mois, les progrès restent trop lents et bien des problèmes majeurs tardent à être abordés. C'est le cas de la surveillance dont nos critiques soulignent, avec raison, qu'elle continue de n'avoir d'effets évidents que sur les pays « sous programmes » ; c'est le cas aussi de la nécessité de mettre en place un dispositif permanent de règlement des problèmes de dette ; c'est le cas, enfin, du grand silence qui persiste sur une réforme plus fondamentale du système monétaire international. J'essaie de rappeler ces urgences à chaque occasion. Nous ne pouvons pas continuer de proclamer que cette crise ouvre une nouvelle ère dans les relations économiques internationales et nous en tenir à un ensemble de dispositions purement techniques. Pour prendre tout leur sens, ces réformes devraient s'inscrire dans une stratégie plus ambitieuse abordant trois problèmes majeurs : l'intégration des pays les plus pauvres dans l'économie mondiale, la question de la responsabilité démocratique des institutions financières internationales investies maintenant de tâches plus importantes encore et la réforme du système monétaire international proprement dit.

Mieux intégrer les pays encore exclus

Ce point m'apparaît le plus urgent : la pauvreté est, comme aime à le souligner Ángel Gurría, ministre des Finances du Mexique, « le risque systémique ultime ». On n'en viendra pas à bout sans une architecture financière digne de ce nom, mais l'architecture sera instable si l'extrême pauvreté et la progression des inégalités continuent d'être les terreaux mêmes de la violence. Je cherche donc de mon mieux à ouvrir davantage les yeux des ministres et des gouverneurs sur l'urgence de cette question et sur l'ensemble des engagements qui, quelques mois plus tard, seront proclamés « Objectifs de développement du millénaire ». Je me sens tout particulièrement mobilisé pour cette tâche au moment où je prépare mon discours pour l'assemblée annuelle des gouverneurs pour 1999. Ce sera mon treizième et dernier discours mais je suis seul à le savoir. Je suis en train d'y réfléchir lorsque, pendant un vol de retour à Washington, je tombe sur un reportage de *Paris Match* qui me bouleverse. Il y est question de deux jeunes Guinéens découverts morts en France, dans le train d'atterrissage d'un avion. On a trouvé dans leurs poches un ultime appel. Je décide de le citer intégralement dans ce discours à l'assemblée plénière des ministres, gouverneurs et banquiers. Il s'adresse – je cite – aux :

« Excellences, Messieurs les membres et responsables d'Europe : Nous souffrons énormément en Afrique. Aidez-nous. Nous avons des problèmes en Afrique et quelques manques aux droits de l'enfant… Nous avons la guerre, la maladie, la nourriture… Nous voulons étudier, et nous vous demandons de nous aider à étudier pour être comme vous, en Afrique. »

Prononçant ce discours, j'ajoute : « Ce message, je le présume, est également adressé à chaque pays et à chaque institution représentés ici aujourd'hui. C'est le message de ceux qui vivent dans la pauvreté absolue. Il nous dit combien la misère qui subsiste encore en cette fin d'un siècle de prospérité est intolérable… Il est temps d'y répondre. »

Ce sera le cœur de cet ultime discours. J'appellerai ensuite l'attention de l'assemblée générale sur un petit bristol gris, distribué sur toutes les tables, résumant les futurs huit objectifs du millénaire auxquels la plupart des pays ont déjà souscrit. J'ajoute : « Imaginons un instant que ces engagements soient tenus ; quel pas de géant vers un monde meilleur ! Quel pas de géant pour la promotion des plus défavorisés, les pauvres, les femmes et les enfants ! »

Avant de conclure, je mentionnerai deux sujets qui me tiennent particulièrement à cœur : le sort épouvantable des pays sortant de conflits et le respect de la parole donnée. Nous ne pouvons oublier des appels à l'aide répétés pour soulager ces pays et le fait que, dans un certain nombre d'entre eux, des politiques économiques sages ont été balayées par la résurgence de ces conflits armés. Devant ces situations tragiques, nous devons être plus volontaristes. Les initiatives de paix sont essentielles. Et je répète quelques suggestions déjà formulées pour restreindre le commerce des armes et les dépenses militaires[1]. Ne tardons plus à les mettre en œuvre. Rappelez-vous le mot d'Isaïe[2] et imaginez combien de socs de charrue on pourrait forger avec tant de lances et tant de glaives !

Pour ce qui est des promesses faites et si vite oubliées[3], deux mots pouvaient suffire : « Mesdames et Messieurs les ministres et gouverneurs, au moment où nous nous préparons à célébrer le troisième millénaire, ne nous laissons pas aller à des nouvelles promesses ; faisons de la prochaine décennie celle des promesses tenues. » Je m'en tiens là. La séance est

---

1. Ces suggestions sont les suivantes :
– réduire les ventes de matériel militaire aux régions sensibles,
– ne plus accorder de crédits à l'exportation à des fins militaires,
– plafonner les dépenses militaires nationales à 1,5 % du PIB,
– coopérer à la lutte contre la contrebande de matières premières et de ressources naturelles aux fins du financement de conflits armés,
– élargir le contrôle des Nations unies pour impliquer beaucoup plus de pays et en étendre la portée aux armes légères et aux munitions.

2. « Ils forgeront leurs épées pour en faire des socs et leurs lances pour en faire des serpes. » Isaïe II-4.

3. Telle la vieille promesse de consacrer 0,7 % du PIB des pays avancés à l'aide au développement.

levée. Dans le brouhaha et la cohue de la fin de la réunion, un important dirigeant s'exclamera : « De quoi se mêle-t-il ! La pauvreté, c'est pas son problème ! » Décidément, il me reste du monde à convaincre.

Ce dernier point de mon discours me semble si important qu'en écrivant aux présidents et chefs de gouvernement du G7-G8 pour en prendre congé, dans les premiers jours de l'an 2000, je leur suggère à eux aussi non plus de souscrire de nouveaux engagements au cours de la première décennie du XXIe siècle, mais de veiller à en faire la décennie des promesses tenues. Je n'ai pas reçu de réponse à cette lettre. Leur écrivant cela, je me dis que je suis lié moi aussi par ces engagements et je me promets d'y consacrer, au cours des années de liberté qui s'ouvrent devant moi, un peu de mon temps[1].

Rénover et renforcer l'institution centrale

Sur la question majeure des institutions nécessaires à la régulation d'une économie maintenant si largement globalisée, la communauté mondiale s'oriente – nous l'avons vu – vers un renforcement significatif du rôle du FMI au centre du système : sa compétence pourrait être étendue à la surveillance des marchés des capitaux, son rôle de prêteur de dernier ressort pourrait être reconnu, ses moyens d'action accrus. Il nous apparaît très souhaitable que cet élargissement de ses compétences s'accompagne d'un renforcement de sa légitimité politique aux yeux de l'opinion. Comment y parvenir ? À diverses reprises devant le conseil et dans une note au G7-G8, nous suggérons deux initiatives.

1. Je n'aurai pas à attendre longtemps. À peine ai-je retrouvé mes esprits après mon retour à Paris, que Maggy Catley-Carlson, qui fut ma collègue canadienne pendant mes années au Trésor et qui préside maintenant le Global Water Partnership, me fait désigner pour présider un groupe de travail sur « le financement des infrastructures mondiales pour l'eau et l'assainissement ». Selon la bonne habitude apprise de J.F. Kennedy, je m'empresse de réunir *the best and the brightest* et, avec l'aide en particulier de mes amis Maggy, James Winpenny, Pierre-Frédéric Ténière-Buchot, Bertrand Badré, Gérard Payen, Ismaïl Serageldin et quelques autres, nous publions un rapport qui, cette fois, n'est pas resté sur les étagères mais garde, me dit-on, son actualité comme hélas le problème de l'eau.

L'une consiste à manifester de façon beaucoup plus évidente le lien qui rattache le FMI aux gouvernements issus du suffrage universel. On pourrait, pour cela, transformer le Comité intérimaire en « collège » aux pouvoirs non plus consultatifs mais décisionnels. La décision finale sur les questions les plus importantes appartiendrait désormais ainsi aux ministres et non plus aux membres du conseil d'administration. Cette transformation prévue lors des accords de la Jamaïque de 1976 avait alors été renvoyée à plus tard par souci d'empirisme. Au vu des formidables transformations récentes de l'économie mondiale, alors que le FMI atteint désormais avec l'accession des pays en transition sa dimension universelle, l'heure semble venue d'y songer. Sans changer radicalement le fonctionnement de l'institution et le rôle central de son conseil d'administration, la substitution du Collège au Comité intérimaire conférerait au FMI une légitimité renouvelée dans les tâches de plus en plus difficiles qui lui sont confiées.

Une autre disposition, dans le même esprit, consisterait à envisager que, par exemple tous les deux ans, les chefs d'État et de gouvernement du G8 s'associent à leurs collègues des autres pays titulaires d'un siège au conseil d'administration du FMI et de la Banque mondiale pour discuter avec eux et les dirigeants de ces deux institutions et de l'OMC les grandes questions de stratégie économique et financière du moment. Nul doute qu'il y aurait là une sérieuse avancée non seulement pour dissiper le malaise actuel mais surtout pour hâter l'adoption de réponses politiques collectives aux défis de l'économie mondialisée. Il faudrait y associer le secrétaire général des Nations unies pour prendre en compte les travaux des agences à caractère humanitaire et social qui lui sont rattachées.

Ces idées seront accueillies avec scepticisme et se heurteront à des objections logistiques dérisoires que l'on prétendra insurmontables. J'insiste pour que l'on en débatte. Les pays industriels ne peuvent, en effet, laisser trop longtemps sans réponse les plaintes des pays en développement qui se sentent mal reconnus dans le système institutionnel international. Les suggestions ci-dessus, assorties d'une mise à jour équitable des quotes-parts, seraient un moyen concret de reconnaître à chaque pays, quelle que soit sa taille, sa juste part dans les responsabilités du devenir de l'économie mondiale[1].

Ces propositions ne seront, dans l'immédiat, que très partiellement reprises. Deux autres débats, en effet, devaient occuper le G7-G8 et par voie de conséquence le Comité intérimaire. L'un résultait de l'initiative des pays asiatiques auxquels le Japon apportait son soutien de créer un fonds monétaire asiatique ; l'autre portait sur l'initiative proposée par un rapport demandé par le G7-G8 à Hans Tietmeyer de réunir dans une nouvelle structure l'ensemble des institutions compétentes pour le suivi des questions ayant trait à la stabilité financière. Ce sera la création du Forum de stabilité financière destiné à promouvoir la coopération et la coordination pour la supervision et la surveillance du système financier international et à réduire ainsi le risque de système. Son secrétariat est installé à Bâle. Le FMI y participe évidemment. Je ne suis pas convaincu que ce Forum soit équipé pour cette immense mission. Je le vois lui aussi « trop faible pour ce qu'il a de fort, trop fort pour ce qu'il a de faible... ». Tant qu'une institution ne pourra pas s'appuyer sur la loi des traités pour exercer cette surveillance et, si nécessaire, adopter des règles, il sera illusoire d'espérer discipliner les marchés de l'argent. C'est tout l'enjeu des discussions qui s'éternisent[2] sur l'élargissement de la surveillance du FMI sur les mouvements de capitaux (article 6).

Prétendant améliorer la représentation de l'ensemble des pays au processus décisionnel mondial, le G7-G8 se limite à créer une nouvelle instance étendant sa propre composition et ses compétences informelles aux principaux pays émergents : c'est la création du G20 qui restera assez peu actif jusqu'à ce qu'une nouvelle crise en 2007-2008 vienne révéler son utilité. Le G20 se verra conférer ainsi ses lettres de noblesse, mais le

---

1. Cette idée était destinée à ouvrir la voie, dans mon esprit, à une réforme plus ambitieuse qui sera reprise en 2011 par l'initiative du Palais-Royal (voir. annexe III, p. 434).

2. Elles n'ont pas encore abouti à l'heure où j'écris ces lignes. Entre-temps, la crise ouverte en 2007-2008 en aura rappelé les enjeux.

problème demeurera entier de la mise en place d'une structure dont l'autorité puisse être reconnue par les cent quatre-vingt-treize pays du monde, donc très au-delà du champ de légitimité du G20[1]. C'est une question incontournable devant laquelle les grandes puissances continuent à hésiter. Si elle veut être en mesure de mettre réellement la finance globalisée au service de l'économie, la communauté mondiale doit se doter des moyens d'adopter un corps de règles minimales d'application universelle. Elle ne peut plus se contenter de codes de bonne conduite ou simplement de normes d'application volontaire. Seule une instance légitimement représentative de tous les pays pourrait la mettre enfin sur pied.

Réformer le système monétaire international

Sur ce point essentiel, aucun débat sérieux ne s'engage : les mauvais souvenirs de notre tentative d'ouvrir une telle discussion à Madrid en 1994, ceux aussi des débats sur le compte de substitution au début de 1980, restent probablement trop vivaces. Nous invitons pourtant le G8 à y rester attentif. Face à des marchés financiers mondialisés dont nous connaissons un peu mieux désormais l'impact potentiel sur l'économie réelle – une croissance plus rapide mais aussi des crises systémiques et la marginalisation des plus pauvres –, les grands pays industriels ne devraient plus se dérober à une réflexion sur ce qu'implique la responsabilité globale du système. Celle-ci suggère au moins trois priorités immédiates sur lesquelles nous avions appelé particulièrement l'attention des plus hauts responsables du G7 à la veille du sommet de Birmingham, au printemps 1998 :

1. Ce problème pourrait être résolu, a mon sens, d'une façon très simple. Il suffirait de donner au G20 - dût-il devenir G24 – une composition fondée sur des circonscriptions régionales semblables à celles qui prévalent pour la composition du conseil d'administration du FMI. Cette suggestion sera reprise par l'initiative du Palais-Royal (voir. annexe III, p. 434). Ainsi, tous les pays y seraient légitimement représentés et auraient vocation à y siéger à tour de rôle, au nom de leur circonscription. Les décisions de ce nouvel organisme suprême s'imposeraient alors, de droit, dans la totalité des pays.

a) reconnaître explicitement l'impact de leurs propres choix de politique économique intérieure sur l'environnement international,

b) promouvoir la reconnaissance internationale de l'impératif de bonne gestion aux côtés des objectifs traditionnels d'équilibre macroéconomique,

c) introduire, lorsque les méthodes de persuasion ne suffisent pas, les régulations nécessaires, ce qui soulève la question que je viens d'évoquer de la légitimité de l'instance décisionnelle suprême du système.

D'autres questions d'importance majeure pour son avenir ne sont, hélas, pas encore mûres pour qu'un débat s'instaure à leur propos : il s'agit du contrôle de la liquidité globale du système, de la nécessité d'un actif central de réserves susceptible de faciliter sa régulation et de la diversification éventuelle des réserves accumulées par les pays excédentaires. Le Droit de tirage spécial (DTS) est disponible pour cela ; encore faudrait-il accepter d'en débattre. Plus que jamais, il est de la responsabilité des institutions mondiales de susciter ces réflexions et ces débats.

Transmettre une mission

Au cours de cette période d'intenses travaux pour que le Fonds s'adapte à son temps, le G11 (groupe informel de l'ensemble des administrateurs des pays en développement), mené par son doyen, l'Iranien Abbas Mirakhor, demande à me voir à la fin de l'été 1999. Nos rencontres sont fréquentes et cordiales. Je n'éprouve pas le besoin de m'enquérir de l'objet qu'ils envisagent pour notre entretien : un tour d'horizon de plus, les prochains travaux pour préparer les réunions ministérielles à venir, probablement… La réunion commence. Après quelques mots de circonstances, M. Mirakhor entre sans tarder dans le vif du sujet : « Nous voulons vous informer d'un accord informel de l'ensemble de nos gouvernements pour vous demander vos intentions concernant votre avenir. Ils souhaiteraient que nous lancions à temps une campagne pour votre réélection pour un quatrième mandat de directeur général. Nous la souhaitons tous, mais il nous faut votre feu vert… »

Je tombe des nues. J'ai été élu pour un troisième mandat jusqu'en 2003 ; je ne me suis pas posé encore la question de la suite. Je n'ai en tête que des velléités de retraite provinciale, le jour venu, avec mes enfants et petits-enfants, mes amis et mes livres… Je suis touché de cette confiance de la part de ce groupe de pays ; je ne voudrais pas les décevoir. Je demande quelques semaines de réflexion. « Oui, mais pas trop… », me dit-il. Nous

nous promettons de garder le secret absolu sur cette conversation et de nous revoir assez vite.

Dès le soir même, je fais part de cette proposition à Brigitte. Elle aussi nourrit quelques rêves d'une vie moins agitée et de voir, de plus près, grandir nos petits-enfants. Sans qu'elle ait besoin de me le dire, je devine qu'elle choisira de faire ce qu'ensemble nous jugerons sage. Quelques jours passent. Notre choix est vite fait. D'abord celui de décider sans trop de délai car la démarche de nos amis nous indique que de grandes manœuvres risquent d'être déclenchées bientôt et je n'ai nullement l'intention d'être pendant trop longtemps – d'autres candidats entrant en piste – le directeur général dont on attend le départ. Décider vite donc, mais que choisir ? Accepter un quinquennat de plus ? Une réponse s'impose. L'état de fatigue dans lequel je me trouve, après l'épuisante saison asiatique que nous venons de vivre, dit clairement que je ne pourrais mener à la même cadence un quatrième mandat. Et puis, est-ce raisonnable ? Ne serait-il pas plus sage de préparer l'arrivée d'un successeur qui fera sien le programme de travail et de réformes que nous sommes en train d'élaborer et qui apporterait à l'institution idées et sang neufs ? Reste à choisir le bon moment pour passer le relais. L'idéal serait que mon successeur ait devant lui un an ou deux de bonne conjoncture pour se mettre au travail dans les meilleures conditions. Or le *World Economic Outlook* sur lequel nous sommes en train de travailler nous annonce un horizon dégagé, en tout cas pour les prochains dix-huit mois. Au-delà, les choses sont plus incertaines. Alors pourquoi s'attarder davantage ? Ne vaudrait-il pas mieux, au lieu d'aller jusqu'à la fin de mon mandat, me hâter de faire prendre les décisions que nous préparons depuis longtemps, mettre vigoureusement en route les réformes qui ont quelques chances d'être adoptées avant la date choisie pour mon départ, plaider à temps et à contretemps pour celles qui se heurtent encore à beaucoup de résistance et lancer sans trop tarder la procédure d'élection de mon successeur ? Ce choix nous paraît le plus raisonnable. Nous le garderons quelque temps de plus pour nous, pour être sûrs de sa sagesse. Très vite dans notre esprit, il devient définitif.

Nous sommes début septembre 1999. Nos assemblées annuelles vont se tenir les 28-30 septembre. La courtoisie veut que je prévienne en premier le gouverneur pour la France, M. Christian Sautter, ministre des Finances, et le président de la République, M. Jacques Chirac. L'un et l'autre protestent vigoureusement contre ma décision, puis devant mes raisons – ou ce qu'ils pourront considérer comme mon entêtement – s'y résignent. Ils y joignent des mots d'amitié qui me touchent et Christian Sautter me demande seulement de lui épargner les tracas que pourrait lui créer cette annonce si elle intervenait avant les assemblées annuelles qui réuniront à Washington tous les ministres des Finances et gouverneurs de banques centrales du monde. J'accepte évidemment. Je renvoie donc cette annonce aux premiers jours de novembre.

Le moment venu, pour en faire part à l'ensemble des administrateurs, je choisis le jour de mon déjeuner mensuel avec eux. Je n'attends pas la poire et le fromage pour faire mon annonce. Stupeur ! Ils savent que cette décision m'appartient, mais si quelques-uns se résignent, d'autres font mine de ne pas l'accepter. Abbas Mirakhor, doyen du Conseil, se fait leur interprète pour m'inviter à reconsidérer ma décision. Ses mots sont si forts que je me sens presque coupable d'abandon de poste. Je suis profondément troublé et touché ; je leur demande de comprendre mes raisons ; ils les acceptent, mais c'est clairement à contrecœur. J'ai peine à leur cacher mon émotion. Je vis un de ces moments où, soudainement, la profondeur des liens d'amitié et de confiance tissés dans tant d'années vécues ensemble vous est révélée sans fard, dans sa simple vérité. J'en garderai longtemps le souvenir et celui de chacun d'eux.

Les semaines qui suivent sont pleine d'expériences analogues. Deux d'entre elles restent particulièrement gravées dans ma mémoire. La réunion de Libreville que j'ai déjà évoquée où tant de hauts dirigeants africains viennent me dire, avec une chaleur dont seule l'Afrique a le secret, leur amitié dans un partage d'espérance pour l'avenir de leur continent. C'est pour Brigitte et moi la plus belle des récompenses. Enfin, il y a ces quelques minutes tout à fait inattendues où, ayant plus tôt dans l'après-midi du 13 février 2000 fait nos adieux à l'ensemble du personnel, alors que nous croyions que chacun a sagement regagné son bureau, nous devons nous frayer un chemin dans la foule du personnel qui a envahi le grand hall pour nous dire un dernier au revoir alors que nous filons à la Maison Blanche pour saluer le président Clinton avant de prendre notre avion pour une réunion de la Cnuced à Bangkok. Ce sera l'ultime étape de mon service au FMI. Je vais y prononcer un discours pour souligner une dernière fois l'essentiel de mes convictions et mes raisons de croire en la possibilité de bâtir un monde plus humain : le multilatéralisme, la solidarité et la fraternité.

Les médias retiendront surtout de cette dernière journée à Bangkok la tarte aux fraises qu'un militant alternatif me jette au visage à l'ouverture de la séance.

Multilatéralisme, « tendresse des peuples » et fraternité

Je regarde à la télévision, en cette fin janvier 2014, la retransmission d'une cérémonie œcuménique au Québec. Elle est ouverte par la prière de représentants des peuples premiers. Dans leur tenue traditionnelle, ils se tournent successivement vers les quatre points cardinaux et, s'accompagnant d'un tambourin, ils remercient Dieu pour tous les bienfaits qui leur viennent de l'Ouest, du Sud, de l'Est, du Nord... Dans chacune de ces directions, ils appellent le « souffle revigorant » de l'Esprit. J'essaie de les suivre en songeant aux chances et aux risques qui surgiront pour nos enfants et petits-enfants au cours des décennies qui viennent de ces quatre coins de l'horizon.

Ils invoquent l'Esprit... Ce mot me rappelle le président Mitterrand, déjà si marqué par la maladie, quelques mois avant sa mort : « Je crois aux forces de l'Esprit... ». Je partage cette foi. Pour moi, « c'est l'Esprit qui fait vivre[1] ». Il est par excellence celui qui accompagne tous les hommes dans leur marche vers le bien et vers leur unité ; plus encore, Il est prêt à les entraîner dans cette ronde d'Amour du Père, du Fils et de l'Esprit qui, pour les chrétiens, est Dieu lui-même. « Il renouvelle la face de la terre », mystérieusement au cœur des aventures humaines. Il les accompagnera jusqu'au jour de leur convergence ultime,

1. Évangile selon Saint Jean. 6 63.

dans l'*amorisation* finale du monde, ce point oméga dont parle Teilhard de Chardin.

Comme ces descendants des premiers habitants du Canada, je me tourne à nouveau, aujourd'hui, vers chacun des quatre coins cardinaux où ces treize années au FMI nous ont si souvent portés. Je me demande d'où pourrait venir l'immense changement qui serait nécessaire pour que le monde tout entier devienne cette « société bonne » que Ricœur poursuivait de sa réflexion. Tout ce que je sais des forces du mal autour de nous, des plus agressives aux plus subreptices, me pousserait au scepticisme, à cet « à quoi bon ? » qui nous guette toujours. Pourtant, comme à tous les hommes, un je-ne-sais-quoi d'indiciblement subtil me murmure constamment de ne pas y céder. Une fois de plus, je me demande donc que faire aujourd'hui pour cette réussite finale du monde ? Deux réponses me viennent à l'esprit : une méthode et une valeur. Pour l'organisation de la grande société des hommes : le multilatéralisme ; pour garantir sa cohésion dans sa merveilleuse diversité : la fraternité.

Le récit de ces treize années au FMI aura suffisamment montré que le multilatéralisme, cette invention de quelques grands esprits rescapés de la crise de 1929 et de la guerre la plus meurtrière de l'histoire, est, pour l'avenir de notre monde, une approche incontournable bien qu'encore balbutiante. Il a ouvert un nouvel âge des relations internationales. Il y introduit entre les États le principe démocratique. Il les met sur un pied d'égalité ; il les place tous sous la surveillance d'institutions communes indépendantes chargées de veiller au respect de leurs obligations mutuelles. Il offre l'approche universelle qu'exige la solution de la plupart des grands problèmes de l'humanité aujourd'hui. Pleinement réalisé – nous en sommes encore loin – il marquerait une immense avancée de la civilisation. Les Nations unies comme les institutions de Bretton Woods en sont de précieuses réalisations. Elles sont fragiles, elles ont souvent failli, mais la communauté des hommes, dans sa marche vers son unité, a besoin, plus que jamais, de s'appuyer sur de telles instances pour élucider son bien commun global. Il importe donc de continuer à les adapter au fil des avancées de la mondialisation, en tirant aujourd'hui les leçons d'une nouvelle crise qui rend encore plus urgentes les réformes esquissées au seuil de l'an 2000.

Sur quelles valeurs ancrer la cohésion de la nouvelle société mondiale ? Rappelons-nous les mots de Havel : « Il nous revient de penser une autre restructuration : celle du système de valeurs sur lequel repose notre civilisation actuelle... et de rattacher ces valeurs nouvelles à quelque chose qui se situe au-delà de l'horizon d'un intérêt immédiat... Comment y parvenir sans un nouvel élan puissant de la spiritualité humaine ? » Que de fois j'ai évoqué cette question au cours de mes conversations à travers le monde ! Trois valeurs y étaient souvent évoquées : la *responsabilité* – « prise en charge du plus fragile » disait Ricœur, alors que nous vivons dans une universelle fragilité. Responsabilité parce que, dans un monde qui se fait un, « nous sommes, comme le disait Dostoïevski, tous responsables de tous devant tous ». La *solidarité* aussi, face au « risque systémique ultime de la pauvreté[1] » ; elle est le ciment de la cohésion globale, parce que tout homme est aujourd'hui notre prochain tout proche et parce qu'elle est « la tendresse des peuples[2] ». La *citoyenneté mondiale*, enfin, car toute organisation politique – y compris et surtout au niveau mondial – doit être constamment portée par le soutien, les interpellations et les exigences de justice et de paix de tous ses citoyens pour remplir son rôle.

En fait, je crois qu'une seule valeur suffit à les rassembler toutes les trois, responsabilité, solidarité et citoyenneté mondiale. Elle les fait se renforcer mutuellement : c'est la *fraternité* ! Voilà le « chaînon manquant » pour une économie humaine. Soumettre à d'indispensables régulations les activités financières, établir une gouvernance mondiale crédible sont des tâches indispensables mais elles ne pourront suffire s'il y manque ce lien de fraternité. Elle est la voie royale pour donner un sens à la vie des hommes et leur permettre de construire un

1. Je cite Ángel Gurría, secrétaire général de l'OCDE.
2. Le mot est de la poétesse nicaraguayenne Gioconda Belli, ancienne militante du Front sandiniste de libération nationale.

monde plus humain, parce que « guidé par la coopération fraternelle des hommes de bonne volonté[1] ».

Je le sais, à ces mots, tous les sceptiques s'esclaffent. Cela ne doit pas nous arrêter. Si les sceptiques avaient un jour contribué à construire une civilisation, cela se saurait ! En revanche, ce sont simplement des hommes et des femmes de bonne volonté à la recherche du bien commun qui la construisent, aujourd'hui comme hier. Ce sont eux qui, tôt ou tard, auront fait avancer le monde vers une réussite dont je ne doute pas. Ils sont créateurs d'histoire.

Si je regarde autour de moi, si je parcours la galerie de portraits que ce livre propose, aucun doute ne me semble permis. Il est vrai que n'y figurent pas beaucoup de personnalités malfaisantes ou égarées par de médiocres conseillers. Quelques hommes s'y détachent dont nous sentons, d'évidence, qu'ils auront contribué à rendre le monde meilleur. Qui oserait aujourd'hui en disconvenir si je cite Mandela et de Klerk, Jean-Paul II et Wałęsa, comme on pourrait parler de Schuman et d'Adenauer ? Sans m'attarder sur ce constat, j'en tire une première conclusion très simple : il y a chez les hommes de bien, quelle que soit leur position sociale ou leurs croyances, une efficacité insoupçonnée pour rendre le monde meilleur. Ces hommes nous semblent parfois une infime minorité, estimable certes mais dérisoire en termes d'histoire. Lourde erreur. Nous nous trompons parce qu'ils ont pour habitude d'effacer leurs traces et non de jouer les bravaches. Ils sont plus nombreux qu'on ne le croit. Ils ont mille visages : volontaires des organisations de la société civile, agents de tous grades des institutions régionales et mondiales ou des administrations de leurs pays, travailleurs humanitaires, hommes d'entreprises, religieux et religieuses si nombreux au chevet des malades du sida ou dans tous les services sociaux des pays pauvres : la liste serait sans fin. Ils sont à l'œuvre à tous les niveaux de nos sociétés, du plus modeste au plus élevé, et ce sont eux qui changent le monde. Ils instaurent à ses quatre

1. Ces paroles ont été prononcées par Pierre Mendès-France, le 22 juillet 1944, à la réunion de clôture de la conférence de Bretton-Woods où il représentait le gouvernement provisoire de la République.

coins, comme l'observe Benoît Vermander[1], « une globalisation du compagnonnage. » Ils trouvent leur joie dans ce service et leur exemple irradie sur le monde[2]. Je ne cherche pas à dire que le travail des hauts dirigeants est sans importance, mais que serait-il s'il n'était porté, suscité, rendu possible et prolongé par le travail de ces femmes et de ces hommes sans prétention, héroïques dans leur fidélité à l'exigence première de leur propre humanité, la fraternité ? Ils nous confirment dans l'espérance.

Observons cette mystérieuse synergie entre cet effort de ceux qui veulent servir l'humanité à tous les niveaux, et ces dons magnifiques faits à notre temps : innovations de toutes sortes, formidables progrès de la médecine, de tout ce qui rapproche les hommes et nous donne une perception plus vive de nos devoirs à l'égard de l'environnement, de la responsabilité sociale de nos entreprises et de notre citoyenneté universelle. Il y a dans cette conjonction de quoi dissiper les craintes que peuvent inspirer les pulsions universelles d'accaparement et de déconstruction des liens au sein de nos sociétés. De quoi tirer un vieux monde de son désenchantement et multiplier les chances d'avancées vers un monde plus habitable, vers la solidarité, la justice et la paix.

Construire cette nouvelle civilisation de fraternité est l'immense chantier qui s'offre aujourd'hui aux hommes. Pourquoi ne pas oser pour elle ce que d'autres hommes, nos ancêtres, ont tenté pour la liberté ? Notre tâche pour cela sera moins belliqueuse et conquérante que celle des combattants de Valmy ou de l'An II. Pour les hommes du XXIe siècle, il suffira de prendre au pied de la lettre et de mettre en pratique le seul devoir que la Déclaration universelle des droits de l'homme, en son article 1er, assigne à tous les hommes, nés « libres et égaux en dignité et en droits, ils [...] doivent agir les uns envers les autres dans un esprit de fraternité ».

---

1. Sur les traces de Matteo Ricci, B. Vermander (s.j.) enseigne la philosophie à l'université Fudan de Shanghaï.

2. Ils justifient les mots prophétiques rapportés par Geneviève Anthonioz-de Gaulle, du père Joseph Wresinski, fondateur d'ADT-Quart Monde, créant, au lendemain de la Seconde Guerre mondiale, un modeste centre social pour les plus déshérités : « Ce que nous faisons ici est contribution à une civilisation de fraternité. » Ce geste aura des répercussions universelles et trouve aujourd'hui sa trace jusque sur le parvis des Nations unies à New York

Agir les uns envers les autres dans un esprit de fraternité ! Qui se souvient aujourd'hui de ces mots magnifiques ? N'est-il pas temps de les apprendre à nos enfants, d'en ensemencer les esprits et les cœurs, de tenter de s'en inspirer tous les jours lorsqu'on est appelé à servir l'humanité au sommet de ses institutions ? Immense et enthousiasmante mission aussi pour tous ceux qui ont une libre parole et la mission d'informer, d'instruire et d'éduquer les hommes. En acceptant la tâche de construire cette civilisation-là, nos sociétés exorciseront leurs maux et reconstruiront les liens de la confiance. Les hommes découvriront ainsi le sens de leur histoire. Ils s'ouvriront à l'espérance, cette sœur jumelle de la fraternité.

Oui, tournons-nous donc vers les quatre points cardinaux et appelons le souffle de l'Esprit pour qu'en accompagnant le travail des hommes, il renouvelle la face de la terre, en y répandant cette tendresse et cette espérance.

Merci

Ajouter un chapitre « Remerciements » à ce livre n'a pas beaucoup de sens. Le lecteur qui a eu la patience de me lire jusqu'à cette page sait qu'il est, avant tout, une manière de dire ma reconnaissance à tous ceux qui ont partagé mes engagements de ces treize années-là. Il était exclu que je puisse les citer chacun par son nom. J'aimerais qu'ils s'y reconnaissent et qu'ils partagent la fierté que je ressens pour le travail qu'ils ont accompli. Je le répète : chaque fois que je dis « nous » dans cet ouvrage, c'est d'eux qu'il s'agit, tous ceux qui s'y sont succédé : administrateurs, directeurs généraux adjoints ou membres du *staff*. Je ne répète donc pas mes remerciements même si j'aurais aimé en dire plus pour chacun d'eux et pour tous ceux qui m'ont pressé d'entreprendre ce travail, encouragé et aidé jusqu'à cet instant dans son écriture et sa relecture, demain, enfin, pour son édition. Cela vaut tout particulièrement pour Brigitte dont le lecteur a soupçonné le rôle tout au long de ces pages. Cela vaut tout spécialement aussi pour Lyliane Huot, mon assistante depuis si longtemps, sans laquelle ce livre qu'elle pourrait, je pense, réciter par cœur, n'existerait pas. Elle sait que ces mots ne disent qu'un petit peu de ma gratitude.

ANNEXE I
Qu'est-ce que le FMI ?

L'interrogation de Paul Ricœur à Lyon ne m'a surpris qu'un instant : un halo de mystère entoure encore après quelque soixante-dix ans d'existence le FMI. On l'évoque d'un air entendu et souvent réprobateur, on le critique, on le craint, on en fait volontiers le bouc émissaire de bien des maux de la planète. On s'interroge plus rarement sur ses missions réelles, ses moyens d'action, les mille contraintes qui pèsent sur lui.

Revenons sur son origine. Elle se trouve dans le « plus jamais ça » d'un groupe d'économistes occidentaux qui, alors que la Deuxième Guerre mondiale continuait encore, ont recherché comment éviter, dans l'avenir, le retour au chacun pour soi des grandes nations frappées par la grande crise de 1929. Ils en avaient mesuré les conséquences : la montée des protectionnismes, les tensions internationales, les programmes de réarmement et la guerre, ses souffrances et ses ruines. Il s'agirait dans l'avenir de faire l'impossible pour trouver à tout problème économique international des solutions par la coopération. Aucun État, aussi puissant soit-il, ne saurait seul y suffire. Il faudrait pour cela créer quelques institutions que l'on appellerait multilatérales, dont le rôle premier serait de concevoir et de promouvoir des initiatives communes à l'ensemble de la communauté mondiale pour répondre à ses urgences ou à ses intérêts communs. L'une d'entre elles serait une Banque mondiale chargée du financement de la reconstruction et, plus tard, du développement, l'autre serait le Fonds monétaire international (FMI), une « institution permanente fournissant un mécanisme de consultation et de collaboration » – une « machinerie » dit le texte anglais de ses statuts – « en ce qui concerne les problèmes monétaires internationaux». Tous les pays adhérant à la nouvelle Organisation des nations unies, en cours de création, auraient vocation à en être membres.

Le Fonds, pour quoi faire ?

Ses buts

Ses statuts – remaniés dans les années soixante-dix à la suite de l'effondrement du système fonde sur l'étalon dollar, seule monnaie mondiale crédible en 1944 – lui assignent des buts d'importance majeure. Ils sont décrits à l'article 1er de ses statuts, dans un langage qui porte les traces de compromis difficiles[1] :

– promouvoir la coopération monétaire internationale,

– faciliter l'expansion et l'accroissement harmonieux du commerce international et contribuer ainsi à l'instauration et au maintien de niveaux élevés d'emploi et de revenu réel... de tous les membres,

– promouvoir la stabilité des changes,

– aider à établir un système multilatéral de règlement des transactions courantes,

– donner confiance aux membres en mettant les ressources générales du Fonds temporairement à leur disposition,

– conformément à ce qui précède, abréger la durée et réduire l'ampleur des déséquilibres des balances des paiements.

Formidables objectifs ! Si on les ramène à leur quintessence, le Fonds apparaît investi de deux missions essentielles : il est, d'une part, l'institution chargée d'orchestrer la coopération monétaire mondiale à partir d'une mission qui n'apparaît ici qu'en filigrane mais qui sera amplement explicitée trois articles plus loin : la surveillance de chaque économie et du fonctionnement harmonieux du système. Il agit, d'autre part, comme la «caisse de crédit mutuel des nations» face aux crises locales ou de système qui peuvent éclater.

Ses rouages

Comment fonctionne cette machinerie ? Interrogez un des vingt-quatre administrateurs[2] qui composent son conseil d'administration, il

1. Leur texte intégral est fourni en annexe II, page 433.

2. Ils sont désignés pour les cinq plus grands actionnaires «traditionnels» (États-Unis, Grande-Bretagne, France, Allemagne, Japon), par une décision souveraine de ces pays ; pour les autres, par un vote tous les deux ans du groupement de pays qu'ils représentent (leur «*constituency*»).

vous dira : «Le Fonds, c'est son conseil.» Il aura raison, du moins à la lettre. Ce conseil est, en effet, «responsable de la conduite générale du Fonds et à cette fin, il exercera tous les pouvoirs que le conseil des gouverneurs lui aura délégués». Ce dernier est, en principe, l'autorité suprême mais – composé des ministres des Finances ou des gouverneurs de banques centrales – il se réunit une fois par an seulement. Pour suivre les choses d'aussi près que possible, le Comité des gouverneurs a désigné un Comité international monétaire et financier[1] de vingt-quatre membres (ministres ou gouverneurs de banques centrales), avec voix consultative, se réunissant deux fois par an pour guider les travaux du Conseil. Ses réunions scandent la vie de l'institution. Au jour le jour, le conseil d'administration exerce les pouvoirs que les États membres lui ont conférés par les statuts ou qui lui sont délégués.

En raison de l'importance de leur mission, les vingt-quatre membres du Conseil résident à Washington et siègent en général trois fois par semaine sous la présidence du directeur général qui porte également le titre de président du conseil d'administration[2]. Compte tenu de l'importance de ses délibérations et des décisions qu'ils doivent prendre, les pays ont l'habitude, en règle très générale, d'envoyer pour siéger au Conseil des hauts fonctionnaires très qualifiés et expérimentés[3].

Au sein du Conseil, deux personnalités jouent un rôle essentiel. L'un est le doyen des administrateurs qui veille au respect des règles déontologiques de leurs corps et à la bonne organisation de leurs travaux. Alexandre Kafka aura joué ce rôle avec une autorité incontestée pendant l'essentiel de mon séjour. Il sera remplacé par Abbas Mirakhor qui aura la charge, entre autres, de présider à l'élection de mon successeur. L'autre est le secrétaire, haut fonctionnaire de l'institution qui assure la jonction entre le Conseil et les services, produit les procès-verbaux de ses travaux et assiste le directeur général dans la préparation de ses conclusions, veille surtout au fonctionnement harmonieux de cet organe essentiel. Dans ce travail, Leo Van Houtven rendra des services incomparables. Le moindre n'était pas de calmer discrètement mon impatience lorsque, pour la énième fois, j'entendais les administrateurs répéter le même discours, rappeler les mêmes analyses. Certains administrateurs, en raison d'une compétence exceptionnelle, jouent un rôle informel particulier ; tel est le cas de Willy Kiekens, administrateur belge, qui est reconnu comme la « conscience juridique » du Conseil, en dialogue fréquent avec notre jurisconsulte François Gianviti.

1. Naguère appelé Comité intérimaire.

2. Par une sorte de bizarrerie et probablement pour que l'intéressé ne se prenne pas trop au sérieux, on a préféré dès l'origine désigner ce dernier simplement comme «le directeur général» et non comme le président… Il ne s'en est guère trouvé plus mal.

3. J'ai eu la chance ainsi d'avoir pour interlocuteurs français, après Hélène Ploix, Jean-Pierre Landau, Marc-Antoine Autheman et Jean-Claude Milleron. Ils remplirent admirablement les uns et les autres leur double fonction de représentant de la France au FMI et d'ambassadeurs du FMI à Paris.

Le directeur général, le MD[1] comme l'on dit dans la maison, est le chef des services du Fonds ; il gère les affaires courantes. Sous le contrôle du Conseil, il est responsable de l'organisation des services, de la nomination et de la révocation des fonctionnaires du Fonds. Il est lui-même élu pour cinq ans mais révocable par le Conseil lorsque celui-ci en décide ainsi. Comme le personnel, il n'a de devoirs qu'envers le Fonds, à l'exclusion de toute autre autorité, à commencer évidemment par celle de son pays.

Le Fonds peut être décrit comme une caisse de crédit mutuel des États. Chaque pays y dispose d'une part de capital, sa quote-part. Elle détermine l'importance de son droit de vote et, en cas de besoin, son droit de tirage sur l'institution[2]. Ces quotes-parts sont déterminées par des règles de calcul complexes qui cherchent à refléter aussi fidèlement que possible la taille économique et financière de chaque pays[3].

Comme les questions importantes (changements de statuts par exemple) requièrent une majorité de 85 % des voix attribuées, les États-Unis disposent ainsi, de fait, d'un droit de veto. C'est aussi le cas de l'Union européenne lorsque ses membres ont une position commune, ce qui n'est pas toujours le cas. Un groupe de pays, petits ou moyens, peut aussi atteindre ce seuil. C'est fort rare. De fait – et c'est une des singularités de l'institution – la plupart des décisions ne donnent pas lieu à un vote mais sont adoptées par consensus. J'expliquerais volontiers cela par la qualité du travail préalable des services, le dialogue permanent entre Conseil et direction générale, bref le fait que les administrateurs associés quotidiennement à la vie de l'institution finissent par partager une sorte de sagesse commune et une large communauté de vues, quels que soient leurs pays d'origine.

Ses tâches principales

Parmi les tâches de l'institution, l'une des plus importantes sinon la première est la surveillance du système monétaire international et des politiques économiques et financières de chacun de ses membres. Le

1. MD : *Managing Director*.

2. La quote-part détermine, au surplus, l'étendue de la contribution financière du pays au FMI et sa part dans les allocations de DTS.

3. Au 1er juillet 2013 et avant la quatorzième révision des quotes-parts, les États-Unis avaient une quote-part de 17,69 %, la Chine de 4,00 %, le Japon de 6,56 %, l'Allemagne de 6,12 %, la France de 4,51 %, etc. Pour les pays les plus pauvres, la quote-part calculée serait si faible qu'on attribue à chacun un droit de vote minimal de 0,03 %. Une révision de ces quotas a été adoptée par les gouverneurs du FMI pour accroître la part des pays émergents et réduire quelque peu celle de l'Europe, mais elle n'a pas été ratifiée par le Congrès des États-Unis et reste donc en suspens.

fonctionnement harmonieux du système et la prévention des crises en dépendent. Mentionnons que le Fonds a rapidement compris que sa surveillance devait porter sur la politique économique et monétaire de chaque pays et sur l'équilibre du système mondial proprement dit. Au fil des ans, les grands pays ont cherché à s'associer à cette approche globale pour tenter d'élaborer en commun des stratégies répondant aux exigences de la conjoncture et à l'évolution des taux de changes. Telles sont les raisons à l'origine de la création du G5 en 1976, puis du G7 en 1987 et, enfin, du G20 en 1999. Ces « G » successifs se sont constamment appuyés dans leurs propres travaux sur les travaux de surveillance du FMI, notamment dans le cadre de ses exercices bisannuels d'examen de la situation économique mondiale : les *World Economic Outlooks*.

Les crises, hélas, ne peuvent pas toujours être évitées. Lorsque les déséquilibres de balances des paiements persistent, on ne voit que trop souvent certaines monnaies s'effondrer, les réserves de change s'épuiser et les possibilités de financement sur les marchés disparaître au moment où elles seraient indispensables pour payer les importations les plus essentielles ou les échéances de dettes extérieures. De tels problèmes, s'il ne leur est pas promptement porté remède, se traduisent bientôt en récession et chômage. Ils peuvent déclencher des phénomènes de contagion, voire se traduire par des crises de système. Le rôle du Fonds comme caisse de crédit mutuel est alors d'aider les pays en difficulté de ses financements à court ou moyen terme à un taux d'intérêt faible[1].

Le Fonds coordonne aussi les autres soutiens extérieurs et s'il le faut, les sollicite pour que le pays en difficulté puisse faire face à ses problèmes. La sagesse des nations veut cependant que l'on n'aide un pays qu'en l'invitant à faire un effort pour redresser sa situation et être ainsi en mesure de rembourser la caisse commune et permettre à celle-ci de reconstituer sa capacité d'intervention. Tel est le fondement très simple de la conditionnalité des crédits du FMI. Elle a fait couler beaucoup d'encre. Son principe est pourtant incontestable. Il correspond aussi à l'intérêt bien compris des pays qui y ont recours. Encore faut-il qu'elle soit correctement définie. C'est une des tâches les plus délicates du Fonds, la plus indispensable aussi. Elle est donc très naturellement l'objet de toutes les polémiques, qu'elle soit jugée trop sévère par les emprunteurs ou trop complaisante par les pays créditeurs. Il n'est même pas rare que ces deux reproches lui soient faits en même temps… ce qui n'empêche pas les administrateurs d'en fixer les règles par consensus.

1. Dérivé de celui des opérations entre banques centrales qui est, évidemment, en règle générale le plus bas de tous.

Les ressources utilisées pour ses prêts ordinaires provenant des banques centrales portent un taux d'intérêt très modéré mais encore trop élevé cependant pour des programmes de soutien aux pays les plus pauvres. Elles devront donc être complétées par l'utilisation partielle de ressources provenant du stock d'or[1] du Fonds ou d'apport de ressources budgétaires des pays les plus favorisés. Tel sera le cas pour la « facilité d'ajustement structurel renforcé », mieux connue sous son sigle anglais l'*ESAF*.

Son personnel

Pour mener à bien ces tâches de surveillance et d'intervention financière, mais aussi son travail d'analyse et de recherche économique, de définition de standards, de normes et de codes de bonne conduite à la demande de ses membres, et enfin d'assistance technique, le Fonds dispose d'un personnel d'environ trois mille personnes recrutées autant que possible dans tous ses pays membres, et dirigé par son directeur général assisté aujourd'hui de quatre directeurs généraux adjoints. Plusieurs traits me semblent le caractériser : sa très haute qualité professionnelle, sa compétence et sa réactivité devant l'imprévu ; son nombre relativement restreint au regard de la diversité et de la complexité de ses tâches ; son esprit de corps et sa rigoureuse discipline.

Nul n'agit en franc-tireur. Tout agent envoyé dans les États membres dispose d'instructions précises, le *briefing paper*, objet d'une coordination préalable entre tous les départements intéressés et approuvées par la direction générale.

L'organisation dépend directement de la direction générale, sans l'intermédiaire (du moins en ces années-là) d'un « cabinet[2] ». Je travaillais en prise directe avec la vingtaine de chefs de département et leurs collaborateurs. Je m'en suis toujours bien porté et, je crois, l'institution aussi.

J'ai beaucoup tenu à préserver l'indépendance d'esprit de ce personnel. J'ai veillé à ce qu'il reste étranger à toute politisation. J'ai voulu conserver la dimension très réduite de son service de communication

1. Celui-ci provient de versements opérés avant 1975 par les États membres en règlement de leurs quotes-parts.

2. Ayant fréquemment critiqué l'importance abusive d'une telle structure dans l'administration française, je me suis contenté d'un assistant personnel fourni par la Banque d'Angleterre qui mettait son point d'honneur à le choisir parmi ses plus brillants jeunes fonctionnaires (successivement Robert Brown, Peter Andrews, Hugh Simpson, Ruth Sannders et Michael Cross), et d'une secrétaire (successivement Géraldine Jacob et Elfried Archer).

avec pour seule tâche la diffusion factuelle de l'information sur nos activités[1].

J'ai également privilégié le travail en équipe, à tous les niveaux, dont nous donnions l'exemple, mes trois directeurs généraux adjoints et moi, dès qu'il me fut permis de les recruter[2]. Nous mettions en commun, tôt chaque matin, pendant une quarantaine de minutes, tous les problèmes de la journée, nous partageant les tâches les plus diverses. Il s'agissait presque toujours évidemment des questions de surveillance ou des opérations de soutien financier qui, parfois, s'imposaient dans l'urgence[3].

J'aimerais dire ici, d'un mot, l'extraordinaire soutien que j'ai reçu de la part de mes adjoints successifs, dans ce climat de confiance et d'ardeur partagée au service de notre mission qui s'est immédiatement instauré entre nous. Chaque fois qu'au lieu de dire « je » dans ce livre, je dis « nous » ; c'est au travail de cette équipe, soutenue par nos services, que je me réfère.

Le travail du « pompier » des crises

Il reste un mot à dire sur les interventions ordinaires du Fonds et son instrument principal de financement, d'autant que les trois crises systémiques auxquelles il aura à faire face pendant les treize années de mes mandats – la crise de la dette des pays pauvres et émergents, les suites de la chute du mur de Berlin et, dès 1994, ce que l'on pourra appeler les premières crises du XXIe siècle –, risqueraient d'en donner une idée inexacte.

---

1. Vers la fin de mon mandat, une expertise extérieure a jugé qu'il y avait là une insuffisance caractérisée de moyens, compte tenu de l'importance prise par le Fonds dans la vie économique internationale et de la fréquence des campagnes de dénigrement dont il était l'objet. J'ai continué à résister aux demandes de renforcements significatifs qui m'étaient faites. Je pensais que nous avions mieux à faire de l'argent de la communauté internationale que de nous construire une image plus flatteuse et, avec une dose certaine d'optimisme, que si nous faisions du bon travail, cela finirait par se savoir.

2. À mon arrivée, le directeur général n'avait qu'un adjoint. Après de rudes négociations avec nos principaux actionnaires, je finis en effet par obtenir en 1994 d'avoir trois adjoints. Le *primus inter pares* serait Stanley Fischer, les deux autres Alassane Ouattara et Prabhakar Narvekar qui seraient remplacés à leur départ par Eduardo Aninat et Shigemitsu Sugisaki.

3. L'avouerai-je ? Après avoir eu la chance de diriger une des plus belles administrations françaises – le Trésor – et avec la Banque de France, une des banques centrales les plus respectées du monde, j'ai d'emblée retrouvé au FMI ce qui fait la force de ces institutions et la qualité de leur travail. Je ne pouvais que l'attribuer – pour partie au moins, avec peut-être un brin de chauvinisme – au travail en profondeur effectué par mes deux prédécesseurs français, eux aussi issus de la direction du Trésor, Pierre-Paul Schweitzer et Jacques de Larosière.

Le Fonds, en effet, en son origine, n'a pas été conçu pour faire face à des problèmes impliquant ainsi un grand nombre de pays et appelant la définition de stratégies de très grande portée. Il était là plutôt pour faire face, à l'occasion, aux crises de change de tel ou tel de ses membres temporairement en difficulté. Tel demeure d'ailleurs, aujourd'hui, le cœur de sa mission. Il donne lieu souvent à la négociation de stand-by arrangements[1].

Les instruments d'intervention du Fonds

Un pays qui voit ses réserves de change disparaître et ses créanciers habituels devenir de plus en plus réticents à poursuivre leurs concours se tourne (en général trop tard) vers le FMI et lui fait part des mesures qu'il envisage de prendre pour rétablir ses équilibres. Il est rare qu'elles soient suffisantes, tellement est forte la propension au déni. C'est alors que commence une négociation avec les agents du FMI. Ceux-ci s'efforcent de faire bénéficier leurs interlocuteurs de l'expérience acquise dans tant de pays confrontés à des difficultés analogues. Le but de ces conversations est d'aboutir à la rédaction d'une «lettre d'intention». Celle-ci détaillera le programme d'ajustement macroéconomique et structurel qui a pris forme au fil de ces conversations rudes parfois, professionnelles toujours. Ce document explicite les conditions, acceptées par le pays, auxquelles seront subordonnés les versements du Fonds. Elles doivent permettre le rétablissement de la balance des paiements et le mettre en mesure de rembourser les crédits ouverts. Le directeur général intervient à son tour pour approuver le texte de la lettre, obtenir des amendements s'il le juge nécessaire, et la soumettre, accompagnée d'un rapport expliquant la situation du pays et les perspectives ouvertes par les mesures annoncées, au conseil d'administration avec la proposition d'un financement qu'il juge nécessaire et raisonnable. Le Conseil en discute et, très généralement, l'adopte avec plus ou moins d'enthousiasme après avoir entendu les explications du représentant du pays intéressé et les commentaires du chef de la mission. Il peut arriver qu'un ou plusieurs membres du Conseil soient en désaccord. Ils peuvent évidemment voter contre. C'est très rare. Ils se contentent en général de s'abstenir, ce qui est tenu pour une marque très claire de désaccord. Souvent, il faudra se livrer à un travail patient de persuasion pour arriver à rallier tous les administrateurs à un vote positif. C'est le cas lorsque le pays, pour s'être

1. Le respect de notre langue voudrait que je parle d'«accords de confirmation», mais je craindrais de ne pas être compris.

attardé dans le déni, a laissé se dégrader à l'extrême sa situation ou lorsqu'il est considéré comme un récidiviste de la mauvaise gestion. Le «donner confiance» trouve ici toute sa place.

L'accord finalement voté donne lieu à des versements trimestriels pendant une durée d'un à deux ans. Il sera remboursé au bout de cinq ans. Des rapports périodiques sont fournis au Conseil sur sa bonne exécution ainsi que, s'il y a lieu, des propositions d'amendements destinés à remettre le programme sur ses rails si les constats sur le terrain ne correspondent pas aux dispositions du programme. En règle générale, ces financements qui atteignent une certaine proportion, voire un multiple de la quote-part du pays, permettent la reprise progressive des financements des autres contributeurs et, avant que la balance des paiements n'ait retrouvé son équilibre, ils permettent de remettre le pays sur pied. C'est bien là le cœur de la mission du Fonds.

Les pays les plus divers bénéficient de tels accords, y compris, on l'oublie souvent, des pays comme la Grande-Bretagne, l'Italie ou la France dans l'immédiat après-guerre et même dans les années soixante et soixante-dix. Le stand-by reste, en quelque sorte, l'instrument de droit commun du FMI. L'exemple de l'Inde des années quatre-vingt-dix[1] montre comment de tels concours (pourtant limités dans le temps) peuvent jouer un rôle essentiel dans le redressement d'un pays voire permettre d'éviter que, par contagion, la crise de l'un n'embrase les autres. De telles négociations, certes le plus souvent avec des pays de moindre taille, font partie, avec ses tâches de surveillance, du pain quotidien de la vie du Fonds. Dans cette période d'intenses mutations où chaque pays est exposé aux soubresauts de crises qui éclatent parfois loin de ses frontières, de tels soutiens sont sollicités très fréquemment. Au cours des années quatre-vingt-dix, il y a en permanence une soixantaine de pays bénéficiant de tels programmes. Les situations auxquelles le Fonds a affaire sont, cependant, changeantes et complexes. Nous le voyons donc au fil des années adapter sa panoplie pour mieux répondre aux besoins de ses membres : par la création par exemple d'une «facilité élargie» pour pouvoir prêter pendant une période de trois ou quatre années et sur des durées de remboursement atteignant dix ans. D'autres fois, pour soutenir les pays les plus pauvres, il lui faut rechercher des ressources gratuites pour lui permettre de consentir des prêts pratiquement sans intérêts. C'est la création de l'*ESAF* qui va prendre une place importante dans la vie de l'institution.

1. Voir pages 321 et suivantes.

Périodiquement, le Fonds doit aussi négocier des augmentations de son capital (les quotes-parts) pour que ses ressources puissent suivre l'augmentation de ses besoins. En certaines circonstances, elles sont élargies par les « accords généraux d'emprunts » auxquels souscrivent les pays avancés. Enfin, un des problèmes les plus aigus de bon nombre de ses membres résulte souvent de leurs charges devenues insupportables, de remboursement d'emprunts. Il lui faut donc travailler avec les groupes de créanciers pour mettre au point de nouvelles formules d'étalement ou d'allégement du fardeau de leur dette. Le Club de Paris assure l'essentiel de ce travail.

ANNEXE II
Article I
Buts du FMI

Les buts du FMI sont les suivants :

I) Promouvoir la coopération monétaire internationale au moyen d'une institution permanente fournissant un mécanisme de consultation et de collaboration en ce qui concerne les problèmes monétaires internationaux.

II) Faciliter l'expansion et l'accroissement harmonieux du commerce international et contribuer à l'instauration et au maintien de niveaux élevés d'emploi et de revenu réel et au développement des ressources productives de tous les membres, objectifs premiers de la politique économique.

III) Promouvoir la stabilité des changes, maintenir entre les membres des dispositions de change ordonnées et éviter les dépréciations concurrentielles des changes.

IV) Aider à rétablir un système multilatéral de règlement des transactions courantes entre les membres et à éliminer les restrictions de change qui entravent le développement du commerce mondial.

V) Donner confiance aux membres en mettant les ressources générales du Fonds temporairement à leur disposition moyennant des garanties adéquates, leur fournissant ainsi la possibilité de corriger les déséquilibres de leurs balances des paiements sans recourir à des mesures préjudiciables à la prospérité nationale ou internationale.

VI) Conformément à ce qui précède, abréger la durée et réduire l'ampleur des déséquilibres des balances de paiements des membres.

Dans toutes ses politiques et décisions, le Fonds s'inspirera des buts énoncés dans le présent article.

Annexe III
L'initiative du Palais-Royal

Ce groupe est né d'une conversation amicale dans un restaurant du Palais-Royal à Paris en mai 2010, avec Tommaso Padoa-Schioppa qui avait bien voulu participer aux travaux du groupe de travail que le gouvernement m'avait prié de présider pour tenter d'introduire en France la «règle d'or» de l'équilibre des finances publiques. Un problème sérieux vous reposant d'un autre, nous échangions sur la nécessité de poser la question de la reconstruction d'un véritable ordre monétaire mondial. Il nous semblait évident qu'il fallait convaincre le G20 de prendre ce taureau par les cornes. Après avoir rallié Alexandre Lamfalussy à notre cause, il nous a suffi de quelques coups de téléphone pour que dix-huit acteurs des grandes négociations monétaires des trente dernières années acceptent avec enthousiasme de remettre l'ouvrage sur le métier et de tenter de définir, dans une totale indépendance, un ensemble de réformes qui puissent contribuer à cette construction d'un ordre monétaire nécessairement multipolaire pour les prochaines décennies. En tout, avec plusieurs anciens ministres, anciens gouverneurs, deux anciens présidents de la BRI, deux anciens directeurs généraux du FMI, etc. ; quinze pays sont représentés. La composition du groupe est la suivante :

- Sergueï Aleksashenko, ancien sous-gouverneur, Banque centrale de Russie
- Hamad Al Sayari, ancien gouverneur, Saudi Arabian Monetary Agency (SAMA)
- Jack T. Boorman, ancien directeur, département de la Stratégie, des politiques et de l'évaluation, et conseiller spécial auprès du directeur général, FMI

- Michel Camdessus, ancien directeur général, FMI
- Andrew Crockett, ancien directeur général, BRI
- Guillermo de la Dehesa, ancien secrétaire d'État à l'Économie et aux Finances, Espagne
- Armínio Fraga, ancien gouverneur, Banque centrale du Brésil
- Toyoo Gyohten, ancien vice-ministre des Finances, Japon
- Hu Xiaolian, vice-président de la China Society of Finance and Banking
- André Icard, ancien directeur général adjoint, BRI
- Horst Köhler, ancien directeur général, FMI
- Alexandre Lamfalussy, ancien directeur général, BRI
- Guillermo Ortiz, ancien gouverneur, Banco de Mexico
- Tommaso Padoa-Schioppa, ancien ministre des Finances, Italie
- Maria Ramos, ancien directeur général, Trésor national, Afrique du Sud
- Yaga Venugopal Reddy, ancien gouverneur, Reserve Bank of India
- Edwin M. Truman, ancien secrétaire adjoint aux Affaires internationales du Trésor américain
- Paul A. Volcker, ancien président, Federal Reserve Board

Le rapport de ce groupe remis au Président du G20 en février 2011, peut être consulté sur www.global-currencies.org/smi/fr/.../Rapport_Camdessus-integral.pdf

ANNEXE IV
Déclaration sur le partenariat pour une croissance globale durable septembre 1996

La déclaration suivante sur un partenariat pour une expansion durable de l'économie mondiale a été adoptée à la conclusion des travaux de la quarante-septième réunion du Comité intérimaire du Conseil des gouverneurs du FMI, le 29 septembre 1996.

Le Comité intérimaire a réexaminé la «Déclaration sur la coopération en vue de renforcer l'expansion mondiale», qu'il avait adoptée voici deux ans à Madrid. Il note que la stratégie énoncée dans la Déclaration, dont les trois grands axes étaient la poursuite de politiques économiques intérieures saines, la coopération internationale et l'intégration mondiale, demeure valable. Il reste fidèle à l'objectif d'encourager tous les pays, y compris les pays à faible revenu, à s'intégrer pleinement à l'économie mondiale. Les évolutions et perspectives favorables qui s'ouvrent à de nombreux pays, qu'ils soient industrialisés, en développement ou en transition, doivent beaucoup aux politiques équilibrées et conformes à la stratégie commune à moyen terme qu'ils ont mises en œuvre. Le Comité intérimaire juge utile, compte tenu des nouveaux défis que pose un environnement mondial en constante mutation, d'actualiser cette Déclaration, d'en élargir la portée et de redoubler d'efforts pour lui donner des suites concrètes, dans un esprit de partenariat empreint d'une nouvelle vigueur. Il lui paraît d'une importance particulière de :

– Souligner que les politiques monétaires, budgétaires et structurelles saines sont complémentaires et se renforcent mutuellement : il faut donc poursuivre avec persévérance des politiques cohérentes sur le moyen terme pour asseoir les bases d'une croissance soutenue et non inflationniste et de la création d'emplois, conditions cruciales du maintien de la cohésion sociale.

– Appliquer des politiques macroéconomiques saines et éviter l'apparition de déséquilibres importants comme condition essentielle de la stabilité financière et de la stabilité des changes, et moyen d'éviter des écarts marqués dans la valeur relative des monnaies.

– Créer un environnement favorable à la formation de l'épargne privée.

– Consolider les succès obtenus dans la maîtrise de l'inflation et renforcer la crédibilité chèrement acquise de la politique monétaire.

– Maintenir l'élan donné à la libéralisation du commerce mondial, résister aux pressions protectionnistes et préserver le système de commerce multilatéral.

– Encourager la convertibilité des monnaies au titre des transactions courantes, ainsi que des progrès prudents vers une plus grande liberté de circulation des capitaux au moyen d'efforts visant à promouvoir la stabilité et la solidité des systèmes financiers.

– Assurer l'équilibre budgétaire et renforcer la discipline en matière de finances publiques dans un cadre pluriannuel. Les déséquilibres budgétaires persistants et l'endettement public excessif, et les pressions qu'ils exercent globalement sur les taux d'intérêt réels, menacent la stabilité financière et les chances d'une croissance durable. Il est indispensable d'améliorer la transparence de la gestion des finances publiques en poursuivant l'effort de réduction des opérations hors budget et des déficits quasi budgétaires.

– Améliorer la qualité et la composition des ajustements budgétaires, en réduisant les dépenses improductives tout en préservant les investissements essentiels en infrastructures. La croissance économique, pour être durable, doit reposer sur la valorisation des ressources humaines. Aussi est-il crucial d'améliorer l'éducation et la formation, d'assainir les systèmes publics de retraites et de santé pour en garantir la viabilité à long terme et assurer aux populations des services de soins adéquats, et de lutter contre la pauvreté en mettant en place des dispositifs de protection sociale correctement ciblés et que les pays puissent se permettre financièrement.

– Mener plus énergiquement les réformes structurelles, notamment celles des marchés du travail et des biens, pour accroître l'emploi et remédier aux autres distorsions qui s'opposent à une allocation efficace des ressources, afin que nos économies soient plus dynamiques et mieux armées face à des circonstances défavorables.

– Promouvoir une gestion saine et transparente des affaires publiques, dans toutes ses dimensions, notamment en maintenant l'état de droit, en responsabilisant et améliorant le fonctionnement du secteur public, et en combattant la corruption. Telles sont les bases sur lesquelles les économies prospèrent.

– Garantir la santé des systèmes bancaires par une réglementation prudentielle et des contrôles renforcés, une coordination améliorée, une meilleure évaluation des risques, des normes plus rigoureuses sur le niveau des fonds propres, la publication en temps voulu de l'information sur la situation financière des banques, la répression du blanchiment de l'argent et l'amélioration de la gestion des établissements bancaires.

Le Comité encourage le Fonds à continuer de coopérer avec les autres organisations internationales dans tous les domaines où cette coopération s'impose. Il se félicite du renforcement récent de la surveillance du Fonds sur les politiques économiques des pays, qui fait partie intégrante de la stratégie. Il réaffirme son engagement à renforcer la capacité du Fonds à remplir sa mission. Il se propose de revoir les efforts consentis par les pays membres pour atteindre les objectifs communs de cette stratégie.

Annexe V
Les objectifs du millénaire pour 2015
(état provisoire de réalisation)

Objectif	Monde	Afrique sub-saharienne (2013)	Observations
1. Éradiquer la pauvreté extrême et la sous-alimentation. Réduire au moins de moitié la proportion des habitants des pays en développement vivant avec moins de 1,25 dollar par personne	Taux de réduction atteint (réduit de 47 à 22 %)	Actuellement, hors de porté. L'objectif -sans changement de trajectoire- ne sera pas atteint avant 2076	Globalement, l'objectif est atteint grâce aux performances chinoises. Mais une personne sur huit dans le monde souffre encore de malnutrition et un enfant sur six n'atteint pas le poids moyen de son âge
2. Assurer l'instruction primaire universelle partout	Progrès sérieux mais doute sur le résultat final	Progrès sérieux mais doute sur le résultat final	- En 2011, 57 millions d'enfants d'âge scolaire ne sont pas scolarisés (dont la moitié en Afrique) surtout des filles et des ruraux - En Afrique, la qualité de l'enseignement fait problème et les progrès de la scolarisation ralentissent
3. Égalité des sexes - Pour l'accès au primaire - Pour les autres niveaux d'enseignement	- En voie d'être atteint - Douteux	- En voie d'être atteint - Douteux	
4. Réduire la mortalité infantile de 2/3 (enfants de moins de 5 ans)	En progrès, réduction atteinte de 41 % à fin 2011	Réduction de 178 à 109 ‰ à fin 2011	En Afrique subsaharienne, un enfant sur neuf meurt avant l'âge de 5 ans : 16 fois plus que dans les pays développés. Les efforts doivent être redoublés pour atteindre l'objectif global. Les progrès sont dus en partie aux vaccins contre la rougeole.
5. Réduire de 3/4 la mortalité maternelle	Loin de la cible	Loin de la cible	

Objectif	Monde	Afrique sub-saharienne (2013)	Observations
6. Lutter contre le SIDA, la malaria, la tuberculose et autres endémies (inverser les courbes de progression), progrès dans les thérapies antirétrovirales	Objectifs en voie d'être atteints	Progrès significatifs	
7. Garantir la soutenabilité environnementale	Loin de la cible	Loin de la cible	
8. Développer un partenariat mondial pour le développement (a)	?	?	
(a) À l'intérieur de ce dernier, un objectif particulier est consacré à l'eau : réduire de moitié la proportion de la population mondiale privée d'accès à une eau de potabilité assurée et à son assainissement	*Loin de la cible*	*Loin de la cible*	*Près d'un tiers de la population mondiale (plus de 2 milliards de personnes) boit de l'eau dangereuse pour la santé*

TABLE